吉林2023统计年鉴

JILIN

STATISTICAL YEARBOOK 2023

吉林2023统计年鉴

JILIN
STATISTICAL YEARBOOK2023

吉　林　省　统　计　局
国家统计局吉林调查总队　编

COMPILED BY
JILIN PROVINCIAL BUREAU OF STATISTICS
SURVEY OFFICE OF THE NATIONAL BUREAU
OF STATISTICS IN JILIN

（总第 37 期　No.37）

中国统计出版社
China Statistics Press

图书在版编目（CIP）数据

吉林统计年鉴. 2023 = Jilin Statistical Yearbook 2023 : 汉英对照 / 吉林省统计局, 国家统计局吉林调查总队编. -- 北京 : 中国统计出版社, 2023.11

ISBN 978-7-5230-0364-0

Ⅰ. ①吉… Ⅱ. ①吉… ②国… Ⅲ. ①统计资料-吉林-2023-年鉴-汉、英 Ⅳ. ①C832.34-54

中国国家版本馆 CIP 数据核字 (2023) 第 229750 号

吉林统计年鉴 2023

作　　者 / 吉林省统计局　国家统计局吉林调查总队 编
责任编辑 / 冯诗萌
执行编辑 / 杜珞维
校　　对 / 刘冠群　张可昕
封面设计 / 董丽敏
出版发行 / 中国统计出版社有限公司
通信地址 / 北京市丰台区西三环南路甲 6 号
邮政编码 / 100073
发行电话 / 邮购（010）63376909　书店（010）68783171
网　　址 / http://www.zgtjcbs.com/
印　　刷 / 长春市和瑞恒祥数字快印有限公司
经　　销 / 新华书店
开　　本 / 880mm×1230mm　1/16
字　　数 / 1300 千字
印　　张 / 26.5
版　　别 / 2023 年 12 月第 1 版
版　　次 / 2023 年 12 月第 1 次印刷
定　　价 / 350.00 元

《吉林统计年鉴 2023》 JILIN STATISTICAL YEARBOOK 2023

编委会和编辑部 EDITORIAL BOARD AND EDITORIAL STAFF

编 者 说 明 *PREFACE*

一、《吉林统计年鉴 2023》（中英文对照）是一部全面反映吉林省经济和社会发展情况的资料性年刊。本书收录了全省、各市（州）和县（市）2022 年经济和社会各方面大量的统计数据。

二、全书内容分为 19 个部分，即 1. 综合；2. 国民经济核算；3. 人口；4. 从业人员和职工工资；5. 固定资产投资；6. 对外经济贸易和旅游业；7. 能源生产和消费；8. 财政、金融和保险；9. 价格指数；10. 人民生活；11. 市政公用事业；12. 农业；13. 工业；14. 建筑业；15. 交通运输和邮电通信业；16. 批发零售贸易和住宿餐饮业；17. 教育、科技和文化事业；18. 体育、卫生和其他事业；19. 市（州）和县（市）概况。

三、资料中所使用的度量衡单位均采用国际统一标准计量单位。

四、本年鉴中部分数据合计数或相对数由于单位取舍不同而产生计算误差，均未作机械调整。

五、本年鉴中与经济普查有关的专业数据均根据第四次全国经济普查结果对历史数据进行修正。

六、本年鉴中的符号使用说明："空格"表示该项指标数据不详或无该项数据；"#"表示其中的主要项。

七、本年鉴在编辑、翻译过程中得到诸多单位和同志的大力支持，在此深表谢意。限于我们的水平，加之时间仓促，请各界人士在使用资料时如发现错误和不足，恳请提出批评指正。

I. *Jilin Statistical Yearbook 2023* is annual statistics publication, which cover very comprehensive data series for 2022 and some selected data series for historically important years in whole province, cities (prefecture) and counties and therefore, reflects various aspects of social and economic development.

II. The Content is Divided into 19 parts, i. e. 1. Synthesis; 2. National Economic Accounting; 3. Population; 4. Employment and Wage; 5. Investment in Fixed Assets; 6. Foreign Economy Trade and Tourism; 7. Production and Consumption of Energy;8. Public Finance, Banking and Insurance; 9. Price Indices; 10. People's Livelihood; 11. Urban Public Utilities; 12. Agriculture; 13. Industry; 14. Construction; 15. Transportation, Postal and Telecommunications Services; 16. Wholesale, Retail Trade, Hotels and Catering Services; 17. Education, Technology and Culture; 18. Sports, Public Health and Others; 19. General Survey of City (State) and County (City) .

Ⅲ. The units of measurement used in this book are internationally standard measurement units.

IV. In the yearbook some data total numbers or relative number because of units chosen differential Causing generating calculation error, no mechanical adjust.

Ⅴ. Historical data in this yearbook related to the economic census are revised according to the Fourth National Economic Census.

VI. Explanatory notes for notations used in this book: "blank" indicated that the index data not available or no dale; "# "of which: major item.

VII. We'd like to send our sincere acknowledgement to various units and comrades for their vigorous assistances during the edition and translation of this yearbook. Due to our limited ability and the hasty time, faults and shortage are unavoidable. Any criticism or suggestion is appreciated.

CONTENTS 目录 >>>

统计资料
Statistical Data

【第一篇】综合 Synthesis

【第二篇】国民经济核算 National Economic Accounting

【第三篇】 人口 Population

【第四篇】 从业人员和职工工资 Employment and Wage

【第五篇】 固定资产投资 Investment in Fixed Assets

【第六篇】对外经济贸易和旅游业 Foreign Economy Trade and Tourism

【第七篇】能源生产和消费 Production and Consumption of Energy

【第八篇】财政、金融和保险 Public Finance, Banking and Insurance

【第九篇】价格指数 Price Indices

【第十篇】人民生活 People's Livelihood

【第十一篇】市政公用事业 Urban Public Utilities

【第十二篇】农业 Agriculture

【第十三篇】工业 Industry

【第十四篇】建筑业 Construction

【第十五篇】交通运输和邮电通信业 Transportation, Postal and Telecommunications Services

【第十六篇】批发零售贸易和住宿餐饮业 Wholesale, Retail Trade, Hotels and Catering Services

【第十七篇】 教育、科技和文化事业 Education, Technology and Culture

【第十八篇】 体育、卫生和其他事业 Sports, Public Health and Others

【第十九篇】市（州）和县（市）概况 General Survey of City (State) and County (City)

统计资料

STATISTICAL DATA

1

第一篇

综　合

Synthesis

CHAPTER ▶ 01

资料整理人员：

刘百慧　张　帆　张可昕

1-1 行政区划（2022年末）

Divisions of Administrative Areas (end of 2022)

单位:个 (unit)

地　区	Region	县级合计 Regions at County Level	市辖区 Districts under the Jurisdiction of Cities	县级市 Cities at County Level	县 Counties	自治县 Autonomous Counties	乡镇级合计 Regions at Township Level	镇 Towns	乡 Towns	民族乡 Ethnic Township	街道 Street Communities
全　省	**Total**	**60**	**21**	**20**	**16**	**3**	**961**	**426**	**153**	**28**	**354**
长　春	Changchun	11	7	3	1		213	75	26	5	107
吉　林	Jilin	9	4	4	1		144	56	16	4	68
四　平	Siping	5	2	1	1	1	77	38	14	1	24
辽　源	Liaoyuan	4	2		2		47	23	6	1	17
通　化	Tonghua	7	2	2	3		106	61	11	6	28
白　山	Baishan	6	2	1	2	1	65	41	6		18
松　原	Songyuan	5	1	1	2	1	109	43	34	1	31
白　城	Baicheng	5	1	2	2		104	38	27	8	31
延　边	Yanbian	8		6	2		96	51	13	2	30

1-1 续表 continued

地　区	Region	市辖区 Districts under the Jurisdiction of Cities		县级市 City at County Level		县 County		自治县 Autonomous Counties	
长春	Changchun	南关区 宽城区 朝阳区 二道区 绿园区 双阳区 九台区	Nanguan Kuancheng Chaoyang Erdao Lvyuan Shuangyang Jiutai	榆树市 德惠市 公主岭市	Yushu Dehui Gongzhuling	农安县	Nongan		
吉林	Jilin	昌邑区 龙潭区 船营区 丰满区	Changyi Longtan Chuanying Fengman	蛟河市 桦甸市 舒兰市 磐石市	Jiaohe Huadian Shulan Panshi	永吉县	Yongji		
四平	Siping	铁西区 铁东区	Tiexi Tiedong	双辽市	Shuangliao	梨树县	Lishu	伊通满族自治县	Yitong
辽源	Liaoyuan	龙山区 西安区	Longshan Xi'an			东丰县 东辽县	Dongfeng Dongliao		
通化	Tonghua	东昌区 二道江区	Dongchang Erdaojiang	梅河口市 集安市	Meihekou Ji'an	通化县 辉南县 柳河县	Tonghua Huinan Liuhe		
白山	Baishan	浑江区 江源区	Hunjiang Jiangyuan	临江市	Linjiang	抚松县 靖宇县	Fusong Jingyu	长白朝鲜族自治县	Changbai
松原	Songyuan	宁江区	Ningjiang	扶余市	Fuyu	长岭县 乾安县	Changling Qianan	前郭尔罗斯蒙古族自治县	Qian Gorlos
白城	Baicheng	洮北区	Taobei	洮南市 大安市	Taonan Da'an	镇赉县 通榆县	Zhenlai Tongyu		
延边州	Yanbian			延吉市 图们市 敦化市 珲春市 龙井市 和龙市	Yanji Tumen Dunhua Hunchun Longjing Helong	汪清县 安图县	Wangqing Antu		

1-2 自然资源状况

Natural Resources and Conditions

项　　目	Item	2020	2021	2022
一、自然状况	**Natural Conditions**			
1.土地面积（万平方公里）	Land Area (10000 sq.km)	18.74	18.74	18.74
各类土地所占比重（%）	Composition of all Type Land (%)			
山 地	Mountains	36.0	36.0	36.0
丘 陵	Hills	5.8	5.8	5.8
平 原	Plains	30.0	30.0	30.0
台地及其他	Mesa and Others	28.2	28.2	28.2
2.气候	Climate			
全年平均气温（摄氏度）	Annual Average Temperature (℃)	6.3	5.8	6.3
年降水量（毫米）	Annual Precipitation (mm)	766.4	681.9	818.9
二、自然资源	**Natural Resources**			
1.林地	Forest Area			
林业用地面积（万公顷）	Area of Afforested Land (10000 hectares)	956	879.28	883.09
森林面积（万公顷）	Forest Area (10000 hectares)	843.15	833.2	836.68
灌木林地面积（万公顷）	Shrub Land (10000 hectares)	16.27	8.5	8.27
活立木总蓄积量（亿立方米）	Standing Stock Volume (100 million cu.m)	10.99	10.9	10.93
森林覆盖率（%）	Forest – coverage Rate (%)	45.04	45.2	45.27
2.水利	Water Resources			
水资源总量（亿立方米）	Total Water Resource Volume (100 million cu.m)	586.15	459.23	705.12
人均水资源量（立方米/人）	Per Capita Water Resources (cu.m/person)	2442.86	1933.3	3003.46
地表水资源量（亿立方米）	Surface Water Volume (100 million cu.m)	504.8	380	625.22
地下水资源量（亿立方米）	Underground Water Volume (100 million cu.m)	169.45	166.15	192.58
松花江流域（亿立方米）	Songhua River Basin (100 million cu.m)	478.87	351.12	534.27
辽河流域（亿立方米）	Liao River Basin (100 million cu.m)	107.28	108.11	170.85

1-3 主要城市平均气温（2022年）
Average Temperature of Major Cities (2022)

单位: 摄氏度 Unit:℃

月份 Month		长春市 Changchun	吉林市 Jilin	四平市 Siping	辽源市 Liaoyuan	通化市 Tonghua	白山市 Baishan	松原市 Songyuan	白城市 Baicheng	延吉市 Yanji	长白山 Changbaishan
1月	Jan.	-13.5	-14	-13.6	-14.1	-13.4	-15.3	-15.8	-15	-12	-16.9
2月	Feb.	-10	-10.2	-10.9	-11.2	-10.5	-12.2	-12.2	-10.9	-8.4	-13.4
3月	Mar.	0	0.4	0.1	0	1.1	-0.4	-0.1	0	1	-2
4月	Apr.	10.6	10.5	10.7	10.7	10.4	9	10	10.4	10.1	7.6
5月	May	16.3	15.4	16.3	15.8	13.9	12.5	16.1	16.2	13.6	11.7
6月	June	20.4	19.8	20.4	19.9	19.5	18.2	21.1	21.4	17.4	15.9
7月	July	24.1	24	23.9	23.6	23.1	22	24.8	24.7	22	20.2
8月	Aug.	21.6	21.1	21.2	20.9	20.3	19.1	22.1	21.5	21.1	17.7
9月	Sept.	18.1	17.5	17.3	16.9	16.3	15.1	17.7	17.2	16.4	13.8
10月	Oct.	8	8.2	7.9	7.3	7.1	5.7	7.3	6.4	7.4	4.8
11月	Nov.	-0.3	-0.1	-0.5	-0.1	0.9	-0.6	-1.6	-2.5	0	-2
12月	Dec.	-12.7	-12.5	-13.6	-14.2	-13.7	-16	-13.3	13.6	-11.3	-14.9

1－4　主要城市降水量（2022年）

Precipitation of Major Cities（2022）

单位：毫米　　　　Unit:Millimeters

月份 Month ＼ 地区 Region	长春市 Changchun	吉林市 Jilin	四平市 Siping	辽源市 Liaoyuan	通化市 Tonghua	白山市 Baishan	松原市 Songyuan	白城市 Baicheng	延吉市 Yanji	长白山 Changbaishan
1月 Jan.	0.7	4.7	0	0.3	3.9	2.6	1.1	0.6	0.8	2.6
2月 Feb.	2.1	8.1	2.6	3.2	5.5	10.1	4.6	1.2	2.5	7.7
3月 Mar.	29.6	29.6	23.4	31.2	52.7	54.1	17.6	5.6	30.1	48.9
4月 Apr.	17.6	24.6	12	22.2	28.9	39.2	19.7	6.1	12.6	32.1
5月 May	49.8	42.3	74.8	45.4	50	70.1	73.7	23.9	76.9	61.7
6月 June	151.8	174.6	357.8	257.9	141.9	245.5	208.7	147.9	147.6	136.2
7月 July	215.2	259.8	304.6	333	233.3	275	129.6	104.6	76.1	225.3
8月 Aug.	111.3	78.8	112.2	170.9	115.3	169.5	122.9	54.3	102.3	240.1
9月 Sept.	25.8	71.4	41.3	65.9	152.3	142.7	4.3	34	78.6	73.9
10月 Oct.	82.9	40.2	38.5	38.1	18.8	29.2	44.1	5.7	31.8	67.6
11月 Nov.	36.9	46	51.1	59.2	91.3	85.6	8.5	4.7	38.2	57.7
12月 Dec.	8.8	8.5	5.4	6	6.7	10.8	5.4	0.9	1.7	10.1

1－5 按国民经济行业大类分组的法人单位、产业活动单位数（2022年）

Number of Legal Entities, Establishment and Employed Person by Sector (2022)

指 标	Item	法人单位数（个）Number of Legal Entities(unit) 合计 Total	单产业法人单位 Single	多产业法人单位 Multiple	产业活动单位数（个）Number of Establish-ment(unit)
总计	**Total**	**343504**	**338006**	**5498**	**376185**
农、林、牧、渔业	**Agriculture、Forestry、Animal Husbandry and Fishery**	**42186**	**42096**	**90**	**42633**
农业	Farming	20889	20864	25	20976
林业	Forestry	1578	1549	29	1799
畜牧业	Animal Husbandry	9760	9735	25	9804
渔业	Fishery	597	597		601
农、林、牧、渔专业及辅助性活动	Professional and Support Activities for Agriculture, Forestry,Animal Husbandry and Fishery	9362	9351	11	9453
采矿业	**Mining**	**1201**	**1166**	**35**	**1276**
煤炭开采和洗选业	Mining and Washing of Coal	148	136	12	162
石油和天然气开采业	Extraction of Petroleum and Natural Gas	68	67	1	75
黑色金属矿采选业	Mining and Processing of Ferrous Metal Ores	137	132	5	140
有色金属矿采选业	Mining and Processing of Non-ferrous Metal Ores	106	102	4	118
非金属矿采选业	Mining and Processing of Nonmetal Ores	563	552	11	587
开采专业及辅助性活动	Mining Auxiliary Activities	153	151	2	165
其他采矿业	Mining of Other Ores	26	26		29
制造业	**Manufacturing**	**32419**	**31993**	**426**	**33210**
农副食品加工业	Processing of Food from Agricultural Products	3823	3745	78	3878
食品制造业	Manufacture of Foods	1482	1460	22	1514
酒、饮料和精制茶制造业	Wine, Beverage and Refined Tea Manufacturing	1172	1148	24	1188
烟草制品业	Manufacture of Tobacco	5	5		5
纺织业	Manufacture of Textile	296	295	1	300
纺织服装、服饰业	Manufacture of Textile Wearing Apparel and Accessories	1438	1424	14	1542
皮革、毛皮、羽毛及其制品和制鞋业	Manufacture of Leather,Fur,Feathers and Related Products and Footwear	70	69	1	72
木材加工和木、竹、藤、棕、草制品业	Processing of Timber,Manufacture of Wood, Bamboo,Rattan,Palm and Straw Products	1755	1748	7	1800
家具制造业	Manufacture of Furniture	2378	2377	1	2392
造纸和纸制品业	Manufacture of Paper and Paper Products	366	364	2	369
印刷和记录媒介复制业	Printing and Reproduction of Recording Media	744	733	11	763
文教、工美、体育和娱乐用品制造业	Manufacture of Culture,Art,Sports and Entertainment Goods	410	407	3	414
石油加工、炼焦和核燃料加工业	Processing of Petroleum,Coal and Other Fuels	344	335	9	355
化学原料和化学制品制造业	Manufacture of Raw Chemical Materials and Chemical Products	1474	1455	19	1515
医药制造业	Manufacture of Medicines	1085	1062	23	1105
化学纤维制造业	Manufacture of Chemical Fibers	50	50		50
橡胶和塑料制品业	Ruber and Plastic Products Industry	1038	1030	8	1053
非金属矿物制品业	Manufacture of Non-metallic Mineral Products	3148	3097	51	3241
黑色金属冶炼和压延加工业	Smelting and Pressing of Ferrous Metals	136	133	3	136
有色金属冶炼和压延加工业	Smelting and Pressing of Non-ferrous Metals	135	133	2	138

1－5 续表 1 continued

指 标	Item	法人单位数（个） Number of Legal Entities(unit)			产业活动单位数（个） Number of Establish-ment(unit)
		合计 Total	单产业法人单位 Single	多产业法人单位 Multiple	
金属制品业	Manufacture of Metal Products	1715	1704	11	1749
通用设备制造业	Manufacture of General Purpose Machinery	2641	2611	30	2696
专用设备制造业	Manufacture of Special Purpose Machinery	1848	1821	27	1890
汽车制造业	Automobile Manufacturing Industry	2042	1995	47	2147
铁路、船舶、航空航天和其他运输设备制造业	Manufacture of Railroads,Ships,Aerospace and other Transportation Facilities	226	224	2	234
电气机械和器材制造业	Manufacture of Electrical Machinery and Equipment	787	778	9	811
计算机、通信和其他电子设备制造业	Computer, Communications and other Electronic Equipment Manufacturing Industry	344	336	8	349
仪器仪表制造业	Measuring Instrument Manufacturing Industry	333	331	2	339
其他制造业	Other Manufacturing	385	384	1	392
废弃资源综合利用业	Comprehensive Utilization of Waste Resources	316	314	2	321
金属制品、机械和设备修理业	Metal Products, Machinery and Equipment Repair Industry	433	425	8	452
电力、热力、燃气及水生产和供应业	**Production and Supply of Electricity,Heat,Gas and Water**	**2250**	**2180**	**70**	**2541**
电力、热力生产和供应业	Production and Supply of Electric Power and Heat Power	1674	1635	39	1906
燃气生产和供应业	Production and Supply of Gas	215	198	17	243
水的生产和供应业	Production and Supply of Water	361	347	14	392
建筑业	**Construction**	**23547**	**22797**	**750**	**25696**
房屋建筑业	Housing Construction Industry	5678	5369	309	6476
土木工程建筑业	Civil Engineering Construction Industry	4937	4662	275	5714
建筑安装业	Construction Installation	3333	3246	87	3530
建筑装饰、装修和其他建筑业	Building Decoration and Other Constructions	9599	9520	79	9976
批发和零售业	**Wholesale and Retail Trades**	**94609**	**93399**	**1210**	**105087**
批发业	Wholesale Trade	44651	44321	330	45924
零售业	Retail Trade	49958	49078	880	59163
交通运输、仓储和邮政业	**Transport,Storage and Post**	**10241**	**9916**	**325**	**12331**
铁路运输业	Railway Transport	60	55	5	90
道路运输业	Road Transport	6374	6232	142	6749
水上运输业	Water Transport	29	28	1	31
航空运输业	Air Transport	49	46	3	60
管道运输业	Transport Via Pipeline	6	6		7
多式联运和运输代理业	Multimodal Transport and Other Transport Services	1263	1251	12	1371
装卸搬运和仓储业	Loading,Unloading and Storage	1934	1899	35	2039
邮政业	Post Industry	526	399	127	1984
住宿和餐饮业	**Accommodation and Catering Industry**	**4244**	**4139**	**105**	**4810**
住宿业	Accommodation Industry	1254	1215	39	1399
餐饮业	Catering Industry	2990	2924	66	3411
信息传输、软件和信息技术服务业	**Information Transmission, Software and Information Technology Services**	**12418**	**12298**	**120**	**13774**
电信、广播电视和卫星传输服务	Telecommunications,Broadcasting Television and Satellite Transmission Services	458	418	40	1323
互联网和相关服务	Internet and Related Services	2025	2008	17	2117
软件和信息技术服务业	Software and Information Technology Services	9935	9872	63	10334

1－5 续表 2 continued

指标	Item	法人单位数（个）Number of Legal Entities (unit)			产业活动单位数（个）Number of Establish-ment(unit)
		合计 Total	单产业法人单位 Single	多产业法人单位 Multiple	
金融业	**Financial Intermediation**	**1630**	**1243**	**387**	**7865**
货币金融服务	Monetary and Financial Services	808	611	197	4838
资本市场服务	Capital Market Service	335	332	3	569
保险业	Insurance Industry	337	156	181	2231
其他金融业	Other Finance	150	144	6	227
房地产业	**Real Estate**	**11442**	**11153**	**289**	**12151**
房地产业	Real Estate	11442	11153	289	12151
租赁和商务服务业	**Leasing and Business Services**	**32418**	**31978**	**440**	**34391**
租赁业	Leasing	5080	5062	18	5203
商务服务业	Business Services	27338	26916	422	29188
科学研究和技术服务业	**Scientific Research and Technical Service**	**16363**	**16090**	**273**	**17777**
研究和试验发展	Research and Experimental Development	2551	2534	17	2621
专业技术服务业	Professional Technical Services	6875	6658	217	7978
科技推广和应用服务业	Technology Promotion and Application Service Industry	6937	6898	39	7178
水利、环境和公共设施管理业	**Management of Water Conservancy, Environment and Public Facilities**	**2768**	**2740**	**28**	**2938**
水利管理业	Management of Water Conservancy	422	417	5	485
生态保护和环境治理业	Ecological Protection and Environmental Governance	350	346	4	380
公共设施管理业	Managment of Public Facilities	1482	1465	17	1543
土地管理业	Managment of Land	514	512	2	530
居民服务、修理和其他服务业	**Household Services,Repairing and other Services**	**6967**	**6906**	**61**	**7194**
居民服务业	Services to Households	3440	3406	34	3535
机动车、电子产品和日用产品修理业	Motor Vehicle, Electronic Products and Daily Necessities Repair Industry	2110	2097	13	2203
其他服务业	Others Services	1417	1403	14	1456
教育	**Education**	**10332**	**10054**	**278**	**11535**
教育	Education	10332	10054	278	11535
卫生和社会工作	**Health Care and Social Work**	**5294**	**5224**	**70**	**5668**
卫生	Health	3200	3139	61	3545
社会工作	Social Work	2094	2085	9	2123
文化、体育和娱乐业	**Culture,Sports and Entertai-nment**	**5864**	**5804**	**60**	**6051**
新闻和出版业	Journalism and Publishing Activities	149	149		151
广播、电视、电影和录音制作业	Broadcasting、TV, Movies and Audiovisual Activities	939	923	16	1002
文化艺术业	Culture and Art Activities	1755	1747	8	1803
体育	Sports Activities	748	737	11	765
娱乐业	Entertainments	2273	2248	25	2330
公共管理、社会保障和社会组织	**Public Management,Social Security and Social Organization**	**27311**	**26830**	**481**	**29257**
中国共产党机关	Organs of Communist Party of China	671	655	16	685
国家机构	Government Agencies	10600	10146	454	12435
人民政协、民主党派	People' s Political Consultative Conference and Democratic Parties	135	134	1	136
社会保障	Social Securities	150	150		162
群众团体、社会团体和其他成员组织	Non-governmental Organizations,Social Organizations and Religion Organizations	4671	4662	9	4748
基层群众自治组织及其他组织	Grass Roots Self-Governing Organizations	11084	11083	1	11091

1-6 按地区、机构类型分组的全部法人单位数（2022年）
Number of Legal Entities by Region and Type of Institution（2022）

单位：个　　(unit)

地　区	Region	法人单位 Corporative Units	企业 Business	事业单位 Institutions	机关 Government	社会团体 Social Organization	农民专业合作社 Farmer's Specialized Cooperative	其他法人 Others
全　省	**Total**	**343504**	**270242**	**16482**	**4925**	**3228**	**30548**	**18079**
长春市	**Changchun**	**138838**	**120457**	**3452**	**930**	**888**	**8389**	**4722**
南关区	Nanguan	6972	6060	368	133	118	2	291
宽城区	Kuancheng	25533	24528	218	89	145	130	423
朝阳区	Chaoyang	9708	8557	374	98	128	92	459
二道区	Erdao	18514	17902	102	69	75	75	291
绿园区	Lvyuan	12288	11676	209	62	61	31	249
双阳区	Shuangyang	6700	5217	229	57	95	794	308
九台区	Jiutai	7971	5233	292	83	69	1916	378
农安县	Nong' an	2345	1248	399	67	28	187	416
长春经济技术开发区	Economic-Technological Development Zone	8121	7784	121	20	44	2	150
长春净月高新技术产业开发区	Jingyue High Technology Industrial Development Zone	4979	4682	76	17	21	31	152
长春高新技术产业开发区	High Technology Industrial Development Zone	4327	4142	47	15	7	2	114
长春汽车经济技术开发区	Automobile Economic and Technological Development Zone	10569	10390	31	12	14	4	118
榆树市	Yushu	4987	3145	345	70	51	875	501
德惠市	Dehui	3760	2355	230	41	8	807	319
公主岭市	Gongzhuling	12064	7538	411	97	24	3441	553
吉林市	**Jilin**	**56498**	**45881**	**2301**	**748**	**443**	**3717**	**3408**
昌邑区	Changyi	14442	13237	252	95	60	297	501
龙潭区	Longtan	4355	3482	166	85	26	268	328
船营区	Chuanying	8617	7506	340	133	106	63	469
丰满区	Fengman	4039	3337	168	66	30	178	260
永吉县	Yongji	3429	2600	226	64	18	288	233
吉林经济开发区	Economic Development Zone	1345	1203	28	5	3	62	44
吉林高新技术产业开发区	High Technology Industrial Development Zone	2941	2774	53	18	13	14	69
吉林中国新加坡食品区	Singapore Food Zone	470	378	13	5	2	30	42
蛟河市	Jiaohe	3431	2223	206	69	36	482	415
桦甸市	Huadian	3328	2241	242	62	47	502	234
舒兰市	Shulan	5598	4019	252	74	51	784	418
磐石市	Panshi	4503	2881	355	72	51	749	395
四平市	**Siping**	**16816**	**10862**	**1308**	**400**	**160**	**2792**	**1294**
铁西区	Tiexi	3318	2544	353	115	23	160	123
铁东区	Tiedong	3538	2901	213	73	19	156	176
梨树县	Lishu	3359	1259	295	85	16	1285	419
伊通满族自治县	Yitong	2103	1018	228	68	81	391	317
双辽市	Shuangliao	4498	3140	219	59	21	800	259
辽源市	**Liaoyuan**	**16746**	**12085**	**1000**	**302**	**193**	**2301**	**865**
龙山区	Longshan	6746	5949	334	104	87	132	140
西安区	Xi' an	1653	1316	87	61	23	97	69
东丰县	Dongfeng	4133	2581	277	75	56	797	347
东辽县	Dongliao	4214	2239	302	62	27	1275	309

1－6 续表 continued

单位：个 (unit)

地　区	Region	法人单位 Corporative Units	企业 Business	事业单位 Institutions	机关 Government	社会团体 Social Organization	农民专业合作社 Farmer's Specialized Cooperative	其他法人 Other
通化市	**Tonghua**	**26898**	**19445**	**2103**	**532**	**414**	**2686**	**1718**
东昌区	Dongchang	5439	4508	450	125	152	72	132
二道江区	Erdaojiang	1887	1476	162	55	18	101	75
通化县	Tonghua	2545	1515	290	61	47	388	244
辉南县	Huinan	2803	1784	301	65	32	390	231
柳河县	Liuhe	3380	2132	249	65	47	573	314
梅河口市	Meihekou	7976	5990	431	92	67	884	512
集安市	Ji' an	2868	2040	220	69	51	278	210
白山市	**Baishan**	**20057**	**14851**	**1571**	**461**	**258**	**1996**	**920**
浑江区	Hunjiang	6159	5029	402	132	81	331	184
江源区	Jiangyuan	1782	1236	186	60	27	154	119
抚松县	Fusong	5819	4651	277	76	45	568	202
靖宇县	Jingyu	2682	1723	236	66	41	473	143
长白朝鲜族自治县	Changbai	1380	797	211	59	33	151	129
临江市	Linjiang	2235	1415	259	68	31	319	143
松原市	**Songyuan**	**25841**	**16990**	**1545**	**445**	**152**	**4993**	**1716**
宁江区	Ningjiang	4813	3648	414	150	87	142	372
前郭尔罗斯蒙古族自治县	Qianguo	4445	3184	230	81	12	613	325
长岭县	Changling	6088	4530	321	75	15	892	255
乾安县	Qian' an	2699	1591	162	48	8	683	207
吉林松原经济开发区	Songyuan Economic Development Zone of JiLin	1255	1152	18	14	1	31	39
扶余市	Fuyu	6541	2885	400	77	29	2632	518
白城市	**Baicheng**	**9879**	**6330**	**1490**	**444**	**90**	**459**	**1066**
洮北区	Taobei	2319	1442	390	133	35	96	223
镇赉县	Zhenlai	1755	1063	233	71	11	206	171
通榆县	Tongyu	1423	793	270	72	22	143	123
吉林白城经济开发区	Baicheng Economic Development Zone of JiLin	340	239	65	17	0	2	17
洮南市	Taonan	1809	1197	265	77	6	10	254
大安市	Da' an	2233	1596	267	74	16	2	278
延边朝鲜族自治州	**Yanbian**	**31931**	**23341**	**1712**	**663**	**630**	**3215**	**2370**
延吉市	Yanji	11375	9829	404	132	276	130	604
图们市	Tumen	966	601	83	56	13	107	106
敦化市	Dunhua	6306	4069	231	79	40	1415	472
珲春市	Hunchun	5006	3986	230	94	86	351	259
龙井市	Longjing	1796	1221	118	64	59	183	151
和龙市	Helong	1606	848	173	63	85	263	174
汪清县	Wangqing	2559	1371	261	88	5	496	338
安图县	Antu	2317	1416	212	87	66	270	266

1－7 按登记注册类型分组的法人单位、产业活动单位数（2022年）
Number of Legal Entities and Establishments by Status of Registration（2022）

单位：个 （unit）

指 标	Item	法人单位数 Number of Legal Entities 合计 Total	单产业法人单位 Single	多产业法人单位 Multiple	产业活动单位数 Number of Establish-ment
总计	**Total**	**343504**	**338006**	**5498**	**376185**
内资	**Domestic Investment**	**342549**	**337151**	**5398**	**373821**
国有	State-owned	23469	22578	891	28604
集体	Collective -owned	1564	1506	58	1988
股份合作	Share Holding	177	161	16	434
联营	Joint Ownership	133	131	2	157
国有联营	State Joint Ownership	38	38	0	46
集体联营	Collective Joint Ownership	36	34	2	47
国有与集体联营	Joint State-collective	6	6	0	7
其他联营	Other Joint Owned	53	53	0	57
有限责任公司	Limited Liability Corporations	22770	22006	764	27775
国有独资公司	State Sole Funded Corporations	1564	1430	134	2456
其他有限责任公司	Other Limited Liability Corporations	21206	20576	630	25319
股份有限公司	Share-holding Corporations Limited	2013	1665	348	8002
私营	Private	242950	239662	3288	257102
私营独资	Private Funded	24389	24245	144	24795
私营合伙	Private Partnership	1190	1189	1	1221
私营有限责任公司	Private Limited Liability Corporations	215704	212659	3045	228734
私营股份有限公司	Private State-holding Corporations Ltd	1667	1569	98	2352
其他内资	Other Domestic	49473	49442	31	49759
港澳台商投资	**Funds from Hong Kong,Macao and Taiwan**	**242**	**225**	**17**	**521**
与港澳台商合资经营	Joint Venture	90	82	8	107
与港澳台商合作经营	Cooperation	4	3	1	10
港澳台商独资	Sole-proprietorship	136	128	8	369
港澳台商投资股份有限公司	Hong Kong, Macao and Taiwan Funded Share-holding Corporations Ltd	9	9	0	16
其他港、澳、台商投资	Other Hong Kong,Macao and Taiwan Investment	3	3	0	19
外商投资	**Foreign Funded**	**713**	**630**	**83**	**1843**
中外合资经营	Joint Equity	238	212	26	307
中外合作经营	Cooperation	12	11	1	14
外资企业	Foreign Funded Enterprises	423	384	39	1143
外商投资股份有限公司	Share-holding Corporations Ltd with Foreign Investment	25	9	16	324
其他外商投资	Other Foreign Investment	15	14	1	55

1-8 按三次产业、行业分组的全部法人单位数

Number of Legal Entities by Three Strata of Industry and Sector

单位: 个 (unit)

指　标	Item	2020	2021	2022
总 计	**Total**	**237731**	**300686**	**343504**
第一产业	**Primary Industry**	**26302**	**28792**	**32824**
农、林、牧、渔业	Agriculture,Forestry,Animal Husbandry and Fishery	26302	28792	32824
第二产业	**Secondary Industry**	**38739**	**48811**	**58831**
采矿业	Mining	962	990	1048
制造业	Manufacturing	22132	26922	31986
电力、热力、燃气及水生产和供应业	Production and Supply of Electricity Heat,Gas and Water	1757	2036	2250
建筑业	Construction	13888	18863	23547
第三产业	**Tertiary Industry**	**172690**	**223083**	**251849**
农、林、牧、渔服务业及辅助性活动	Professional and Support Activities for Agriculture,Forestry,Animal Husbandry and Fishery	8582	9180	9362
开采专业及辅助性活动	Support Activities for Mining	101	137	153
金属制品、机械和设备修理业	Metal Products,Machinery and Equipment Repair	325	388	433
批发和零售业	Wholesale Sale and Retail Trades	55953	81418	94609
交通运输、仓储和邮政业	Transport,Storage and Post	6869	9080	10241
住宿和餐饮业	Hotels and Catering Services	2770	3662	4244
信息传输、软件和信息技术服务业	Information Transmission, Software and Information Technology Services	6906	10213	12418
金融业	Financial Intermediation	1376	1495	1630
房地产业	Real Estate	8140	10415	11442
租赁和商务服务业	Leasing and Business Services	19754	28437	32418
科学研究和技术服务业	Scientific Research and Technical Service	10343	13749	16363
水利、环境和公共设施管理业	Management of Water Conservancy,Enviroment and Public Facilities	1917	2741	2768
居民服务、修理和其他服务业	Household Services,Repairing and other Services	4648	5673	6967
教育	Education	8867	10078	10332
卫生和社会工作	Health Care and Social Work	4432	4794	5294
文化、体育和娱乐业	Culture,Sports and Entertainment	4278	5086	5864
公共管理、社会保障和社会组织	Public Management,Social Security and Social Organization	27429	26537	27311

1-9 国民经济和社会发展总量与速度指标

指　　标	Item	总量指标 Aggregate Data	
		1995	2000
人口与从业（万人）	**Population and Employment (10000 persons)**		
年底总人口	Population at Year-end		2681.70
男性人口	Male Population		1372.80
女性人口	Female Population		1308.90
城镇人口	Urban Population		1331.80
乡村人口	Rural Population		1349.90
从业人员数	Number of Employed Persons	1270.77	1164.02
#城镇就业	Urban Employment	622.70	523.00
宏观经济	**Macroeconomic Indicator**		
国民核算（亿元）	National Accounting (100 million yuan)		
地区生产总值	Gross Domestic Product	1137.23	1751.35
第一产业	Primary Industry	301.85	395.32
第二产业	Secondary Industry	475.22	675.73
第三产业	Tertiary Industry	360.16	680.30
人均地区生产总值（元）	GDP Per Capita (yuan)	4402	6646
固定资产投资（亿元）	**Investment in Fixed Assets (100 million yuan)**		
全社会固定资产投资	Total Investment in Fixed Assets (Excluding Rural Households)	341.85	586.86
#固定资产投资（不含农户）	Investment in Fixed Assets	311.55	554.11
房地产开发投资	Investment in Real Estate Development	35.64	63.52
住宅投资	Residential Investment	21.36	39.98
财政（亿元）	**Public Finance (100 million yuan)**		
地方财政收入	Local Government Revenue	63.28	103.83
财政支出	Government Expenditure	120.90	260.67
物价总指数（上年=100）	**Price Indices (Preceding year=100)**		
商品零售价格总指数	General Retail Price Index	114.2	98.0
居民消费价格总指数	General Consumer Price Index	115.2	98.6
工业生产者购进价格指数	Producer Price Index for Industrial Products		106.8
工业生产者出厂价格指数	Purchasing Price Index for Industrial Producers		105.1
能源（万吨标准煤）	Energy (10000 TCE)		
能源生产总量	Total Energy Production	2512.9	1885.6
能源消费总量	Total Energy Consumption	3954.2	3527.7

注：1998年以后从业人员和职工人数不包括离开本单位仍保留劳动关系的职工。

Note：Data since 1998 on workers and staff refer to fully employed workers and staff.

Principal Aggregate Indicators and Growth Rates of National Economic and Social Development

2021	2022	速度指标（%）Indices and Growth Rates（%）				
		指数（2022年以下列各年为100）Index（2022 as percentage of the following years=100）			平均增长速度 Average Annual Growth Rate	
		1995	2000	2021	1996-2022	2001-2022
2375.37	2347.69		87.5	98.8		-0.6
1189.18	1172.86		85.4	98.6		-0.7
1186.19	1174.83		89.8	99.0		-0.5
1505.15	1496.18		112.3	99.4		0.5
870.22	851.51		63.1	97.8		-2.1
1288.44	1184.98	93.2	101.8	92.0	-0.3	0.1
718.24	681.15	109.4	130.2	94.8	0.3	1.2
13163.84	13070.24	764.6	479.4	98.1	7.8	7.4
1553.84	1689.10	352.7	272.8	104.0	4.8	4.7
4768.28	4628.30	838.5	503.6	94.9	8.2	7.6
6841.72	6752.84	974.7	568.5	98.8	8.8	8.2
55148	55347	832.0	536.1	99.2	8.2	7.9
1540.92	1014.84	2847.5	1597.7	65.9	13.2	13.4
1094.84	804.34	3765.6	2011.9	73.5	14.4	14.6
1143.98	851.00	1344.8	819.6	74.4	10.1	10.0
3696.84	4044.01	3344.9	1551.4	109.4	13.9	13.3
101.8	103.1					
100.6	102.1					
106.2	104.6					
105.1	101.9					
2509.8	2782.63	110.7	147.6	110.9	0.4	1.8
7287.6	7027.83	177.7	199.2	96.4	2.2	3.2

1－9 续表 1

指　　标	Item	总量指标 Aggregate Data	
		1995	2000
农业	**Agriculture**		
乡村就业人员（万人）	Rural Labor (10000 persons)	631.11	641
农林牧渔业总产值（亿元）	Gross Output Value of Agriculture,Forestry,Animal Husbandry and Fishery(100 million yuan)	490.28	609.37
主要农产品产量（万吨）	Output of Major Farm Products (10000 tons)		
粮食	Grain	1992.4	1638
玉米	Corn	1478.5	993.2
稻谷	Rice	296.9	374.8
大豆	Soybean	89.7	140.6
薯类	Tuber	34.8	49.1
油料	Oil	25.55	38.96
肉类总产量	Total Meat Production	134.6	247.9
奶类	Milk	11.32	15
水产品	Aquatic Products	11.06	14.01
工业(规上企业)	**Industry (Above Designated Size)**		
利润总额（亿元）	Total Profit (100 million yuan)	−1.93	85.58
主要工业产品产量	Output of Major Industrial Products		
汽车（万辆）	Motor Vehicles (10000 units)	18.92	32.52
原煤（万吨）	Coal (10000 tons)	2644.31	1636.71
原油（万吨）	Crude Oil (10000 tons)	342.73	348.46
天然气（亿立方米）	Natural Gas (100 million cu.m)	1.83	2.05
发电量（亿千瓦小时）	Electricity (100 million kWh)	284.6	313.5
粗钢（万吨）	Steel (10000 tons)	115.93	159.31
钢材（万吨）	Steel Products (10000 tons)	88.21	141.7
水泥（万吨）	Cement (10000 tons)	678.46	758.9
建筑业	**Construction**		
建筑业增加值（亿元）	Total Value added of Construction Enterprises (100 million yuan)	61.37	110.21
房屋建筑施工面积（万平方米）	Floor Space of Buildings Under Construction (10000 sq.m)	1311	2209
房屋建筑竣工面积（万平方米）	Floor Space of Buildings Completed (10000 sq.m)	755	1440
交通运输	**Transportation**		
货物周转量（亿吨公里）	Freight Ton−kilometers (100 million ton−km)	497.31	612.04
#铁路	Railways	420.23	406.21
公路	Highways	76	85.64
水运	Waterways	1.07	0.27
旅客周转量（亿人公里）	Passenger−kilometers (100 million passerger−km)	177.11	206.67
#铁路	Railways	125.52	129.52
公路	Highways	51.48	76.79
水运	Waterways	0.11	0.06
邮电通信业	**Post and Telecommunication Services**		
邮电业务总量（亿元）	Total Business Volume of Postal and Telecommunication Services (100 million yuan)	21.22	116.35
函件（万件）	Number of Letters (10000 Dcs)	15333	9500
报刊期发数（万份）	Number of Newspapers and Magazines Distributed (10000 copies)	473	443
固定电话用户（万户）	Subscribers of Fixed Telephone (10000 Subscribers)	107.8	260
移动电话用户（万户）	Number of Mobile Telephone Subscribers (10000 subscribers)	8	203.3
国内贸易	**Domestic Trade**		
社会消费品零售总额（亿元）	Total Retail Sales of Consumer Goods (100 million yuan)	456.24	671.27
对外经济贸易和旅游	**Foreign Economy Trade and Tourism**		
进出口总额（亿美元）	Total Value of Exports and Imports (USD100 million)	27.14	25.54

continued

2021	2022	速度指标（%）Indices and Growth Rates（%）				
		指数（2022年以下列各年为100）Index（2022 as percentage of the following years=100）			平均增长速度 Average Annual Growth Rate	
		1995	2000	2021	1996–2022	2001–2022
510.2	503.83	79.8	78.6	98.8	–0.8	–1.1
2972.32	3217.91	424.1	326.5	104.1	5.5	5.5
4039.24	4080.78	204.8	249.1	101.0	2.7	4.2
3198.44	3257.86	220.3	328.0	101.9	3.0	5.5
684.67	680.91	229.3	181.7	99.5	3.1	2.8
54.74	69.98	78.0	49.8	127.8	–0.9	–3.1
25.05	18.26	52.5	37.2	72.9	–2.4	–4.4
85.75	81.59	319.3	209.4	95.1	4.4	3.4
274.66	291.04	216.2	117.4	106.0	2.9	0.7
32.75	29.37	259.5	195.8	89.7	3.6	3.1
24.95	25.12	227.1	179.3	100.7	3.1	2.7
1078.82	827.64					
242.41	215.58	1139.4	662.9	88.9	9.4	9.0
875.27	948.02	35.9	57.9	108.3	–3.7	–2.5
406.79	420.14	122.6	120.6	103.3	0.8	0.9
21.38	20.38	1113.7	994.1	95.3	9.3	11.0
959.6	992.92	348.9	316.7	103.5	4.7	5.4
1538.92	1357.03	1170.6	851.8	88.2	9.5	10.2
1790.6	1531.97	1736.7	1081.1	85.6	11.2	11.4
2125.29	1717.51	253.1	226.3	80.8	3.5	3.8
959.86	927.17	716.3	451.2	97.7	7.6	7.1
8737	7047	537.5	319.0	80.7	6.4	5.4
3060	1883	249.4	130.8	61.5	3.4	1.2
2245.16	2056.83	413.6	336.1	91.6	5.4	5.7
544.76	596.87	142.0	146.9	109.6	1.3	1.8
1523.81	1276.68	1679.8	1490.8	83.8	11.0	13.1
255.78	151.52	85.6	73.3	59.2	–0.6	–1.4
135.73	81.48	64.9	62.9	60.0	–1.6	–2.1
72.9	40.97	79.6	53.4	56.2	–0.8	–2.8
0.09	0.03	27.3	50.0	33.3	–4.7	–3.1
352.66	335.94					
688	492	3.2	5.2	71.5	–12.0	–12.6
169	185	39.1	41.8	109.5	–3.4	–3.9
376.1	383.7	355.9	147.6	102.0	4.8	1.8
2966.5	3007.8	37597.5	1479.5	101.4	24.6	13.0
4216.63	3807.72	834.6	567.2	90.3	8.2	8.2
232.38	233.89	861.8	915.8	100.7	8.3	10.6

1－9 续表 2

指　　标	Item	总量指标 Aggregate Data	
		1995	2000
进口额	Total Imports	12.96	13.12
出口额	Total Exports	14.19	12.42
接待入境旅游人数（万人次）	Number of Overseas Visitors (10000 person–times)	15.61	27.27
教育、文化	**Education and Culture**		
教育	Education		
专任教师数（万人）	Full–time Teachers (10000 persons)		
高中阶段	High School		
初中阶段	Junior		
小学	Primary Schools	15.27	15.03
在校学生数（万人）	Students Enrollment (10000 persons)		
高中阶段	High School		
初中阶段	Junior		
小学	Primary Schools	269.03	241.59
文化	Culture		
出版数量	Publications		
图书（亿册）	Number of Books Published (100 million copies)	1.16	0.81
杂志（亿册）	Number of Magazines Published (100 million copies)	0.52	0.55
报纸（亿份）	Number of Newspapers Published (100 million copies)	4.79	5.53
科技	**Science and Technology**		
专利申请授权量（件）	Number of Patents Application Granted (piece)		
技术市场成交额（亿元）	Technology Market Turnover (100 million yuan)		
家庭、生活、卫生	**Family,People' s Livelihood and Health**		
城镇居民家庭平均每户常住人口（人）	Average Household Size in Urban Area (person)	3.21	3.12
农村居民家庭平均每户常住人口（人）	Average Household Size in Rural Area (person)	4.02	3.9
居住	Housing		
城镇人均居住面积（平方米）	Per Capita Floor Space of Urban Residents (sq.m)	8.92	11.24
农村人均居住面积（平方米）	Per Capita Floor Space of Rural Residents (sq.m)	16.07	17.72
生活	People's Livelihood		
城镇常住居民人均可支配收入（元）	Per Capita Annual Disposable Income of Urban Household(yuan)	3174.84	4810
农村常住居民人均可支配收入（元）	Per Capita Annual Disposable Income of Rural Household(yuan)	1609.6	2022.5
住户储蓄存款余额（亿元）	Outstanding Amount of Saving Deposits in Urban and Rural Areas(100 million yuan)	726.28	1515.84
职工工资总额（亿元）	Total Wages (100 million yuan)	221	265
城镇非私营就业人员平均工资（元）	Average Wages of Staff and Workers (yuan)	4430	7924
卫生	Health Care		
卫生机构（个）	Health Organization (unit)	3891	3323
医院与卫生院（个）	Number of Hospitals (unit)	1310	1293
卫生技术人员（万人）	Medical and Technical Personnel (10000persons)	13.42	13.2
#执业（助理医师）	Doctors	5.61	5.97
医疗床位数（万张）	Number of Medical Beds (10000beds)	9.66	8.93
#医院	Hospital	8.41	8.05
城市市政建设、灾害	**Urban Municipal Construction and Disaster**		
自来水全年供水总量（万立方米）	Total Annual Tap Water Supply (10000 cu.m)	146139	150924
城市排水管道长度（公里）	Urban Drainage Pipeline Length (km)	2962	3935
人工煤气供气量（万立方米）	Artificial Gas Supply (10000 cu.m)	28768	15508
生活清运垃圾（万吨）	Living Garbage Removal (10000 tons)	594	640
交通事故发生数（起）	Number of Traffic Accidents (unit)	5117	14091
交通事故损失（万元）	Loss of Traffic Accidents (10000 yuan)	1947	4548
农业受灾面积（万公顷）	Area of Agricultural Disaster (10000 hectares)	233	366

continued

2021	2022	速度指标（%）Indices and Growth Rates（%）				
		指数（2022年以下列各年为100）Index（2022 as percentage of the following years=100）			平均增长速度 Average Annual Growth Rate	
		1995	2000	2021	1996–2022	2001–2022
177.75	158.74	1224.8	1209.9	89.3	9.7	12.0
54.63	75.15	529.6	605.1	137.6	6.4	8.5
17.39	6.94	44.5	25.4	39.9	-3.0	-6.0
3.44	3.51			102.0		
6.68	6.58			98.5		
10.43	10.15	66.5	67.5	97.3	-1.5	-1.8
45.01	44.98			99.9		
60.12	59.22			98.5		
115.1	111.17	41.3	46.0	96.6	-3.2	-3.5
3.11	2.85	245.7	351.9	91.6	3.4	5.9
0.37	0.27	51.9	49.1	73.0	-2.4	-3.2
5.52	5.26	109.8	95.1	95.3	0.3	-0.2
29879	29534			98.8		
108	52.6			48.7		
2.59	2.57	80.1	82.4	99.2	-0.8	-0.9
2.88	2.85	70.9	73.1	99.0	-1.3	-1.4
31.3	31.6	354.3	281.1	101.0	4.8	4.8
29.86	30.2	187.9	170.4	101.1	2.4	2.5
35646	35471	1117.3	737.4	99.5	9.4	9.5
17642	18134	1126.6	896.6	102.8	9.4	10.5
19096	21923	3018.5	1446.3	114.8	13.5	12.9
2130	2138	967.4	806.8	100.4	8.8	10.0
83028	87222	1968.9	1100.7	105.1	11.7	11.5
25345	25031	643.3	753.3	98.8	7.1	9.6
1587	1587	121.1	122.7	100.0	0.7	0.9
21.72	21.8	162.4	165.2	100.4	1.8	2.3
8.73	8.67	154.4	145.2	99.3	1.6	1.7
17.63	17.7	183.2	198.2	100.4	2.3	3.2
15.12	15.42	183.4	191.6	102.0	2.3	3.0
104524	102364	70.0	67.8	97.9	-1.3	-1.7
14114	14137	477.3	359.3	100.2	6.0	6.0
3480	3569	12.4	23.0	102.6	-7.4	-6.5
469	436	73.4	68.1	93.0	-1.1	-1.7
11479	7534	147.2	53.5	65.6	1.4	-2.8
3836	2325	119.4	51.1	60.6	0.7	-3.0
24.5	19.3	8.3	5.3	78.8	-8.8	-12.5

1－10 吉林的一天
A Day of Jilin

指 标	Item	2021	2022
每天创造的财富	**Daily Production**		
全省生产总值（亿元）	Gross Domestic Product (100 million yuan)	36.07	35.81
第一产业	Primary Industry	4.26	4.63
第二产业	Secondary Industry	13.06	12.68
#工业	# Industry	10.52	10.24
建筑业	Construction	2.63	2.54
第三产业	Tertiary Industry	18.74	18.50
地方财政收入（亿元）	Government Revenue (100 million yuan)	3.13	2.33
财政支出（亿元）	Government Expenditure (100 million yuan)	10.13	11.08
粮豆薯（万吨）	Grain (10000 tons)		
水稻	# Rice	1.88	1.82
玉米	Corn	8.76	8.15
大豆	Soybean	0.15	0.19
高粱	Sorghum	0.14	0.11
薯类	Tuber	0.07	0.09
#马铃薯	Potato	0.06	0.08
油料（万吨）	Oil-bearing Crops (10000 tons)	0.23	0.22
园参（吨）	Garden Ginseng (ton)	115.34	98.02
肉类（万吨）	Meat (10000 tons)	0.81	0.80
牛奶（万吨）	Milk (10000 tons)	0.09	0.08
水产品（万吨）	Aquatic Products (10000 tons)	0.07	0.07
原煤（万吨）	Coal (10000 tons)	2.40	2.60
原油（万吨）	Crude Oil (10000 tons)	1.11	1.15
水泥（万吨）	Cement (10000 tons)	5.82	4.71
钢（万吨）	Steel (10000 tons)	4.22	3.72
成品钢材（万吨）	Steel Products (10000 tons)	4.91	4.20

1－10 续表 continued

指　　标	Item	2021	2022
汽车（辆）	Motor Vehicles (set)	6623	5906
天然气（万立方米）	Natural Gas (10000 cu.m)	585.88	558.33
发电量（亿千瓦时）	Electricity (100 million kWh)	2.63	2.72
每天消费量	**Daily Consumption**		
社会消费品零售总额（亿元）	Total Retail Sales of Consumer Goods (100 million yuan)	11.55	10.43
每天其他经济活动	**Other Daily Economic Activities**		
客运量（万人）	Passenger Traffic (10000 persons)	38.61	21.43
货运量（万吨）	Freight Traffic (10000 persons)	161.69	143.09
邮电业务总量（亿元）	Postal and Telecommunication Services (100 million yuan)	0.97	0.92
进出口额（万美元）	Total Value of Imports and Exports (USD 10000)	6372	6408
进　口	Total Imports	4872	4349
出　口	Total Exports	1499	2059
国内旅游收入（亿元）	Income from Domestic Tourism (100 million yuan)	8.97	4.23
国际旅游外汇收入（万美元）	Foreign Exchange Earnings (USD 10000)	18	7
人口和社会活动	**Population and Social Activities**		
出生人口（人）	Birth Population (person)	307	280
死亡人口（人）	Death Population (person)	528	544
结婚（对）	Marriages (couple)	361	313
离婚（对）	Divorces (couple)	140	125
公共图书馆流通人次（万人次）	Circulation of Public Libraries (10000 person-times)	0.44	0.41
印刷图书（万册）	Printed Copies of Books (10000 copies)	85.19	78.13
印刷杂志（万册）	Printed Copies of Magazines (10000 copies)	10.17	7.36
印刷报纸（万份）	Printed Copies of Newspapers (10000 copies)	151.23	144.21
生活清运垃圾（万吨）	Living Garbage Removal (10000 tons)	1.28	1.19

1－11 国民经济主要比例关系

Proportions of National Economic Indicators

指　　标	Item	2021 绝对数 Value	2021 构成(%) Composition (%)	2022 绝对数 Value	2022 构成(%) Composition (%)
全部从业人员（万人）	Employment (10000 persons)	1228.44	100.0	1184.98	100.0
第一产业	Primary Industry	453.83	36.9	478.59	40.4
第二产业	Secondary Industry	181.18	14.7	171.19	14.4
第三产业	Tertiary Industry	593.43	48.3	535.20	45.2
地区生产总值（亿元）	Gross Domestic Products (100 million yuan)	13163.84	100.0	13070.24	100.0
第一产业	Primary Industry	1553.84	11.8	1689.10	12.9
第二产业	Secondary Industry	4768.28	36.2	4628.30	35.4
第三产业	Tertiary Industry	6841.72	52.0	6752.84	51.7
全社会固定资产投资（亿元）	Investment in Fixed Assets (100 million yuan)		100.0		100.0
建筑安装工程	Construction and Installation		75.2		75.9
设备、工器具购置	Purchase Equipment and Tools		7.4		9.5
其他费用	Others		17.4		14.6
农林牧渔业总产值（亿元）	Gross Output Value of Agriculture, Forestry,Animal Husbandry and Fishery (100 million yuan)	2972.32	100.0	3217.91	100.0
#农业	Farming	1302.91	43.8	1512.73	47.0
林业	Forestry	72.59	2.4	69.49	2.2
牧业	Animal Husbandry	1454.25	48.9	1482.58	46.1
渔业	Fishery	54.39	1.8	61.59	1.9
货运量（万吨）	Freight Traffic (10000 persons)	59017	100.0	52227	100.0
#铁路	Railways	5912	10.0	5654	10.8
公路	Highways	47675	80.8	40813	78.1
水运	Waterways				
客运量（万人）	Passenger Traffic (10000 persons)	14094	100.0	7820	100.0
#铁路	Railways	4216	29.9	2052	26.2
公路	Highways	9155	65.0	5318	68.0
民航	Civil Aviation	625	4.4	403	5.2
水运	Waterways	98	0.7	47	0.6
社会消费品零售总额（亿元）	Total Retail Sales of Consumer Goods (100 million yuan)	4216.63	100.0	3807.72	100.0
城镇	Urban	3761.97	89.2	3389.66	89.0
乡村	Rural	454.66	10.8	418.07	12.3
地方财政收入占地区生产总值的比重（%）	Proportion of Local Government Revenue to GDP（%）		8.7		6.5

第二篇

国民经济核算

National Economic Accounting

CHAPTER ▶ 02

资料整理人员：

王苡彤

2-1 历年地区生产总值

Gross Domestic Products

(按当年价格计算 Calculated at the current prices)

单位: 亿元　　unit: 100 million yuan

年份 Year	地区生产总值 Gross Domestic Product	第一产业 Primary Industry	第二产业 Secondary Industry	工业 Industry	建筑业 Construction	第三产业 Tertiary Industry	人均生产总值(元) Per Capita GDP (yuan)
1978	81.98	23.98	42.96	40.34	2.62	15.04	381
1979	91.12	25.34	49.22	44.56	4.66	16.56	417
1980	98.59	27.24	52.24	47.42	4.82	19.11	445
1981	111.16	34.31	56.53	51.29	5.24	20.32	496
1982	121.67	38.40	60.36	54.21	6.15	22.91	538
1983	150.14	56.74	65.38	58.75	6.63	28.02	658
1984	174.39	60.04	80.46	72.10	8.36	33.89	760
1985	200.44	55.74	97.21	85.29	11.92	47.49	868
1986	227.15	64.35	104.30	91.28	13.02	58.50	977
1987	297.49	80.57	139.36	123.49	15.87	77.56	1269
1988	368.67	92.59	173.57	155.12	18.45	102.51	1559
1989	391.65	80.53	181.02	164.09	16.93	130.10	1636
1990	425.28	124.99	182.15	163.82	18.33	118.14	1746
1991	463.47	120.47	203.02	181.71	21.31	139.98	1878
1992	558.06	130.82	257.01	227.17	29.84	170.23	2246
1993	718.58	154.91	351.03	308.10	42.93	212.64	2826
1994	937.73	257.86	396.91	354.70	42.21	282.96	3657
1995	1137.23	301.85	475.22	413.85	61.37	360.16	4402
1996	1346.79	373.58	537.05	471.34	65.71	436.16	5178
1997	1464.34	365.34	566.97	495.10	71.87	532.03	5591
1998	1577.05	426.66	585.65	504.12	81.53	564.74	5983
1999	1672.96	420.44	654.52	552.34	102.18	598.00	6311
2000	1751.35	395.32	675.73	565.52	110.21	680.30	6646
2001	1900.85	405.34	747.51	624.73	122.78	748.00	7076
2002	2043.09	441.60	793.49	653.53	139.96	808.00	7581
2003	2141.03	486.71	805.72	660.12	145.60	848.60	7925
2004	2455.21	562.32	903.41	735.13	168.28	989.48	9073
2005	2776.53	618.67	1002.41	819.82	182.59	1155.45	10237
2006	3226.47	640.20	1097.19	904.40	192.79	1489.08	11864
2007	4080.34	755.22	1477.66	1255.08	222.58	1847.46	14966
2008	4834.68	863.56	1787.97	1474.79	313.18	2183.15	17696
2009	5434.84	888.62	2055.14	1705.03	350.11	2491.08	19858
2010	6410.48	928.43	2485.78	2029.61	456.17	2996.27	23370
2011	7734.64	1105.87	2931.42	2375.99	555.43	3697.35	28270
2012	8678.02	1195.63	3315.15	2649.66	665.49	4167.24	32005
2013	9427.89	1250.24	3572.13	2852.74	737.79	4605.52	35139
2014	9966.54	1270.21	3804.85	3065.01	759.60	4891.48	37539
2015	10018.00	1270.64	3837.76	3090.70	767.00	4909.60	38128
2016	10427.00	1130.05	3901.42	3148.21	773.51	5395.53	40259
2017	10922.00	1095.36	3995.45	3235.24	781.08	5831.19	42890
2018	11253.81	1160.71	4051.52	3287.16	785.56	6041.58	44925
2019	11726.82	1287.32	4134.82	3347.81	808.63	6304.68	47554
2020	12255.98	1553.04	4319.86	3501.19	837.22	6383.08	50561
2021	13163.84	1553.84	4768.28	3839.49	959.86	6841.72	55148
2022	13070.24	1689.10	4628.30	3737.90	927.17	6752.84	55347

注：1.2022年数据为初步核算数。
　　2.2011年以后人均生产总值数据按第七次人口普查数据修订。

Note: 1.Data of 2022 are preliminary accounting figures.
　　2.Data of Per Capita GDP since 2011 have been revised in accordance with the results of the Seventh National Population Census.

2-2 历年地区生产总值指数

Indices of Gross Domestic Product

（按可比价格计算，以1952年为100 Calculated at price,1952 = 100）

年份 Year	地区生产总值 Gross Domestic Product	第一产业 Primary Industry	第二产业 Secondary Industry	工业 Industry	建筑业 Construction	第三产业 Tertiary Industry	人均生产总值 Per Capita GDP
1978	426.4	144.1	1090.3	1117.7	730.5	440.8	212.5
1979	450.3	132.6	1205.9	1190.4	1296.6	486.2	221.0
1980	479.6	131.0	1303.6	1291.6	1344.6	539.7	232.3
1981	507.4	150.1	1327.1	1318.7	1339.2	562.4	243.2
1982	546.5	167.8	1386.8	1364.9	1534.7	619.2	259.3
1983	665.1	247.2	1482.5	1459.1	1651.3	733.8	313.0
1984	748.2	257.8	1743.4	1707.1	2032.8	856.3	349.9
1985	799.1	225.8	1966.6	1888.1	2677.2	1086.6	371.6
1986	857.4	235.5	2041.3	1971.2	2677.2	1284.4	395.8
1987	1018.6	271.5	2425.1	2361.5	2987.8	1576.0	467.0
1988	1180.6	280.5	2936.8	2933.0	2877.3	1881.7	536.6
1989	1151.1	232.0	2819.3	2871.4	2186.7	2133.8	516.7
1990	1190.2	317.1	2757.3	2799.6	2254.5	1931.1	525.0
1991	1260.4	317.1	2909.0	2900.4	2755.0	2178.3	549.2
1992	1414.2	322.8	3441.3	3387.7	3570.5	2465.8	611.8
1993	1593.8	347.7	4036.6	3963.6	4273.9	2709.9	683.4
1994	1748.4	382.5	4262.6	4252.9	4038.8	3143.5	743.5
1995	1918.0	401.6	4757.1	4750.5	4466.9	3476.7	809.7
1996	2176.9	467.9	5380.3	5429.8	4632.2	3890.4	912.5
1997	2372.8	466.0	5853.8	6010.8	4307.9	4532.3	988.2
1998	2588.7	528.0	6304.5	6431.6	4941.2	4908.5	1071.2
1999	2801.0	535.4	6985.4	7055.5	5969.0	5365.0	1159.0
2000	3058.7	519.3	7921.4	7958.6	7091.2	5960.5	1256.4
2001	3315.6	543.2	8681.9	8754.5	7665.6	6526.7	1336.8
2002	3547.7	577.4	9289.6	9288.5	8554.8	7009.7	1426.4
2003	3874.1	611.5	10422.9	10282.4	9855.1	7570.5	1553.3
2004	4222.8	660.4	11465.2	11413.5	10771.6	8221.6	1690.0
2005	4586.0	725.8	12313.6	12223.9	11708.7	8978.0	1832.0
2006	5081.3	756.3	13520.3	13568.5	12188.8	10342.7	2024.4
2007	5670.7	765.4	14818.2	14803.2	13395.5	12225.1	2253.2
2008	6351.2	838.1	16729.7	16624.0	15820.1	13716.6	2516.8
2009	7005.4	861.6	19038.4	18818.4	18398.8	15170.6	2771.0
2010	7734.0	893.5	21913.2	21810.5	20551.5	16551.1	3050.9
2011	8546.1	939.1	25003.0	25125.7	22401.1	18090.4	3380.4
2012	9306.7	988.9	27553.3	27713.6	24618.8	19700.4	3715.1
2013	10097.8	1028.5	29289.2	29792.1	25578.9	22025.0	4075.5
2014	10734.0	1075.8	31075.8	31609.4	27164.8	23566.8	4381.2
2015	11388.8	1126.4	32536.4	32905.4	29229.3	25381.4	4696.6
2016	12129.1	1170.3	34325.9	34748.1	30573.8	27411.9	5077.0
2017	12759.8	1208.9	35561.6	36624.5	29503.7	29303.3	5432.4
2018	13321.2	1233.1	36912.9	38455.7	29061.1	30885.7	5763.8
2019	13720.8	1263.9	37872.6	39647.8	29206.4	31904.9	6028.9
2020	14036.4	1280.3	40031.3	41987.0	30491.5	31904.9	6276.1
2021	14948.8	1362.2	42032.9	43918.4	32747.9	34297.8	6790.7
2022	14664.8	1416.7	39889.2	41459.0	31994.7	33886.2	6736.4

2-3 历年地区生产总值指数（上年=100）

Indices of Gross Domestic Product (preceding year=100)

年份 Year	地区生产总值 Gross Domestic Product	第一产业 Primary Industry	第二产业 Secondary Industry	工业 Industry	建筑业 Construction	第三产业 Tertiary Industry	人均生产总值 Per Capita GDP
1978	112.8	119.7	111.6	110.9	123.4	107.2	111.5
1979	105.6	92.0	110.6	106.5	177.5	110.3	104.0
1980	106.5	98.8	108.1	108.5	103.7	111.0	105.1
1981	105.8	114.6	101.8	102.1	99.6	104.2	104.7
1982	107.7	111.8	104.5	103.5	114.6	110.1	106.6
1983	121.7	147.3	106.9	106.9	107.6	118.5	120.7
1984	112.5	104.3	117.6	117.0	123.1	116.7	111.8
1985	106.8	87.6	112.8	110.6	131.7	126.9	106.2
1986	107.3	104.3	103.8	104.4	100.0	118.2	106.5
1987	118.8	115.3	118.8	119.8	111.6	122.7	118.0
1988	115.9	103.3	121.1	124.2	96.3	119.4	114.9
1989	97.5	82.7	96.0	97.9	76.0	113.4	96.3
1990	103.4	136.7	97.8	97.5	103.1	90.5	101.6
1991	105.9	100.0	105.5	103.6	122.2	112.8	104.6
1992	112.2	101.8	118.3	116.8	129.6	113.2	111.4
1993	112.7	107.7	117.3	117.0	119.7	109.9	111.7
1994	109.7	110.0	105.6	107.3	94.5	116.0	108.8
1995	109.7	105.0	111.6	111.7	110.6	110.6	108.9
1996	113.5	116.5	113.1	114.3	103.7	111.9	112.7
1997	109.0	99.6	108.8	110.7	93.0	116.5	108.3
1998	109.1	113.3	107.7	107.0	114.7	108.3	108.4
1999	108.2	101.4	110.8	109.7	120.8	109.3	108.2
2000	109.2	97.0	113.4	112.8	118.8	111.1	108.4
2001	108.4	104.6	109.6	110.0	108.1	109.5	106.4
2002	107.0	106.3	107.0	106.1	111.6	107.4	106.7
2003	109.2	105.9	112.2	110.7	115.2	108.0	108.9
2004	109.0	108.0	110.0	111.0	109.3	108.6	108.8
2005	108.6	109.9	107.4	107.1	108.7	109.2	108.4
2006	110.8	104.2	109.8	111.0	104.1	115.2	110.5
2007	111.6	101.2	109.6	109.1	109.9	118.2	111.3
2008	112.0	109.5	112.9	112.3	118.1	112.2	111.7
2009	110.3	102.8	113.8	113.2	116.3	110.6	110.1
2010	110.4	103.7	115.1	115.9	111.7	109.1	110.1
2011	110.5	105.1	114.1	115.2	109.0	109.3	110.8
2012	108.9	105.3	110.2	110.3	109.9	108.9	109.9
2013	108.5	104.0	106.3	107.5	103.9	111.8	109.7
2014	106.3	104.6	106.1	106.1	106.2	107.0	107.5
2015	106.1	104.7	104.7	104.1	107.6	107.7	107.2
2016	106.5	103.9	105.5	105.6	104.6	108.0	108.1
2017	105.2	103.3	103.6	105.4	96.5	106.9	107.0
2018	104.4	102.0	103.8	105.0	98.5	105.4	106.1
2019	103.0	102.5	102.6	103.1	100.5	103.3	104.6
2020	102.3	101.3	105.7	105.9	104.4	100.0	104.1
2021	106.5	106.4	105.0	104.6	107.4	107.5	108.2
2022	98.1	104.0	94.9	94.4	97.7	98.8	99.2

2-4 地区生产总值

Gross Domestic Product

单位: 亿元 unit: 100 million yuan

指　　标	Item	2021	2022	2022年为2021年的%（按可比价计　算）2022as percentage of 2021 (calculated at constant price)
地区生产总值（当年价格）	**Gross Domestic Products (Current Price)**	**13163.84**	**13070.24**	**98.1**
农、林、牧、渔业	Agriculture、Forestry、Animal Husbandry and Fishery	1604.18	1742.27	104.0
工业	Industry	3839.49	3737.90	94.4
建筑业	Construction	959.86	927.17	97.7
批发和零售业	Wholesale and Retail Trade	820.46	785.52	95.8
交通运输、仓储和邮政业	Transport,Storage and Post	649.34	592.11	90.4
住宿和餐饮业	Hotels and Catering Services	192.80	163.29	84.0
金融业	Financial Intermediation	950.07	1000.41	105.4
房地产业	Real Estate	773.08	706.66	91.7
其他服务业	Others	3374.56	3414.91	101.6
第一产业	**Primary Industry**	**1553.84**	**1689.10**	**104.0**
第二产业	**Secondary Industry**	**4768.28**	**4628.30**	**94.9**
第三产业	**Tertiary Industry**	**6841.72**	**6752.84**	**98.8**
人均生产总值(元)	**Per Capita GDP (yuan)**	**55148**	**55347**	**99.2**

2-5 三次产业贡献率

Share of the Contributions of the Three Strata of Industries to the Increase of the GDP

单位: %　　　　unit:%

年 份 Year	地区生产总值 Cross Domestic Product	第一产业 Primary Industry	第二产业 Secondary Industry	#工业 Industry	第三产业 Tertiary Industry
2001	100.0	12.3	44.1	38.1	43.6
2002	100.0	19.5	38.8	28.5	41.7
2003	100.0	13.9	51.7	37.7	34.4
2004	100.0	18.6	44.3	40.2	37.1
2005	100.0	23.9	34.6	27.6	41.5
2006	100.0	8.7	32.7	30.1	58.6
2007	100.0	2.2	29.7	23.3	68.1
2008	100.0	15.1	38.0	29.8	46.9
2009	100.0	5.1	47.4	37.2	47.5
2010	100.0	6.2	53.3	45.7	40.5
2011	100.0	7.0	51.8	45.7	41.2
2012	100.0	8.2	45.8	38.0	46.0
2013	100.0	6.2	29.9	29.4	63.9
2014	100.0	9.3	38.3	31.9	52.4
2015	100.0	9.6	30.3	22.1	60.1
2016	100.0	7.6	32.3	26.7	60.1
2017	100.0	7.9	26.2	31.8	65.9
2018	100.0	5.4	32.3	34.9	62.3
2019	100.0	10.1	33.3	32.4	56.6
2020	100.0	6.7	93.5	80.2	-0.2
2021	100.0	12.4	27.3	20.3	60.3
2022	100.0				

注：1.本表按可比价格计算。产业贡献率是各产业增加值增量与地区生产总值增量之比。
　　2.2022年为负增长，无三次产业贡献率。

Note:1.Data in this table are calculated at constant prices.share of the three industries refers to the proportion of the increment of every industrial value added to the increment of GDP.

2.The GDP growth rate of 2022 is negative value, so there is no share of the contribution of the three strata of industry to the increase of the GDP.

2-6 三次产业对地区生产总值增长的拉动

Pull Rate of the Three Strata of Industry to GDP Growth

单位: 百分点 unit:Percentage Points

年 份 Year	地区生产总值 Cross Domestic Product	第一产业 Primary Industry	第二产业 Secondary Industry	#工业 Industry	第三产业 Tertiary Industry
2001	8.4	1.0	3.7	3.2	3.7
2002	7.0	1.4	2.7	2.0	2.9
2003	9.2	1.3	4.8	3.5	3.1
2004	9.0	1.7	4.0	3.6	3.3
2005	8.6	2.1	3.0	2.4	3.5
2006	10.8	0.9	3.5	3.3	6.4
2007	11.6	0.3	3.4	2.7	7.9
2008	12.0	1.8	4.6	3.6	5.6
2009	10.3	0.5	4.9	3.8	4.9
2010	10.4	0.6	5.5	4.8	4.3
2011	10.5	0.7	5.4	4.8	4.4
2012	8.9	0.7	4.1	3.4	4.1
2013	8.5	0.5	2.5	2.5	5.5
2014	6.3	0.6	2.4	2.0	3.3
2015	6.1	0.6	1.8	1.3	3.7
2016	6.5	0.5	2.1	1.7	3.9
2017	5.2	0.4	1.4	1.7	3.4
2018	4.4	0.2	1.4	1.5	2.8
2019	3.0	0.3	1.0	1.0	1.7
2020	2.3	0.2	2.2	1.9	-0.1
2021	6.5	0.8	1.8	1.3	3.9
2022	-1.9	0.5	-1.8	-1.6	-0.6

注：本表按可比价格计算。产业拉动率指地区生产总值增长速度与各产业贡献率之乘积。
Note：Data in this table are calculated at constant prices.Contribution of the three Strata of industries to GDP growth refers to the growth rate of GDP multiplying the contribution shares.

2-7 第三产业增加值构成
The Composition of the Added Value of the Tertiary Industry

单位：% unit:%

年份 Year	第三产业 Tertiary Industry	交通运输仓储和邮政业 Transport, Storage and Post	批发和零售业 Wholesale and Retail Trades	住宿和餐饮业 Hotels and Catering Services	金融业 Financial Intermediation	房地产业 Real Estate	其他 Other
2004	100.0	19.4	20.5	3.5	8.6	9.3	38.7
2005	100.0	18.0	19.6	3.7	7.9	8.7	42.1
2006	100.0	15.9	16.9	4.9	9.8	9.2	43.3
2007	100.0	14.9	16.2	4.5	9.6	8.3	46.5
2008	100.0	14.5	16.1	4.0	8.7	8.4	48.3
2009	100.0	13.7	15.6	4.3	9.4	8.0	49.0
2010	100.0	12.5	15.2	4.0	8.2	7.1	53.0
2011	100.0	12.0	15.2	3.7	10.3	9.3	49.5
2012	100.0	11.6	14.5	3.8	12.1	10.7	47.3
2013	100.0	11.0	13.8	3.5	14.0	11.5	46.2
2014	100.0	10.5	13.6	3.3	13.9	12.6	46.1
2015	100.0	10.5	13.6	3.4	13.9	12.6	46.0
2016	100.0	10.0	13.1	3.3	13.6	12.5	47.5
2017	100.0	9.7	12.3	3.1	13.3	12.2	49.4
2018	100.0	9.6	12.1	3.1	12.9	12.1	50.2
2019	100.0	9.1	12.0	3.1	13.3	12.4	50.1
2020	100.0	9.1	11.5	2.5	14.1	11.9	50.9
2021	100.0	9.5	12.0	2.8	13.9	11.3	50.5
2022	100.0	8.8	11.6	2.4	14.8	10.5	51.9

2-8 第三产业增加值

The Added Value of the Tertiary Industry

单位: 亿元 unit:100 million yuan

年份 Year	第三产业 Tertiary Industry	交通运输仓储和邮政业 Transport, Storage and Post	批发和零售业 Wholesale and Retail Trades	住宿和餐饮业 Hotels and Catering Services	金融业 Financial Intermediation	房地产业 Real Estate	其他 Other
2004	989.48	192.26	202.35	34.55	85.50	92.45	382.37
2005	1155.45	208.10	226.38	42.98	90.88	100.30	486.81
2006	1489.08	236.82	252.30	72.33	145.38	137.01	645.24
2007	1847.46	275.76	298.39	83.82	177.04	153.03	859.42
2008	2183.15	317.06	351.92	87.90	190.47	182.70	1053.10
2009	2491.08	341.76	389.49	108.21	233.89	200.14	1217.59
2010	2996.27	373.93	455.77	120.11	245.89	212.32	1588.25
2011	3697.35	442.35	560.78	136.17	382.55	342.23	1833.27
2012	4167.24	481.52	604.30	159.21	503.59	447.08	1971.54
2013	4605.52	506.30	636.97	160.33	643.09	528.45	2130.38
2014	4891.48	513.92	665.41	163.57	680.42	615.19	2252.97
2015	4909.60	516.36	666.72	168.73	683.11	618.57	2256.11
2016	5395.53	537.61	704.88	178.12	732.23	673.37	2569.32
2017	5831.19	563.68	717.77	181.06	774.59	711.80	2882.29
2018	6041.58	579.86	732.87	188.10	780.75	731.05	3028.95
2019	6304.68	574.40	759.11	192.61	837.89	778.83	3161.84
2020	6383.08	582.11	733.49	159.98	901.24	760.36	3245.90
2021	6841.72	649.34	820.46	192.80	950.07	773.08	3455.97
2022	6752.84	592.11	785.52	163.29	1000.41	706.66	3504.85

第三篇

人　　口

Population

CHAPTER ▶ 03

资料整理人员：

解绍涛

3-1 历年全省人口数及构成
Population and Its Composition Over the Years

单位：万人 unit: 10000 persons

年份 Year	年底总人口 Population	按性别分 By Sex		按城乡分 Grouped by Urban and Rural		占总人口的比重（%） Proportion (%)	
		男 Male	女 Female	城镇人口 Urban Population	乡村人口 Rural Population	男性人口 Male Population	城镇人口 Urban Population
1978	2149.3	1102.3	1047.0	659.5	1489.8	51.3	30.7
1979	2184.6	1119.0	1065.6	701.2	1483.4	51.2	32.1
1980	2210.7	1132.1	1078.6	723.3	1487.4	51.2	32.7
1981	2230.9	1141.4	1089.5	745.7	1485.2	51.2	33.4
1982	2257.6	1155.1	1102.5	763.7	1493.9	51.2	33.8
1983	2269.5	1162.3	1107.2	782.1	1487.4	51.2	34.5
1984	2284.5	1170.7	1113.8	802.6	1481.9	51.2	35.1
1985	2298.0	1177.4	1120.6	837.0	1461.0	51.2	36.4
1986	2315.3	1186.4	1128.9	857.0	1458.3	51.2	37.0
1987	2336.4	1196.9	1139.5	883.5	1452.9	51.2	37.8
1988	2357.4	1208.3	1149.1	908.7	1448.7	51.3	38.5
1989	2395.4	1228.2	1167.2	930.8	1464.6	51.3	38.9
1990	2440.2	1248.1	1192.1	951.9	1488.3	51.1	39.0
1991	2459.7	1258.5	1201.2	966.2	1493.5	51.2	39.3
1992	2474.0	1265.3	1208.7	985.4	1488.6	51.1	39.8
1993	2496.1	1276.0	1220.1	1021.2	1474.9	51.1	40.9
1994	2515.6	1285.9	1229.7	1050.4	1465.2	51.1	41.8
1995	2550.9	1302.8	1248.1	1077.8	1473.1	51.1	42.3
1996	2579.1	1315.5	1263.6	1094.5	1484.6	51.0	42.4
1997	2600.1	1324.6	1275.5	1115.9	1484.2	50.9	42.9
1998	2603.2	1325.6	1277.6	1122.9	1480.3	50.9	43.1
1999	2616.1	1331.6	1284.5	1131.9	1484.2	50.9	43.3
2000	2627.3	1336.5	1290.8	1143.0	1484.3	50.9	43.5
2001	2637.1	1340.8	1296.3	1154.7	1482.4	50.8	43.8
2002	2649.4	1346.9	1302.5	1177.8	1471.6	50.8	44.5
2003	2658.6	1350.5	1308.1	1195.4	1463.2	50.8	45.0
2004	2661.9	1352.0	1309.9	1202.4	1459.5	50.8	45.2
2005	2669.4	1355.0	1314.4	1206.3	1463.1	50.8	45.2
2006	2679.5	1359.1	1320.4	1208.8	1470.7	50.7	45.1
2007	2696.1	1366.0	1330.1	1215.9	1480.2	50.7	45.1
2008	2710.5	1372.8	1337.7	1224.8	1485.7	50.6	45.2
2009	2719.5	1376.1	1343.4	1226.8	1492.7	50.6	45.1
2010	2723.8	1377.7	1346.1	1242.1	1481.7	50.6	45.6
2011	2726.5	1377.9	1348.6	1309.1	1417.4	50.5	48.0
2012	2701.5	1363.4	1338.1	1266.7	1434.8	50.5	46.9
2013	2678.5	1352.2	1326.3	1258.4	1420.1	50.5	47.0
2014	2671.3	1346.5	1324.8	1247.8	1423.5	50.4	46.7
2015	2662.1	1341.2	1320.9	1289.0	1373.1	50.4	48.4
2016	2645.5	1332.7	1312.8	1303.7	1341.8	50.4	49.3
2017	2615.8	1315.3	1300.5	1297.3	1318.5	50.3	49.6
2018	2608.9	1311.1	1297.9	1284.2	1324.7	50.3	49.2
2019	2601.7	1306.8	1294.9	1279.8	1321.9	50.2	49.2
2020	2577.1	1292.4	1284.7	1266.5	1310.6	50.1	49.1
2021	2559.6	1283.5	1276.1	1257.4	1302.2	50.1	49.1
2022	2549.5	1278.3	1271.2	1251.3	1298.2	50.1	49.1

注：本表是公安部门年报数字。
Note: Data in this table are annual numbers from police departments.

3-2 全省人口情况

Basic Statistics on Population of Jilin

指　标	Item	2012	2013	2014	2015	2016	2017	2018	2019	2020	2021	2022
总户数（万户）	Total Households (10000 households)	939.91	959.74	960.69	879.64	907.05	960.49	927.00	948.65	1025.40	1019.47	978.2
户均人口（人/户）	Average Population (person/household)	2.87	2.78	2.75	2.97	2.83	2.63	2.68	2.58	2.34	2.33	2.40
总人口（万人）	Total Population (10000 Persons)	2697.55	2668.07	2641.89	2612.53	2566.96	2526.09	2484.35	2447.52	2399.44	2375.37	2347.69
男	Male	1376.45	1363.71	1335.25	1319.33	1295.87	1279.99	1256.96	1230.70	1197.86	1189.18	1172.86
女	Female	1321.10	1304.36	1306.64	1293.20	1271.09	1246.10	1227.39	1216.82	1201.58	1186.19	1174.83
性别比（女=100）	Sex Ratio (female=100)	104.19	104.55	102.19	102.02	101.95	102.72	102.41	101.14	99.69	100.25	99.83
城镇人口（万人）	Urban Population (10000 persons)	1471.24	1487.18	1500.86	1505.86	1508.09	1508.33	1511.73	1508.41	1503.01	1505.15	1496.18
占总人口比重（%）	Percentage of the Total Population	54.54	55.74	56.81	57.64	58.75	59.71	60.85	61.63	62.64	63.36	63.73
乡村人口（万人）	Rural Population (10000 persons)	1226.31	1180.89	1141.03	1106.67	1058.87	1017.76	972.62	939.11	896.43	870.22	851.51
占总人口比重（%）	Percentage of the Total Population	45.46	44.26	43.19	42.36	41.25	40.29	39.15	38.37	37.36	36.64	36.27
出生人口（万人）	Birth Population (10000 persons)	22.14	20.76	21.32	16.29	19.29	18.15	15.91	15.76	11.66	11.22	10.23
人口出生率（‰）	Birth Rate（‰）	8.17	7.74	8.03	6.20	7.45	7.13	6.35	6.39	4.84	4.70	4.33
死亡人口（万人）	Death Population (10000 persons)	14.77	13.87	17.12	15.23	15.42	17.76	17.01	18.62	18.93	19.29	19.84
人口死亡率（‰）	Death Rate（‰）	5.45	5.17	6.45	5.80	5.95	6.97	6.79	7.55	7.81	8.08	8.40
自然增长人口（万人）	Natural Growth Population (10000 persons)	7.37	6.89	4.20	1.06	3.87	0.39	-1.10	-2.86	-7.27	-8.07	-9.61
人口自然增长率（‰）	Natural Growth Rate（‰）	2.72	2.57	1.58	0.40	1.49	0.15	-0.44	-1.16	-2.97	-3.38	-4.07

注：1.根据国际惯例，国家统计局根据2020年第七次全国人口普查和2010年第六次全国人口普查结果，对2011年至2019年各省常住人口主要数据进行了修订。

2.此表中2011年-2019年吉林省常住人口主要数据为修订后的结果，此前年鉴中相应数据均以此表为准。

Note: 1.Based on the results of the Seventh National Population Census in 2020 and the Sixth National Population Census in 2010, the National Bureau of Statistics has revised the main data on the permanent resident population of each province from 2011 to 2019 in accordance with international practice.

2.The main data of permanent resident population in Jilin Province from 2011 to 2019 in this table have been revised, and the corresponding data in the previous yearbook are subject to this table.

3－3 各地区人口情况（2022年末）
Population by Region（end of 2022）

地 区	Region	2021年总人口（万人）Total Population for the year 2021 (10000 persons)	2022年总人口（万人）Total Population for the year 2022 (10000 persons)	男性人口（万人）Male (10000 persons)	女性人口（万人）Female (10000 persons)	性别比（女性=100）Sex Ratio (Female=100)	城镇人口（万人）Urban (10000 persons)	占总人口比重（%）Proportion（%）
全 省	**Total**	**2375.37**	**2347.69**	**1172.86**	**1174.83**	**99.83**	**1496.18**	**63.73**
长 春	Changchun	908.72	906.54	455.75	450.79	101.1	608.68	67.14
吉 林	Jilin	354.73	352.12	174.96	177.16	98.76	226.94	64.45
四 平	Siping	176.98	169.79	84.66	85.13	99.45	88.73	52.26
辽 源	Liaoyuan	97.91	95.84	47.6	48.24	98.67	56.18	58.62
通 化	Tonghua	126.87	122.4	60.88	61.52	98.96	75.42	61.62
白 山	Baishan	92.32	90.62	44.96	45.66	98.47	72.45	79.95
松 原	Songyuan	219.48	216.07	108.16	107.91	100.23	103.56	47.93
白 城	Baicheng	150.76	148.10	73.56	74.54	98.69	81.84	55.26
延 边	Yanbian	191.28	189.95	94.04	95.91	98.05	146.89	77.33
长白山	Changbaishan	6.07	6.06	3.06	3.00	102.00	6.04	99.67
梅河口	Meihekou	50.25	50.20	25.23	24.97	101.04	29.45	58.67

地 区	Region	乡村人口（万人）Rural (10000 persons)	占总人口比重（%）Proportion（%）	出生人口（万人）Number of Births (10000 persons)	人口出生率（‰）Birth Rate（‰）	死亡人口（万人）Number of Deaths (10000 persons)	人口死亡率（‰）Death Rate(‰)	自然增长人口（万人）Natural Increase of Population (10000 persons)	人口自然增长率（‰）Natural Growth Rate of Population (‰)
全 省	**Total**	**851.51**	**36.27**	**10.23**	**4.33**	**19.84**	**8.40**	**−9.61**	**−4.07**
长 春	Changchun	297.86	32.86	4.17	4.59	7.69	8.47	−3.52	−3.88
吉 林	Jilin	125.18	35.55	1.29	3.65	2.54	7.19	−1.25	−3.54
四 平	Siping	81.06	47.74	0.74	4.27	1.34	7.73	−0.6	−3.46
辽 源	Liaoyuan	39.66	41.38	0.38	3.92	0.86	8.88	−0.48	−4.95
通 化	Tonghua	46.98	38.38	0.54	4.33	1.03	8.26	−0.49	−3.93
白 山	Baishan	18.17	20.05	0.36	3.94	1.05	11.48	−0.69	−7.54
松 原	Songyuan	112.51	52.07	1.07	4.91	1.26	5.79	−0.19	−0.87
白 城	Baicheng	66.26	44.74	0.65	4.35	1.60	10.71	−0.95	−6.36
延 边	Yanbian	43.06	22.67	0.77	4.04	1.99	10.44	−1.22	−6.40
长白山	Changbaishan	0.02	0.33	0.03	4.95	0.04	6.60	−0.01	−1.65
梅河口	Meihekou	20.75	41.33	0.23	4.58	0.44	8.76	−0.21	−4.18

4

第四篇

从业人员和职工工资

Employment and Wage

CHAPTER ▶ 04

资料整理人员：

解绍涛

4-1 全省就业人数
Number of Employed Persons

单位: 万人　　unit:10000 persons

年 份 Year	全部就业人数 Total	城镇就业人数 Urban	乡村就业人数 Rural	按三次产业分 By Three Industries		
				第一产业 Primary Industry	第二产业 Secondary Industry	第三产业 Tertiary Industry
2010	1563.98	689.00	874.98	676.59	313.60	573.79
2011	1524.99	692.58	832.41	651.88	296.96	576.15
2012	1489.99	697.09	792.90	628.98	281.63	579.38
2013	1457.00	701.65	755.35	607.09	267.14	582.77
2014	1427.01	706.83	720.18	586.53	253.68	586.80
2015	1399.00	712.23	686.77	566.90	241.00	591.10
2016	1367.99	715.27	652.72	546.24	228.22	593.53
2017	1339.00	718.46	620.54	526.54	216.20	596.26
2018	1314.01	723.02	590.99	508.58	205.24	600.19
2019	1286.00	725.08	560.92	489.61	194.18	602.21
2020	1261.00	728.01	532.99	471.99	184.00	605.01
2021	1228.44	718.24	510.20	453.83	181.18	593.43
2022	1184.98	681.15	503.83	478.59	171.19	535.20

注：1.根据国际惯例，国家统计局根据2020年第七次全国人口普查和2010年第六次全国人口普查结果，对2011年至2019年各省就业人口主要数据进行了修订。

2.此表中2011年–2019年吉林省就业人口主要数据为修订后的结果，此前年鉴中相应数据均以此表为准。

Note:1. Based on the results of the Seventh National Population Census in 2020 and the Sixth National Population Census in 2010, the National Bureau of Statistics has revised the main data on the employed persons of each province from 2011 to 2019 in accordance with international practice.

2.The main data of employed persons in Jilin Province from 2011 to 2019 in this table have been revised, and the corresponding data in the previous yearbook are subject to this table.

4-2 各地区就业人数（2022年末）
Number of Employed Persons By Region（End of 2022）

单位: 万人　　unit:10000 persons

地 区	Region	全部就业人数 Total	城镇就业人数 Urban	乡村就业人数 Rural	按三次产业分 By Three Industries		
					第一产业 Primary Industry	第二产业 Secondary Industry	第三产业 Tertiary Industry
全 省	**Total**	**1184.98**	**681.15**	**503.83**	**478.59**	**171.19**	**535.2**
长 春	Changchun	482.17	288.5	193.67	158.32	84.56	239.29
吉 林	Jilin	181.81	100.31	81.5	78.75	24.66	78.4
四 平	Siping	79.71	38.55	41.16	45.14	6.96	27.61
辽 源	Liaoyuan	51.83	26.11	25.72	25.4	7.75	18.68
通 化	Tonghua	58.7	34.51	24.19	25.84	8.1	24.76
白 山	Baishan	41.48	31.63	9.85	14.15	5.01	22.32
松 原	Songyuan	105.03	48.48	56.55	57.1	10.22	37.71
白 城	Baicheng	66.91	34.17	32.74	35.74	4.37	26.8
延 边	Yanbian	90.32	62.57	27.75	28.47	15.21	46.64
长白山	Changbaishan	2.55	2.54	0.01	0.81	0.42	1.32
梅河口	Meihekou	24.47	13.78	10.69	8.87	3.93	11.67

4-3 城镇非私营单位就业人员人数(2022年末)

Number of Employed Persons in Urban Non-Private Units (end of 2022)

单位: 人　　　　unit:person

指　　标	Item	单位就业人员 Number of Employed Persons	#女性 Female	在岗职工 Staff and Workers	其他就业人员 Other Type of Employed Persons
全 省	**Total**	**2423294**	**1008423**	**2280824**	**142470**
按登记注册类型分	Grouped by Ownership				
国有单位	State-owned Enterprises	1148584	563895	1098796	49787
集体单位	Collective-owned Enterprises	8376	3616	7603	773
其他单位	Others	1266335	440912	1174425	91910
股份合作单位	Share-holding Corporations Ltd	9595	4296	9442	153
联营单位	Affiliated Enterprises	5371	1989	5240	131
有限责任公司	Limited Liability Corporations	795664	244792	753228	42436
股份有限公司	Joint Stock Corporations	272278	114611	229349	42930
其他内资单位	Others	50688	33047	48346	2342
港澳台投资单位	Funds from Hong Kong,Macao and Taiwan	21523	7742	21490	33
外商投资单位	Foreign Funded Enterprises	111216	34434	107330	3886
按执行会计标准类别分	Grouped by Enterprises and Government				
#企业	Enterprises	1400706	479392	1303384	97323
政府	Government	986632	504382	943674	42958
按国民经济行业分	Grouped by Sector				
农、林、牧、渔业	Agriculture,Forestry,Animal Husbandry and Fishery	52202	10459	48328	3874
采矿业	Mining	53613	12236	53326	287
制造业	Manufacturing	412332	117349	397844	14488
电力、热力、燃气及水的生产和供应业	Production and Supply of Electricity,Heat, Gas and Water	95642	20066	94474	1167
建筑业	Construction	119264	20952	107373	11891
批发和零售业	Wholesale and Retail Trades	82007	41986	80342	1665
交通运输、仓储和邮政业	Transport,Storage and Post	151344	31958	150433	911
住宿和餐饮业	Hotels and Catering Services	16792	9628	16153	639
信息传输、软件和信息技术服务业	Information Transmission,Software and Information Technology	48994	19257	48109	885
金融业	Financial Intermediation	170195	101031	114346	55849
房地产业	Real Estate	44963	19677	44029	934
租赁和商务服务业	Leasing and Business Services	41986	14222	40890	1096
科学研究和技术服务业	Scientific Research and Technical Services	63402	21847	62053	1349
水利、环境和公共设施管理业	Management of Water Conservancy,Environment and Public Facilities	59469	21210	47227	12241
居民服务、修理和其他服务业	Household Services,Repairing and other Services	14785	8569	14010	776
教育	Education	350009	231995	341610	8400
卫生和社会工作	Health Care and Social Work	218604	152250	209595	9008
文化、体育和娱乐业	Culture,Sports and Entertainment	29809	14621	28623	1186
公共管理、社会保障和社会组织	Public Management,Social Security and Social Organizations	397884	139112	382060	15824
按产业分	Grouped by Industries				
第一产业	Primary Industry	52202	10459	48328	3874
第二产业	Secondary Industry	680850	170603	653017	27833
第三产业	Tertiary Industry	1690243	827361	1579479	110763

4-4 城镇非私营单位分细行业就业人员人数（2022年）

Number of Employed Person in Urban Non-Private Units By Sectors（2022）

单位：人　　　　unit:person

项　目	Item	合　计 Total	国　有 单　位 State-owned Units	城镇集体 单位 Urban Collective-owned Units	其他类型 单　位 Units of Other Types of Ownership
总　计	**Total**	**2423294**	**1148584**	**8376**	**1266335**
一、按执行会计标准类别分组	**Grouped by Enterprises and Goverment**				
企业	Enterprises	1400706	163460	6117	1231130
政府	Government	986632	980821	1682	4129
二、按国民经济行业分组	**Grouped by Sector**				
(一)农、林、牧、渔业	**Agriculture,Forestry,Animal Husbandry and Fishery**	**52202**	**35120**	**149**	**16933**
农　业	Farming	2396	1360	5	1031
林　业	Forestry	45115	29834	144	15138
畜牧业	Animal Husbandry	529	306		223
渔　业	Fishery	320	320		
农、林、牧、渔专业及辅助性活动	Professional and Support Activities for Agriculture, Forestry,Animal Husbandry and Fishery	3842	3300		542
(二)采 矿 业	**Mining**	**53613**	**1340**	**45**	**52228**
煤炭开采和洗选业	Mining and Washing of Coal	9086		4	9082
石油和天然气开采业	Extraction of Petroleum and Natural Gas	24734	907		23827
黑色金属矿采选业	Mining and Processing of Ferrous Metal Ores	2361			2361
有色金属矿采选业	Mining and Processing of Non-ferrous Metal Ores	4663	38		4625
非金属矿采选业	Mining and Processing of Non-metal Ores	374	42	41	291
开采专业及辅助性活动	Support Activities for Mining	12395	353		12042
其他采矿业	Mining of Others Ores				
(三)制 造 业	**Manufacturing**	**412332**	**22769**	**981**	**388581**
农副食品加工业	Processing of Food from Agricultural Products	18535	41		18494
食品制造业	Manufacture of Foods	10585			10585
酒、饮料和精制茶制造业	Manufacture of Liquor,Beverages and Refined Tea	10575	17		10558
烟草制品业	Manufacture of Tobacco	3640	561		3079
纺织业	Manufacture of Textile	2157		10	2147
纺织服装、服饰业	Manufacture of Textile Wearing Apparel and Accessories	12631		12	12619
皮革、毛皮、羽毛及其制品和制鞋业	Manufacture of Leather,Fur,Feathers and Related Products and Footwear	636			636
木材加工和木、竹、藤、棕、草制品	Processing of Timber,Manufacture of Wood Bamboo,Rattan,Palm and Straw Products	5307	135		5172
家具制造业	Manufacture of Furniture	328			328
造纸和纸制品业	Manufacture of Paper and Paper Products	2020			2020
印刷和记录媒介复制业	Printing and Reproduction of Recording Media	2490	21	419	2050

4－4 续表 1 continued

单位：人 unit:person

项目	Item	合计 Total	国有单位 State-owned Units	城镇单位 Urban Collective-owned Units	其他类型单位 Units of Other Types of Ownership
文教、工美、体育和娱乐用品制造业	Manufacture of Culture,Art,Sports and Entertainment Goods	392			392
石油加工、炼焦和核燃料加工业	Petroleum Processing and Coking ,Processing of Nuclear Fuel	24289	25		24264
化学原料和化学制品制造业	Manufacture of Chemical Raw Material and Chemical Products	17609		29	17580
医药制造业	Manufacture of Medicines	41873		58	41815
化学纤维制造业	Manufacture of Chemical Fiber	8814			8814
橡胶和塑料制品业	Manufacture of Rubber and Plastic	5347		24	5323
非金属矿物制品业	Manufacture of Non-metallic Mineral Products	10604	226	78	10299
黑色金属冶炼和压延加工业	Smelting and Pressing of Ferrous Metals	9840			9840
有色金属冶炼和压延加工业	Smelting and Pressing of Non-ferrous Metals	5006			5006
金属制品业	Manufacture of Metal Products	4276	24	100	4152
通用设备制造业	Manufacture of General Purpose Machinery	9090	2511	133	6446
专用设备制造业	Manufacture of Special Purpose Machinery	9532	173	21	9338
汽车制造业	Manufacture of Automobiles	157860	19023		138837
铁路、船舶、航空航天和其他运输设备制造业	Manufacture of Railroads,Ships,Aerospace and other Transportation Facilities	14964			14964
电气机械和器材制造业	Manufacture of Electrical Machinery and Equipment	5417		21	5396
计算机、通信和其他电子设备制造业	Manufacture of Communication Equipment, Computer and Other Electronic Equipment	12179	12		12167
仪器仪表制造业	Manufacture of Measuring Instrument	2467		44	2423
其他制造业	Other Manufacturing Industry	214		3	211
废弃资源综合利用业	Utilization of Waste Resources	773			773
金属制品、机械和设备修理业	Metal Products,Machinery and Equipment Repair	2883		29	2854
(四)电力、热力、燃气及水生产和供应业	**Production and Supply of Electricity, Heat,Gas and Water**	**95642**	**8565**	**61**	**87015**
电力、热力生产和供应业	Production and Supply of Electricity and Heat Power	72543	3244	22	69277
燃气生产和供应业	Production and Supply of Gas	5521	437		5084
水的生产和供应业	Production and Supply of Water	17578	4884	39	12655
(五)建筑业	**Construction**	**119264**	**2728**	**883**	**115653**
房屋建筑业	Construction of Building	47245	371	586	46288
土木工程建筑业	Construction of Civil Engineering	46601	2210	226	44165
建筑安装业	Construction Installation	17295	39	71	17185
建筑装饰、装修和其他建筑业	Construction Decoration and other Construction	8125	108		8017
(六)批发和零售业	**Wholesale and Retail Trades**	**82007**	**9137**	**174**	**72696**
批发业	Wholesale Trade	31489	6306	80	25103
零售业	Retail Trade	50517	2831	94	47592

4-4 续表2 continued

单位: 人 unit:person

项目	Item	合计 Total	国有单位 State-owned Units	城镇单位 Urban Collective-owned Units	其他类型单位 Units of Other Types of Ownership
(七) 交通运输、仓储和邮政业	**Transport, Storage and Post**	**151344**	**13736**	**166**	**137442**
铁路运输业	Railway Transport	58407		51	58356
道路运输业	Road Transport	57583	6306	97	51181
水上运输业	Water Transport	31	31		
航空运输业	Air Transport	3044	339		2705
管道运输业	Transport Via Pipeline	95			95
多式联运和运输代理业	Multimodal Transport and Other Transport Services	1606	5		1601
装卸搬运和仓储业	Loading, Unloading, Portage and Other Transport Services	14111	3648	18	10446
邮政业	Post	16467	3408		13059
(八)住宿和餐饮业	**Hotels and Catering Services**	**16792**	**4370**	**80**	**12343**
住宿业	Hotels	11431	4098	40	7293
餐饮业	Catering Services	5362	272	40	5050
(九)信息传输、软件和信息技术服务业	**Information Transmission,Software and Information Technology Services**	**48994**	**9806**	**6**	**39181**
电信、广播电视和卫星传输服务	Telecommunications,Broadcasting Television and Satellite Transmission Services	32638	9096	6	23536
互联网和相关服务	Internet and Related Services	4107	406		3701
软件和信息技术服务业	Software and Infomation Technology Services	12248	304		11944
(十)金融业	**Financial Intermediation**	**170195**	**13007**	**1943**	**155245**
货币金融服务业	Monetary and Financial Services	85235	10998	1943	72294
资本市场服务业	Capital Market Services	1395			1395
保险业	Insurance	83066	2007		81059
其他金融业	Other Financial Activities	499	2		497
(十一)房地产业	**Real Estate**	**44963**	**2722**	**72**	**42169**
房地产业	Real Estate	44963	2722	72	42169
(十二)租赁和商务服务业	**Leasing and Business Services**	**41986**	**9528**	**548**	**31910**
租赁业	Leasing	1316	27		1289
商务服务业	Business Services	40670	9501	548	30621
(十三) 科学研究和技术服务业	**Scientific Research and Technical Service**	**63402**	**35309**	**333**	**27760**
研究和试验发展	Research and Experimental Development	11924	9234	10	2680
专业技术服务业	Professional Technical Services	44144	20122	323	23699
科技推广和应用服务业	Services of Science and Technology Popularization and Application	7334	5952		1381

4－4 续表 3 continued

单位: 人 unit:person

项　目	Item	合　计 Total	国 有 单 位 State-owned Units	城 镇 单 位 Urban Collective-owned Units	其他类型 单 位 Units of Other Types of Ownership
(十四)水利、环境和公共设施管理业	**Water Conservancy, Environment and Public Facilities Management**	**59469**	**43418**	**166**	**15884**
水利管理业	Water Conservancy Management	6505	5721		785
生态保护和环境治理业	Ecological Protection and Environmental Treatment Services	1564	1183		381
公共设施管理业	Public Facility Management	51020	36233	166	14621
土地管理业	Management of Land	379	281		98
(十五)居民服务、修理和其他服务业	**Household Services,Repairing and other Services**	**14785**	**3865**	**545**	**10375**
居民服务业	Service to Households	6777	2950	201	3626
机动车、电子产品和日用产品修理业	Motor Vehicle,Electronic Products and Household Products Repair Services	636	4		632
其他服务业	Other Services	7372	912	344	6116
(十六)教育	**Education**	**350009**	**321059**	**1112**	**27838**
教育	Education	350009	321059	1112	27838
(十七)卫生和社会工作	**Health Care and Social Work**	**218604**	**194487**	**799**	**23318**
卫生	Health Care	208731	188021	674	20036
社会工作	Social Work	9873	6466	125	3282
(十八)文化、体育和娱乐业	**Culture,Sports and Entertainment**	**29809**	**21203**	**69**	**8537**
新闻和出版业	Journalism and Publishing Activities	5272	3322		1949
广播、电视、电影和影视录音制作业	Broadcasting、TV, Movies and Audiovisual Activities	8985	7600	14	1370
文化艺术业	Culture and Activities	9486	8122	16	1348
体育	Sports	4989	1728		3260
娱乐业	Entertainment	1078	430	39	610
(十九)公共管理、社会保障和社会组织	**Public Management,Social Security and Social Organization**	**397884**	**396414**	**243**	**1227**
其中：中国共产党机关	Organs of Communist Party of China	16121	16115	6	
国家机构	Government Agencies	372790	371684	228	878
人民政协、民主党派	People' s Political Consultative Conference and Democratic Parties	2385	2385		
社会保障	Social Securities	3603	3603		
群众社团、社会团体和其他成员组织	Non-Govermental Multitude Organization,Social Organizations and other	2806	2627	9	170

4-5 各地区城镇非私营单位就业人员人数、工资总额和平均工资（2022年末）
Number of Employed Person in Urban Non-Private Units at the end of the Year（2022）

单位：人　　　　unit:person

地　区	Region	就业人数(人）Number of Employed Person (Person)	工资总额（万元）Total Wages (10000 yuan)	平均工资（元）Average Wages (yuan)
全 省	**Total**	**2423294**	**21381667**	**87222**
长 春	Changchun	1030237	10506020	100896
吉 林	Jilin	323506	2575404	77785
四 平	Siping	130722	971608	73595
辽 源	Liaoyuan	72604	535232	73033
通 化	Tonghua	142416	988187	68799
白 山	Baishan	123345	849418	68765
松 原	Songyuan	184134	1482935	79620
白 城	Baicheng	115125	850967	72851
延 边	Yanbian	200546	1566972	77379

注：各地区相加不等于全省总计。
Note:The Sum of the data by region is not equal to the total.

4-6 城镇登记失业人员情况
Registered Unemployment Persons in Urban Area

单位：人　　　　unit:person

指　标	Item	2019	2020	2021	2022
本期新登记的失业人数	Registered Unemployed Persons This Year	212708	256264	176563	148832
#女性	Female	96257	123858	93297	81213
#由就业转失业人数	Unemployed Persons from Employment	47139	78386	107829	93682
本期登记失业人员就业人数	Reemployed Persons This Year	221906	174362	136592	100187
期末实有登记失业人数	Actual Number of Registered Unemployed Persons	239081	206139	190708	195670
#女性	Female	109120	100336	95716	102102
#长期失业者	Unemployed Persons in Long - term	41082	101174	147900	143933

4-7 历年城镇非私营单位就业人员工资总额、平均工资和指数

Total Wages, Average Wages and Related Indices of Employed Persons in Urban Non-Private Units

年 份 Year	工资总额 (万元) Total Wages (10000yuan)	#国有单位 State-owned Units	#城镇集体单位 Urban Collective -owned Units	平均工资 (元) Average Wages (yuan)	#国有单位 State-owned Units	#城镇集体单位 Urban Collective -owned Units	平均实际工资指数 (以上年100) Average Real Wages Index (preceding year=100)	#国有单位 State-owned Units
1978	214393	176392	38001	651	712	467		104.6
1979	234639	189914	44725	700	753	539	105.7	104.0
1980	275684	219028	56656	763	827	588	103.2	104.0
1981	298349	232138	66211	770	840	611	99.3	100.0
1982	323142	250121	73021	799	863	637	99.6	98.6
1983	340615	259049	81566	823	881	680	98.6	97.7
1984	393211	292467	100635	927	1008	751	108.8	110.5
1985	474432	352057	122217	1081	1175	880	105.7	105.7
1986	556845	417486	139173	1221	1333	974	106.6	107.0
1987	644136	484259	159616	1366	1491	1088	104.0	104.0
1988	789012	595701	192919	1630	1771	1311	99.2	98.7
1989	870776	662084	207837	1755	1914	1388	91.9	99.2
1990	951989	734882	215591	1888	2068	1456	102.6	103.0
1991	1063309	816534	243947	2045	2233	1596	101.4	101.1
1992	1220550	945410	264870	2308	2526	1759	104.2	105.7
1993	1423561	1109906	281071	2701	2974	1952	103.4	104.0
1994	1887916	1509813	314723	3666	3997	2568	110.2	109.1
1995	2210027	1809128	318902	4430	4803	3032	104.9	104.3
1996	2636962	2164775	364074	5370	5765	3752	112.6	111.9
1997	2745277	2214025	353209	5664	6017	3813	101.7	100.6
1998	2465545	1967822	268404	6551	6814	4778	116.6	114.1
1999	2532839	1969551	242057	7158	7368	5000	111.5	110.3
2000	2649607	2037696	234537	7924	8121	5501	112.2	111.8
2001	2775443	2102269	222532	8771	9043	5765	109.3	109.9
2002	3005549	2251039	209872	9990	10369	6411	114.5	115.2
2003	3215531	2298500	224936	11081	11124	8018	109.6	106.0
2004	3500716	2460166	192450	12431	12540	7504	107.8	108.3
2005	3774008	2597306	183772	14409	14566	8735	114.2	114.4
2006	4310888	2916500	192231	16583	17118	9787	113.5	115.9
2007	5287046	3612104	178673	20513	21688	11135	118.0	120.9
2008	6014107	4067347	186024	23486	24754	12761	108.9	108.6
2009	6781647	4406877	204827	26230	27523	14443	111.6	111.1
2010	7626800	4922713	228316	29399	30661	17060	108.1	107.4
2011	9190240	5721524	236846	34197	35216	25718	110.6	109.2
2012	11072962	6686141	273291	38407	39335	29506	109.6	109.0
2013	14766085	7900621	252572	42846	45618	34570	108.4	112.7
2014	15899035	8348348	250681	46516	49267	37351	106.4	105.9
2015	17186936	9247062	260430	51558	56032	40955	109.0	111.8
2016	18247620	10102911	274144	56098	62007	44026	107.1	108.9
2017	18989715	10835540	280820	61451	68132	51487	107.8	108.1
2018	19286193	9706066	210681	68533	70498	56418	109.2	101.3
2019	20516890	9463110	86273	73813	75317	59828	104.8	103.9
2020	20054142	9494530	95073	77995	81289	69727	103.6	105.8
2021	21298666	10184343	77064	83028	86029	77947	106.0	105.3
2022	21381667	10140901	65117	87222	88193	78639	103.0	101.0

注：1.1998年以后为在岗职工情况。
2.从2012年以后在岗职工平均工资调整为单位从业人员平均工资。

Note:1.Data on total wages since 1998 refers to wages of fully employed staff and workers.
2.Since 2012 the average wage of workers were changed into,the average wage for Personnel Unit.

4-8 城镇非私营单位就业人员工资总额、平均工资（2022年）

项　　目	Item	单位就业人员工资总额(万元) Total Wage Bill of Employed Persons (10000 yuan)
总计	**Total**	**21381667**
按登记注册类型分	Grouped by Ownership	
国有单位	State-owned Enterprises	10140901
集体单位	Collective-owned Enterprises	65117
其他单位	Others	11175649
股份合作单位	Share-holding Corporations Ltd	94160
联营单位	Affiliated Enterprises	30597
有限责任公司	Limited Liability Corporations	6702817
股份有限公司	Joint Stock Corporations	2571556
其他内资单位	Others	311243
港澳台商投资单位	Funds from Hong Kong,Macao and Taiwan	169325
外商投资单位	Foreign Funded Enterprises	1295949
按执行会计标准类别分	Grouped by Enterprises and Government	
#企业	Enterprises	12788300
政府	Government	8373338
按国民经济行业分	Grouped by Sector	
农、林、牧、渔业	Agriculture,Forestry,Animal Husbandry and Fishery	305099
采矿业	Mining	523927
制造业	Manufacturing	3979289
电力、热力、燃气及水的生产和供应业	Production and Supply of Electricity,Heat,Gas and Water	1044177
建筑业	Construction	817240
批发和零售业	Wholesale and Retail Trades	615225
交通运输、仓储和邮政业	Transportation,Storage and Post	1420181
住宿和餐饮业	Hotels and Catering Services	75525
信息传输、软件和信息技术服务业	Information Transmission,Software and Information Technology	526129
金融业	Financial Intermediation	1766354
房地产业	Real Estate	282442
租赁和商务服务业	Leasing and Business Services	272939
科学研究和技术服务业	Scientific Research and Technical Services	689723
水利、环境和公共设施管理业	Management of Water Conservancy,Environment and Public Facilities	261872
居民服务、修理和其他服务业	Household Services,Repairing and other Services	69842
教育	Education	3290363
卫生和社会工作	Health Care and Social Work	2040873
文化、体育和娱乐业	Culture,Sports and Entertainment	221213
公共管理、社会保障和社会组织	Public Management,Social Security and Social Organization	3179251

Total Wage and Average Wage of Employed Persons in Urban Non-Private Units (2022)

在岗职工工资总额 Total Wages of Staff and Workers	其他就业人员工资总额 Others	单位就业人员平均工资(元) Average Wage of Employed Persons (yuan)	#在岗职工平均工资 Average Wages of Staff and Workers
20699019	**682648**	**87222**	**90070**
9966405	174496	88193	90638
62464	2653	78639	83961
10670151	505498	86414	89583
93755	405	98233	99581
30176	421	57730	58276
6535940	166877	82812	85562
2334482	237074	89922	98707
290976	20267	62490	61255
169016	309	78701	78703
1215805	80144	116041	113483
12270078	518222	89446	92862
8226001	147337	84886	87173
291210	13889	57994	59878
522504	1423	95777	96034
3862552	116737	96129	96834
1039930	4247	108695	109529
757912	59328	64846	66346
606954	8271	73820	74413
1416448	3733	92998	93428
73130	2395	45325	45821
520403	5726	105585	106458
1494038	272316	96088	126097
278918	3524	63564	64230
267098	5841	63085	63499
679131	10592	107119	107822
226149	35723	44151	48053
62156	7686	45119	42508
3244815	45548	94058	95045
1997993	42880	93662	95610
217942	3271	74285	76376
3139734	39517	80023	82312

4-9 城镇非私营单位分行业就业人员工资总额（2022年）

Total Wages of Employed Persons in Urban Non-Private Units by Sector（2022）

单位：万元 unit:10000 yuan

行 业	Item	合 计 Total	国有单位 State-owned Units	集体单位 Collective-owned Units	其他单位 Others
总 计	**Total**	**21381667**	**10140901**	**65117**	**11175649**
农、林、牧、渔业	Agriculture,Forestry,Animal Husbandry and Fishery	305099	192091	307	112701
采矿业	Mining	523927	22739	214	500974
制造业	Manufacturing	3979289	351622	5906	3621761
电力、热力、燃气及水的生产和供应业	Production and Supply of Electricity,Heat,Gas and Water	1044177	59826	212	984139
建筑业	Construction	817240	16538	3811	796891
批发和零售业	Wholesale and Retail Trades	615225	115311	813	499101
交通运输、仓储和邮政业	Transport,Storage and Post	1420181	100934	736	1318511
住宿和餐饮业	Hotels and Catering Services	75525	21424	273	53828
信息传输、软件和信息技术服务业	Information Transmission,Software and Information Technology	526129	98615	11	427503
金融业	Financial Intermediation	1766354	141108	28650	1596596
房地产业	Real Estate	282442	21179	288	260975
租赁和商务服务业	Leasing and Business Services	272939	65490	2776	204673
科学研究和技术服务业	Scientific Research and Technical Services	689723	365771	2570	321382
水利、环境和公共设施管理业	Management of Water Conservancy, Environment Protection and Public Facilities	261872	207669	399	53804
居民服务、修理和其他服务业	Household Services,Repairing and other Services	69842	22780	2964	44098
教育	Education	3290363	3133217	8828	148318
卫生和社会工作	Health Care and Social Work	2040873	1878109	4419	158345
文化、体育和娱乐业	Culture, Sports and Entertainment	221213	156388	413	64412
公共管理、社会保障和社会组织	Public Management,Social Security and Social Organization	3179251	3170090	1527	7634

4-10 城镇非私营单位分细行业就业人员平均工资（2022年）

Average Wage of Employed Persons in Urban Non-Private Units by Sector（2022）

单位: 元　　　　unit:yuan

项目	Item	就业人员 Employees	国有单位 State-owned Units	集体单位 Urban Collective-owned Units	其他类型单位 Units of Other Types of Ownership
总计	**Total**	**87222**	**88193**	**78639**	**86414**
一、按执行会计标准类别分组	**Grouped by Enterprises and Government**				
企业	Enterprise	89446	107858	83107	87065
政府	Government	84886	84966	64301	74127
二、按国民经济行业分组	**Grouped by Sector**				
(一)农、林、牧、渔业	**Agriculture,Forestry,Animal Husbandry and Fishery**	**57994**	**54445**	**26542**	**65481**
农业	Farming	38405	29452	46667	50158
林业	Forestry	58224	55100	26005	64546
畜牧业	Animal Husbandry	78535	99278		55403
渔业	Fishery	37963	37963		
农、林、牧、渔专业及辅助性活动	Professional and Support Activities for Agriculture, Forestry,Animal Husbandry and Fishery	66712	57025		128418
(二)采矿业	**Mining**	**95777**	**168189**	**47600**	**93981**
煤炭开采和洗选业	Mining and Washing of Coal	56554		36000	56563
石油和天然气开采业	Extraction of Petroleum and Natural Gas	122264	207853		119038
黑色金属矿采选业	Mining and Processing of Ferrous Metal Ores	73046			73046
有色金属矿采选业	Mining and Processing of Non-ferrous Metal Ores	71089	44184		71310
非金属矿采选业	Mining and Processing of Non-metal Ores	72779	56381	48732	78654
开采专业及辅助性活动	Support Activities for Mining	85647	91578		85478
其他采矿业	Mining of Others Ores				
(三)制造业	**Manufacturing**	**96129**	**158217**	**59854**	**92689**
农副食品加工业	Processing of Food from Agricultural Products	57302	22660		57390
食品制造业	Manufacture of Foods	60728			60728
酒、饮料和精制茶制造业	Manufacture of Liquor,Beverages and Refined Tea	69296	27647		69361
烟草制品业	Manufacture of Tobacco	233583	220137		235970
纺织业	Manufacture of Textile	43335		74300	43189
纺织服装、服饰业	Manufacture of Textile Wearing Apparel and Accessories	39770		36667	39773
皮革、毛皮、羽毛及其制品和制鞋业	Manufacture of Leather,Fur,Feathers and Related Products and Footwear	86460			86460
木材加工和木、竹、藤、棕、草制品	Processing of Timber,Manufacture of Wood Bamboo,Rattan,Palm and Straw Products	46248	40681		46389
家具制造业	Manufacture of Furniture	32478			32478
造纸和纸制品业	Manufacture of Paper and Paper Products	52128			52128
印刷和记录媒介复制业	Printing and Reproduction of Recording Media	59166	28143	64338	58439

4－10 续表 1 continued

项　　目	Item	就业人员 Employees	国有单位 State-owned Units	城镇单位 Urban Collective-Owned Units	其他类型单位 Units of Other Types of Ownership
文教、工美、体育和娱乐用品制造业	Manufacture of Culture,Art,Sports and Entertainment Goods	48164			48164
石油加工、炼焦和核燃料加工业	Petroleum Processing and Coking ,Processing of Nuclear Fuel	100415	41269		100475
化学原料和化学制品制造业	Manufacture of Chemical Raw Material and Chemical Products	93639		36000	93736
医药制造业	Manufacture of Medicines	71993		58172	72012
化学纤维制造业	Manufacture of Chemical Fiber	68626			68626
橡胶和塑料制品业	Manufacture of Rubber and Plastic	57467		20750	57636
非金属矿物制品业	Manufacture of Non-metallic Mineral Products	63850	56881	27519	64276
黑色金属冶炼和压延加工业	Smelting and Pressing of Ferrous Metals	75177			75177
有色金属冶炼和压延加工业	Smelting and Pressing of Non-ferrous Metals	70224			70224
金属制品业	Manufacture of Metal Products	63760	30043	88230	63364
通用设备制造业	Manufacture of General Purpose Machinery	66837	73777	62056	64128
专用设备制造业	Manufacture of Special Purpose Machinery	87978	84949	12353	88169
汽车制造业	Manufacture of Automobiles	124448	172090		118131
铁路、船舶、航空航天和其他运输设备制造业	Manufacture of Railroads,Ships,Aerospace and other Transportation Facilities	123295			123295
电气机械和器材制造业	Manufacture of Electrical Machinery and Equipment	78607		38952	78761
计算机、通信和其他电子设备制造业	Manufacture of Communication Equipment, Computer and Other Electronic Equipment	110541	70500		110582
仪器仪表制造业	Manufacture of Measuring Instrument	94748		95932	94726
其他制造业	Other Manufacturing Industry	62019		60333	62042
废弃资源综合利用业	Utilization of Waste Resources	65945			65945
金属制品、机械和设备修理业	Metal Products,Machinery and Equipment Repair	61530		28069	61876
（四）电力、热力、燃气及水生产和供应业	**Production and Supply of Electricity, Heat,Gas and Water**	**108695**	**68386**	**34779**	**112788**
电力、热力生产和供应业	Production and Supply of Electricity and Heat Power	122514	91850	52380	124036
燃气生产和供应业	Production and Supply of Gas	77331	58977		78886
水的生产和供应业	Production and Supply of Water	61845	53098	22556	65328
（五）建筑业	**Construction**	**64846**	**63655**	**54215**	**64932**
房屋建筑业	Construction of Building	58792	51061	41472	58975
土木工程建筑业	Construction of Civil Engineering	69248	65325	72425	69417
建筑安装业	Construction Installation	75022	44571	68736	75111
建筑装饰、装修和其他建筑业	Construction Decoration and other Construction	57243	75056		57010
（六）批发和零售业	**Wholesale and Retail Trades**	**73820**	**120035**	**46688**	**67849**
批发业	Wholesale Trade	102328	151539	45415	89852
零售业	Retail Trade	56244	54533	47778	56371

4－10 续表 2 continued

项　　目	Item	就业人员 Employees	国有单位 State-owned Units	城镇单位 Urban Collective-owned Units	其他类型单位 Units of Other Types of Ownership
(七) 交通运输、仓储和邮政业	**Transport, Storage and Post**	**92998**	**71234**	**44355**	**95285**
铁路运输业	Railway Transport	127215		36510	127294
道路运输业	Road Transport	63147	54892	39340	64248
水上运输业	Water Transport	30968	30968		
航空运输业	Air Transport	116636	172535		109746
管道运输业	Transport Via Pipeline	154624			154624
多式联运和运输代理业	Multimodal Transport and Other Transport Services	55659	102800		55515
装卸搬运和仓储业	Loading, Unloading, Portage and Other Transport Services	71577	54625	93611	78027
邮政业	Post	93810	110621		89545
(八)住宿和餐饮业	**Hotels and Catering Services**	**45325**	**48123**	**35908**	**44357**
住宿业	Hotels	46077	49223	39944	44342
餐饮业	Catering Services	43569	31286	32275	44381
(九)信息传输、软件和信息技术服务业	**Information Transmission,Software and Information Technology Services**	**105585**	**98976**	**18333**	**107250**
电信、广播电视和卫星传输服务	Telecommunications,Broadcasting Television and Satellite Transmission Services	108215	99216	18333	111684
互联网和相关服务	Internet and Related Services	74052	107434		70399
软件和信息技术服务业	Software and Infomation Technology Services	108936	80169		109655
(十)金融业	**Financial Intermediation**	**96088**	**103358**	**145505**	**94920**
货币金融服务业	Monetary and Financial Services	140856	120000	145505	143918
资本市场服务业	Capital Market Services	239063			239063
保险业	Insurance	53840	30312		54477
其他金融业	Other Financial Activities	125512	64500		125764
(十一)房地产业	**Real Estate**	**63564**	**77161**	**40097**	**62708**
房地产业	Real Estate	63564	77161	40097	62708
(十二)租赁和商务服务业	**Leasing and Business Services**	**63085**	**69369**	**50437**	**61511**
租赁业	Leasing	86401	179185		84506
商务服务业	Business Services	62335	69054	50437	60560
(十三) 科学研究和技术服务业	**Scientific Research and Technical Service**	**107119**	**102716**	**75439**	**113013**
研究和试验发展	Research and Experimental Development	143674	152866	61000	117537
专业技术服务业	Professional Technical Services	101211	86300	75876	114243

4－10 续表 3 continued

项　目	Item	就业人员 Employees	国有单位 State-owned Units	城镇单位 Urban Collective-owned Units	其他类型单位 Units of Other Types of Ownership
科技推广和应用服务业	Services of Science and Technology Popularization and Application	79903	79557		81394
(十四)水利、环境和公共设施管理业	**Water Conservancy, Environment and Public Facilities Management**	**44151**	**47938**	**24299**	**33992**
水利管理业	Water Conservancy Management	73432	70690		93529
生态保护和环境治理业	Ecological Protection and Environmental Treatment Services	57463	58919		52480
公共设施管理业	Public Facility Management	39841	43841	24299	30111
土地管理业	Management of Land	71492	69485		77309
(十五)居民服务、修理和其他服务业	**Household Services,Repairing and other Services**	**45119**	**60230**	**47427**	**39827**
居民服务业	Service to Households	50830	64745	66617	38654
机动车、电子产品和日用产品修理业	Motor Vehicle,Electronic Products and Household Products Repair Services	39579	79800		39257
其他服务业	Other Services	40802	44485	38330	40499
(十六)教育	**Education**	**94058**	**97409**	**80328**	**54799**
教育	Education	94058	97409	80328	54799
(十七)卫生和社会工作	**Health Care and Social Work**	**93662**	**96818**	**56649**	**68443**
卫生	Health Care	95932	98485	61754	72948
社会工作	Social Work	46103	48869	29927	41235
(十八)文化、体育和娱乐业	**Culture,Sports and Entertainment**	**74285**	**72928**	**40871**	**78228**
新闻和出版业	Journalism and Publishing Activities	89230	72812		119299
广播、电视、电影和影视录音制作业	Broadcasting、TV, Movies and Audiovisual Activities	67002	65705	62071	74098
文化艺术业	Culture and Activities	76709	79703	48313	59101
体育	Sports	70100	68088		71302
娱乐业	Entertainment	59348	93244	35014	39963
(十九)公共管理、社会保障和社会组织	**Public Management,Social Security and Social Organization**	**80023**	**80088**	**62065**	**62484**
其中：中国共产党机关	Organs of Communist Party of China	86225	86236	57833	
国家机构	Government Agencies	79731	79773	61935	66728
人民政协、民主党派	People' s Political Consultative Conference and Democratic Parties	109015	109015		
社会保障	Social Securities	63560	63560		
群众社团、社会团体和其他成员组织	Non-Govermental Multitude Organization,Social Organizations and other	82243	83375	68222	65082

第五篇

固定资产投资

Investment in Fixed Assets

CHAPTER ▶ 05

资料整理人员：

关点点　　付瑞琦

5-1 固定资产投资（不含农户）主要指标情况（2022年）

Investment in Fixed Assets（Excluding Rural Household）（2022）

单位：% unit:%

指　　标	Item	增速 Growth Rate	占比 Proportion
投资完成额	Investment in Fixed Assets (Excluding Rural Household)	-2.4	100.0
#民间投资	Non-Government Investment	-22.2	40.7
#基础设施投资	Infrastructure	18.7	24.7
#工业投资	Industry	12.9	27.5
#制造业	Manufacturing	4.8	16.5
1.按产业分	By Three Strata of Industry		
第一产业	Primary Industry	63.0	3.5
第二产业	Secondary Industry	13.9	27.6
第三产业	Tertiary Industry	-9.6	68.9
2.按控股情况分	By Holding Type and Region		
国有控股	State-holding	15.4	56.9
集体控股	Collective-holding	-25.3	0.4
私人控股	Private-holding	-20.6	36.1
港澳台商控股	Hong Kong Macao and Taiwan-holding	22.3	0.6
外商控股	Foreign-holding	149.9	1.9
其他控股	Others	-32.1	4.1
3.按隶属关系分	By Jurisdiction of Management		
中央项目	Central Investment	22.5	9.1
地方项目	Local Investment	-4.5	90.9
4.按建设性质分	By Type of Construction		
#新建	New Construction	19.4	65.1
扩建	Expansion	2.4	2.9
改建和技术改造	Reconstruction and Technical Transformation	-1.8	6.2
5.按构成分	By Composition of Funds		
建筑安装工程	Construction and Installation	-1.6	75.9
设备工器具购置	Purchase of Equipment and Instruments	25.3	9.5
其他费用	Other Expenses	-18.3	14.6

5-2　房地产开发投资主要指标

Main Indicators of Investment for Real Estate Development

指　　标	Item	2020	2021	2022
企业个数（个）	**Number of Enterprises (unit)**	**1540**	**1561**	**1444**
内资	Domestic Investment Enterprises	1522	1545	1433
#国有	State-owned Enterprises	4	10	10
集体	Collective-owned Enterprises			
股份有限公司	Joint Stock Corporations	59	16	5
港澳台投资	Funds from Hong Kong,Macao and Taiwan	11	9	6
外商投资	Foreign Funded	7	7	5
投资完成额（亿元）	**Total Value of Investment Completed (100 million yuan)**	**1460.78**	**1540.92**	**1014.84**
#住宅	Residential Buildings	1047.87	1094.84	804.34
按构成分	**Grouped by Composition of Funds**			
#建筑安装工程	Construction and Installation	953.10	1053.55	727.24
设备工器具购置	Purchase of Equipment and Instruments	13.73	17.46	14.19
本年实际到位资金（亿元）	**Actual Funds in Place this Year (100 million yuan)**	**1716.85**	**1691.70**	**970.11**
国内贷款	Domestic Loans	83.27	111.29	91.57
利用外资	Foreign Investment	0.00	0.14	0.23
自筹资金	Self-raising Funds	990.53	888.81	460.99
其他投资	Others	643.05	691.46	417.32
本年购置土地面积（万平方米）	**Land Space Purchased This Year (10000 sq.m)**	**485.12**	**849.61**	**245.36**
商品房销售情况	**Selling of Commercial Houses**			
房屋销售面积（万平方米）	Floor Space Commercial Buildings Sold (10000 sq.m)	1831.22	1836.32	1001.14
#住宅	Residential Buildings	1653.64	1672.77	905.36
商品房销售额（亿元）	Total Sales of Commercial Buildings (100 million yuan)	1381.55	1290.99	696.27

5-3 房地产开发企业从业人员数

Number of Employed Persons in Enterprises for Real Estate Development

单位: 人　　　　unit:person

年 份 Year	合计 Total	国有 State-owned Enterprises	集体 Collective-owned Enterprises	股份有限公司 Share-holding Corporations Ltd	港澳台商投资 Funds from Hong Kong, Macao and Taiwan	外商投资 Foreign Funded Enterprises	其他 Others
2001	14465	4263	659	7565	367	128	1483
2002	14392	2263	390	1454	342	265	9678
2003	15331	2191	82	1748	389	372	10549
2004	24708	6034	55	2732	600	785	14502
2005	22332	1865	77	2202	643	714	16831
2006	27223	1689	84	2174	762	702	21812
2007	30527	1338	153	2249	834	636	25317
2008	30590	1554	194	2109	700	412	25621
2009	29080	652	178	2237	633	257	25123
2010	29837	477	187	1793	651	265	26464
2011	39452	1087	256	18207	1157	297	18448
2012	39288	1003	117	20353	1249	286	16280
2013	38831	2453	322	20825	1263	306	13662
2014	40977	459	34	2310	1233	327	36614
2015	42040	652	11	2013	1486	270	37608
2016	46104	4424	10	1968	1066	250	38386
2017	43372	973	10	1896	774	227	39492
2018	39505	159		1937	667	268	36474
2019	34862	9		1543	662	228	32420
2020	30485	31		1196	576	396	28286
2021	30340	166		431	264	502	28977
2022	28194	166		179	207	211	27431

5-4 房地产开发完成投资额

Actually Completed Investment for Real Estate Development

单位: 万元　　　　unit:10000 yuan

年 份 Year	本年完成投资额 Investment Completed This Year	按构成分 By Use of Funds			
		建筑安装工程 Construction and Installation	设备、工器具购置 Purchase of Equipment and Instruments	其他费用 Others	#土地购置 Land Purchase
2001	929705	772558	8363	148784	31445
2002	1167724	953827	8810	205087	79155
2003	1392394	1056394	15690	320310	188938
2004	1624782	1191700	16900	416182	246472
2005	1957345	1468893	14843	473609	243325
2006	3101571	2336393	8446	756732	386437
2007	4900844	3741480	18736	1140628	587676
2008	6408364	5141808	63314	1203242	608292
2009	7566737	6179246	36572	1350919	712958
2010	9210117	7434156	14156	1761805	1252993
2011	11953911	9245197	40122	2668592	1868331
2012	13100259	9942288	107268	3050703	2255877
2013	12524257	9982382	121506	2420369	1735697
2014	10301285	8219491	128112	1953682	1552022
2015	9242409	7170884	81093	1990432	1502936
2016	10167618	8295669	101198	1770751	1395225
2017	9101378	7435523	106422	1559433	1193018
2018	11690123	8645749	138840	2905534	2445628
2019	13155220	9249148	232178	3673894	3118043
2020	14607761	9531042	137340	4939379	4461553
2021	15409158	10535458	174592	4699108	4254429
2022	10148385	7272439	141942	2734004	2387312

5-5 房地产开发建设按工程用途分的投资额和新增固定资产
Actually Completed Investment and Newly Increased Fixed Assets for Real Estate Development by Use

单位：万元 unit:10000 yuan

年份 Year	按工程用途分的投资额 By Use of Projects				新增固定资产 Newly Increased Fixed Assets
	住宅 Residential Buildings	办公楼 Office Buildings	商品营业用房 Houses for Business Use	其他 Others	
2001	678293	29180	167848	54384	803155
2002	798763	36066	249163	83732	943180
2003	977740	60698	291525	62431	967027
2004	1139836	63859	308426	112661	966120
2005	1454869	70410	330340	101726	834971
2006	2414788	90449	406237	190097	1462109
2007	3980067	72409	623715	224653	2147816
2008	5343926	93880	717163	253395	2783928
2009	6052327	153008	962807	398595	3220217
2010	7317269	138718	1160245	593885	5865131
2011	9208055	201628	1600637	943591	5907332
2012	9877438	313270	1789054	1120497	5655047
2013	9114450	418277	1935594	1055936	7635088
2014	7324687	301565	1867173	807860	5140347
2015	6488051	386251	1627431	740676	4950857
2016	7106948	417397	1893840	749433	4288724
2017	6335480	447702	1518017	800179	4466838
2018	8395181	531877	1748037	1015028	5332999
2019	9709942	485313	1639682	1320283	4057956
2020	10478686	705208	1653191	1770676	3264544
2021	10948353	600974	1739053	2120778	2867057
2022	8043391	267862	762762	1074370	3352118

5-6 房地产开发建设房屋施工面积
Floor Space of Buildings under Construction for Real Estate Development

单位：平方米 unit:sq.m

年份 Year	施工房屋建筑面积 Floor Space of Buildings under Construction	#新开工 Started This Year	住宅 Residential Buildings	办公楼 Office Buildings	商业营业用房 Houses for Business Use	其他 Others
2001	12572972	9952115	10047457	338612	1902865	284038
2002	14638817	10087551	10965950	403507	2845360	424000
2003	14377363	9602758	10807109	582667	2608218	379369
2004	15430259	10071186	11576669	745914	2626151	481525
2005	18899925	12861393	15252107	532375	2565886	549557
2006	28467199	21179229	23851539	611179	3343419	661062
2007	43700329	29328026	36559660	608497	5007037	1525135
2008	49213978	29449187	41488335	851454	4996421	1877768
2009	53693369	32623532	44389103	972208	5753849	2578209
2010	70694709	35253007	57588659	1046684	8104733	3954633
2011	91234149	49914466	72651099	1661309	11318643	5603098
2012	109357999	48267557	85125959	2072196	14708706	7451138
2013	121812769	37462431	93177664	3027171	16275329	9332605
2014	122684388	32575990	90670951	3497798	17593493	10922146
2015	115664727	20636601	82826622	4232641	17541676	11063788
2016	117973267	21159859	83059870	4737581	18405300	11770516
2017	118873322	19078760	83491926	4974064	18139797	12267535
2018	120795117	24779579	83981036	5322960	18606779	12884342
2019	124037278	29470050	86140344	5497490	17670376	14729068
2020	123406059	26623926	85241041	5818055	16468424	15878539
2021	130616209	31208707	91577308	6258708	15854553	16925640
2022	115795371	8695003	81723487	5531637	13731493	14808754

5-7 房地产开发建设房屋建筑面积和造价
Floor Space and Cost of Buildings Developed for Real Estate Development

年 份 Year	竣工房屋建筑面积（平方米）Floor Space of Buildings Completed (sq.m)	住 宅 Residential Buildings	办公楼 Office Buildings	商业营业用 房 Houses for Business Use	其 他 Others	竣工房屋造价（元/平方米）Cost of Buildings Completed (yuan/sq.m)	#住 宅 Residential Buildings
2001	6286898	4980687	109414	1029711	167086	1084	1046
2002	7558510	5935498	211244	1224620	187148	1149	1065
2003	7109851	5383728	189393	1350399	186331	1154	1073
2004	7102486	5724869	253866	932166	191585	1112	1005
2005	6227590	4961164	168280	945772	152374	1086	994
2006	9348495	7859107	351082	952419	185887	1201	1124
2007	12917989	11474601	159565	932381	351442	1155	1122
2008	15419556	13432087	238090	1363988	385391	1379	1342
2009	14696419	12935916	99233	1280236	381034	1442	1385
2010	20305160	16949615	127446	2245284	982815	1675	1622
2011	18789327	15482168	194511	2072842	1039806	2032	1979
2012	19278702	16135936	164300	2230670	747796	2002	1945
2013	22536496	17699470	256054	3075023	1505949	2225	2148
2014	15738605	13092601	112706	1725400	807898	2081	2038
2015	12873999	10007531	345720	1530929	989819	2391	2322
2016	13516462	10083717	181931	2132178	1118636	2322	2258
2017	14788454	10304598	587622	2438610	1457624	2271	2281
2018	15199622	11053665	735492	1862557	1547908	2334	2229
2019	12221689	8932745	358246	1437103	1493595	2743	2706
2020	9649356	6972943	450223	1215318	1010872	2783	2731
2021	8454452	6354430	440269	812049	847704	2965	2737
2022	7241008	5169700	174769	1060547	835992	3550	3762

5-8 商品房屋销售情况
Selling of Commercial Buildings

年 份 Year	实际销售商品房屋面积（平方米）Floor Space Commercial Buildings Sold (sq.m)	住 宅 Residential Buildings	办公楼 Office Buildings	商业营业用 房 Houses for Business Use	其他 Others	商品房屋销售额（万元）Total Sale of Commercial Buildings Sold (10000 yuan)	#住 宅 Residential Buildings
2001	3851320	3378449	23162	437003	12706	597880	490070
2002	5182828	4326747	83260	724105	48716	862852	648388
2003	5011405	4363248	122582	460298	65277	788764	631448
2004	7016498	6010273	137436	774344	94445	1189469	930730
2005	7659092	6809214	147879	634788	67211	1443915	1184503
2006	9749103	8792384	214703	639662	102354	1959171	1634000
2007	12923870	11843969	94916	841107	143878	2955579	257830
2008	15838707	14357309	156715	1055241	269442	3971105	3444370
2009	19442978	17583736	97054	1391315	370873	5671879	4902250
2010	23821025	21053282	77461	2203046	487236	8686946	7359079
2011	24325555	21223389	99698	2390368	612100	10615628	8831622
2012	24524245	21594307	147547	2194900	587491	10169480	8368014
2013	22149634	19859455	212501	1573075	504603	9930394	8397317
2014	15817211	13878655	118308	1380355	439893	8085844	6676190
2015	14918487	13048225	178741	1292251	399270	8168691	6802577
2016	19192950	16307151	378692	1757264	749843	10295827	8064904
2017	18852075	16020643	511540	1761733	558159	11351765	9208487
2018	20744471	18138240	508286	1566493	531452	14507871	12319057
2019	21223373	18739917	356672	1501454	625330	15814708	13735355
2020	18312198	16536396	143376	1032670	599756	13815493	12382305
2021	18363187	16727731	156663	865418	613375	12909945	11792892
2022	10011397	9053640	138752	415850	403155	6962730	6310472

第六篇

对外经济贸易和旅游业

Foreign Economy Trade and Tourism

CHAPTER ▶ 06

资料整理人员：

詹长胜

6－1 历年进出口贸易总额
Total Value of Imports and Exports

年份 Year	进出口总额（万美元）Total Imports and Exports (USD 10000)	出口总额 Total Exports	进口总额 Total Imports	进出口总额（万元）Total Imports and Exports (10000yuan)	出口总额 Total Exports	进口总额 Total Imports
1978	3704	2357	1347	6372	4055	2317
1979	6067	4413	1654	9683	6840	2843
1980	11108	6625	4483	16024	9344	6680
1981	17196	12896	4300	30093	22568	7525
1982	17753	13207	4546	34172	25422	8750
1983	21884	16661	5223	42833	32610	10223
1984	34046	24972	9074	75048	55046	20002
1985	55072	42712	12360	176295	136731	39564
1986	71716	52515	19201	266855	195408	71447
1987	63946	46766	17180	237981	174044	63937
1988	70766	53214	17552	263363	198041	65322
1989	94459	68447	26012	351538	254732	96806
1990	95272	75172	20100	449821	354920	94901
1991	134933	102707	32226	716204	545154	171050
1992	192278	130678	61600	1095985	744865	351120
1993	250542	120472	130070	1438490	693849	744641
1994	279080	136597	142483	2414051	1174084	1239967
1995	260704	109673	151031	2176018	920170	1255849
1996	210366	97188	113177	1753295	810679	942616
1997	185359	93233	92126	1536522	773418	763104
1998	165191	74809	90382	1367968	619711	748257
1999	221234	101878	119357	1422105	609903	812201
2000	254461	124443	130018	2101694	1029892	1071802
2001	320671	146154	174516	2650099	1209622	1440477
2002	370248	176849	193398	3058402	1464018	1594384
2003	614841	218228	396613	5115189	1806961	3308228
2004	679045	171475	507570	5611904	1419040	4192863
2005	652805	246616	406190	5383319	2031801	3351519
2006	791595	299856	491739	6330918	2396925	3933993
2007	1029576	385514	644061	7879092	2949202	4929890
2008	1333213	477163	856050	9349663	3336654	6013010
2009	1174241	312493	861747	7984401	2133201	5851200
2010	1684518	447585	1236933	11420858	3031717	8389141
2011	2206093	499772	1706321	14328617	3245457	11083161
2012	2456301	598268	1858033	15509148	3778699	11730449
2013	2583174	673891	1909283	16036698	4184576	11852122
2014	2638079	577759	2060320	16249551	3549594	12699957
2015	1887739	461375	1426364	11723180	2861221	8861959
2016	1845289	420201	1425088	12176220	2771604	9404616
2017	1854297	441936	1412361	12549833	2993611	9556221
2018	2067916	494437	1573480	13630959	3258131	10372828
2019	1890412	470382	1420030	13027701	3242478	9785223
2020	1852633	420648	1431985	12823400	2909366	9914034
2021	2323835	546322	1777513	15038066	3529354	11508712
2022	2338960	751536	1587424	15594226	5022079	10572147

注：本表1978–1992年为外贸部门统计数，进出口总额中未包括口岸代理进口数。从1993年开始为海关统计数（1993年至2021年数据有调整）。
Note: Data between 1978 and 1992 in this table were from department of foreign trade, Total Imports and Exports do not include that imported by agent at the port. Since 1993, the data were from the customs(data between 1993 and 2021 were adjusted).

6-2 海关主要商品出口总值（2022年）
Total Value of Main Exports Commodities（2022）

单位：万元 unit:10000 yuan

品　　名	Item	数量 Volume	金额 Value
出口贸易总值	**Total Exports Value**		**5022079**
农产品	Agricultural Products		687814
水产品（吨）	Aquatic Products (ton)	32531	100276
酒类及饮料	Alcohol and Beverage		37396
鲜或冷藏蔬菜（吨）	Fresh or Frozen Vegetables (ton)	789	2070
医药材及药品（吨）	Pharmaceutical Materials and Drugs (ton)	11536	87879
蔬菜及食用菌（吨）	Vegetables and Edible Fungus (ton)	21989	22021
鲜、干瓜果及坚果（吨）	Fresh and Dried Melon, Fruits and Nuts (ton)	8098	123782
粮食（吨）	Grain (ton)	44562	51040
汽车（包含底盘）（辆）	Motor Vehicles (Including Chassis) (units)	38440	709897
汽车零配件	Parts of Motor Vehicles		251546
稀土及制品（吨）	Rare Earth and Products (ton)	1	2766
基本有机化学品	Basic Organic Chemicals		906626
抗菌素（制剂除外）（吨）	Antibiotics (except preparations)(ton)	3851	77346
肥料（吨）	Fertilizer (ton)	52	5
塑料制品	Plastic Products		44883
橡胶轮胎（吨）	Rubber Tire (ton)	18215	44436
箱包及类似容器（吨）	Suitcase and Similar Packages (ton)	482	7654
纺织原料（吨）	Textile Raw Materials (ton)	57448	91336
胶合板及类似多层板（万立方米）	Veneer and Similar Products (10000 cu.m.)	11169	233076
家用或装饰用木制品（吨）	Wood for Household and Decoration (ton)	5669	15536
纸浆、纸及其制品（吨）	Pulp,Paper and Its Products (ton)	4388	4652
纺织纱线、织物及制品	Textile Yarn,Fabrics and Products		169040
服装及衣着附件	Clothing and Garment		90296
鞋靴（万双）	Footwear (10000 pairs)	72	6177
玻璃及其制品	Glass Products		34326
通用机械设备	General Machinery Equipment		104340
钢材（吨）	Steels (ton)	122177	66450
未锻轧的铝及铝材（吨）	Unwrought Aluminum and Aluminum Products (ton)	337	2099
手用或机用工具（吨）	Hand Tools or Machine (ton)	6228	25938
机床（台）	Machine Tools (sets)	3042	1182
自动数据处理设备及其零部件	Automatic Data Processing Equipment and Its Parts		33876
变压器（万个）	Transformer (10000 units)	13	1946
压缩机（万台）	Compressor (10000 sets)	58	70739
音视频设备及其零件	Audio and Video Equipment and Its Parts		13226
电子元件	Electronic Component		57136
机电产品	Mechanical and Electrical Products		2148514
高新技术产品	High and New-tech Products		424224
文化产品	Cultural Products		39085

6－3　海关主要商品进口总值（2022年）

Total Value of Main Imports Commodities（2022）

单位：万元　　　　unit:10000 yuan

品　　名	Item	数量 Volume	金额 Value
进口贸易总值	**Total Value of Imports**		**10572147**
农产品	Agricultural Products		1165731
水产品（吨）	Aquatic Products（ton）	164728	451491
食品	Food		1153655
鲜、干瓜果及坚果（吨）	Fresh and Dried Melon, Fruits and Nuts (ton)	18649	153330
粮食（吨）	Grain (ton)	758980	340303
豆类（吨）	Beans (ton)	756247	339307
酒类及饮料	Alcohol and Beverage		11774
金属矿及矿砂（万吨）	Metallic Ore and Ore Sand (10000 tons)	52	452051
铁矿砂及其精矿（万吨）	Iron Ores and Concentrates (10000 tons)	24	15858
铜矿砂及其精矿（万吨）	Copper Sand and Concentrates (10000 tons)	26	399662
煤及褐煤（万吨）	Coal and Lignite (10000 tons)	589	540824
初级形状的塑料（吨）	Primary Shape Plastic (ton)	43573	74844
塑料制品	Plastic Products		66657
基本有机化学品	Basic Organic Chemicals		53519
天然及合成橡胶（包括乳胶）（吨）	Natural and Synthetic Rubber (Including Emulsion) (ton)	4718	6859
木及其制品（吨）	Wood and Its Products (ton)	140291	41993
锯材（万立方米）	Wood Sawn (10000 cu.m.)	6253	16637
纸浆、纸及其制品（吨）	Pulp,Paper and Its Products (ton)	66502	50278
纺织纱线.织物及制品	Textile Yarn,Fabrics and Products		27788
钢材（吨）	Steel (ton)	36183	42923
机械基础件	Mechanical Foundation		113692
通用机械设备	General Machinery Equipments		106861
泵（万台）	Pump (10000 sets)	67	8877
压缩机（万台）	Compressor (10000 sets)	5	5426
分离设备	Separation Equipment		60741
机床（台）	Machine Tools (sets)	209	52362
自动数据处理设备及其零部件	ADPE and Its Parts		182210
半导体制造设备（台）	Semiconductor Manufacturing Equipment (set)	27	6793
电气控制装置	Electrical Control Gear		394070
阀门及类似装置（万套）	Valve and Similar Devices (10000 sets)	1084	16960
电工器材	Electrical Appliances		689974
蓄电池（万个）	Electric Accumulators (10000 sets)	49	85813
音视频设备及其零件	Audio and Video Equipment and Its Parts		74187
生命科学技术	Life Science and Technology		78245
光电技术	Photoelectric Technology		203846
计算机集成制造技术	CIM Technology		295762
材料技术	Material Technology		13917
印刷电路	Printed Circuit		6469
二极管及类似半导体器件（亿个）	Diode and Semi Conductors (100 million sets)	26	49657
集成电路（亿个）	Integrated Circuits (100 million sets)	7	325761
电线和电缆（吨）	Wire and Cable (ton)	1497	16315
汽车（包含底盘）（辆）	Motor Vehicles (Including Chassis) (units)	48685	1556946
汽车零配件	Parts of Motor Vehicles		2405466
医疗仪器及器械	Medical Instruments and Appliances		16456
计量检测分析自控仪器及器具	Measurement Analysis of the Control Instrument and Appliances		511052
机电产品	Mechanical and Electrical Products		7610545
高新技术产品	High and New-tech Products		2327943
文化产品	Cultural Products		66070

6-4 全部企业按贸易方式分进出口总值表（2022年）
Total Value of Imports and Exports by Trade Mode (2022)

单位: 万元 unit:10000 yuan

指标	Item	进出口总值 Total Imports and Exports	出口总值 Total Exports	进口总值 Total Imports
进出口贸易总值	**Total Value of Imports and Exports**	**15594226**	**5022079**	**10572147**
一般贸易	General Trade	14015751	4087733	9928018
国家间、国际组织无偿援助和赠送的物资	Donation of International Associations			
其他捐赠物资	Other Donations			
补偿贸易	Compensation Trade			
来料加工贸易	Processing Trade for Exported Material	70002	28723	41279
进料加工贸易	Processing Trade for Imported Material	967253	712299	254954
寄售、代销贸易	Sale by Consignment			
边境小额贸易	Small Trade on Border	8116	1409	6707
加工贸易进口设备	Imported Equipment for Processing Trade			
对外承包工程出口货物	Exported Goods on Contracted Projects	5401	5401	
租赁贸易	Leasehold Trade			
外商投资企业作为投资进口的设备、物品	Imported Equipment used as Investment by Foreign Funded Enterprises	11377		11377
出料加工贸易	Processing Trade for Exported Materials	6877	3026	3851
易货贸易	Barter Trade			
免税外汇商品	Tax-free Foreign Exchange Commodities			
免税品	Tax-free Commodities			
保税监管场所进出境货物	Goods in Bonded Warehouse inbound and outbound	124022	32652	91370
海关特殊监管区域物流货物	Goods in the Areas under Special Customs Supervision	353811	138480	215331
海关特殊监管区域进口设备	Imported Equipment in the Areas under Special Customs Supervision	755		755
其他	Others	30861	12357	18504

6－5 全部企业按主要国家（地区）分进出口总值表（2022年）

Total Value of Imports and Exports of All Enterprises by Major Countries（Regions）（2022）

单位：万元　　unit:10000 yuan

国　别（地区）	Country (Region)	进出口总值 Total Exports and Imports	出口总额 Total Exports	进口总额 Total Imports
进出口贸易总值	**Total Value of Imports and Exports**	**15594226**	**5022079**	**10572147**
亚洲	**Asia**	**3650482**	**1789174**	**1861308**
孟加拉国	Bangladesh	21163	21113	49
#柬埔寨	Cambodia	10243	9384	859
中国香港	Hong Kong, China	27231	26993	238
印度	India	253448	233980	19468
印度尼西亚	Indonesia	137081	97321	39760
伊朗	Iran	1269	1269	
以色列	Israel	36043	21534	14510
日本	Japan	830789	255539	575251
老挝	Laos	20948	4612	16335
中国澳门	Macao,China	237	237	
马来西亚	Malaysia	176057	43548	132509
蒙古	Mongolia	76682	1836	74846
巴基斯坦	Pakistan	48198	43895	4303
菲律宾	Philippines	149269	87420	61849
卡塔尔	Qatar	12576	12247	329
沙特阿拉伯	Saudi Arabia	76870	74745	2125
新加坡	Singapore	124138	105390	18748
韩国	South Korea	596063	321330	274734
泰国	Thailand	151156	60366	90790
土耳其	Turkey	101819	71216	30603
阿联酋	The United Arab Emirates	78837	76613	2224
越南	Vietnam	120014	99679	20335
乌兹别克斯坦	Uzbekistan	12506	12428	78
中国台湾	Taiwan,China	207563	41440	166123
非洲	**Africa**	**346525**	**243921**	**102604**
埃及	Egypt	14982	14886	97
肯尼亚	Kenya	10630	10630	
摩洛哥	Morocco	14399	3064	11335
尼日利亚	Nigeria	19814	19724	90
南非	South Africa	100567	83995	16573
坦桑尼亚	Tanzania	72435	72435	
刚果民主共和国	Congo	28433	1918	26514
赞比亚	Zambia	32322	3	32320
厄立特里亚	Eritrea	12004		12004
欧洲	**Europe**	**9148361**	**2378378**	**6769982**
#比利时	Belgium	460156	433928	26228
丹麦	Denmark	16171	4833	11338
英国	UK	78153	60986	17167
德国	Germany	3073869	501742	2572127

6－5 续表

单位: 万元 unit:10000 yuan

国 别（地区）	Country (Region)	进出口总值 Total Exports and Imports	出口总额 Total Exports	进口总额 Total Imports
法国	France	293127	77426	215701
爱尔兰	Ireland	176658	128260	48398
意大利	Italy	157356	67350	90006
荷兰	Netherland	154773	125646	29128
希腊	Greece	10629	10628	1
葡萄牙	Portugal	568047	6548	561499
西班牙	Spain	173247	105115	68132
奥地利	Austria	58705	5558	53147
保加利亚	Bulgaria	27333	3072	24261
匈牙利	Hungary	365526	10012	355514
挪威	Norway	69570	60155	9415
波兰	Poland	274177	26720	247457
罗马尼亚	Romania	204137	6746	197391
瑞典	Sweden	48472	14418	34054
瑞士	Switzerland	62602	14614	47988
摩尔多瓦	Moldova	9351	68	9284
俄罗斯	Russia	1733311	655594	1077717
乌克兰	Ukraine	7345	6214	1131
斯洛文尼亚	Slovenia	38072	7489	30584
捷克	Czekh	399575	18489	381086
斯洛伐克	Slovakia	551116	6302	544813
北马其顿	Northern Macedonia	14603	69	14533
塞尔维亚	Serbia	88179	6590	81589
拉丁美洲	**Latin America**	**1695823**	**231659**	**1464164**
巴西	Brazil	573202	39693	533509
智利	Chile	94909	12234	82675
哥伦比亚	Columbia	11450	11450	
厄瓜多尔	Ecuador	10295	10295	
墨西哥	Mexico	839678	121182	718496
秘鲁	Peru	120352	12504	107848
乌拉圭	Uruguay	18121	1208	16913
北美洲	**North America**	**654299**	**308383**	**345915**
加拿大	Canada	61675	51245	10430
美国	USA	592624	257138	335486
大洋洲	**Oceanic and Pacific Islands**	**94925**	**70563**	**24362**
#澳大利亚	Australia	78156	60803	17353
新西兰	New Zealand	12842	5833	7009
巴布亚新几内亚	Papua New Guimea	88	88	
东盟组织	**ASEAN**	**895678**	**513298**	**382380**
欧盟组织	**European Union**	**7081597**	**1571701**	**5509896**
一带一路沿线国家	**Countries Along the Belt and Road**	**5417968**	**1910199**	**3507769**
RCEP贸易伙伴	**RCEP**	**2413529**	**1156803**	**1256726**

6－6　国外经济合作情况
Economic Cooperation with Foreign Countries

指　　标	Item	新签合同（万美元）New Contracted (10000 USD)			实际完成（万美元）Actual Finished (10000 USD)		
		2020	2021	2022	2020	2021	2022
合计	**Total**	**106161**	**189327**	**160341**	**52537**	**39542**	**28674**
对外承包工程	Contracted Projects	94697	172370	139692	28773	15885	5240
对外劳务工程	Labor Cooperation	11464	16957	20649	23764	23657	23434

6－7　旅游事业发展情况（一）
Development of Tourism（One）

年　份 Year	星级饭店总数（个）Total Number of Star-ranked Hotels (unit)	入境旅游人数（万人次）Number of International Tourists (10 000 person – times)	#外国人 Foreigners	国际旅游外汇收入（万美元）Foreign Exchange Earning From Tourism (10 000 USD)	国内旅游人次（万人次）Number of Domestic Tourists (10 000 person – times)	国内旅游收入（亿元）Earning from Domestic Tourism (100 million yuan)	国内旅游人均花费（元）Domestic Tourism Spending Per Capita (yuan)
1981							
1982							
1983							
1984							
1985		2.4	1.0	165		0.13	
1986		3.1	1.6	235		0.12	
1987		3.6	1.5	255		0.20	
1988		4.2	1.8	380		0.32	
1989	23	2.5	1.2	335		0.33	
1990	27	4.6	3.0	610		0.44	
1991	33	6.2	3.6	859		0.78	
1992	35	8.4	5.3	1106		2.55	
1993	38	7.9	5.6	1110		2.76	
1994	48	10.7	9.3	2488			
1995	52	15.6	14.5	4148			
1996	72	18.8	17.6	5310			
1997	73	20.0	18.1	5935	1240	16.71	135
1998	86	13.1	11.6	3783	1317	26.61	202
1999	95	15.9	14.1	4483	1463	34.90	239
2000	151	22.3	19.2	5804	1809	51.94	287
2001	151	27.2	23.7	7579	2225	77.39	348
2002	172	29.4	25.9	8700	2455	108.17	441
2003	182	21.2	18.5	6638	2331	136.22	584
2004	176	32.4	27.7	9600	2588	175.92	680
2005	198	37.3	30.7	11953	2851	219.34	769
2006	210	44.9	36.8	14244	3193	264.00	827
2007	216	54.4	44.2	17931	3704	336.51	909
2008	236	61.7	52.5	21144	4497	436.10	970
2009	231	68.1	58.3	24294	5433	564.10	1038
2010	223	82.0	72.2	30492	6409	712.39	1112
2011	208	99.3	85.5	38528	7542	904.29	1199
2012	228	118.3	100.9	49477	8854	1146.89	1295
2013	223	127.4	110.5	57053	10242	1441.64	1408
2014	218	137.7	119.9	67538	12004	1766.55	1472
2015	215	148.1	129.2	72414	13983	2220.73	1588
2016	193	162.0	142.2	79121	16417	2845.94	1734
2017	176	148.4	128.3	76579	19093	3456.50	1810
2018	147	143.8	123.8	68585	22013	4165.60	1892
2019	98	137.0	121.0	61496	24696	4877.89	1975
2020	105	20.8	16.9	9692	15321	2528.10	1650
2021	76	17.4	14.4	6609	21075	3274.83	1554
2022	74	6.9	5.0	2564	11513	1543.00	1340

6－8　旅游事业发展情况（二）
Development of Tourism（Two）

指　　标	Item	2020	2021	2022
入境旅游者人数（人次）	Total Number of International Tourists (person – time)	208285	173886	69443
外国人	Foreigners	169071	144118	49757
港澳同胞	Compatriot From Hong Kong and Macao	31763	27601	19129
台湾同胞	Compatriot From Taiwan	7451	2167	557
海外旅游者人天数（人天）	Intenational Tourists Person–Day (person – day)	568811	474870	
外国人	Foreigners	466890	393576	
港澳同胞	Compatriot From Hong Kong and Macao	83236	75376	
台湾同胞	Compatriot From Taiwan	18685	5918	
国际旅游外汇收入（万美元）	Foreign Exchange Earnings from Tourism (10000 USD)	9691.66	6609.10	2563.85
国内旅游人数（万人次）	Total Number of Domestic Tourists (10000 person – times)	15321.40	21074.50	11513.07
国内旅游收入（亿元）	Earnings from Domestic Tourism (100 million yuan)	2528.10	3274.83	1543.00
旅游接待总人数（万人次）	Total Number of Tourists (10000 person – times)	15342.23	21091.89	11520.01
旅游总收入（亿元）	Total Income of Tourism (100 million yuan)	2534.59	3279.04	1544.81

注：海外旅游者人数及人天数中的外国人包括华侨数。
Note：The data of international tourists include overseas Chinese.

6－9　各地区旅游情况
Tourism Situation by Region

地　区	Region	2021				2022			
		国内旅游人数（万人次）Number of Domestic Tourists (10000 Person–time)	入境人数（万人次）Number of Oversea Visitors Arrivals (10000 Person–time)	国内旅游收入（亿元）Earnings from Domestic Tourism (100 million yuan)	旅游外汇收入（万美元）Exchange Earnings from Tourism (10000 USD)	国内旅游人数（万人次）Number of Domestic Tourists (10000 Person–time)	入境人数（万人次）Number of Oversea Visitors Arrivals (10000 Person–time)	国内旅游收入（亿元）Earnings from Domestic Tourism (100 million yuan)	旅游外汇收入（万美元）Exchange Earnings from Tourism (10000 USD)
全　省	**Total**	**21074.50**	**17.39**	**3274.83**	**6609.10**	**11513.07**	**6.94**	**1543.00**	**2563.85**
长　春	Changchun	10389.72	15.65	1614.49	5427.19	5515.40	6.80	711.63	2530.97
吉　林	Jilin	3784.98		588.16		1680.60		236.48	
四　平	Siping	1426.74	0.08	221.71	13.78	722.69	0.02	96.55	3.92
辽　源	Liaoyuan	623.81	0.01	96.93	1.36	479.24	0.03	68.26	2.45
通　化	Tonghua	870.38	0.12	135.25	13.26	563.05	0.03	77.43	4.30
白　山	Baishan	446.78		69.43		308.00		43.59	
松　原	Songyuan	1852.45	1.44	287.86	1125.00	1143.26		156.56	
白　城	Baicheng	733.39		113.96		460.95		62.89	
延　边	Yanbian	946.25	0.08	147.04	25.68	639.88	0.06	89.61	18.95
长白山	Changbaishan								
梅河口	Meihekou		0.01		2.63				3.26

6－10 按国别（地区）分入境旅游人数
Number of Oversea Visitors by Country（Region）

国家（地区）	Countries (Region)	2017	2018	2019	2020	2021	2022
入境旅游人数（人次）	**Number of Oversea Visitor Arrivals (person－time)**	**1484300**	**1437543**	**1365800**	**208285**	**173886**	**69443**
外国人	Foreigners	1283400	1238441	1211100	169071	144118	49757
#日本	Japan	113203	54053	61930	9904	6062	5745
韩国	South Korea	589879	598775	650149	40706	26897	10315
菲律宾	Philippines	5015	9483	11556	4179	4806	700
新加坡	Singapore	22221	38512	27182	5787	6514	3492
英国	United Kingdom	16045	34629	17528	10012	10270	4263
德国	Germany	89886	45915	44399	13484	9314	2887
俄罗斯	Russia	296462	281446	222806	13238	2375	1806
加拿大	Canada	11999	19471	7931	1485	1437	891
美国	United States	25792	34629	46475	28932	40249	4623
港澳同胞	Compatriot Form Hong Kong, Macao	114960	112146	100800	31763	27601	19129
台湾同胞	Compatriot From Taiwan	85940	86956	53900	7451	2167	557

第七篇

能源生产和消费

Production and Consumption of Energy

CHAPTER ▶ 07

资料整理人员：

刘　冰

7－1 历年能源生产总量及构成

Total Production of Energy and Its Composition

年 份 Year	能源生产总量 （万吨标准煤） Total Energy Production (10 000 tons of SCE)	占能源生产总量的比重（%） As Percentage of Total Energy Production			
		#原 煤 Coal	原 油 Crude Oil	天然气 Natural Gas	一次电力 Primary Electricity
1978	1635.6	81.0	16.2		2.8
1979	1689.4	79.2	15.8	1.2	3.9
1980	1530.3	75.9	16.5	2.0	5.6
1981	1493.2	74.4	15.6	0.8	9.1
1982	1538.5	79.1	15.8	0.7	4.3
1983	1637.2	77.8	15.5	0.7	6.0
1984	1787.6	76.9	15.3	0.5	7.3
1985	1947.2	76.3	15.6	0.5	7.5
1986	2142.2	71.0	15.8	0.6	12.6
1987	2201.6	68.4	18.6	0.6	12.4
1988	2292.4	69.4	19.6	0.6	10.4
1989	2369.9	73.5	20.6	0.6	5.3
1990	2572.3	72.5	19.8	0.5	7.2
1991	2593.3	70.5	18.9	0.6	10.0
1992	2259.4	71.2	21.8	1.0	6.0
1993	2248.7	69.3	21.5	1.2	8.0
1994	2311.1	68.8	20.5	1.0	9.6
1995	2512.9	67.6	19.5	0.9	12.0
1996	2452.0	68.2	21.8	1.0	9.0
1997	2499.5	68.8	23.2	1.4	6.6
1998	2134.6	64.2	26.6	1.6	2.3
1999	1969.9	62.9	26.0	1.9	9.2
2000	1885.6	61.4	26.4	2.0	10.3
2001	1956.7	57.8	28.4	1.9	11.9
2002	2109.5	61.5	28.6	1.4	8.5
2003	2205.3	65.6	30.9	1.4	2.1
2004	2458.9	67.3	28.0	1.9	2.9
2005	2574.3	62.7	30.6	2.8	3.8
2006	2879.2	65.0	30.8	1.1	2.3
2007	3146.9	67.9	28.2	1.0	2.5
2008	3584.8	67.4	26.9	2.5	2.2
2009	4192.9	70.2	21.5	5.0	2.5
2010	4790.8	70.0	20.9	4.9	3.5
2011	5083.7	70.7	20.8	5.1	2.8
2012	5710.8	71.2	20.3	5.3	2.7
2013	3763.3	47.9	26.7	8.4	14.0
2014	3634.1	49.8	26.1	8.2	12.3
2015	3234.7	45.4	29.4	8.4	10.4
2016	2762.7	34.1	32.2	9.5	16.6
2017	2538.1	37.9	23.5	9.8	20.4
2018	2396.8	34.3	23.1	9.7	24.9
2019	2288.2	27.7	24.1	11.2	27.6
2020	2349.3	20.2	24.6	11.2	32.6
2021	2509.8	20.8	23.6	11.3	33.3
2022	2782.6	18.8	21.9	9.8	37.6

注：2013年以后能源生产总量和能源结构是按等价值计算的，以前年份是按当量值计算的；受四经普影响，2015年以后数据有调整。
Note: After 2013,total energy production and energy structure are calculated according to the value of heat value equivalent.Data since 2015 are adjusted according to the 4th National Economic Census.

7-2 历年能源消费总量及构成

Total Consumption of Energy and Its Composition

年 份 Year	能源消费总量 （万吨标准煤） Total Energy Consumption (10 000 tons of SCE)	占能源消费总量的比重（%） As Percentage of Total Energy Consumption			
		#煤品燃料 Coal fuel	油品燃料 Oil fuel	天然气 Natural Gas	一次电力 Primary Electricity
1978	1661.4	70.4	26.7		2.9
1979	1741.2	72.5	25.5		3.9
1980	1930.2	73.4	21.3	1.9	3.9
1981	1819.6	72.7	22.1	0.5	5.4
1982	2117.3	76.2	18.4	0.6	3.0
1983	2313.0	73.0	18.5	0.5	4.0
1984	2495.5	74.0	20.9	0.4	5.0
1985	2658.8	74.1	19.3	0.4	5.2
1986	2772.1	71.5	19.4	0.4	9.0
1987	3080.9	71.9	17.2	0.4	8.3
1988	3283.8	74.0	18.1	0.4	6.7
1989	3392.7	77.1	18.3	0.4	3.5
1990	3523.4	63.5	16.8	0.3	19.3
1991	3572.8	64.4	15.5	0.4	19.7
1992	3614.6	63.6	15.8	0.5	20.1
1993	3793.8	65.1	15.1	0.6	19.3
1994	3856.5	64.4	13.8	0.6	21.2
1995	3954.2	62.2	14.7	0.5	22.6
1996	4032.7	62.6	15.0	0.5	21.9
1997	4177.2	58.8	18.1	0.7	22.4
1998	3626.8	54.9	20.7	0.9	23.6
1999	3693.2	53.2	21.1	0.8	24.9
2000	3527.7	53.0	20.9	0.8	25.3
2001	3712.7	53.7	19.9	0.7	25.6
2002	4209.0	56.2	18.5	0.7	24.7
2003	4468.8	73.8	22.4	2.1	1.0
2004	4778.7	75.6	20.5	2.2	1.5
2005	5258.5	76.5	20.9	1.9	1.8
2006	5871.5	77.7	19.3	1.7	1.1
2007	6465.9	76.1	19.4	2.0	1.2
2008	7100.1	77.7	16.9	2.5	1.1
2009	7553.4	78.7	16.0	2.8	1.4
2010	8172.8	77.9	17.8	2.9	2.1
2011	8886.9	78.2	16.6	2.9	1.6
2012	9028.3	77.3	15.9	3.4	1.7
2013	8645.4	71.8	17.0	3.7	6.1
2014	8559.8	71.7	17.0	3.5	5.2
2015	7020.1	69.3	19.7	3.9	4.8
2016	6885.7	67.4	20.6	4.4	6.7
2017	6881.4	65.8	21.3	4.8	7.5
2018	7000.4	65.6	20.9	5.4	8.5
2019	7132.2	66.8	20.4	5.4	8.9
2020	7185.7	66.8	19.9	5.8	10.7
2021	7287.6	66.5	19.2	6.5	11.5
2022	7027.8	65.3	15.2	7.1	14.9

注：1.2013年能耗总量按全国第三次经济普查数据重新进行了调整；受四经普影响，2015年以后数据有调整。
　　2.2013年以后能源消费总量和能源结构是按等价值计算的，以前年份是按当量值计算的。

Note: 1.The total amount of energy consumed in 2013 was adjusted according to the third national economic census data.Data since 2015 are adjusted according to the 4th National Economic Census.

2.After 2013, the total amount of energy consumption and energy structure are calculated according to the average consumption of coal for generating electricity. The data of previous years are calculated according to the heat value equivalent.

7－3 分行业能源品种消费（实物量）（2022年）

行 业	Item	原 煤 (万吨) Raw Coal (10000tons)
消费总计	**Total Consumption**	**7809.19**
一、农、林、牧、渔业	Agriculture,Forestry,Animal Husbandry and Fishery	27.45
二、工业合计	Industry	7535.34
轻工业	Light Industry	619.54
重工业	Heavy Industry	6915.80
（一）采矿业	Mining	339.79
煤炭开采和洗选业	Mining and Washing of Coal	329.17
石油和天然气开采业	Extraction of Petroleum and Natural Gas	0.42
黑色金属矿采选业	Mining and Processing of Ferrous Metal Ores	3.89
有色金属矿采选业	Mining and Processing of Non-ferrous Metal Ores	2.45
非金属矿采选业	Mining and Processing of Nonmetal Ores	3.38
开采辅助活动	Mining Support Activities	0.48
其他采矿业	Mining of Other Ores	
（二）制造业	Manufacturing	1373.37
农副食品加工业	Processing of Food from Agricultural Products	125.59
食品制造业	Manufacture of Foods	235.89
酒、饮料和精制茶制造业	Manufacture of Liquor,Beverages and Refined Tea	100.60
烟草制品业	Manufacture of Tobacco	
纺织业	Manufacture of Textile	0.24
纺织服装、服饰业	Manufacture of Textile Wearing Apparel and Accessories	
皮革、毛皮、羽毛及其制品和制鞋业	Manufacture of Leather,Fur,Feathers and Related Products and Footwear	0.10
木材加工及木、竹、藤、棕、草制品业	Processing of Timber,Manufacture of Wood Bamboo,Rattan,Palm and Straw Products	0.77
家具制造业	Manufacture of Furniture	0.02
造纸及纸制品业	Manufacture of Paper and Paper Products	13.60
印刷和记录媒介复制业	Printing,Reproduction of Recording Media	0.09
文教、工美、体育和娱乐用品制造业	Manufacture of Culture,Art,Sports and Entertainment Goods	0.19
石油加工、炼焦和核燃料加工业	Petroleum Processing and Coking ,Processing of Nuclear Fuel	129.95
化学原料和化学制品制造业	Manufacture of Raw Chemical Materials and Chemical Products	163.74
医药制造业	Manufacture of Medicines	37.42
化学纤维制造业	Manufacture Chemical Fibers	105.80
橡胶和塑料制品业	Manufacture of Rubber and Plastic	0.01
非金属矿物制品业	Manufacture of Non – metallic Mineral Products	223.38
黑色金属冶炼和压延加工业	Smelting and Pressing of Ferrous Metals	191.81

Total Consumption of Energy by Sector (Actual Quantity) (2022)

煤制品 (万吨) Coal Products (10000tons)	焦 炭 (万吨) Coke (10000tons)	焦炉煤气 (亿立方米) Coal Oven Gas (100 million cu.m)	原 油 (万吨) Crude Oil (10000tons)	汽 油 (万吨) Gasoline (10000tons)	煤 油 (万吨) Kerosene (10000tons)
0.88	**628.67**	**12.23**	**953.76**	**88.47**	**31.73**
				6.55	
0.88	628.67	12.23	953.76	13.90	
0.81	0.48			0.34	
0.07	628.19	12.23	953.76	13.56	
	6.71		6.56	0.45	
				0.02	
			6.56	0.29	
	6.71			0.01	
				0.02	
				0.03	
				0.08	
0.86	621.96	12.23	947.15	12.94	
0.04				0.09	
				0.05	
				0.03	
				0.01	
				0.03	
				0.01	
				0.02	
			947.15	1.19	
0.01		0.92		0.06	
0.77	0.48			0.12	
0.04				0.04	
	1.65	0.15		0.07	
	618.47	11.16		0.01	

7－3 续表 1

行 业	Item	原 煤 (万吨) Raw Coal (10000tons)
有色金属冶炼和压延加工业	Smelting and Pressing of Non-ferrous Metals	10.52
金属制品业	Manufacture of Metal Products	3.23
通用设备制造业	Manufacture of General Purpose Machinery	2.74
专用设备制造业	Manufacture of Special Purpose Machinery	0.15
汽车制造业	Manufacture of Automobiles	25.03
铁路、船舶、航空航天和其他运输设备制造业	Manufacture of Railroads,Ships,Aerospace and other Transportation Facilities	2.37
电气机械和器材制造业	Manufacture of Electrical Machinery and Equipment	0.03
通信设备、计算机和其他电子设备制造业	Manufacture of Communication Equipment,Computers and Other Electronic Equipment	
仪器仪表制造业	Manufacture of Measuring Instrument	
其他制造业	Other Manufacturing	
废弃资源综合利用业	Waste Resources Utilization Industry	0.10
金属制品、机械和设备修理业	Metal Products,Machinery and Equipment Repair Industry	
（三）电力、热力、燃气及水的生产和供应业	Production and Supply of Electricity, Heat, Gas and Water	5822.18
电力、热力的生产和供应业	Production and Supply of Electric Power and Heat Power	5822.18
燃气生产和供应业	Production and Supply of Gas	
水的生产和供应业	Production and Supply of Water	
三、建筑业	Construction	1.72
房屋和土木工程建筑业	Construction of Building and Civil Engineering	0.58
建筑安装业	Construction Installation	0.53
建筑装饰业	Construction Decoration	0.37
其他建筑业	Other Construction	0.24
四、交通运输储运业和邮政业	Transport,Storage and Post	3.45
铁路运输业	Railway Transport	0.52
道路运输业	Road Transport	0.79
水上运输业	Water Transport	
航空运输业	Air Transport	0.19
管道运输业	Transport Via Pipeline	
装卸搬运及其他运输服务业	Loading,Unloading,Portage and Other Transport Services	0.19
仓储业	Storage	0.97
邮政业	Post	0.79
五、批发、零售业和住宿、餐饮业	Wholesale,Retail Trades,Hotels and Catering Services	2.44
六、其他行业	Others	102.85
七、城乡居民生活	Residential Consumption	135.94

continued

煤制品 (万吨) Coal Products (10000tons)	焦　炭 (万吨) Coke (10000tons)	焦炉煤气 (亿立方米) Coal Oven Gas (100 million cu.m)	原　油 (万吨) Crude Oil (10000tons)	汽　油 (万吨) Gasoline (10000tons)	煤　油 (万吨) Kerosene (10000tons)
	0.09			0.01	
				0.05	
	0.01			0.04	
				0.06	
	1.26			10.93	
				0.03	
				0.03	
				0.01	
				0.01	
				0.01	
				0.01	
				0.02	
0.02			0.05	0.51	
			0.05	0.43	
				0.05	
0.02				0.03	
				12.09	
				6.03	
				3.68	
				1.58	
				0.80	
				34.34	31.73
				0.22	
				23.79	
				2.45	
				0.43	31.73
				0.45	
				3.30	
				3.70	
				5.74	
				0.36	
				15.49	

7-3 续表 2

行业	Item	柴油（万吨）Diesel Oil (10000tons)
消费总计	**Total Consumption**	**242.96**
一、农、林、牧、渔业	Agriculture,Forestry,Animal Husbandry and Fishery	68.67
二、工业合计	Industry	21.72
轻工业	Light Industry	0.63
重工业	Heavy Industry	21.09
（一）采矿业	Mining	13.85
煤炭开采和洗选业	Mining and Washing of Coal	0.73
石油和天然气开采业	Extraction of Petroleum and Natural Gas	1.29
黑色金属矿采选业	Mining and Processing of Ferrous Metal Ores	0.33
有色金属矿采选业	Mining and Processing of Non-ferrous Metal Ores	0.69
非金属矿采选业	Mining and Processing of Nonmetal Ores	0.73
开采辅助活动	Mining Support Activities	10.08
其他采矿业	Mining of Other Ores	
（二）制造业	Manufacturing	7.02
农副食品加工业	Processing of Food from Agricultural Products	0.18
食品制造业	Manufacture of Foods	0.04
酒、饮料和精制茶制造业	Manufacture of Liquor,Beverages and Refined Tea	0.12
烟草制品业	Manufacture of Tobacco	0.02
纺织业	Manufacture of Textile	
纺织服装、服饰业	Manufacture of Textile Wearing Apparel and Accessories	0.01
皮革、毛皮、羽毛及其制品和制鞋业	Manufacture of Leather,Fur,Feathers and Related Products and Footwear	
木材加工及木、竹、藤、棕、草制品业	Processing of Timber,Manufacture of Wood Bamboo,Rattan,Palm and Straw Products	0.05
家具制造业	Manufacture of Furniture	0.01
造纸及纸制品业	Manufacture of Paper and Paper Products	0.06
印刷和记录媒介复制业	Printing,Reproduction of Recording Media	0.01
文教、工美、体育和娱乐用品制造业	Manufacture of Culture,Art,Sports and Entertainment Goods	
石油加工、炼焦和核燃料加工业	Petroleum Processing and Coking ,Processing of Nuclear Fuel	0.94
化学原料和化学制品制造业	Manufacture of Raw Chemical Materials and Chemical Products	0.25
医药制造业	Manufacture of Medicines	0.06
化学纤维制造业	Manufacture Chemical Fibers	0.11
橡胶和塑料制品业	Manufacture of Rubber and Plastic	0.07
非金属矿物制品业	Manufacture of Non - metallic Mineral Products	2.91
黑色金属冶炼和压延加工业	Smelting and Pressing of Ferrous Metals	0.24

continued

燃料油（万吨）Fuel Oil (10000tons)	液化石油气（万吨）Liquefied Petroleum Gas (10000tons)	炼厂干气（万吨）Refinery Dry Gas (10000tons)	其他石油制品（万吨）Other Petroleum Products (10000tons)	天然气（亿立方米）Natural Gas (100 million cu.m)	热力（万百万千焦）Heat Power (10 billion kilo-joule)	电力（亿千瓦时）Electric Power (100 million kWh)
22.27	**36.60**	**38.43**	**182.62**	**37.14**	**36945.05**	**887.14**
						25.99
22.27	26.21	38.43	182.62	15.47	12054.80	507.65
0.12	0.04			1.79	5687.88	62.86
22.15	26.17	38.43	182.62	13.68	6366.92	444.79
			0.01	3.02	207.29	34.30
					198.72	4.95
				2.99	6.13	16.78
						4.25
			0.01			6.70
						0.87
				0.03	2.44	0.75
22.15	26.21	38.43	182.61	11.24	11236.50	276.55
0.03	0.01			0.38	576.27	15.78
				0.16	2327.71	11.56
0.05				0.09	986.44	8.58
				0.04	7.98	0.49
				0.02	3.89	1.14
				0.01	38.21	0.65
						0.06
				0.01	0.30	0.81
						0.05
				0.07	146.50	4.12
					1.75	0.50
						0.05
21.82	26.16	37.18	182.61	4.07	2370.61	30.16
0.02		1.25		1.06	1780.41	19.48
0.04	0.03			0.93	97.80	9.83
				0.09	1501.33	10.03
				0.10	17.47	3.13
0.16	0.01			1.41	361.25	25.00
				0.06	333.82	73.15

7－3 续表 3

行　　业	Item	柴　油（万吨）Diesel Oil1 (10000tons)
有色金属冶炼和压延加工业	Smelting and Pressing of Non-ferrous Metals	0.22
金属制品业	Manufacture of Metal Products	0.12
通用设备制造业	Manufacture of General Purpose Machinery	0.08
专用设备制造业	Manufacture of Special Purpose Machinery	0.09
汽车制造业	Manufacture of Automobiles	1.25
铁路、船舶、航空航天和其他运输设备制造业	Manufacture of Railroads,Ships,Aerospace and other Transportation Facilities	0.08
电气机械和器材制造业	Manufacture of Electrical Machinery and Equipment	0.01
通信设备、计算机和其他电子设备制造业	Manufacture of Communication Equipment,Computers and Other Electronic Equipment	0.01
仪器仪表制造业	Manufacture of Measuring Instrument	
其他制造业	Other Manufacturing	0.01
废弃资源综合利用业	Waste Resources Utilization Industry	0.05
金属制品、机械和设备修理业	Metal Products,Machinery and Equipment Repair Industry	0.02
（三）电力、热力、燃气及水的生产和供应业	Production and Supply of Electricity, Heat, Gas and Water	0.85
电力、热力的生产和供应业	Production and Supply of Electric Power and Heat Power	0.81
燃气生产和供应业	Production and Supply of Gas	0.02
水的生产和供应业	Production and Supply of Water	0.02
三、建筑业	Construction	16.02
房屋和土木工程建筑业	Construction of Building and Civil Engineering	2.86
建筑安装业	Construction Installation	10.58
建筑装饰业	Construction Decoration	1.01
其他建筑业	Other Construction	1.57
四、交通运输储运业和邮政业	Transport,Storage and Post	122.37
铁路运输业	Railway Transport	15.65
道路运输业	Road Transport	82.41
水上运输业	Water Transport	0.42
航空运输业	Air Transport	0.34
管道运输业	Transport Via Pipeline	
装卸搬运及其他运输服务业	Loading,Unloading,Portage and Other Transport Services	3.03
仓储业	Storage	14.97
邮政业	Post	5.55
五、批发、零售业和住宿、餐饮业	Wholesale,Retail Trades,Hotels and Catering Services	2.59
六、其他行业	Others	0.34
七、城乡居民生活	Residential Consumption	11.25

continued

燃料油（万吨）Fuel Oil (10000tons)	液化石油气（万吨）Liquified Petroleum Gas (10000tons)	炼厂干气（万吨）Refinery Dry Gas (10000tons)	其他石油制品（万吨）Other Petroleum Products (10000tons)	天然气（亿立方米）Natural Gas (100 million cu.m)	热力（万百万千焦）Heat Power (10 billion kilo-joule)	电力（亿千瓦时）Electric Power (100 million kWh)
				0.17	21.09	5.94
				0.16	7.95	2.29
				0.03	1.00	0.96
				0.04	6.10	2.14
0.02				1.76	563.64	44.91
				0.47	76.74	1.49
0.01				0.02	3.23	0.95
				0.09	3.88	2.74
						0.18
						0.02
					0.78	0.32
					0.35	0.04
0.12				1.21	611.01	196.80
0.12				0.41	557.42	190.11
				0.80		2.44
					53.59	4.25
	0.52			0.53	1940.00	13.22
	0.17			0.08	297.84	7.36
	0.30			0.45	92.72	3.28
	0.03				1396.98	0.25
	0.02				152.46	2.33
	3.53			7.98	5067.03	29.56
	0.02			0.08	328.95	15.49
	2.29			2.57	452.35	5.21
	0.03				107.36	
					89.23	0.58
	0.64			3.62	3539.65	2.93
	0.36			0.22	105.43	0.24
	0.12			1.21	296.87	4.62
	0.07			0.28	147.19	0.49
	1.61			1.98	1845.66	52.53
	0.11			3.66	5859.60	100.05
	4.62			7.52	10177.96	158.14

7-4 地区能源平衡表（实物量）（2022年）

指　　标	Item	原　煤 (万吨) Raw Coal (10000tons)
一、可供本地区消费能源量	Total Energy Available for Consumption	7809.19
（一）年初库存量	Inventories at Beginning	812.06
（二）一次能源生产量	Primary Energy Output	970.75
（三）外省（区、市）调入量	Allocation from Outside	6465.82
（四）进口量	Imports	589
（五）我轮、机在外国加油量	Refuelling Abroad for Our Ships and Planes	
（六）本省（区、市）调出量（-）	Allocation from Inside	-195.36
（七）出口量（-）	Exports	-13
（八）外轮、机在我国加油量（-）	Refuelling in China for Foreign Ships and Planes	
（九）年末库存量（-）	Inventories at the end	-820.08
二、加工转换投入（-）产出（+）量	Output and Input in Processing and Transformation	-6867.49
（一）火力发电	Thermal Power	-3574.74
（二）供热	Heating	-2964.87
（三）煤炭洗选	Washing Coal	-327.88
（四）炼焦	Coking	
（五）炼油及煤制油	Petroleum Refining	
其中：油品再投入量（-）	Reinput for Oil	
（六）制气	Gas Production	
其中：焦炭再投入量（-）	Reinput for Coke	
（七）天然气液化	Natural Gas Liquefaction	
（八）煤制品加工	Coal Products Processing	
（九）回收能	Recycled Energy	
三、损失量	Energy Losses	
其中：运输和输配损失	Losses for Transportation and Transmission	
四、终端消费量	End-use Consumption	941.7
（一）第一产业	Primary Industry	27.45
1. 农、林、牧、渔业	Agriculture,Forestry,Animal Husbandry and Fishery	27.45
（二）第二产业	Secondary Industry	669.57
1. 工业	Industry	667.85
#用作原料.材料	As Material	41.61
2.建筑业	Construction	1.72
（三）第三产业	Tertiary Industry	108.74
1. 交通运输、仓储及邮政业	Transport,Storage and Post	3.45
2. 批发、零售和住宿、餐饮业	Wholesale,Retail Trade,Hotels and Catering Services	2.44
3. 其他	Others	102.85
（四）生活消费	Residential Consumption	135.94
1. 城镇	Urban	6
2.乡村	Rural	129.94
五、平衡差额（+、-）	Balance	
六、消费量合计	Total Consumption	7809.19

注：本表数据与GDP核算数据有关。
Note: Data in this table is in accordance with that of GDP.

Energy Balance Sheet (Actual Quantity) (2022)

洗精煤 (万吨) Washed Coal (10000tons)	煤制品 (万吨) Coal Products (10000tons)	焦炭 (万吨) Coke (10000tons)	焦炉煤气 (万吨) Coal Oven Gas (10000tons)	原油 (万吨) Crude Oil (10000tons)	汽油 (万吨) Gasoline (10000tons)	煤油 (万吨) Kerosene (10000tons)
446.4	0.88	251.01		953.76	-122.84	9.62
16.05		14.75		18.94	7.21	0.94
				425.65		
454.36	27.77	298.22		530.83	87.16	31.72
-14.4	-26.74	-54.04			-208.98	-22.07
-9.61	-0.15	-7.92		-21.66	-8.23	-0.97
-446.4		377.66	11.72	-946.21	210.14	22.11
			-0.51			
44.43						
-490.83		377.66	12.23			
				-946.21	211.31	22.11
					-1.17	
	0.88	628.67	11.72	7.55	87.3	31.73
					6.55	
					6.55	
	0.88	628.67	11.72	7.55	24.82	
	0.88	628.67	11.72	7.55	12.73	
					0.01	
					12.09	
					40.44	31.73
					34.34	31.73
					5.74	
					0.36	
					15.49	
					6.49	
					9	
490.83	0.88	628.67	12.23	953.76	88.47	31.73

7－4 续表

指　　标	Item	柴　油（万吨）Diesel Oil (10000 tons)
一、可供本地区消费能源量	Total Energy Available for Consumption	−35.73
（一）年初库存量	Inventories at Beginning	16.19
（二）一次能源生产量	Primary Energy Output	
（三）外省（区、市）调入量	Allocation from Outside	246.55
（四）进口量	Imports	
（五）我轮、机在外国加油量	Refuelling Abroad for Our Ships and Planes	
（六）本省（区、市）调出量（－）	Allocation from Inside	−287.72
（七）出口量（－）	Exports	
（八）外轮、机在我国加油量（－）	Refuelling in China for Foreign Ships and Planes	
（九）年末库存量（－）	Inventories at the end	−10.75
二、加工转换投入（－）产出（＋）量	Output and Input in Processing and Transformation	277.79
（一）火力发电	Thermal Power	−0.19
（二）供热	Heating	−0.06
（三）煤炭洗选	Washing Coal	
（四）炼焦	Coking	
（五）炼油及煤制油	Petroleum Refining	278.69
其中：油品再投入量（－）	Reinput for Oil	−0.65
（六）制气	Gas Production	
其中：焦炭再投入量（－）	Reinput for Coke	
（七）天然气液化	Natural Gas Liquefaction	
（八）煤制品加工	Coal Products Processing	
（九）回收能	Recycled Energy	
三、损失量	Energy Losses	
其中：运输和输配损失	Losses for Transportation and Transmission	
四、终端消费量	End-use Consumption	242.06
（一）第一产业	Primary Industry	68.67
1. 农、林、牧、渔业	Agriculture,Forestry,Animal Husbandry and Fishery	68.67
（二）第二产业	Secondary Industry	36.84
1. 工业	Industry	20.82
其中：用作原料、材料	As Material	
2.建筑业	Construction	16.02
（三）第三产业	Tertiary Industry	125.3
1. 交通运输、仓储及邮政业	Transport,Storage and Post	122.37
2. 批发、零售和住宿、餐饮业	Wholesale,Retail Trade,Hotels and Catering Services	2.59
3. 其他	Others	0.34
（四）生活消费	Residential Consumption	11.25
1. 城镇	Urban	0.88
2. 乡村	Rural	10.37
五、平衡差额（＋、－）	Balance	
六、消费量合计	Total Consumption	242.96

continued

燃料油（万吨）Fuel Oil (10000 tons)	液化石油气（万吨）Liquefied Petroleum Gas (10000 tons)	炼厂干气（万吨）Refinery Dry Gas (10000 tons)	其他石油制品（万吨）Other Petroleum Products (10000 tons)	天然气（万吨）Natural Gas (10000 tons)	热力（万百万千焦）Heat Power (10 billion kilo-joule)	电力（亿千瓦时）Electric Power (1000 million kWh)
-19.53	17.08		-50.37	39.8		208.35
1.23	2.97		0.65	0.02		
				20.5		378.1
0.24	21.04			19.3		161.52
-19.39	-3.72		-49.73			-331.27
-1.61	-3.21		-1.29	-0.02		
41.74	-6.64	38.43	191.31	-5.61	36222.12	678.79
-0.02					-722.93	678.79
-0.04				-0.79	35720.06	
41.8	19.52	38.43	232.99			
	-26.16		-41.68			
				-1.62		
				-3.2		
					1224.99	
					4420.3	34.9
					3367.3	34.9
22.21	10.44	38.43	140.94	34.19	31801.82	852.24
						25.99
						25.99
22.21	0.57	38.43	140.94	13.05	12218.87	485.97
22.21	0.05	38.43	140.94	12.52	10278.87	472.75
21.82			140.19	0.27		
	0.52			0.53	1940.00	13.22
	5.25			13.62	9404.99	182.14
	3.53			7.98	1699.73	29.56
	1.61			1.98	1845.66	52.53
	0.11			3.66	5859.6	100.05
	4.62			7.52	10177.96	158.14
	1.01			7.1	8118.65	105.54
	3.61			0.42	2059.31	52.6
22.27	36.6	38.43	182.62	37.14	36945.05	887.14

7－5　地区能源平衡表（标准量）（2022年）

单位: 万吨标准煤

指　　标	Item	原　煤 Raw Coal
一、可供本地区消费能源量	Total Energy Available for Consumption	3953.03
（一）年初库存量	Inventories at Beginning	431.55
（二）一次能源生产量	Primary Energy Output	522.43
（三）外省（区、市）调入量	Allocation from Outside	3162.20
（四）进口量	Imports	342.11
（五）我轮、机在外国加油量	Refuelling Abroad for Our Ships and Planes	
（六）本省（区、市）调出量（－）	Allocation from Inside	–73.25
（七）出口量（－）	Exports	
（八）外轮、机在我国加油量（－）	Refuelling in China for Foreign Ships and Planes	
（九）年末库存量（－）	Inventories at the end	–432.01
二、加工转换投入（－）产出（+）量	Output and Input in Processing and Transformation	–3340.98
（一）火力发电	Thermal Power	–1593.64
（二）供热	Heating	–1574.20
（三）煤炭洗选	Washing Coal	–173.14
（四）炼焦	Coking	
（五）炼油及煤制油	Petroleum Refining	
其中：油品再投入量（－）	Reinput for Oil	
（六）制气	Gas Production	
其中：焦炭再投入量（－）	Reinput for Coke	
（七）天然气液化	Natural Gas Liquefaction	
（八）煤制品加工	Coal Products Processing	
（九）回收能	Recycled Energy	
三、损失量	Energy Losses	
其中：运输和输配损失	Losses for Transportation and Transmission	
四、终端消费量	End–use Consumption	612.05
（一）第一产业	Primary Industry	11.13
1. 农、林、牧、渔业	Agriculture,Forestry,Animal Husbandry and Fishery	11.13
（二）第二产业	Secondary Industry	466.21
1. 工业	Industry	465.51
其中：用作原料、材料	As Material	16.87
2.建筑业	Construction	0.70
（三）第三产业	Tertiary Industry	79.59
1. 交通运输、仓储及邮政业	Transport,Storage and Post	1.55
2. 批发、零售和住宿、餐饮业	Wholesale,Retail Trade,Hotels and Catering Services	0.99
3. 其他	Others	77.05
（四）生活消费	Residential Consumption	55.12
1. 城镇	Urban	2.43
2.乡村	Rural	52.69
五、平衡差额（+、－）	Balance	
六、消费量合计	Total Consumption	

注：本表数据与GDP核算数据有关。
Note: Data in this table is in accordance with that of GDP.

Energy Balance Sheet (Standard Quantity) (2022)

unit:10000tons of SCE

洗精煤 Washed Coal	煤制品 Coal Products	焦 炭 Coke	焦炉煤气 Coal Oven Gas	原 油 Crude Oil	汽 油 Gasoline	煤 油 Kerosene
420.90	0.42	296.13		1362.54	-180.75	14.15
15.46		13.91		27.06	10.61	1.38
				608.08		
427.65	14.63	289.69		758.34	128.25	46.67
-12.96	-14.13				-307.49	-32.47
-9.26	-0.08	-7.47		-30.94	-12.11	-1.43
-420.90		355.98	68.37	-1351.76	309.20	32.53
			-2.91			
39.99						
-460.89		355.98	71.28			
				-1351.76	310.92	32.53
					-1.72	
	0.42	652.12	68.37	10.79	128.45	46.69
					9.64	
					9.64	
	0.42	652.12	68.37	10.79	36.52	
	0.42	652.12	68.37	10.79	18.73	
					0.01	
					17.79	
					59.50	46.69
					50.53	46.69
					8.45	
					0.53	
					22.79	
					9.55	
					13.24	

7－5 续表

单位: 万吨标准煤

指　　标	Item	柴 油 Diesel Oil
一、可供本地区消费能源量	Total Energy Available for Consumption	–52.06
（一）年初库存量	Inventories at Beginning	23.59
（二）一次能源生产量	Primary Energy Output	
（三）外省（区、市）调入量	Allocation from Outside	359.25
（四）进口量	Imports	
（五）我轮、机在外国加油量	Refuelling Abroad for Our Ships and Planes	
（六）本省（区、市）调出量（–）	Allocation from Inside	–419.24
（七）出口量（–）	Exports	
（八）外轮、机在我国加油量（–）	Refuelling in China for Foreign Ships and Planes	
（九）年末库存量（–）	Inventories at the end	–15.66
二、加工转换投入（–）产出（+）量	Output and Input in Processing and Transformation	404.77
（一）火力发电	Thermal Power	–0.28
（二）供热	Heating	–0.09
（三）煤炭洗选	Washing Coal	
（四）炼焦	Coking	
（五）炼油及煤制油	Petroleum Refining	406.08
其中：油品再投入量(–)	Reinput for Oil	–0.95
（六）制气	Gas Production	
其中：焦炭再投入量（–）	Reinput for Coke	
（七）天然气液化	Natural Gas Liquefaction	
（八）煤制品加工	Coal Products Processing	
（九）回收能	Recycled Energy	
三、损失量	Energy Losses	
其中：运输和输配损失	Losses for Transportation and Transmission	
四、终端消费量	End–use Consumption	352.71
（一）第一产业	Primary Industry	100.06
1. 农、林、牧、渔业	Agriculture,Forestry,Animal Husbandry and Fishery	100.06
（二）第二产业	Secondary Industry	53.68
1. 工业	Industry	30.34
其中：用作原料、材料	As Material	
2.建筑业	Construction	23.34
（三）第三产业	Tertiary Industry	182.57
1. 交通运输、仓储及邮政业	Transport,Storage and Post	178.31
2. 批发、零售和住宿、餐饮业	Wholesale,Retail Trade,Hotels and Catering Services	3.77
3. 其他	Others	0.50
（四）生活消费	Residential Consumption	16.39
1. 城镇	Urban	1.28
2. 乡村	Rural	15.11
五、平衡差额（+、–）	Balance	
六、消费量合计	Total Consumption	

continued

unit:10000tons of SCE

燃料油 Fuel Oil	液化石油气 Liquefied Petroleum Gas	炼厂干气 Refinery Dry Gas	其他石油制品 Other Petroleum Products	天然气 Natural Gas	热力 Heat Power	电力 （当量值） Electric Power （Equivalent Value）
−27.90	29.28		−70.52	529.34		256.06
1.76	5.09		0.91	0.27		
				272.65		464.68
0.34	36.07			256.69		198.51
−27.70	−6.38		−69.62			−407.13
−2.30	−5.50		−1.81	−0.27		
59.63	−11.38	60.39	267.83	−74.61	1235.17	834.23
−0.03					−24.65	834.23
−0.06				−10.51	1218.05	
59.72	33.46	60.39	326.19			
	−44.85		−58.35			
				−21.55		
				−42.56		
					41.77	
					150.73	42.89
					114.82	42.89
31.73	17.90	60.39	197.32	454.73	1084.44	1047.40
						31.94
						31.94
31.73	0.98	60.39	197.32	173.57	416.66	597.26
31.73	0.09	60.39	197.32	166.52	350.51	581.01
31.17			196.27	3.59		
	0.89			7.05	66.15	16.25
	9.00			181.15	320.71	223.85
	6.05			106.13	57.96	36.33
	2.76			26.33	62.94	64.56
	0.19			48.68	199.81	122.96
	7.92			100.02	347.07	194.35
	1.73			94.43	276.85	129.71
	6.19			5.59	70.22	64.65

7-6 分行业能源终端消费（实物量）（2022年）

行 业	Item	原 煤 (万吨) Raw Coal (10000tons)
消费总计	**Total Consumption**	**941.70**
一、农、林、牧、渔业	Agriculture,Forestry,Animal Husbandry and Fishery	27.45
二、工业合计	Industry	667.85
轻工业	Light Industry	155.78
重工业	Heavy Industry	512.07
（一）采矿业	Mining	11.91
煤炭开采和洗选业	Mining and Washing of Coal	1.29
石油和天然气开采业	Extraction of Petroleum and Natural Gas	0.42
黑色金属矿采选业	Mining and Processing of Ferrous Metal Ores	3.89
有色金属矿采选业	Mining and Processing of Non-ferrous Metal Ores	2.45
非金属矿采选业	Mining and Processing of Nonmetal Ores	3.38
开采辅助活动	Mining Support Activities	0.48
其他采矿业	Mining of Other Ores	
（二）制造业	Manufacturing	649.46
农副食品加工业	Processing of Food from Agricultural Products	53.84
食品制造业	Manufacture of Foods	15.95
酒、饮料和精制茶制造业	Manufacture of Liquor,Beverages and Refined Tea	45.07
烟草制品业	Manufacture of Tobacco	
纺织业	Manufacture of Textile	0.24
纺织服装、服饰业	Manufacture of Textile Wearing Apparel and Accessories	
皮革、毛皮、羽毛及其制品和制鞋业	Manufacture of Leather,Fur,Feathers and Related Products and Footwear	0.10
木材加工及木、竹、藤、棕、草制品业	Processing of Timber,Manufacture of Wood Bamboo,Rattan,Palm and Straw Products	0.77
家具制造业	Manufacture of Furniture	0.02
造纸及纸制品业	Manufacture of Paper and Paper Products	2.76
印刷和记录媒介复制业	Printing,Reproduction of Recording Media	0.09
文教、工美、体育和娱乐用品制造业	Manufacture of Culture,Art,Sports and Entertainment Goods	0.19
石油加工、炼焦和核燃料加工业	Petroleum Processing and Coking ,Processing of Nuclear Fuel	0.41
化学原料和化学制品制造业	Manufacture of Raw Chemical Materials and Chemical Products	60.52
医药制造业	Manufacture of Medicines	37.42
化学纤维制造业	Manufacture Chemical Fibers	
橡胶和塑料制品业	Manufacture of Rubber and Plastic	0.01
非金属矿物制品业	Manufacture of Non - metallic Mineral Products	223.02
黑色金属冶炼和压延加工业	Smelting and Pressing of Ferrous Metals	191.81

End-use Energy Consumption by Sector (Actual Quantity) (2022)

煤制品 (万吨) Coal Products (10000tons)	焦 炭 (万吨) Coke (10000tons)	焦炉煤气 (亿立方米) Coal Oven Gas (100 million cu.m)	原 油 (万吨) Crude Oil (10000tons)	汽 油 (万吨) Gasoline (10000tons)	煤 油 (万吨) Kerosene (10000tons)
0.88	**628.67**	**11.72**	**7.55**	**87.30**	**31.73**
				6.55	
0.88	628.67	11.72	7.55	12.73	
0.81	0.48			0.34	
0.07	628.19	11.72	7.55	12.39	
	6.71		6.56	0.45	
				0.02	
			6.56	0.29	
	6.71			0.01	
				0.02	
				0.03	
				0.08	
0.86	621.96	11.72	0.94	11.77	
0.04				0.09	
				0.05	
				0.03	
				0.01	
				0.03	
				0.01	
				0.02	
			0.94	0.02	
0.01		0.92		0.06	
0.77	0.48			0.12	
0.04				0.04	
	1.65	0.15		0.07	
	618.47	10.65		0.01	

7-6 续表 1

行　　业	Item	原　煤 (万吨) Raw Coal (10000tons)
有色金属冶炼和压延加工业	Smelting and Pressing of Non-ferrous Metals	10.52
金属制品业	Manufacture of Metal Products	3.23
通用设备制造业	Manufacture of General Purpose Machinery	2.74
专用设备制造业	Manufacture of Special Purpose Machinery	0.15
汽车制造业	Manufacture of Automobiles	0.23
铁路、船舶、航空航天和其他运输设备制造业	Manufacture of Railroads,Ships,Aerospace and other Transportation Facilities	0.24
电气机械和器材制造业	Manufacture of Electrical Machinery and Equipment	0.03
通信设备、计算机和其他电子设备制造业	Manufacture of Communication Equipment,Computers and Other Electronic Equipment	
仪器仪表制造业	Manufacture of Measuring Instrument	
其他制造业	Other Manufacturing	
废弃资源综合利用业	Waste Resources Utilization Industry	0.10
金属制品、机械和设备修理业	Metal Products,Machinery and Equipment Repair Industry	
（三）电力、热力、燃气及水的生产和供应业	Production and Supply of Electricity, Heat, Gas and Water	6.48
电力、热力的生产和供应业	Production and Supply of Electric Power and Heat Power	6.48
燃气生产和供应业	Production and Supply of Gas	
水的生产和供应业	Production and Supply of Water	
三、建筑业	Construction	1.72
房屋和土木工程建筑业	Construction of Building and Civil Engineering	0.58
建筑安装业	Construction Installation	0.53
建筑装饰业	Construction Decoration	0.37
其他建筑业	Other Construction	0.24
四、交通运输储运业和邮政业	Transport,Storage and Post	3.45
铁路运输业	Railway Transport	0.52
道路运输业	Road Transport	0.79
水上运输业	Water Transport	
航空运输业	Air Transport	0.19
管道运输业	Transport Via Pipeline	
装卸搬运及其他运输服务业	Loading,Unloading,Portage and Other Transport Services	0.19
仓储业	Storage	0.97
邮政业	Post	0.79
五、批发、零售业和住宿、餐饮业	Wholesale,Retail Trades,Hotels and Catering Services	2.44
六、其他行业	Others	102.85
七、城乡居民生活	Residential Consumption	135.94

continued

煤制品 (万吨) Coal Products (10000tons)	焦　炭 (万吨) Coke (10000tons)	焦炉煤气 (亿立方米) Coal Oven Gas (100 million cu.m)	原　油 (万吨) Crude Oil (10000tons)	汽　油 (万吨) Gasoline (10000tons)	煤　油 (万吨) Kerosene (10000tons)
	0.09			0.01	
				0.05	
	0.01			0.04	
				0.06	
	1.26			10.93	
				0.03	
				0.03	
				0.01	
				0.01	
				0.01	
				0.01	
				0.02	
0.02			0.05	0.51	
			0.05	0.43	
				0.05	
0.02				0.03	
				12.09	
				6.03	
				3.68	
				1.58	
				0.80	
				34.34	31.73
				0.22	
				23.79	
				2.45	
				0.43	31.73
				0.45	
				3.30	
				3.70	
				5.74	
				0.36	
				15.49	

7－6 续表 2

行 业	Item	柴 油 （万吨） Diesel Oil (10000tons)
消费总计	**Total Consumption**	**242.06**
一、农、林、牧、渔业	Agriculture,Forestry,Animal Husbandry and Fishery	68.67
二、工业合计	Industry	20.82
轻工业	Light Industry	0.67
重工业	Heavy Industry	20.15
（一）采矿业	Mining	13.85
煤炭开采和洗选业	Mining and Washing of Coal	0.73
石油和天然气开采业	Extraction of Petroleum and Natural Gas	1.29
黑色金属矿采选业	Mining and Processing of Ferrous Metal Ores	0.33
有色金属矿采选业	Mining and Processing of Non-ferrous Metal Ores	0.69
非金属矿采选业	Mining and Processing of Nonmetal Ores	0.73
开采辅助活动	Mining Support Activities	10.08
其他采矿业	Mining of Other Ores	
（二）制造业	Manufacturing	6.32
农副食品加工业	Processing of Food from Agricultural Products	0.18
食品制造业	Manufacture of Foods	0.04
酒、饮料和精制茶制造业	Manufacture of Liquor,Beverages and Refined Tea	0.12
烟草制品业	Manufacture of Tobacco	0.02
纺织业	Manufacture of Textile	
纺织服装、服饰业	Manufacture of Textile Wearing Apparel and Accessories	0.01
皮革、毛皮、羽毛及其制品和制鞋业	Manufacture of Leather,Fur,Feathers and Related Products and Footwear	
木材加工及木、竹、藤、棕、草制品业	Processing of Timber,Manufacture of Wood Bamboo,Rattan,Palm and Straw Products	0.05
家具制造业	Manufacture of Furniture	0.01
造纸及纸制品业	Manufacture of Paper and Paper Products	0.06
印刷和记录媒介复制业	Printing,Reproduction of Recording Media	0.01
文教、工美、体育和娱乐用品制造业	Manufacture of Culture,Art,Sports and Entertainment Goods	
石油加工、炼焦和核燃料加工业	Petroleum Processing and Coking ,Processing of Nuclear Fuel	0.24
化学原料和化学制品制造业	Manufacture of Raw Chemical Materials and Chemical Products	0.25
医药制造业	Manufacture of Medicines	0.06
化学纤维制造业	Manufacture Chemical Fibers	0.11
橡胶和塑料制品业	Manufacture of Rubber and Plastic	0.07
非金属矿物制品业	Manufacture of Non－metallic Mineral Products	2.91
黑色金属冶炼和压延加工业	Smelting and Pressing of Ferrous Metals	0.24

continued

燃料油（万吨）Fuel Oil (10000tons)	液化石油气（万吨）Liquefied Petroleum Gas (10000tons)	炼厂干气（万吨）Refinery Dry Gas (10000tons)	其他石油制品（万吨）Other Petroleum Products (10000tons)	天然气（亿立方米）Natural Gas (100 million cu.m)	热力（万百万千焦）Heat Power (10 billion kilo-joule)	电力（亿千瓦时）Electric Power (100 million kWh)
22.21	**10.44**	**38.43**	**140.94**	**34.19**	**31801.82**	**852.24**
						25.99
22.21	0.05	38.43	140.94	12.52	10278.87	472.75
0.12	0.04			1.78	5374.99	63.16
22.09	0.01	38.43	140.94	10.74	4903.88	409.59
			0.01	3.02	3.36	34.30
						4.95
				2.99	0.92	16.78
						4.25
			0.01			6.70
						0.87
				0.03	2.44	0.75
22.10	0.05	38.43	140.93	9.16	10106.33	276.55
0.03	0.01			0.38	367.58	15.78
				0.15	2327.71	11.56
0.05				0.09	981.43	8.58
				0.04	7.98	0.49
				0.02	3.89	1.14
				0.01	38.21	0.65
						0.06
				0.01	0.30	0.81
						0.05
				0.07	119.10	4.12
					1.75	0.50
						0.05
21.77		37.18	140.93	2.80	2370.61	30.16
0.02		1.25		0.67	1676.10	19.48
0.04	0.03			0.93	97.80	9.83
				0.09	1428.76	10.03
				0.10	17.47	3.13
0.16	0.01			1.41	20.03	25.00
				0.06	1.47	73.15

7－6 续表 3

行　　业	Item	柴　油（万吨）Diesel Oil1 (10000tons)
有色金属冶炼和压延加工业	Smelting and Pressing of Non-ferrous Metals	0.22
金属制品业	Manufacture of Metal Products	0.12
通用设备制造业	Manufacture of General Purpose Machinery	0.08
专用设备制造业	Manufacture of Special Purpose Machinery	0.09
汽车制造业	Manufacture of Automobiles	1.25
铁路、船舶、航空航天和其他运输设备制造业	Manufacture of Railroads,Ships,Aerospace and other Transportation Facilities	0.08
电气机械和器材制造业	Manufacture of Electrical Machinery and Equipment	0.01
通信设备、计算机和其他电子设备制造业	Manufacture of Communication Equipment,Computers and Other Electronic Equipment	0.01
仪器仪表制造业	Manufacture of Measuring Instrument	
其他制造业	Other Manufacturing	0.01
废弃资源综合利用业	Waste Resources Utilization Industry	0.05
金属制品、机械和设备修理业	Metal Products,Machinery and Equipment Repair Industry	0.02
（三）电力、热力、燃气及水的生产和供应业	Production and Supply of Electricity, Heat, Gas and Water	0.65
电力、热力的生产和供应业	Production and Supply of Electric Power and Heat Power	0.61
燃气生产和供应业	Production and Supply of Gas	0.02
水的生产和供应业	Production and Supply of Water	0.02
三、建筑业	Construction	16.02
房屋和土木工程建筑业	Construction of Building and Civil Engineering	2.86
建筑安装业	Construction Installation	10.58
建筑装饰业	Construction Decoration	1.01
其他建筑业	Other Construction	1.57
四、交通运输储运业和邮政业	Transport,Storage and Post	122.37
铁路运输业	Railway Transport	15.65
道路运输业	Road Transport	82.41
水上运输业	Water Transport	0.42
航空运输业	Air Transport	0.34
管道运输业	Transport Via Pipeline	
装卸搬运及其他运输服务业	Loading,Unloading,Portage and Other Transport Services	3.03
仓储业	Storage	14.97
邮政业	Post	5.55
五、批发、零售业和住宿、餐饮业	Wholesale,Retail Trades,Hotels and Catering Services	2.59
六、其他行业	Others	0.34
七、城乡居民生活	Residential Consumption	11.25

continued

燃料油（万吨） Fuel Oil (10000tons)	液化石油气（万吨） Liquified Petroleum Gas (10000tons)	炼厂干气（万吨） Refinery Dry Gas (10000tons)	其他石油制品（万吨） Other Petroleum Products (10000tons)	天然气（亿立方米） Natural Gas (100 million cu.m)	热力（万百万千焦） Heat Power (10 billion kilo-joule)	电力（亿千瓦时） Electric Power (100 million kWh)
				0.17	21.09	5.94
				0.16	7.95	2.29
				0.03	1.00	0.96
				0.04	6.10	2.14
0.02				1.76	563.64	44.91
				0.06	38.12	1.49
0.01				0.02	3.23	0.95
				0.09	3.88	2.74
						0.18
						0.02
					0.78	0.32
					0.35	0.04
0.11				0.34	169.18	161.90
0.11				0.08	115.59	155.21
				0.26		2.44
					53.59	4.25
	0.52			0.53	1940.00	13.22
	0.17			0.08	297.84	7.36
	0.30			0.45	92.72	3.28
	0.03				1396.98	0.25
	0.02				152.46	2.33
	3.53			7.98	1699.73	29.56
	0.02			0.08	328.95	15.49
	2.29			2.57	452.35	5.21
	0.03				107.36	
					89.23	0.58
	0.64			3.62	172.35	2.93
	0.36			0.22	105.43	0.24
	0.12			1.21	296.87	4.62
	0.07			0.28	147.19	0.49
	1.61			1.98	1845.66	52.53
	0.11			3.66	5859.60	100.05
	4.62			7.52	10177.96	158.14

7－7 分行业能源终端消费（标准量）（2022年）

单位: 万吨标准煤

指标	Item	原煤 Raw Coal
消费总计	**Total Consumption**	**612.05**
一、农、林、牧、渔业	Agriculture,Forestry,Animal Husbandry and Fishery	11.13
二、工业合计	Industry	465.51
轻工业	Light Industry	81.55
重工业	Heavy Industry	383.97
（一）采矿业	Mining	8.64
煤炭开采和洗选业	Mining and Washing of Coal	0.53
石油和天然气开采业	Extraction of Petroleum and Natural Gas	0.31
黑色金属矿采选业	Mining and Processing of Ferrous Metal Ores	3.38
有色金属矿采选业	Mining and Processing of Non-ferrous Metal Ores	1.35
非金属矿采选业	Mining and Processing of Nonmetal Ores	2.71
开采辅助活动	Mining Support Activities	0.36
其他采矿业	Mining of Other Ores	
（二）制造业	Manufacturing	452.67
农副食品加工业	Processing of Food from Agricultural Products	25.28
食品制造业	Manufacture of Foods	9.12
酒、饮料和精制茶制造业	Manufacture of Liquor,Beverages and Refined Tea	18.93
烟草制品业	Manufacture of Tobacco	
纺织业	Manufacture of Textile	0.18
纺织服装、服饰业	Manufacture of Textile Wearing Apparel and Accessories	
皮革、毛皮、羽毛及其制品和制鞋业	Manufacture of Leather,Fur,Feathers and Related Products and Footwear	0.04
木材加工及木、竹、藤、棕、草制品业	Processing of Timber,Manufacture of Wood Bamboo,Rattan,Palm and Straw Products	0.50
家具制造业	Manufacture of Furniture	0.02
造纸及纸制品业	Manufacture of Paper and Paper Products	1.47
印刷和记录媒介复制业	Printing,Reproduction of Recording Media	0.08
文教、工美、体育和娱乐用品制造业	Manufacture of Culture,Art,Sports and Entertainment Goods	0.14
石油加工、炼焦和核燃料加工业	Petroleum Processing and Coking ,Processing of Nuclear Fuel	0.31
化学原料和化学制品制造业	Manufacture of Raw Chemical Materials and Chemical Products	29.97
医药制造业	Manufacture of Medicines	26.24
化学纤维制造业	Manufacture Chemical Fibers	
橡胶和塑料制品业	Manufacture of Rubber and Plastic	0.01
非金属矿物制品业	Manufacture of Non－metallic Mineral Products	168.70
黑色金属冶炼和压延加工业	Smelting and Pressing of Ferrous Metals	158.90

End-use Energy Consumption by Sector (Standard Quantity) (2022)

unit:10000tons of SCE

煤制品 Coal Products	焦 炭 Coke	焦炉煤气 Coal Oven Gas	原 油 Crude Oil	汽 油 Gasoline	煤 油 Kerosene
0.42	**652.12**	**68.37**	**10.79**	**128.45**	**46.69**
				9.64	
0.42	652.12	68.37	10.79	18.73	
0.38	0.50			0.50	
0.03	651.62	68.37	10.79	18.23	
	6.96		9.37	0.66	
				0.03	
			9.37	0.43	
	6.96			0.01	
				0.03	
				0.04	
				0.12	
0.41	645.16	68.37	1.34	17.32	
0.02				0.13	
				0.07	
				0.04	
				0.01	
				0.04	
				0.01	
				0.03	
			1.34	0.03	
0.00		5.37		0.09	
0.37	0.50			0.18	
0.02				0.06	
	1.71	0.88		0.10	
	641.53	62.13		0.01	

7－7 续表 1

单位: 万吨标准煤

行　　业	Item	原　煤 Raw Coal
有色金属冶炼和压延加工业	Smelting and Pressing of Non-ferrous Metals	7.88
金属制品业	Manufacture of Metal Products	2.42
通用设备制造业	Manufacture of General Purpose Machinery	2.05
专用设备制造业	Manufacture of Special Purpose Machinery	0.11
汽车制造业	Manufacture of Automobiles	0.16
铁路、船舶、航空航天和其他运输设备制造业	Manufacture of Railroads,Ships,Aerospace and other Transportation Facilities	0.10
电气机械和器材制造业	Manufacture of Electrical Machinery and Equipment	0.02
通信设备、计算机和其他电子设备制造业	Manufacture of Communication Equipment,Computers and Other Electronic Equipment	
仪器仪表制造业	Manufacture of Measuring Instrument	
其他制造业	Other Manufacturing	
废弃资源综合利用业	Waste Resources Utilization Industry	0.04
金属制品、机械和设备修理业	Metal Products,Machinery and Equipment Repair Industry	
（三）电力、热力、燃气及水的生产和供应业	Production and Supply of Electricity, Heat, Gas and Water	4.20
电力、热力的生产和供应业	Production and Supply of Electric Power and Heat Power	4.20
燃气生产和供应业	Production and Supply of Gas	
水的生产和供应业	Production and Supply of Water	
三、建筑业	Construction	0.70
房屋和土木工程建筑业	Construction of Building and Civil Engineering	0.24
建筑安装业	Construction Installation	0.21
建筑装饰业	Construction Decoration	0.15
其他建筑业	Other Construction	0.10
四、交通运输储运业和邮政业	Transport,Storage and Post	1.55
铁路运输业	Railway Transport	0.36
道路运输业	Road Transport	0.32
水上运输业	Water Transport	
航空运输业	Air Transport	0.08
管道运输业	Transport Via Pipeline	
装卸搬运及其他运输服务业	Loading,Unloading,Portage and Other Transport Services	0.08
仓储业	Storage	0.39
邮政业	Post	0.32
五、批发、零售业和住宿、餐饮业	Wholesale,Retail Trades,Hotels and Catering Services	0.99
六、其他行业	Others	77.05
七、城乡居民生活	Residential Consumption	55.12

continued

unit:10000tons of SCE

煤制品 Coal Products	焦　炭 Coke	焦炉煤气 Coal Oven Gas	原　油 Crude Oil	汽　油 Gasoline	煤　油 Kerosene
	0.09			0.01	
				0.07	
	0.01			0.06	
				0.09	
	1.31			16.08	
				0.04	
				0.04	
				0.01	
				0.01	
				0.01	
				0.01	
				0.03	
0.01			0.07	0.75	
			0.07	0.63	
				0.07	
0.01				0.04	
				17.79	
				8.87	
				5.41	
				2.32	
				1.18	
				50.53	46.69
				0.32	
				35.00	
				3.60	
				0.63	46.69
				0.66	
				4.86	
				5.44	
				8.45	
				0.53	
				22.79	

7－7 续表 2

单位: 万吨标准煤

行　　业	Item	柴 油 Diesel Oil
消费总计	**Total Consumption**	**352.71**
一、农、林、牧、渔业	Agriculture,Forestry,Animal Husbandry and Fishery	100.06
二、工业合计	Industry	30.34
轻工业	Light Industry	0.98
重工业	Heavy Industry	29.36
（一）采矿业	Mining	20.18
煤炭开采和洗选业	Mining and Washing of Coal	1.06
石油和天然气开采业	Extraction of Petroleum and Natural Gas	1.88
黑色金属矿采选业	Mining and Processing of Ferrous Metal Ores	0.48
有色金属矿采选业	Mining and Processing of Non-ferrous Metal Ores	1.01
非金属矿采选业	Mining and Processing of Nonmetal Ores	1.06
开采辅助活动	Mining Support Activities	14.69
其他采矿业	Mining of Other Ores	
（二）制造业	Manufacturing	9.21
农副食品加工业	Processing of Food from Agricultural Products	0.26
食品制造业	Manufacture of Foods	0.06
酒、饮料和精制茶制造业	Manufacture of Liquor,Beverages and Refined Tea	0.17
烟草制品业	Manufacture of Tobacco	0.03
纺织业	Manufacture of Textile	
纺织服装、服饰业	Manufacture of Textile Wearing Apparel and Accessories	0.01
皮革、毛皮、羽毛及其制品和制鞋业	Manufacture of Leather,Fur,Feathers and Related Products and Footwear	
木材加工及木、竹、藤、棕、草制品业	Processing of Timber,Manufacture of Wood Bamboo,Rattan,Palm and Straw Products	0.07
家具制造业	Manufacture of Furniture	0.01
造纸及纸制品业	Manufacture of Paper and Paper Products	0.09
印刷和记录媒介复制业	Printing,Reproduction of Recording Media	0.01
文教、工美、体育和娱乐用品制造业	Manufacture of Culture,Art,Sports and Entertainment Goods	
石油加工、炼焦和核燃料加工业	Petroleum Processing and Coking ,Processing of Nuclear Fuel	0.35
化学原料和化学制品制造业	Manufacture of Raw Chemical Materials and Chemical Products	0.36
医药制造业	Manufacture of Medicines	0.09
化学纤维制造业	Manufacture Chemical Fibers	0.16
橡胶和塑料制品业	Manufacture of Rubber and Plastic	0.10
非金属矿物制品业	Manufacture of Non – metallic Mineral Products	4.24
黑色金属冶炼和压延加工业	Smelting and Pressing of Ferrous Metals	0.35

continued

unit:10000tons of SCE

燃料油 Fuel Oil	液化石油气 Liquefied Petroleum Gas	炼厂干气 Refinery Dry Gas	其他石油制品 Other Petroleum Products	天然气 Natural Gas	热力 Heat Power	电力（当量值） Electric Power (Equivalent Value)
31.73	**17.90**	**60.39**	**197.32**	**454.73**	**1084.44**	**1047.40**
						31.94
31.73	0.09	60.39	197.32	166.52	350.51	581.01
0.17	0.07			23.67	183.29	77.62
31.56	0.02	60.39	197.32	142.84	167.22	503.39
			0.01	40.17	0.11	42.15
						6.08
				39.77	0.03	20.62
						5.22
			0.01			8.23
						1.07
				0.40	0.08	0.92
31.57	0.09	60.39	197.30	121.83	344.63	339.88
0.04	0.02			5.05	12.53	19.39
				2.00	79.37	14.21
0.07				1.20	33.47	10.54
				0.53	0.27	0.60
				0.27	0.13	1.40
				0.13	1.30	0.80
						0.07
				0.13	0.01	1.00
						0.06
				0.93	4.06	5.06
					0.06	0.61
						0.06
31.10		58.42	197.30	37.24	80.84	37.07
0.03		1.96		8.91	57.16	23.94
0.06	0.05			12.37	3.33	12.08
				1.20	48.72	12.33
				1.33	0.60	3.85
0.23	0.02			18.75	0.68	30.73
				0.80	0.05	89.90

7－7 续表 3

单位: 万吨标准煤

行　　业	Item	柴　油 Diesel Oil1
有色金属冶炼和压延加工业	Smelting and Pressing of Non-ferrous Metals	0.32
金属制品业	Manufacture of Metal Products	0.17
通用设备制造业	Manufacture of General Purpose Machinery	0.12
专用设备制造业	Manufacture of Special Purpose Machinery	0.13
汽车制造业	Manufacture of Automobiles	1.82
铁路、船舶、航空航天和其他运输设备制造业	Manufacture of Railroads,Ships,Aerospace and other Transportation Facilities	0.12
电气机械和器材制造业	Manufacture of Electrical Machinery and Equipment	0.01
通信设备、计算机和其他电子设备制造业	Manufacture of Communication Equipment,Computers and Other Electronic Equipment	0.01
仪器仪表制造业	Manufacture of Measuring Instrument	
其他制造业	Other Manufacturing	0.01
废弃资源综合利用业	Waste Resources Utilization Industry	0.07
金属制品、机械和设备修理业	Metal Products,Machinery and Equipment Repair Industry	0.03
（三）电力、热力、燃气及水的生产和供应业	Production and Supply of Electricity, Heat, Gas and Water	0.95
电力、热力的生产和供应业	Production and Supply of Electric Power and Heat Power	0.89
燃气生产和供应业	Production and Supply of Gas	0.03
水的生产和供应业	Production and Supply of Water	0.03
三、建筑业	Construction	23.34
房屋和土木工程建筑业	Construction of Building and Civil Engineering	4.17
建筑安装业	Construction Installation	15.42
建筑装饰业	Construction Decoration	1.47
其他建筑业	Other Construction	2.29
四、交通运输储运业和邮政业	Transport,Storage and Post	178.31
铁路运输业	Railway Transport	22.80
道路运输业	Road Transport	120.08
水上运输业	Water Transport	0.61
航空运输业	Air Transport	0.50
管道运输业	Transport Via Pipeline	
装卸搬运及其他运输服务业	Loading,Unloading,Portage and Other Transport Services	4.42
仓储业	Storage	21.81
邮政业	Post	8.09
五、批发、零售业和住宿、餐饮业	Wholesale,Retail Trades,Hotels and Catering Services	3.77
六、其他行业	Others	0.50
七、城乡居民生活	Residential Consumption	16.39

continued

unit:10000tons of SCE

燃料油 Fuel Oil	液化石油气 Liquified Petroleum Gas	炼厂干气 Refinery Dry Gas	其他石油制品 Other Petroleum Products	天然气 Natural Gas	热力 Heat Power	电力（当量值） Electric Power （Equivalent Value）
				2.26	0.72	7.30
				2.13	0.27	2.81
				0.40	0.03	1.18
				0.53	0.21	2.63
0.03				23.41	19.22	55.19
				0.80	1.30	1.83
0.01				0.27	0.11	1.17
				1.20	0.13	3.37
						0.22
						0.02
					0.03	0.39
					0.01	0.05
0.16				4.52	5.77	198.98
0.16				1.06	3.94	190.75
				3.46		3.00
					1.83	5.22
	0.89			7.05	66.15	16.25
	0.29			1.06	10.16	9.05
	0.51			5.99	3.16	4.03
	0.05				47.64	0.31
	0.03				5.20	2.86
	6.05			106.13	57.96	36.33
	0.03			1.06	11.22	19.04
	3.93			34.18	15.43	6.40
	0.05				3.66	
					3.04	0.71
	1.10			48.15	5.88	3.60
	0.62			2.93	3.60	0.29
	0.21			16.09	10.12	5.68
	0.12			3.72	5.02	0.60
	2.76			26.33	62.94	64.56
	0.19			48.68	199.81	122.96
	7.92			100.02	347.07	194.35

7-8 综合能源平衡表（标准量）

Overall Energy Balance Sheet（Standard Quantity）

单位：万吨标准煤 unit:10000tons of SCE

指 标	Item	2021		2022	
		（当量值）Equivalent Value	（等价值）Equipollence	（当量值）Equivalent Value	（等价值）Equipollence
一、可供本地区消费能源量	Total Energy Available for Consumption	7107.62	7287.63	6706.72	7027.83
（一）年初库存量	Inventories at Beginning	638.14	638.14	538.18	538.18
（二）一次能源生产量	Primary Energy Output	2037.64	2509.80	2199.91	2782.63
（三）外省（区、市）调入量	Allocation from Outside	5978.51	6181.74	5717.85	5966.78
（四）进口量	Imports	404.48	404.48	342.11	342.11
（五）我轮、机在外国加油量	Refuelling Abroad for Our Ships and Planes				
（六）本省（区、市）调出量（-）	Allocation from Inside	-1411.28	-1906.66	-1565.00	-2075.55
（七）出口量（-）	Exports				
（八）外轮、机在我国加油量（-）	Refuelling in China for Foreign Ships and Planes				
（九）年末库存量（-）	Inventories at the end	-539.87	-539.87	-526.34	-526.34
二、加工转换投入（-）产出（+）量	Output and Input in Processing and Transformation	-1335.71	-166.43	-1241.47	-195.32
（一）火力发电	Thermal Power	-1169.28	0.00	-1046.15	
（二）供热	Heating	-376.76	-376.76	-398.12	-398.12
（三）煤炭洗选	Washing Coal	-69.89	-69.89	-34.42	-34.42
（四）炼焦	Coking	-21.90	-21.90	-23.49	-23.49
（五）炼油及煤制油	Petroleum Refining	49.24	49.24	57.02	57.02
其中：油品再投入量(-)	Reinput for Oil	-83.31	-83.31	-105.87	-105.87
（六）制气	Gas Production	9.12	9.12	18.18	18.18
其中：焦炭再投入量（-）	Reinput for Coke	-10.91	-10.91	-21.55	-21.55
（七）天然气液化	Natural Gas Liquefaction	-6.53	-6.53	-8.68	-8.68
（八）煤制品加工	Coal Products Processing	0.00	0.00		
（九）回收能	Recycled Energy	344.50	344.50	321.60	321.60
三、损失量	Energy Losses	167.44	247.34	193.62	247.41
其中：运输和输配损失	Losses for Transportation and Transmission	69.18	149.08	157.72	211.50
四、终端消费量	End-use Consumption	5604.47	6873.86	5271.63	6585.10
（一）第一产业	Primary Industry	149.49	188.16	153.19	193.24
1. 农、林、牧、渔业	Agriculture,Forestry,Animal Husbandry and Fishery	149.49	188.16	153.19	193.24
（二）第二产业	Secondary Industry	3387.50	4178.48	3269.43	4018.40
1. 工业	Industry	3255.40	4025.65	3136.21	3864.81
其中：用作原料、材料	As Material	412.77	412.77	433.49	433.49
2.建筑业	Construction	132.09	152.83	133.21	153.59
（三）第三产业	Tertiary Industry	1348.63	1555.51	1105.35	1386.06
1. 交通运输、仓储及邮政业	Transport,Storage and Post	656.97	704.63	483.66	529.22
2. 批发、零售和住宿、餐饮业	Wholesale,Retail Trade,Hotels and Catering Services	163.68	249.01	169.80	250.76
3. 其他	Others	527.97	601.87	451.89	606.08
（四）生活消费	Residential Consumption	718.86	951.71	743.66	987.39
1. 城镇	Urban	499.86	655.69	515.98	678.64
2. 乡村	Rural	219.00	296.02	227.68	308.75
五、平衡差额（+、-）	Balance				
六、消费量合计	Total Consumption	7107.62	7287.63	6706.72	7027.83

注：本表数据与GDP核算数据有关。
Note: Data in this table is in accordance with that of GDP.

7-9 煤炭能源平衡表

Coal Balance Sheet

单位：（实物量）万吨、（标准量）万吨标准煤

unit:(Actual Quantity)10000tons, (Standard Quantity)10000tons of SCE

指　　标	Item	2021		2022	
		（实物量）Actual Quantity	（标准量）Standard Quantity	（实物量）Actual Quantity	（标准量）Standard Quantity
一、可供本地区消费能源量	Total Energy Available for Consumption	8616.15	4597.87	8117.48	4300.48
（一）年初库存量	Inventories at Beginning	975.41	536.20	831.53	448.64
（二）一次能源生产量	Primary Energy Output	904.61	522.41	970.75	522.43
（三）外省（区、市）调入量	Allocation from Outside	7256.78	3766.23	6959.38	3614.11
（四）进口量	Imports	688.00	404.17	589.00	342.11
（五）我轮、机在外国加油量	Refuelling Abroad for Our Ships and Planes				
（六）本省（区、市）调出量（-）	Allocation from Inside	-377.13	-180.81	-385.17	-183.00
（七）出口量（-）	Exports			-13.00	
（八）外轮、机在我国加油量（-）	Refuelling in China for Foreign Ships and Planes				
（九）年末库存量（-）	Inventories at the end	-831.53	-450.33	-835.01	-443.81
二、加工转换投入（-）产出（+）量	Output and Input in Processing and Transformation	-7470.37	-3896.56	-7146.28	-3668.64
（一）火力发电	Thermal Power	-3922.66	-1783.44	-3574.74	-1593.64
（二）供热	Heating	-2907.39	-1554.72	-2974.83	-1579.69
（三）煤炭洗选	Washing Coal	-120.52	-69.89	-105.88	-34.42
（四）炼焦	Coking	-519.80	-488.51	-490.83	-460.89
（五）炼油及煤制油	Petroleum Refining				
其中：油品再投入量(-)	Reinput for Oil				
（六）制气	Gas Production				
其中：焦炭再投入量（-）	Reinput for Coke				
（七）天然气液化	Natural Gas Liquefaction				
（八）煤制品加工	Coal Products Processing				
（九）回收能	Recycled Energy				
三、损失量	Energy Losses				
其中：运输和输配损失	Losses for Transportation and Transmission				
四、终端消费量	End-use Consumption	1145.78	701.31	971.20	631.84
（一）第一产业	Primary Industry	27.88	12.22	28.07	11.55
1. 农、林、牧、渔业	Agriculture,Forestry,Animal Husbandry and Fishery	27.88	12.22	28.07	11.55
（二）第二产业	Secondary Industry	841.43	566.55	695.25	483.42
1. 工业	Industry	838.44	564.81	691.99	481.68
其中：用作原料、材料	As Material	42.59	18.41	41.61	16.87
2.建筑业	Construction	2.99	1.75	3.26	1.74
（三）第三产业	Tertiary Industry	136.91	62.32	111.94	81.76
1. 交通运输、仓储及邮政业	Transport,Storage and Post	3.43	1.68	3.45	1.55
2. 批发、零售和住宿、餐饮业	Wholesale,Retail Trade,Hotels and Catering Services	2.38	1.03	2.44	0.99
3. 其他	Others	131.10	59.61	106.05	79.22
（四）生活消费	Residential Consumption	139.56	60.22	135.94	55.12
1. 城镇	Urban	9.06	3.91	6.00	2.43
2. 乡村	Rural	130.50	56.31	129.94	52.69
五、平衡差额（+、-）	Balance				
六、消费量合计	Total Consumption	8616.15		8117.48	

注：本表数据与GDP核算数据有关。
Note: Data in this table is in accordance with that of GDP.

7－10 石油能源平衡表

Petroleum Balance Sheet

单位：（实物量）万吨、（标准量）万吨标准煤　　unit:(Actual Quantity)10000tons, (Standard Quantity)10000tons of SCE

指　　标	Item	2021		2022	
		（实物量）Actual Quantity	（标准量）Standard Quantity	（实物量）Actual Quantity	（标准量）Standard Quantity
一、可供本地区消费能源量	Total Energy Available for Consumption	962.27	1395.75	742.67	1067.77
（一）年初库存量	Inventories at Beginning	56.14	81.35	49.84	72.85
（二）一次能源生产量	Primary Energy Output	414.25	591.80	425.65	608.08
（三）外省（区、市）调入量	Allocation from Outside	1063.97	1550.85	933.08	1349.19
（四）进口量	Imports	0.21	0.31		
（五）我轮、机在外国加油量	Refuelling Abroad for Our Ships and Planes				
（六）本省（区、市）调出量（－）	Allocation from Inside	–522.46	–755.71	–615.53	–889.02
（七）出口量（－）	Exports				
（八）外轮、机在我国加油量（－）	Refuelling in China for Foreign Ships and Planes				
（九）年末库存量（－）	Inventories at the end	–49.84	–72.85	–50.37	–73.33
二、加工转换投入（－）产出（＋）量	Output and Input in Processing and Transformation	–27.61	–27.81	–35.00	–34.20
（一）火力发电	Thermal Power	–0.54	–0.77	–0.21	–0.31
（二）供热	Heating	–1.46	–2.09	–0.10	–0.14
（三）煤炭洗选	Washing Coal				
（四）炼焦	Coking				
（五）炼油及煤制油	Petroleum Refining	28.41	58.36	34.97	72.11
其中：油品再投入量(–)	Reinput for Oil	–54.02	–83.31	–69.66	–105.87
（六）制气	Gas Production				
其中：焦炭再投入量（－）	Reinput for Coke				
（七）天然气液化	Natural Gas Liquefaction				
（八）煤制品加工	Coal Products Processing				
（九）回收能	Recycled Energy				
三、损失量	Energy Losses				
其中：运输和输配损失	Losses for Transportation and Transmission				
四、终端消费量	End–use Consumption	934.66	1367.94	707.67	1033.57
（一）第一产业	Primary Industry	73.76	107.56	75.22	109.70
1. 农、林、牧、渔业	Agriculture,Forestry,Animal Husbandry and Fishery	73.76	107.56	75.22	109.70
（二）第二产业	Secondary Industry	383.54	556.88	398.37	579.00
1. 工业	Industry	339.12	491.79	369.74	536.98
其中：用作原料、材料	As Material	272.14	390.77	287.21	412.63
2.建筑业	Construction	44.42	65.09	28.63	42.02
（三）第三产业	Tertiary Industry	431.35	633.66	202.72	297.77
1. 交通运输、仓储及邮政业	Transport,Storage and Post	316.16	462.98	191.97	281.57
2. 批发、零售和住宿、餐饮业	Wholesale,Retail Trade,Hotels and Catering Services	15.86	23.67	9.94	14.98
3. 其他	Others	99.33	147.01	0.81	1.21
（四）生活消费	Residential Consumption	46.01	69.84	31.36	47.10
1. 城镇	Urban	16.49	25.07	8.38	12.56
2. 乡村	Rural	29.52	44.77	22.98	34.54
五、平衡差额（+、–）	Balance				
六、消费量合计	Total Consumption	962.27		742.67	

注：本表数据与GDP核算数据有关。
Note: Data in this table is in accordance with that of GDP.

7－11 电力能源平衡表（等价值）

Electrical Energy Balance Sheet（Equivalent）

单位：（实物量）亿千瓦时、（标准量）万吨标准煤

unit:(Actual Quantity)100 million kWh, (Standard Quantity)10000tons of SCE

指　　标	Item	2021		2022	
		（实物量）Actual Quantity	（标准量）Standard Quantity	（实物量）Actual Quantity	（标准量）Standard Quantity
一、可供本地区消费能源量	Total Energy Available for Consumption	112.49	318.26	208.35	577.17
（一）年初库存量	Inventories at Beginning				
（二）一次能源生产量	Primary Energy Output	295.06	834.79	378.10	1047.41
（三）外省（区、市）调入量	Allocation from Outside	127.00	359.31	161.52	447.44
（四）进口量	Imports				
（五）我轮、机在外国加油量	Refuelling Abroad for Our Ships and Planes				
（六）本省（区、市）调出量（－）	Allocation from Inside	–309.57	–875.85	–331.27	–917.68
（七）出口量（－）	Exports				
（八）外轮、机在我国加油量（－）	Refuelling in China for Foreign Ships and Planes				
（九）年末库存量（－）	Inventories at the end				
二、加工转换投入（－）产出（＋）量	Output and Input in Processing and Transformation	730.69	2067.30	678.79	1880.38
（一）火力发电	Thermal Power	730.69	2067.30	678.79	1880.38
（二）供热	Heating				
（三）煤炭洗选	Washing Coal				
（四）炼焦	Coking				
（五）炼油及煤制油	Petroleum Refining				
其中：油品再投入量(–)	Reinput for Oil				
（六）制气	Gas Production				
其中：焦炭再投入量（－）	Reinput for Coke				
（七）天然气液化	Natural Gas Liquefaction				
（八）煤制品加工	Coal Products Processing				
（九）回收能	Recycled Energy				
三、损失量	Energy Losses	49.93	141.26	34.90	96.68
其中：运输和输配损失	Losses for Transportation and Transmission	49.93	141.26	34.90	96.68
四、终端消费量	End–use Consumption	793.25	2244.29	852.24	2360.87
（一）第一产业	Primary Industry	24.17	68.38	25.99	72.00
1. 农、林、牧、渔业	Agriculture,Forestry,Animal Husbandry and Fishery	24.17	68.38	25.99	72.00
（二）第二产业	Secondary Industry	494.29	1398.46	485.97	1346.23
1. 工业	Industry	481.33	1361.80	472.75	1309.61
其中：用作原料、材料	As Material				
2.建筑业	Construction	12.96	36.67	13.22	36.62
（三）第三产业	Tertiary Industry	129.28	365.76	182.14	504.56
1. 交通运输、仓储及邮政业	Transport,Storage and Post	29.78	84.25	29.56	81.89
2. 批发、零售和住宿、餐饮业	Wholesale,Retail Trade,Hotels and Catering Services	53.32	150.85	52.53	145.52
3. 其他	Others	46.18	130.65	100.05	277.16
（四）生活消费	Residential Consumption	145.51	411.68	158.14	438.08
1. 城镇	Urban	97.38	275.51	105.54	292.37
2. 乡村	Rural	48.13	136.17	52.60	145.71
五、平衡差额（+、–）	Balance				
六、消费量合计	Total Consumption	843.18		887.14	

注：本表数据与GDP核算数据有关。

Note: Data in this table is in accordance with that of GDP.

8

第八篇

财政、金融和保险

Public Finance, Banking and Insurance

CHAPTER ▶ 08

资料整理人员：

李 莹

8－1 历年财政收支额

Government Revenue and Expenditure

单位：亿元 unit:100 million yuan

年 份 Year	一般预算收入 General Budgetary Revenue	#增值税 Value-added Tax	#营业税 Business Tax	#企业所得税 Corporate Income Tax	一般预算支出 General Budgetary Expenditure	#农林水支出 Expenditure for Agriculture, Forestry and Water Conservancy	#文教科卫事业费 Culture, Education Science & Public Health	#一般公共服务支出 Expenditure for General Public Services	#社会保障补助支出 Subsidies to Social Security Programs
1978	16.41				16.35	1.89	3.02	1.25	
1979	12.65				17.88	2.36	3.40	1.50	
1980	14.39				17.32	2.45	4.32	1.70	
1981	10.72				15.87	2.18	4.94	1.76	
1982	11.97				17.30	2.35	5.72	2.06	
1983	14.12				19.41	2.31	6.51	2.44	
1984	15.22				23.34	2.66	7.56	3.09	
1985	21.67				34.50	3.03	9.15	2.99	
1986	29.52				50.12	4.24	11.02	3.69	
1987	37.52				53.23	3.71	11.25	4.22	
1988	43.32				61.26	3.95	13.36	4.99	
1989	49.40				67.14	5.22	15.02	5.81	
1990	50.68				71.67	4.94	16.25	6.50	
1991	62.46				79.12	5.12	17.43	5.77	
1992	56.99				80.02	5.82	20.10	7.33	
1993	79.82				103.11	6.89	23.56	9.06	
1994	51.27				104.59	7.86	31.89	10.87	
1995	63.28				120.90	9.16	35.04	12.04	
1996	76.40				145.53	8.90	40.48	14.05	
1997	82.85	17.43	20.92	8.10	167.75	10.86	43.15	14.65	
1998	93.64	18.31	23.51	7.20	190.10	15.34	43.15	14.72	9.11
1999	101.28	18.89	23.84	10.41	234.62	13.07	49.67	15.76	19.27
2000	103.83	20.41	25.55	14.28	260.67	16.59	53.04	18.01	19.26
2001	121.10	24.20	28.03	20.68	326.43	19.63	64.52	22.38	28.91
2002	131.49	27.44	30.54	14.22	362.62	22.73	73.72	26.52	38.77
2003	154.00	30.69	35.02	11.80	409.23	22.76	82.39	31.23	49.56
2004	166.28	32.19	40.78	12.36	507.78	37.00	93.23	36.75	79.34
2005	207.15	39.53	47.59	13.91	631.12	42.60	112.44	45.13	104.89
2006	245.20	42.97	59.69	17.88	718.36	54.36	139.53	56.71	81.82
2007	320.69	52.92	75.86	29.41	883.76	80.07	144.41	141.66	154.37
2008	422.80	63.58	93.96	42.59	1180.12	107.34	188.03	174.25	199.86
2009	487.09	66.57	117.41	49.20	1479.21	204.45	216.99	182.67	250.44
2010	602.41	78.15	145.97	60.82	1787.25	238.94	250.20	198.04	253.36
2011	850.10	92.78	189.30	90.59	2201.74	255.57	529.12	231.40	298.99
2012	1041.25	102.68	218.12	111.21	2471.20	291.30	683.85	249.38	304.00
2013	1156.96	119.58	245.09	121.86	2744.81	318.26	697.37	267.31	360.13
2014	1203.38	139.78	228.78	143.22	2913.25	308.68	711.15	253.50	390.20
2015	1229.35	134.43	242.05	134.92	3217.10	408.61	837.79	247.13	462.28
2016	1263.78	267.88	111.44	134.01	3586.09	550.50	886.36	260.91	497.59
2017	1210.91	371.40		144.61	3725.72	554.77	904.84	294.50	550.80
2018	1240.89	364.12		146.54	3789.59	537.55	906.37	308.88	634.10
2019	1116.95	328.30		128.79	3933.42	564.35	893.16	302.52	687.78
2020	1085.02	286.50		127.55	4127.17	577.76	938.76	321.44	818.75
2021	1143.98	297.35		142.23	3696.84	462.32	866.19	318.75	784.24
2022	851.00	209.31		112.65	4044.01	515.49	959.91	327.96	896.88

8-2 历年银行各项存款和各项贷款余额

Balance of Deposits and Loans of National Banking System

单位：亿元 unit:100 million yuan

年份 Year	各项存款合计 Total Deposits	#单位存款 Corporate Deposits	#个人储蓄存款 Personal Savings Deposits	各项贷款合计 Total Loans	#短期贷款 Short-term Loans	#中长期贷款 Medium and Long Term Loans
1978	24.94	5.95	5.86	61.16		
1979	23.97	7.95	7.62	66.15		
1980	30.87	10.28	10.64	75.70		
1981	36.98	10.97	14.56	92.68		
1982	42.62	12.88	18.91	107.05		
1983	56.63	16.26	25.28	124.31		
1984	71.65	23.37	34.23	154.79		
1985	86.42	32.45	43.97	159.79		
1986	118.07	41.91	58.36	246.30		
1987	147.43	50.85	83.20	285.52		
1988	178.27	54.91	109.49	331.69		
1989	203.75	47.08	141.26	384.41		
1990	252.15	53.79	196.59	507.01		
1991	315.13	67.37	253.28	629.01		
1992	408.87	98.35	315.42	762.00		
1993	494.57	112.91	389.44	934.88		
1994	611.26	152.61	535.56	1099.77		
1995	791.15	180.78	726.28	1302.76		
1996	1037.83	241.38	955.48	1608.84		
1997	1206.82	322.94	1071.33	1913.61		
1998	1345.52	304.60	1211.83	2118.79		
1999	1928.25	419.92	1328.91	2580.41		
2000	2236.71	535.41	1515.84	2651.19		
2001	2484.23	589.21	1796.90	2828.25		
2002	2878.28	693.79	2019.40	3057.70		
2003	3307.25	760.50	2161.40	3288.87		
2004	3683.50	804.94	2405.60	3435.03		
2005	4270.49	877.66	2798.10	3332.93		
2006	4963.71	1039.56	3107.50	3870.33		
2007	5318.59	1342.70	3186.80	4306.01		
2008	6362.48	1528.21	3923.14	4835.89		
2009	8318.00	2327.78	4614.39	6234.66		
2010	9606.70	2753.18	5147.26	7205.94	2809.74	4283.63
2011	10874.19	4524.72	5835.32	8126.17	2913.34	5024.79
2012	12706.13	5204.67	6875.10	9155.60	3288.59	5614.24
2013	14781.42	6192.36	7745.33	10696.52	3946.28	6486.06
2014	16400.10	6982.72	8556.71	12587.26	4844.84	7417.34
2015	18499.59	4859.93	9543.80	15203.11	6053.56	8395.86
2016	21003.90	6019.21	10553.35	17141.06	7057.00	9321.20
2017	21562.67	5530.45	11506.00	17959.69	7184.57	10288.75
2018	21926.98	5083.73	12520.78	18956.37	6885.92	11591.60
2019	24019.43	5154.91	14442.35	20863.60	6945.12	13220.33
2020	27119.76	5631.19	16996.05	22739.82	6811.50	15071.26
2021	29461.82	5730.06	19096.27	24594.72	7241.86	16362.71
2022	32595.37	5821.16	21922.70	26313.82	7828.27	17280.77

注：1.银行各项存款和各项贷款均不含外币。
2.从2015年起个人储蓄存款为住户存款，单位存款为非金融企业存款。

Note:1.All bank Deposits and Loans exclude foreign currency.
2.Personal Savings Deposits were those of household since 2015. Corporate Deposits are of non-financial enterprise.

8-3 分项目财政收入

Local Government Revenue by Item

单位: 万元　　unit:10000 yuan

项　目	Item	2020	2021	2022
地方级财政收入	**Local Revenue**	**10850228**	**11439781**	**8509995**
一、税收收入	**Tax Revenue**	**7719465**	**8094055**	**5706307**
增值税	Value Added Tax	2865015	2973496	2093089
企业所得税	Corporate Income Tax	1275530	1422259	1126468
个人所得税	Individual Income Tax	330738	407864	327929
资源税	Resources Tax	86803	119269	146249
城市维护建设税	Urban Maintenance and Construction Tax	580692	618204	582236
房产税	Real Estates Tax	290226	350364	346657
印花税	Stamp Tax	165665	177369	126498
城镇土地使用税	Urban Land Use Tax	224608	258390	240020
土地增值税	Land Appreciation Tax	388979	291425	187792
车船使用税	Tax on Vehicles and Boat Operation	206020	217216	235883
耕地占用税	Farm Land Occupation Tax	208105	198787	81581
契税	Deed Tax	1073044	1036590	192253
烟叶税	Tobacco Leaf Tax	4458	3710	3245
环境保护税	Environmental Protection Tax	14822	14368	14116
其他税收收入	Others	4760	4744	2291
二、非税收入	**Non-tax Revenue**	**3130763**	**3345726**	**2803688**
国有资本经营收入	Operating Income from Government Capital	37229	42847	20000
行政事业性收费收入	Charge of Administrative and Institutional Units	878419	905236	570076
罚没收入	Penalty and Confiscate Income	427882	463896	497940
专项收入	Special Project Income	747884	839653	798991
国有资源（资产）有偿使用收入	Income from Use of State-owned Resources (Assets)	843379	885609	685686
其他收入	Other Income	195970	208485	230995

8-4 地方项目公共财政支出
Local Government Expenditure by Item

单位: 万元　　　　unit:10000 yuan

项　目	Item	2020	2021	2022
支出总计	**Total Expenditure**	**41271714**	**36968416**	**40440093**
一般公共服务	General Public Services	3214433	3187524	3279618
国防	National Defense	44144	43409	52487
公共安全	Public Security	2297040	1972986	2188384
教育	Education	5266909	4869574	4978162
科学技术	Science and Technology	399397	384342	223771
文化旅游体育与传媒	Culture, Tourism,Sport and Media	719214	610780	580653
社会保障和就业	Social Security and Employment	8187534	7842412	8968821
卫生健康	Health Care	3002032	2797180	3816495
节能环保	Energy Saving and Environmental protection	1315335	1122708	1060688
城乡社区事务	Urban and Rural Community Affairs	3665871	2975028	3048577
农林水事务	Agriculture,Forestry,Water Affairs	5777616	4623191	5154893
交通运输	Transportation	2742175	2184889	2640564
资源勘探、电力信息等事务	Resource Exploration and Power Information	649351	670626	622833
商业服务业等事务	Commerce and Services	163661	149123	196297
金融支出	Financial Affairs	68555	98713	76232
援助其他地区支出	Aid in other Areas	29680	25755	26911
自然资源、海洋气象等支出	Natural Resources, Ocean and Weather	386734	338906	295861
住房保障支出	Housing Security	1490960	1299872	1287125
粮油物资储备事务	Grain and Oil Material Reserve	379710	308538	339189
债务付息支出	Interest Payments on Debts	1111201	1175365	1277924
债务发行费用支出	Issuing Debts	7567	5350	5498
其他支出	Other Expenditures	352595	282145	64211

8-5 分级地方公共财政收入
Government Budgetary Revenue by Level

单位: 万元　　unit:10000 yuan

项　目	Item	2020	2021	2022
收入合计	**Total Revenue**	**10850228**	**11439781**	**8509995**
省　级	Province	2790246	1399460	806242
地　级	Prefecture	4578804	6205795	4808135
县　级	County	3302007	3627679	2770172
乡镇级	Township	179171	206847	125446
一、税收收入	**Tax Revenue**	**7719465**	**8094055**	**5706307**
省　级	Province	2120539	663760	187159
地　级	Prefecture	3375023	5002552	3790223
县　级	County	2052958	2228940	1612443
乡镇级	Township	170945	198803	116482
增值税	**Value Added Tax**	**2865015**	**2973496**	**2093089**
省　级	Province	1441221	430049	-22688
地　级	Prefecture	867124	1882942	1632915
县　级	County	512843	612109	452302
乡镇级	Township	43827	48396	30560
企业所得税	**Corporate Income Tax**	**1275530**	**1422259**	**1126468**
省　级	Province	536264	177383	156439
地　级	Prefecture	500222	959690	726327
县　级	County	226957	264107	230927
乡镇级	Township	12087	21079	12775
个人所得税	**Individual Income Tax**	**330738**	**407864**	**327929**
省　级	Province	132295	46261	41782
地　级	Prefecture	116265	267172	206033
县　级	County	78038	88827	76363
乡镇级	Township	4140	5604	3751
二、非税收入	**Non - tax Revenue**	**3130763**	**3345726**	**2803688**
省　级	Province	669707	735700	619083
地　级	Prefecture	1203781	1203243	1017912
县　级	County	1249049	1398739	1157729
乡镇级	Township	8226	8044	8964

8-6 分级公共财政支出

Public Finance Expenditure by Level

单位: 万元 unit:10000 yuan

项 目	Item	2020	2021	2022
支出合计	**Total Expenditure**	**41271714**	**36968416**	**40440093**
省 级	Province	7247224	9434723	10627525
地 级	Prefecture	9679217	8073685	9040699
县 级	County	22636068	17750285	19035081
乡镇级	Township	1709205	1709723	1736788
#一般公共服务	**Expenditure for General Public Services**	**3214433**	**3187524**	**3279618**
省 级	Province	466121	373652	349942
地 级	Prefecture	936657	899933	869057
县 级	County	1471170	1442486	1584435
乡镇级	Township	340485	471453	476184
#教 育	**Education**	**5266909**	**4869574**	**4978162**
省 级	Province	1027761	994632	1110079
地 级	Prefecture	890256	806098	833261
县 级	County	3307900	3031112	2997840
乡镇级	Township	40992	37732	36982
#科学技术	**Science and Technology**	**399397**	**384342**	**223771**
省 级	Province	141213	124738	136460
地 级	Prefecture	171314	164778	55276
县 级	County	85209	94566	31930
乡镇级	Township	1661	260	105
#社会保障和就业	**Social Security and Employment**	**8187534**	**7842412**	**8968821**
省 级	Province	1185765	3813649	4208929
地 级	Prefecture	2038464	1007756	1196300
县 级	County	4883568	2949740	3493677
乡镇级	Township	79737	71267	69915
#卫生健康	**Health Care**	**3002032**	**2797180**	**3816495**
省 级	Province	300085	228810	236408
地 级	Prefecture	652198	1053967	1869970
县 级	County	2011865	1479995	1665169
乡镇级	Township	37884	34408	44948
#节能环保	**Energy Saving and Environmental Protection**	**1315335**	**1122708**	**1060688**
省 级	Province	366611	395501	436427
地 级	Prefecture	335410	260848	265294
县 级	County	550876	398910	313548
乡镇级	Township	62438	67449	45419
#农林水	**Agriculture, Forestry and Water Conservancy**	**5777616**	**4623191**	**5154893**
省 级	Province	289836	475323	579160
地 级	Prefecture	350020	303729	276350
县 级	County	4245740	3044343	3479488
乡镇级	Township	892020	799796	819895

8-7 农合机构本外币存贷款年末余额

Balance of Deposits and Loans of Agriculture Financial Institution at Year-end

单位: 亿元　　unit:100 million yuan

项　目	Item	2020	2021	2022
各项存款	Total Deposits	5566.64	6390.87	7233.22
企事业单位存款	Deposits of Enterprises	1212.34	1256.21	1289.52
各项贷款	Total Loans	3820.48	4329.12	4788.52
#短期贷款	Short-term Loans	1622.20	1858.82	2121.13
中长期贷款	Medium and Long Term Loans	2156.62	2432.06	2615.14

8-8 保险业务主要指标

Main Indicators of Insurance Business

单位: 万元　　unit:10000 yuan

项　目	Item	2017	2018	2019	2020	2021	2022
保费收入	**Premium Income**	**6413934**	**6298934**	**6793706**	**6613310**	**6912926**	**6777018**
企业财产保险	Enterprise Property Insurance	55368	62708	69401	74179	66335	67901
家庭财产保险	Family Property Insurance	6506	7613	7814	10298	11032	20467
机动车辆保险	Motor Vehicle Insurance	1162007	1226233	1258330	1167277	1009765	1065344
货物运输保险	Freight Transport Insurance	29008	33598	34423	35523	36726	23340
工程保险	Engineering Insurance	10477	9962	12554	15255	13823	9669
责任保险	Liability Insurance	53248	72040	69035	76013	77916	100559
保证保险	Guarantee Insurance	53648	106647	151286	137647	102130	86364
农业保险	Agriculture Insurance	172547	202425	227941	269335	371200	474604
人寿保险	Life Insurance	4114143	3483375	3483783	3198238	3492007	3296651
意外伤害险	Accident Injury Insurance	92932	115998	139669	152677	156620	124363
健康险	Health Insurance	653548	965427	1332193	1464325	1559167	1485269
其他	Others	10504	12907	7278	12542	16204	22486
赔款与给付	**Compensation and Payment**	**1751055**	**1921698**	**2068163**	**2069932**	**2428105**	**2260550**
企业财产保险	Enterprise Property Insurance	41184	28837	30307	29493	67274	41580
家庭财产保险	Family Property Insurance	4380	4327	3888	3440	3710	3683
机动车辆保险	Motor Vehicle Insurance	603549	623515	641062	590077	685559	607515
货物运输保险	Freight Transport Insurance	17247	21624	34886	26085	29216	26036
工程保险	Engineering Insurance	6261	7693	11281	5366	4422	6079
责任保险	Liability Insurance	20914	28549	39877	42602	45320	47455
保证保险	Guarantee Insurance	17515	26406	52198	90732	86922	124663
农业保险	Agriculture Insurance	103240	101221	134510	171849	192654	288533
人寿保险	Life Insurance	697538	687829	584477	584246	633389	598655
意外伤害险	Accident Injury Insurance	21674	29843	28762	31054	33264	32492
健康险	Health Insurance	210055	355831	494023	487047	634484	464032
其他	Others	7497	6022	12891	7941	11891	19827

8-9 金融机构人员数

Number of Personnel in Financial Institutions

单位：人 unit:person

项　目	Item	2020	2021	2022
金融机构合计	**Total Financial Institutions**	**95955**	**96177**	**96486**
国有商业银行	**State - owned Commercial Bank**	**37425**	**36576**	**35569**
工商银行	Industrial and Commercial Bank	10710	10489	10110
农业银行	Agricultural Bank	10360	10006	9692
中国银行	Bank of China	5802	5635	5508
建设银行	Construction Bank	8606	8535	8370
交通银行	Bank of Communications	1947	1911	1889
政策性银行及国家开发银行合计	**Policy Banks and National Development Bank**	**1846**	**1851**	**1793**
国家开发银行	National Development Bank	187	197	203
中国进出口银行	The Export-Import Bank of China	59	60	57
中国农业发展银行	Agricultural Development Bank	1600	1594	1533
股份制商业银行合计	**Shareholding Bank**	**4432**	**4513**	**4642**
中信银行	China Citic Bank	477	522	524
中国光大银行	China Ever bright Bank	912	903	875
招商银行	China Merchants Ban	673	666	675
上海浦东发展银行	ShangHai Pudong Development Bank	470	469	474
中国民生银行	China Minsheng Bank	540	520	570
华夏银行	Huaxia Bank	393	357	351
兴业银行	Industrial Bank	660	678	694
渤海银行	China Bohai Bank	96	116	142
广东发展银行	China Guangfa Bank	211	201	216
平安银行	Ping' an Bank		81	121
城市商业银行	**City Commercial Bank**	**9660**	**9475**	**10207**
民营银行	**Private Bank**	**303**	**370**	**343**
农村金融机构合计	**Rural Financial Institutions**	**30899**	**32144**	**32542**
农村信用社	Rural Credit Cooperative	4976	5083	5163
农村商业银行	Rural Commercial Bank	20202	21278	21496
农村合作银行	Rural Cooperative Bank			
村镇银行	Village Bank	5636	5728	5836
贷款公司	Loan Company	39	14	10
农村资金互助社	Rural Mutual Cooperatives	46	41	37
非银行金融机构合计	**Non-bank Financial Institutions**	**797**	**782**	**817**
企业集团财务公司	Financial Enterprise Group Company	284	279	287
信托公司	Trust Company	171	171	195
金融租赁公司	Financial Leasing Company	39	39	43
汽车金融公司	Auto Finance Company	303	293	292
邮政储蓄银行	**Postal Savings Bank**	**10351**	**10228**	**10341**
资产管理公司	**Assets Supervision Corporation**	**188**	**183**	**180**
外资金融机构	**Foreign Financial Institutions**	**54**	**55**	**52**

8-10 保险公司机构数（2022年）

Number of Institutions of Insurance Company（2022）

单位：个 (unit)

项目	Item	保险公司机构数 Number of Institutions	总公司 Head Offices	省级分公司 Branch Company of Province Level	地市级中心支公司 City Center Branch	地市级以下支公司 Branch Company of Prefecture and City Level	营销服务部 Services Department of Marketing
合计	**Total**	**1774**	**3**	**38**	**235**	**781**	**717**
中国人民财产保险股份有限公司吉林省分公司	Jilin branch of PICC Property Insurance Co.Ltd.	415		1	9	76	329
中国太平洋财产保险股份有限公司吉林省分公司	Jilin Branch of China Pacific Property Insurance Co.Ltd.	62		1	9	52	
中国平安财产保险股份有限公司吉林分公司	Jilin Branch of Ping An Property Insurance Company of China,Ltd.	57		1	9	43	4
天安财产保险股份有限公司吉林省分公司	Jilin Branch of Tian An Insurance Co.Ltd.	38		1	7	16	14
安华农业保险股份有限公司吉林省分公司	Jilin Branch of Anhua Agricultural Insurance Co.Ltd.	78	1	1	9	54	13
中国大地财产保险股份有限公司吉林分公司	Jilin Branch of China Continent Property Insurance Co.Ltd.	52		1	9	24	18
大家财产保险股份有限公司吉林分公司	Jilin Branch of Da Jia Property Co.Ltd.	53		1	9	13	30
都邦财产保险股份有限公司吉林分公司	Jilin Branch of Dubang Insurance Co.Ltd.	16	1	1	7	6	1
阳光财产保险股份有限公司吉林省分公司	Jilin Branch of Sunshine Property Insurance Co.Ltd.	62		1	10	51	
华安财产保险股份有限公司吉林分公司	Jilin Branch of Hua'an Property Insurance Co.Ltd.	8		1	5		2
中航安盟财产保险有限公司吉林省分公司	Jilin Branch of AVIC Groupama Property Insurance Co.Ltd.	46		1	9	23	13
中国人寿财产保险股份有限公司吉林省分公司	Jilin Branch of China Life Property Insurance Co.Ltd.	62		1	9	52	
鑫安汽车保险股份有限公司吉林分公司	Jilin Branch of Xin An Automobile Insurance Co.Ltd.	2	1	1			
中华联合财产保险股份有限公司吉林分公司	Jilin Branch of China United Property Insurance Co.Ltd.	46		1	9	36	
华泰财产保险有限公司吉林分公司	Jilin Branch of Hua Tai Property Insurance Co.Ltd.	3		1	2		
太平财产保险有限公司吉林分公司	Jilin Branch of Taiping Property Insurance Co.Ltd.	7		1	5	1	
永诚财产保险股份有限公司吉林分公司	Jilin Branch of Yongcheng Property Insurance Co.Ltd.	2		1	1		
英大泰和财产保险股份有限公司吉林分公司	Jilin Branch of Yingda Taihe Property Insurance Co.Ltd.	2		1	1		
中国人寿保险股份有限公司吉林省分公司	Jilin Branch of China Life Insurance Co.Ltd.	305		1	9	68	227
中国太平洋人寿保险股份有限公司吉林省分公司	Jilin Branch of China Pacific Life Insurance Co.Ltd.	57		1	9	42	5
中国平安人寿保险股份有限公司吉林分公司	Jilin Branch of China Ping An Life Insurance Co.Ltd.	70		1	8	23	38
新华人寿保险股份有限公司吉林分公司	Jilin Branch of Xinhua Life Insurance Co.Ltd.	46		1	9	29	7
泰康人寿保险股份有限公司吉林分公司	Jilin Branch of Taikang Life Insurance Co.Ltd.	37		1	8	26	2
中国人民人寿保险股份有限公司吉林省分公司	Jilin Branch of PICC Life Insurance Co.Ltd.	62		1	9	49	3
太平人寿保险有限公司吉林分公司	Jilin Branch of Taiping Life Insurance Co.Ltd.	44		1	9	33	1
富德生命人寿保险股份有限公司吉林分公司	Jilin Branch of Fude Sino Life Insurance Co.Ltd.	26		1	9	14	2
平安养老保险股份有限公司吉林分公司	Jilin Branch of Ping An Endowment Insurance Co.Ltd.	3		1	2		
合众人寿保险股份有限公司吉林分公司	Jilin Branch of Union Life Insurance Co.Ltd.	8		1	5	2	
中国人民健康保险股份有限公司吉林分公司	Jilin Branch of PICC Health Insurance Co.Ltd.	7		1	6		
英大泰和人寿保险股份有限公司吉林分公司	Jilin Branch of Yingda Taihe Life Insurance Co.Ltd.	14		1	4	1	8
阳光人寿保险股份有限公司吉林分公司	Jilin Branch of Sunshine Life Insurance Co.Ltd.	25		1	7	17	
大家人寿保险股份有限公司吉林分公司	Jilin Branch of Dajia Insurance Co.Ltd.	7		1	6		
百年人寿保险股份有限公司吉林分公司	Jilin Branch of Aeon Life Insurance Co.Ltd.	15		1	4	10	
天安人寿保险股份有限公司吉林分公司	Jilin Branch of Tian An Life Insurance Co.Ltd.	29		1	8	20	
泰康养老保险股份有限公司吉林分公司	Jilin Branch of Taikang Endowment Insurance Co.Ltd.	2		1	1		
太平养老保险股份有限公司吉林分公司	Jilin Branch of Taiping Endowment Insurance Co.Ltd.	1		1			
中邮人寿保险股份有限公司吉林分公司	Jilin Branch of China Post Life Insurance Co.Ltd.	1		1			
建信人寿保险股份有限公司吉林分公司	Jilin Branch of CCB Life Insurance Co.Ltd.	4		1	3		

第九篇

价格指数

Price Indices

CHAPTER ▶ 09

资料整理人员：

梁维维　郭　蕊　于　博

9-1 各种价格指数
Various Price Indices

（上年=100） （Preceding year=100）

年份 Year	居民消费价格指数 Consumer Price Index	城市居民 Urban Residents	农村居民 Rural Residents	商品零售价格指数 Retail Price Index	工业生产者出厂价格指数 Producer Price Index for Industrial Products	工业生产者购进价格指数 Purchasing Price Index for Industrial Producers
1978	100.1	100.1	100.3	100.2		
1979	101.7	101.7	101.1	101.2		
1980	105.6	108.6	104.9	106.3		
1981	101.6	101.6	101.2	101.7		
1982	104.2	104.2	101.9	103.0		
1983	104.5	103.0	101.7	102.6		
1984	103.5	103.6	103.3	104.2		
1985	110.3	110.3	107.9	109.7		
1986	106.0	106.0	105.1	105.4		
1987	107.6	108.0	105.3	107.5		
1988	120.3	121.6	117.1	119.9		
1989	117.2	116.9	119.3	116.9		
1990	104.9	103.9	108.2	103.9		
1991	106.8	107.1	105.2	105.1		
1992	108.0	109.3	103.9	107.1		
1993	112.6	113.2	108.8	111.3		
1994	120.6	123.2	117.1	119.9		
1995	115.2	115.1	115.6	114.2		
1996	107.2	107.7	105.8	105.1		
1997	103.7	103.7	103.7	101.8	101.4	103.9
1998	99.2	99.3	99.0	97.9	97.0	96.6
1999	98.0	97.9	98.6	96.7	100.1	97.7
2000	98.6	98.3	99.6	98.0	105.1	106.8
2001	101.3	101.5	100.5	100.9	100.3	101.8
2002	99.5	99.2	100.3	99.0	98.6	97.8
2003	101.2	101.1	101.5	100.5	102.5	104.8
2004	104.1	103.6	105.1	103.5	105.0	110.5
2005	101.5	101.4	101.9	101.1	104.3	107.0
2006	101.4	101.2	102.0	101.5	101.7	103.8
2007	104.8	104.4	106.1	103.3	102.7	105.2
2008	105.1	105.1	105.3	106.2	104.9	111.3
2009	100.1	99.9	100.7	99.3	96.1	95.3
2010	103.7	103.4	104.1	104.1	105.2	108.6
2011	105.2	105.2	105.4	104.9	105.4	106.1
2012	102.5	102.5	102.4	101.7	99.1	99.3
2013	102.9	102.9	102.9	101.6	98.7	99.4
2014	102.0	102.1	101.5	101.2	99.1	99.2
2015	101.7	101.7	101.6	99.8	95.3	96.6
2016	101.6	101.5	101.9	101.3	98.4	97.8
2017	101.6	101.5	101.8	101.4	103.1	103.4
2018	102.1	102.0	102.3	102.4	102.8	103.5
2019	103.0	102.8	103.4	102.1	98.9	99.2
2020	102.3	102.0	103.1	100.7	98.6	98.7
2021	100.6	100.5	101.0	101.8	105.1	106.2
2022	102.1	102.0	102.3	103.1	101.9	104.6

9－2 商品零售价格分类指数（2022年）
Retail Price Indices by Category（2022）

（上年=100） （Preceding year=100）

项 目	Item	全省 Total	城市 Urban	农村 Rural
商品零售价格指数	**General Retail Price Index**	**103.1**	**103.0**	**103.6**
食品	**Food**	**102.9**	**102.9**	**103.0**
粮食	Grain	103.0	103.2	102.2
薯类	Tubers	109.9	109.8	110.6
豆类	Beans	109.6	110.3	106.9
食用油	Edible oil	105.2	105.0	105.9
菜及食用菌	Vegetables and Edible Mushrooms	107.4	107.4	108.3
畜肉类	Livestock Meat	96.2	96.3	95.3
禽肉类	Poultry Meat	100.7	100.4	104.3
水产品	Aquatic Products	97.8	97.7	98.9
蛋类	Eggs	107.1	107.0	108.1
奶类	Milk	101.6	101.6	101.7
干鲜瓜果类	Dried and Fresh Melons and Fruits	109.5	109.1	113.2
糖果糕点类	Confectionery	105.6	105.9	102.3
#食 糖	Sugar	101.1	101.7	98.7
调味品	Flavoring	104.8	105.6	100.6
其他食品类	Other Food Products	102.2	102.2	102.3
餐饮业零售	Food and Beverage Retail	101.3	101.5	98.7
饮料烟酒	**Beverage,Tobacco and Liquor**	**100.6**	**100.5**	**101.5**
茶及饮料	Tea and Beverage	103.3	103.5	100.1
卷烟	Tobacco	100.6	100.4	101.5
酒类	Liquor	98.5	98.1	101.8
服装鞋帽	**Garments,Shoes and Hats**	**99.6**	**99.6**	**99.8**
服装	Garments	99.9	99.9	99.9
鞋帽袜	Footgear and Hats	98.8	98.7	99.5
其他衣着配件	Other Clothing accessories	97.6	97.4	100.9
纺织品	**Textiles**	**100.3**	**100.1**	**101.6**
服装材料	Clothing Material	101.8	100.9	110.4
床上用品	Bed Articles	100.0	100.0	100.3
家用电器及音像器材	**Household Appliances and Music and Video Equipment**	**100.6**	**100.6**	**100.8**
家庭设备	Household Facilities	101.2	101.3	100.4

9－2 续表 Continued

（上年=100） (Preceding year=100)

项 目	Item	全省 Total	城市 Urban	农村 Rural
文娱用耐用消费品	Durable Consumer Goods for Recreational Use	98.9	98.6	101.3
专业音像器材	Audio and Video Equipment	103.7	103.9	102.3
文化办公用品	**Cultural and Office Appliances**	**100.4**	**100.3**	**101.2**
日用品	**Articles for Daily Use**	**102.1**	**102.1**	**101.4**
日用百货	General Merchandise for Daily Use	100.6	100.4	101.7
清洗用品	Cleaning Supplies	98.9	99.0	97.8
其他日用品	Others	103.4	103.6	101.9
体育娱乐用品	**Sports and Recreation Articles**	**100.8**	**100.7**	**101.8**
体育户外用品	Sports Outdoor Goods	105.6	105.3	107.8
娱乐用品	Amusement Goods	100.0	100.0	99.8
交通通信用品	**Transportation and Communication Appliances**	**99.5**	**99.4**	**100.0**
交通运输机械	Transportation Facility	100.2	100.2	99.9
通信器材	Communication Facility	97.8	97.4	100.4
家具	**Furniture**	**102.0**	**101.8**	**103.7**
化妆品	**Cosmetics**	**101.7**	**101.6**	**102.6**
金银饰品	**Gold,Silver Ornaments**	**102.7**	**102.8**	**101.5**
中西药品及医疗保健用品	**Traditional Chinese and Western Medicines and Health Care Articles**	**101.1**	**101.1**	**101.8**
医疗卫生器具	Medical Sanitation	98.7	98.8	98.2
中药	Traditional Chinese Medicine	104.1	104.1	104.2
西药	Western Medicine	100.3	100.2	101.0
保健器具及用品	Health Care Appliances and Articles	100.7	100.8	100.1
书报杂志及电子出版物	**Books,Newspapers,Magazines and Electronic Publications**	**102.4**	**102.5**	**101.1**
教材及参考书	Teaching Materials and Reference Books	103.4	103.8	100.9
书报杂志及音像制品	Books, Newspapers and Magazines	100.7	100.5	103.6
计算机办公软件	Computer Office Software	99.5	99.6	97.7
燃料	**Fuels**	**117.3**	**117.1**	**118.5**
煤炭及制品	Coal and Related Products	110.0	109.0	117.4
石油及制品	Petroleum and Related Products	118.2	118.1	118.7
建筑材料及五金电料	**Building Materials and Hardware**	**102.4**	**102.3**	**103.0**
建筑装潢材料	Building Decoration Materials	102.9	102.8	103.5
五金水暖	Hardware	100.7	100.6	101.0

9-3 居民消费价格分类指数（2022年）
Consumer Price Indices by Category（2022）

（上年=100）（preceding year=100）

项　目	Item	全省 Total	城市 Urban	农村 Rural
居民消费价格总指数	**General Consumer Price Index**	**102.1**	**102.0**	**102.3**
服务价格指数	**Services Price Index**	**100.7**	**100.7**	**100.6**
食品烟酒	**Food Liquor and Tobacco**	**102.5**	**102.5**	**102.3**
食品	Food	103.1	103.2	103.1
粮食	Grain	102.6	103.0	102.1
菜及食用菌	Vegetables and Edible Mushrooms	106.7	106.4	107.6
#鲜　菜	Fresh Vegetables	106.8	106.6	107.6
畜肉类	Livestock Meat	95.9	96.2	95.2
禽肉类	Meat of Poultry	101.5	101.0	103.2
水产品	Aquatic Products	97.9	97.8	98.4
干鲜瓜果类	Dried Fresh Melon and Fruit	109.5	108.9	111.8
#鲜果	Fresh Fruits	111.3	110.5	114.2
其他食品类	Other Food Products	102.2	102.2	102.1
烟酒	Tobacco and Liquor	100.4	99.9	101.1
衣着	**Clothing**	**99.7**	**99.5**	**100.3**
居住	**Residence**	**101.9**	**101.5**	**103.3**
租赁房房租	Rent of Rental Housing	98.9	98.4	101.1
住房保养维修及管理	Maintenance and Management of Housing	101.7	101.8	101.6
水电燃料	Water, Electricity and Fuel	106.1	105.5	107.9
自有住房	Private Housing	100.2	99.9	101.3
生活用品及服务	**Supplies and Services**	**101.4**	**101.5**	**101.2**
家具	Furniture	102.2	101.6	104.3
室内装饰品	Interior Decorations	99.2	99.6	97.5
家用器具	Home Appliance	101.0	101.1	100.6
#床上用品	Bedding	100.2	100.1	100.8
家庭日用杂品	Daily Use Household Artides	101.4	101.9	100.0
交通通信	**Transportation and Communication**	**104.9**	**104.8**	**105.1**
交通	Transportation	106.7	106.6	106.9
#车辆修理与保养	Vehicle Repair and Maintenance	102.6	101.9	104.0
通信	Communication	99.5	99.2	100.2
#通信服务	Communication Services	100.3	100.4	100.1
教育文化娱乐	**Education, Culture and Entertainment**	**101.2**	**101.4**	**100.7**
学前教育	Preschool Education	100.6	100.3	102.0
文化娱乐	Cultural Entertainment	101.8	102.0	100.6
医疗保健	**Health Care and Medical Services**	**100.7**	**100.8**	**100.3**
医疗服务	Medical Services	100.4	100.7	100.0
其他用品及服务	**Other Supplies and Services**	**101.7**	**101.6**	**101.9**
其他用品	Other Items	102.2	102.3	102.1
其他服务	Other Services	101.2	101.1	101.7

9－4 主要原材料、燃料、动力购进价格指数
Main Purchasing Price Indices of Raw Materials, Fuels and Power

（上年=100） （preceding year=100）

类 别	Item	2020	2021	2022
总指数	**General Index**	**98.7**	**106.2**	**104.6**
燃料、动力类	Fuel and Power	90.9	118.1	113.8
黑色金属材料类	Ferrous Metals	100.5	117.1	95.3
#钢材	Steel	99.2	114.5	98.0
其他	Others	102.3	128.1	86.0
有色金属材料及电线类	Nonferrous Metals and Wire	98.4	113.4	106.7
化工原料类	Raw Chemical Materials	96.0	108.5	103.9
木材及纸浆类	Timber and Paper Pulp	99.1	104.5	105.8
建筑材料及非金属类	Building Materials and Nonmetal Minerals	97.6	112.9	112.8
其他工业原材料及半成品类	Other Industrial Materials and Semi-finished Products	100.7	100.8	100.1
农副产品类	Agricultural Products	107.0	102.6	107.6
纺织原料类	Textile Materials	97.0	103.7	104.6

9－5 工业生产者出厂价格指数
Producer Price Indices of Industrial Products by Category

（上年=100）（preceding year=100）

类　别	Item	2020	2021	2022
总指数	**General Index**	**98.6**	**105.1**	**101.9**
轻工业	Light Industry	101.0	104.3	102.9
以农产品为原料	Using Farm Products as Raw Materials	101.3	103.5	103.0
以非农产品为原料	Using Non-farm Products as Raw Materials	99.0	105.8	102.7
重工业	Heavy Industry	97.9	105.3	101.7
采掘	Mining and Quarrying	84.2	123.6	123.5
原材料	Raw Materials	96.2	112.2	108.0
加工	Processing	100.0	103.1	99.4
生产资料	Means of Production	96.9	108.9	102.5
采掘	Mining and Quarrying	84.2	123.6	123.5
原材料	Raw Materials	95.9	113.7	107.2
加工	Processing	99.6	106.1	99.2
生活资料	Consumer Goods	101.0	99.9	101.0
食品	Food	101.1	101.4	102.6
衣着	Clothing	100.6	103.5	101.4
一般日用品	Articles for Daily Use	102.3	102.0	102.4
耐用消费品	Durable Consumer Goods	100.7	99.2	100.3
按工业部门分	Grouped by Sector			
冶金工业	Metallurgical Industry	101.5	132.9	93.2
电力工业	Power Industry	99.7	100.5	108.3
煤炭及炼焦工业	Coal and Coke Industry	101.5	114.9	112.0
石油工业	Petroleum Industry	73.9	124.8	128.9
化学工业	Chemical Industry	98.5	115.3	105.3
机械工业	Machine Manufacturing Industry	100.4	99.8	99.6
建筑材料工业	Building Materials Industry	97.4	113.8	109.6
森林工业	Timber Industry	100.3	100.6	104.1
食品工业	Food Industry	101.5	102.6	103.2
纺织工业	Textile Industry	96.6	101.9	101.7
缝纫工业	Tailoring Industry	100.5	103.5	101.4
造纸工业	Paper Industry	98.8	106.3	101.5
文教艺术用品工业	Cultural, Educational and Handicraft Articles Industry	99.7	88.2	99.9
其他工业	Others	93.5	108.3	105.7

9－6 工业生产者购进价格分类指数
Producer Price Indices for Industrial Producer by Category

（上年=100） （preceding year=100）

年 份 Year	总指数 General Index	燃料、动力类 Fuel, Power	黑色金属材料类 Ferrous Metal	有色金属材料及电线类 Non ferrous Metals and wires	化 工原料类 Raw Chemical Material	木材及纸浆类 Timber and Paper Pulp	建筑材料及非金属类 Building Materials and Nonmetal Minerals	农 副产品类 Agricultural Products	纺 织原料类 Textile Materials
2003	104.8	105.9	105.2	103.0	102.9	101.8	97.4	106.1	106.4
2004	110.5	107.8	120.3	112.6	111.2	105.7	101.4	111.0	108.7
2005	107.0	115.1	108.8	108.1	106.1	107.1	101.2	101.4	99.5
2006	103.8	108.9	98.8	118.5	101.8	102.3	101.3	101.1	100.9
2007	105.2	103.9	103.7	111.6	109.1	103.1	102.8	108.0	101.5
2008	111.3	112.4	116.2	100.2	109.1	103.1	106.6	113.4	104.5
2009	95.3	95.5	91.3	88.6	90.8	93.0	102.2	97.2	100.1
2010	108.6	113.5	105.0	113.9	114.1	105.6	103.9	106.4	105.2
2011	106.1	111.4	105.7	103.5	106.8	108.0	102.4	109.3	106.5
2012	99.3	98.5	94.9	98.6	99.4	102.6	104.2	100.3	100.7
2013	99.4	98.3	97.6	97.2	99.9	100.8	99.8	99.9	100.3
2014	99.2	98.5	97.7	97.9	99.1	100.5	99.7	99.8	100.3
2015	96.6	86.8	94.3	97.4	98.7	100.3	101.3	99.9	100.1
2016	97.8	95.7	96.6	98.7	96.9	100.0	98.5	97.9	96.6
2017	103.4	110.5	106.5	105.7	105.3	102.6	102.9	97.8	101.4
2018	103.5	108.4	104.8	102.2	103.8	104.1	107.8	101.3	101.7
2019	99.2	97.5	101.6	98.8	95.9	99.1	99.8	103.4	100.1
2020	98.7	90.9	100.5	98.4	96.0	99.1	97.6	107.0	97.0
2021	106.2	118.1	117.1	113.4	108.5	104.5	112.9	102.6	103.7
2022	104.6	113.8	95.3	106.7	103.9	105.8	112.8	107.6	104.6

9-7 农产品生产者价格指数
Producer Price Indices for Farm Products

（上年=100） (preceding year=100)

指 标	Item	2020	2021	2022
合计	**Total**	**117.1**	**109.3**	**100.7**
农业产品	**Farm Products**	**112.0**	**117.8**	**102.1**
谷物	Cereal	111.4	119.0	101.6
稻谷	Rice	102.8	100.2	98.6
玉米	Corn	113.6	124.9	101.8
油料	Oil-bearing Crops	110.7	99.2	100.9
豆类	Bean	117.4	123.2	102.3
大豆	Soybean	127.4	124.0	102.3
蔬菜及食用菌	Vegetables and edible fungus			
蔬菜	Vegetables	110.1	104.9	113.3
水果及坚果	Fruits and Nuts			
水果（园林水果）	Fruits（Garden Fruits）	121.4	101.1	102.2
林业产品	**Forestry Products**	**100.3**	**101.0**	**98.6**
饲养动物及其产品	**Raised Animals and Related Products**	**132.9**	**83.7**	**96.6**
活牲畜	Live stock			
猪	Pig	163.5	61.5	93.6
牛	Cattle	118.2	104.0	98.5
羊	Sheep	107.3	92.1	91.0
活家禽	Live Poultry	92.5	104.5	95.6
畜禽产品	Livestock amd Poultry Products			
生奶	Raw milk	93.9	108.8	106.9
禽蛋	Eggs	84.0	119.0	110.6
渔业产品	**Fishery Products**	**109.6**	**98.4**	**105.2**
淡水养殖产品	Freshwater Aquatic Products	109.6	98.4	105.2

10

第十篇

人民生活

People's Livelihood

CHAPTER ▶ 10

资料整理人员：

杨　滨

10－1 人民生活基本情况

Basic Situation of People´s Life

单位：元 unit: yuan

年 份 Year	城镇居民人均 Urban Households Per Capita Annual				农村居民人均 Rural Households Per Capita Annual				城镇居民家庭恩格尔系数(%) Engle's Coefficient of Urban Households (%)	农村居民家庭恩格尔系数(%) Engle's Coefficient of Rural Households (%)
	可支配收入 Disposable Income		生活消费支出 Living Consumption Expenditure		可支配收入 Disposable Income		生活消费支出 Living Consumption Expenditure			
	绝对数 Absolute Figures	指数 Index (1978=100)		#食品 Food	绝对数 Absolute Figures	指数 Index (1978=100)		#食品 Food		
1978	290.20				181.65	100.0			59.3	
1979					222.50	122.5	193.83	130.90		67.5
1980	369.50				237.20	130.5	216.25	140.07	59.2	65.3
1981	401.00				293.34	161.5	246.08	152.40		61.9
1982	431.00				333.09	183.4	253.44	159.37		62.9
1983	451.31	155.5	392.40	224.71	462.50	254.6	274.98	174.23		63.4
1984	499.15	172.0	424.99	244.21	486.80	268.0	320.81	203.09		63.3
1985	607.50	209.3	554.15	303.19	413.74	227.7	364.47	199.48	54.7	56.5
1986	755.46	206.3	661.92	355.44	456.70	251.4	388.77	214.66		55.2
1987	851.64	293.5	715.20	390.00	523.09	288.0	441.60	239.54		54.2
1988	987.12	340.2	901.08	455.16	627.54	345.5	516.36	275.63		53.4
1989	1109.34	382.3	967.44	511.20	623.96	343.5	562.78	313.59		55.7
1990	1230.10	423.9	1053.96	552.60	717.30	394.8	585.71	332.27	52.4	56.7
1991	1395.36	480.8	1193.88	638.16	748.33	411.8	648.41	366.51	53.4	56.5
1992	1636.92	564.1	1374.72	690.72	807.41	444.4	643.13	381.53	50.2	59.3
1993	1953.12	673.0	1596.00	780.24	891.61	490.8	670.02	406.24	48.9	60.6
1994	2561.04	882.5	2096.40	1034.52	1271.63	699.8	853.73	532.47	49.3	62.4
1995	3174.84	1094.0	2598.00	1330.44	1609.61	885.8	1494.62	841.85	51.2	56.3
1996	3805.61	1311.4	3037.32	1438.92	2125.56	1169.8	1513.19	803.38	47.4	53.1
1997	4190.61	1444.0	3408.00	1600.68	2186.29	1203.2	1623.83	895.12	47.0	57.0
1998	4206.64	1449.6	3449.76	1585.44	2383.60	1311.8	1471.46	799.69	46.0	54.0
1999	4480.00	1543.8	3661.68	1561.92	2260.60	1244.1	1347.91	719.27	42.7	53.0
2000	4810.00	1657.7	4020.84	1582.68	2022.50	1113.1	1553.35	705.39	39.4	45.0
2001	5340.50	1840.3	4337.28	1650.96	2182.20	1201.0	1661.69	757.90	38.1	45.0
2002	6260.20	2157.2	4973.88	1809.48	2360.80	1299.3	1685.74	743.07	36.4	44.1
2003	7005.12	2413.9	5492.04	1957.92	2530.40	1392.6	1815.57	799.16	35.7	44.0
2004	7840.60	2701.8	6068.99	2180.09	3000.40	1652.1	1971.21	899.00	35.9	45.6
2005	8690.62	2995.1	6794.71	2356.00	3263.99	1796.9	2305.98	1003.22	34.7	43.5
2006	9775.07	3368.4	7352.64	2457.21	3641.13	2004.5	2700.66	1082.28	33.4	40.1
2007	11285.52	3888.9	8560.30	2842.68	4189.90	2306.0	3064.38	1240.50	33.2	40.0
2008	12829.45	4420.9	9729.05	3307.14	4932.74	2715.5	3443.24	1362.44	34.0	39.6
2009	14006.27	4826.4	10914.44	3637.32	5265.91	2898.9	3902.90	1371.12	33.3	35.1
2010	15411.47	5310.6	11679.04	3767.85	6237.44	3433.9	4147.36	1523.32	32.3	36.7
2011	17796.57	6132.5	13010.63	4252.85	7509.95	4134.3	5305.80	1872.10	32.7	35.3
2012	20208.04	6963.5	14613.53	4635.27	8598.17	4733.4	6186.17	2268.76	31.7	36.7
2013	22274.60	7675.6	15932.31	4658.13	9621.21	5296.6	7379.71	2438.49	29.2	33.0
2014	23217.82	8000.6	17156.14	4478.53	10780.12	5934.6	8139.82	2411.25	26.1	29.6
2015	24900.86	8580.6	17972.62	4640.58	11326.17	6235.2	8783.31	2550.80	25.8	29.0
2016	26530.42	9142.1	19166.38	4957.05	12122.94	6673.8	9521.40	2721.87	26.0	28.6
2017	28318.75	9758.4	20051.24	5168.68	12950.44	7129.3	10279.40	2903.20	25.8	28.2
2018	30171.94	10396.9	22393.71	5563.85	13748.17	7568.5	10826.24	3010.22	24.8	27.8
2019	32299.18	11130.0	23394.28	5841.36	14936.05	8220.2	11456.59	3224.52	25.0	28.1
2020	33395.70	11508.4	21623.22	6040.79	16067.03	8812.1	11863.56	3730.52	27.9	31.4
2021	35645.81	12283.2	24420.93	6622.63	17641.69	9711.9	13410.98	4054.97	27.1	30.2
2022	35470.92	12222.9	21834.94	6405.99	18134.47	9983.2	12729.16	4234.12	29.3	33.3

注：1.2014年城乡生活消费支出中食品包含烟酒。
2.从2013年起，农村居民人均纯收入改为农村居民人均可支配收入（以下同）。

Notes:1.The food in Living Expenditure in 2014 contains alcohol and tobacco.
2.Since 2013,the Per Capita net Income of Rural Residents has Changed to the Per Capita Disposable Income (The same applies to the tables following).

10－2 城镇居民家庭基本情况
Basic Situation of Urban Households

指　　标	Item	2020	2021	2022
调查户数（户）	Number of Households Surveyed (Household)	2860	2860	2860
平均每户常住人口数（人）	Number of Permanent Residents Per Household (person)	2.56	2.59	2.57
平均每户就业人口数（人）	The Average Employment Population (person)	1.16	1.26	1.24
平均每户就业面（%）	Average Employment per Household (%)	45.31	48.65	48.25
平均每一就业者负担人数（含就业者本人）（人）	The Average Number of Employees per Job (including the employed person) (person)	2.21	2.06	2.11
平均每人可支配收入（元）	Average Disposable Income Per Capita (yuan)	33396	35646	35471
平均每人生活消费支出（元）	Living Consumption Expenditure Per Capita (yuan)	21623	24421	21835

10－3 城镇居民人均可支配收入及总支出
Per Capita Disposable Income and Expenditure of Urban Households

单位：元　　　　unit: yuan

指　　标	Item	2020	2021	2022
一、可支配收入	**Disposable Income**	**33395.70**	**35645.81**	**35470.92**
（一）工资性收入	Income from Wages and Salaries	20990.93	22523.11	21931.77
（二）经营净收入	Net Business Income	2987.40	3468.42	3514.38
（三）财产净收入	Net Income of Property	1602.97	1767.25	1816.95
（四）转移净收入	Net Income from Transfer	7814.41	7887.02	8207.81
二、非收入所得	**Non Income**	**1539.67**	**1966.32**	**1350.25**
三、借贷性所得	**Borrowing Income**	**964.50**	**491.75**	**405.69**
四、总支出	**Total Expenditure**	**33591.95**	**37688.54**	**33321.31**
（一）生活消费支出	Living Consumption Expenditure	21623.22	24420.93	21834.94
（二）生产经营费用支出	Production and Operating Expenses	3284.54	5615.11	4384.92
（三）财产性支出	Property Expenses	157.30	117.98	134.99
（四）转移性支出	Transfer Expenditure	2403.37	2252.17	2317.03
（五）部分商业保险支出	Part of the Commercial Insurance Expenditure	318.79	384.59	270.83
（六）购置资产及非经常性转移支出	Acquisition of Assets and Non Recurrent Transfer Expenses	4133.99	3463.79	3081.86
（七）借贷性支出	Borrowing Expenses	1670.74	1433.98	1296.74

10－4 城镇居民人均总支出

Per Capita Consumption Expenditure of Urban Households

单位：元　　unit: yuan

指　　标	Item	2020	2021	2022
总支出	**Total Expenditure**	**33591.95**	**37688.54**	**33321.31**
一、生活消费支出	Living Consumption Expenditure	21623.22	24420.93	21834.94
二、生产经营费用支出	Production and Operating Expenses	3284.54	5615.11	4384.92
（一）第一产业经营费用支出	First Industry Operating Expenses	788.62	2358.30	2051.10
（二）第二产业经营费用支出	Second Industry Operating Expenses	80.45	75.34	69.56
（三）第三产业经营费用支出	Third Industry Operating Expenses	2415.47	3181.47	2264.26
三、财产性支出	Property Expenses	157.30	117.98	134.99
（一）生活贷款利息支出	Interest Expense of Living Loan	151.35	111.47	133.14
（二）其他财产性支出	Other Property Expenses	5.96	6.51	1.86
四、转移性支出	Transfer Expenditure	2403.37	2252.17	2317.03
（一）个人所得税	Individual Income Tax	109.02	86.40	98.42
（二）社会保障支出	Social Security Expenditure	2057.07	1954.06	2072.71
1.个人缴纳的养老保险	Personal Payment of Pension Insurance	1434.92	1301.98	1401.27
2.个人缴纳的医疗保险	Personal Payment of Medical Insurance	488.80	525.57	519.85
3.个人缴纳的失业保险	Unemployment Insurance for Individuals	46.25	44.73	49.93
4.其他社会保障支出	Other Social Security Expenses	87.11	81.79	101.66
（三）外来从业人员寄给家人的支出	Employees Sent to the Family Expenses	2.09	5.69	8.08
（四）赡养支出	Maintenance Expenses	148.19	133.57	76.82
（五）其他转移性支出	Other Transfer Expenditure	87.00	72.45	61.00
五、部分商业保险支出	Part of the Commercial Insurance Expenses	318.79	384.59	270.83
（一）意外伤害保险	Accident Insurance	17.12	19.47	12.46
（二）商业医疗保险（含大病保险）	Commercial Health Insurance (Including Serious Illness Insurance)	209.82	276.08	202.12
（三）其他非储蓄性商业保险	Other Non Savings Commercial Insurance	36.94	34.90	26.54
（四）其他储蓄性商业保险	Other Savings Commercial Insurance	54.91	54.13	29.71
六、购置资产及非经常性转移支出	Acquisition of Assets and Non Recurrent Transfer Expenses	4133.99	3463.79	3081.86
（一）购置资产支出	Asset Acquisition Expenses	2055.38	1141.41	1008.13
（二）非经常性转移支出	Non-recurrent Expenditure Transfers	2078.61	2322.38	2073.73
七、借贷性支出	Loan Expenditures	1670.74	1433.98	1296.74
（一）存入储蓄款	Saving Deposit	38.02	27.05	26.06
（二）借出款	Loan	12.52	10.91	11.97
（三）归还借款	Return of Borrowing	71.25	145.01	173.93
（四）购买有价证券	Purchase of Securities	36.22	8.52	3.29
（五）其他投资支出	Other Investment Expenses	9.11	13.71	8.11
（六）归还住房贷款	Return of Housing Loan	1388.35	1001.49	930.19
（七）归还汽车贷款	Return of Auto Loan	83.41	135.67	107.30
（八）归还教育贷款	Return of Education Loan	2.48	2.11	0.00
（九）归还其他贷款	Return other Loan	28.36	86.25	35.52
（十）其他借贷支出	Other Borrowing Cost	1.03	3.25	0.35

10－5 城镇居民人均生活消费支出

Per Capita Living Consumption Expenditure of Urban Households

单位：元 unit: yuan

指　　标	Item	2020	2021	2022
生活消费支出	**Living Consumption Expenditure**	**21623.22**	**24420.93**	**21834.94**
一、食品烟酒	**Food,Alcohol and Tobacco**	**6040.79**	**6622.63**	**6405.99**
（一）食品	Food	4355.34	4420.96	4451.8
1.谷物	Cereals	504.87	566.86	511.58
2.薯类	Tubers	72.19	62.91	73.83
3.豆类	Beans	74.70	72.14	80.48
4.食用油	Edible Oil	153.45	156.11	169.63
5.蔬菜和食用菌	Vegetables and Edible Mushrooms	537.41	549.15	634.83
6.肉类	Meat	1151.78	1184.45	1069.25
7.禽类	Poultry	177.19	162.95	158.52
8.水产品	Aquatic Product	286.46	267.11	306.59
9.蛋类	Eggs	127.45	135.73	162.87
10.奶类	Milk	234.90	231.04	206.23
11.干鲜瓜果类	Dry and Fresh Fruits	682.95	677.86	719.42
12.糖果糕点类	Confectionery	141.74	146.15	142.1
13.其他食品	Other Foods	210.24	208.50	216.47
（二）烟酒	Tobacco and Liquor	439.09	493.61	552.18
（三）饮料	Beverage	135.10	139.66	142.59
（四）饮食服务	Catering Services	1111.26	1568.39	1259.41
二、衣着	**Clothing**	**1749.73**	**1783.36**	**1497.52**
三、居住	**Residence**	**4597.21**	**4936.65**	**4829.33**
（一）租赁房房租	Rent of Rental Housing	159.28	171.45	121.61

10－5 续表 continued

单位：元 unit: yuan

指 标	Item	2020	2021	2022
（二）住房维修及管理	Housing Maintenance and Management	458.80	615.95	568.22
（三）水电燃料及其他	Water, Electricity, Fuel and Others	1282.01	1433.18	1379.96
（四）自有住房折算租金	Converted Rent of Private Housing	2697.12	2716.07	2759.54
四、生活用品及服务	**Supplies and Services**	**1236.46**	**1377.39**	**1139.55**
（一）家具及室内装饰品	Furniture and Interior Decorations	153.91	177.04	125.89
（二）家用器具	Home Appliances	261.58	329.19	280.32
（三）家用纺织品	Home Textile	104.19	122.77	91.64
（四）家庭日用杂品	Daily Use Household Articles	285.11	306.58	281.94
（五）个人用品	Personal Belongings	371.29	379.33	317.09
（六）家庭服务	Domestic Services	60.38	62.47	42.68
五、交通通信	**Transportation and Communication**	**2770.24**	**3225.41**	**2776.78**
（一）交通	Transportation	2004.21	2465.92	2071.83
（二）通信	Communication	766.04	759.48	704.95
六、教育文化娱乐	**Education, Cultrue and Entertainment**	**2187.69**	**2969.47**	**2238.17**
（一）教育	Education	1592.91	2276.67	1681.95
（二）文化娱乐	Culture and Entertainment	594.78	692.79	556.21
七、医疗保健	**Health Care and Medical Services**	**2396.44**	**2701.12**	**2377.49**
（一）医疗器具及药品	Medical Instrument and Drugs	930.88	907.31	911.97
（二）医疗服务	Medical Services	1465.56	1793.82	1465.52
八、其他用品和服务	**Other Goods and Services**	**644.65**	**804.91**	**570.11**
（一）其他用品	Other Goods	287.75	363.22	243.03
（二）其他服务	Other Services	356.91	441.69	327.08

10－6　城镇居民人均购买的主要食品数量

Per Capita Purchasing of Major Foods of Urban Households

单位：千克　　　　unit: kg

指　标	Item	2020	2021	2022
谷　物	Cereals	114.40	128.26	108.85
薯　类	Tubers	4.19	3.69	3.58
豆　类	Beans	11.10	10.24	9.94
食用油	Edible Oil	11.18	11.34	11.17
#食用植物油	Edible Vegetable Oil	11.09	11.19	11.07
蔬菜和食用菌	Vegetables and Edible Mushrooms	106.53	113.04	100.95
猪　肉	Pork	15.43	22.26	20.83
牛　肉	Beef	4.17	4.13	3.97
羊　肉	Mutton	1.20	1.15	1.11
禽　类	Poultry	7.13	7.01	5.97
水产品	Aquatic Product	12.34	11.42	10.92
蛋　类	Eggs	15.31	14.95	15.49
奶　类	Milk	15.91	15.14	11.77
鲜瓜果	Fresh Melons and Fruits			61.54
食糖	Sugar			1.06

10－7 城镇居民平均每百户年末耐用消费品拥有量

Major Durable Consumer Goods Owned Per 100 Urban Households at Year-end

指　　标	Item	2020	2021	2022
家用汽车（辆）	Automobile (unit)	36	41	43
洗碗机（台）	Dishwasher (set)	1	1	1
固定电话（部）	Telephone (unit)	10	5	5
移动电话（部）	Mobile Telephone (unit)	231	230	230
计算机（台）	Computer (set)	65	47	47
电冰箱（柜）（台）	Refrigerator (set)	101	99	100
彩色电视机（台）	Color TV set (set)	101	98	98
乐器（架）	Musical Instruments（set）			4
照相机（架）	Camera (set)	14	8	8
洗衣机（台）	Washing Machine (set)	98	98	98

10－8 城镇居民家庭居住情况
Residential Situation of Urban Residents

项　　目	Item	2020	2021	2022
现住房建筑面积（平方米）	**Housing Construction Area (sq.m)**	**31.46**	**31.30**	**31.63**
本住户居住空间样式(%)	**The Style of Residential Space (%)**	**100.00**	**100.00**	**100.00**
1.单栋楼房	Pavilions Buildings	0.94	0.93	0.94
2.单栋平房	Pavilions Bungalow	6.94	13.58	13.49
3.四居室及以上单元房	Four Bedrooms and More than Four Bedrooms	1.07	1.13	1.11
4.三居室单元房	Three-bedroom Units	12.50	11.17	11.30
5.二居室单元房	Two Bedroom Flat	67.54	63.54	63.84
6.一居室单元房	One bedroom flat	10.58	8.65	8.76
7.筒子楼或连片平房	Tube-shaped Apartment or Shall Bungalow	0.39	0.69	0.56
8. 其他	Other	0.04	0.30	0.00
现住房房屋来源(%)	**Housing Source of Housing (%)**	**100.00**	**100.00**	**100.00**
1.租赁公房	Public House Leasing	1.52	1.56	1.47
2.租赁私房	Rent of Privately Owned Houses	3.74	3.90	3.60
3.自建住房	Self-built Housing	5.79	10.91	10.84
4.购买商品房	Purchase of Commercial Housing	69.57	66.51	67.08
5.购买房改住房	Reform House Buying	5.71	6.18	6.00
6.购买保障性住房	Affordable House Buying	1.15	0.73	0.71
7.拆迁安置房	Resettlement Housing	8.45	7.25	7.22
8.继承或获赠住房	Inheriting or Receiving House	0.89	0.75	0.75
9.免费借用房	Free Housing	2.66	1.99	2.10
10.雇主提供免费住房	Employer Free Housing	0.12	0.13	0.13
11.其他来源	Other Sources	0.38	0.10	0.10
住户厕所类型(%)	**Household Toilet Type (%)**	**100.00**	**100.00**	**100.00**
1.水冲式卫生厕所	Water Flush Toilet	93.07	87.29	87.68

10－8 续表 continued

指　　标	Item	2020	2021	2022
2.水冲式非卫生厕所	Non Sanitary Water Flush Toilet	2.23	0.15	0.00
3.卫生旱厕	Sanitary Aqua Privies	0.82	2.16	7.97
4.普通旱厕	General Aqua Privies	3.79	10.40	4.35
5.无厕所	No Toilet	0.08	0.00	0.00
住户厕所使用情况(%)	**Household Toilet Usage (%)**	**100.00**	**100.00**	**100.00**
1.独用	Personal Use	99.24	98.85	98.91
2.合用	Share	0.55	0.30	0.23
3.公用厕所	Public Lavatories	0.20	0.85	0.86
住户洗澡设施情况(%)	**Household Bathing Facilities (%)**	**100.00**	**100.00**	**100.00**
1.统一供热水	Unified Supply of Hot Water	3.01	2.20	2.13
2.家庭自装热水器	Home Self Heater	75.91	77.41	77.68
3.其他	Other	0.69	0.78	0.78
4.无洗澡设施	No Bathing Facilities	20.40	19.60	19.41
住户主要取暖设备状况(%)	**Household Main Heating Equipment Status (%)**	**100.00**	**100.00**	**100.00**
1.由市政或小区集中供暖	Central Heating by Municipal or District	91.17	85.97	85.23
2.自行供暖	Self Heating	6.60	13.93	14.00
3.无取暖设备	No Heating Equipment	2.23	0.09	0.77
主要炊用能源状况(%)	**The Main Cooking Energy Status (%)**	**100.00**	**100.00**	**100.00**
1.柴草	Firewood	2.38	6.23	5.83
2.煤炭	Coal	0.40	0.31	0.35
3.罐装液化石油气	Liquefied Petroleum Gas	30.32	28.16	31.02
4.管道液化石油气	Pipeline Liquefied Petroleum Gas	0.22	0.40	0.79
5.管道煤气	Pipeline Coal Gas	2.46	2.05	2.16
6.管道天然气	Pipeline Gas	48.57	47.52	46.43
7.电	Electricity	15.55	15.23	13.25
8.其他	Other	0.00	0.00	0.06
9.无炊用行为	No Cooking Behavior	0.10	0.11	0.11

10－9　各地区城镇常住居民人均可支配收入
Per Capita Disposable Income of Urban Households by Region

单位：元　　　　unit:yuan

地　区	Region	2018	2019	2020	2021	2022
全　省	**Total**	**30172**	**32299**	**33396**	**35646**	**35471**
长　春	Changchun	31164	33377	34560	37311	37128
吉　林	Jilin	28538	30140	31027	33479	33269
四　平	Siping	26509	28290	29288	31390	32491
辽　源	Liaoyuan	26328	28224	29191	31294	31858
通　化	Tonghua	26886	28394	29397	31581	33446
白　山	Baishan	23694	25648	26736	28465	28503
松　原	Songyuan	26703	28423	29542	31819	33624
白　城	Baicheng	23539	25631	26668	28428	29109
延　边	Yanbian	26316	28158	28872	31122	32502

10－10　各地区农村常住居民人均可支配收入
Per Capita Disposable Income of Rural Households by Region

单位：元　　　　unit:yuan

地　区	Region	2018	2019	2020	2021	2022
全　省	**Total**	**13748**	**14936**	**16067**	**17642**	**18134**
长　春	Changchun	14237	15455	16636	18473	18919
吉　林	Jilin	13895	14883	16035	17777	18380
四　平	Siping	13643	14803	15890	17676	18207
辽　源	Liaoyuan	13346	14467	15552	17027	17783
通　化	Tonghua	12430	13497	14523	16083	17125
白　山	Baishan	11160	12093	12993	14261	14643
松　原	Songyuan	11678	12802	13766	15408	16352
白　城	Baicheng	9908	11216	12205	13510	14282
延　边	Yanbian	11129	12520	13585	14905	15713

10－11　农村居民家庭基本情况

Basic Situation of Rural Households

指　　标	Item	2020	2021	2022
调查户数（户）	Number of Households Survey (household)	1940	1940	1940
常住人口（人）	Permanent Population in the Household Surveyed (person)	5622	5594	5531
平均每户常住人口（人）	Average Permanent Resident Population per Household (person)	2.87	2.88	2.85
平均每户整、半劳动力（人）	Average Full/Semi Labour Force per Household (person)	2.21	2.25	2.24
平均每个劳动力负担人口（人）	Average Number of Dependents per Laborer Force (person)	1.30	1.28	1.27
人均可支配收入（元）	Disposable Income Per Capita (yuan)	16067	17642	18134
人均总收入（元）	Total Revenue Per Capita (yuan)	29160	31670	30377
人均现住房建筑面积（平方米）	Per Capita Housing Construction Area (sq.m)	30.27	29.86	30.2

10－12 农村居民人均可支配收入

Per Capita Income of Rural Households

单位：元　　unit: yuan

指　　标	Item	2020	2021	2022
可支配收入	**Disposable Income**	**16067.03**	**17641.69**	**18134.47**
一、工资性收入	**Income from Wages and Salaries**	**4018.81**	**4301.81**	**3984.60**
二、经营净收入	**Net Business Income**	**9141.07**	**10161.29**	**11058.18**
（一）第一产业经营净收入	Net Income of the First Industry	8477.88	9433.55	10363.31
1.农业	Agriculture	7308.04	8487.32	9841.77
2.林业	Forestry	224.18	153.63	128.16
3.牧业	Animal Husbandry	945.63	795.82	395.52
4.渔业	Fishery	0.03	−3.23	−2.14
（二）第二产业经营净收入	Net Income of Second Industry	41.38	42.75	45.80
1.采矿业	Mining	−0.15	0.00	−0.04
2.制造业	Manufacturing	9.96	5.37	5.22
3.电力、热力、燃气及水生产和供应业	Electricity, Heat, Gas and Water Production and Supply	5.91	0.00	0.00
4.建筑业	Construction	25.67	37.38	40.62
（三）第三产业经营净收入	Net Income of Tertiary Industry	621.81	684.99	649.07
1.批发和零售业	Wholesale and Retail	313.77	315.52	318.30
2.交通运输、仓储和邮政业	Transportation, Storage and Post	124.64	119.99	131.07
3.住宿和餐饮业	Hotels and Catering	−10.43	36.92	57.67
4.房地产业	Real Estate	0.00	−1.56	−0.59
5.租赁和商务服务业	Leasing and Business Services	1.01	0.92	2.96
6.居民服务、修理和其他服务业	Household Services,Repairing and other Services	63.53	77.16	63.54
7.其他	Other	41.75	30.04	23.08
8.农林牧渔专业及辅助性活动	Professional and Support Activities for Agriculture,Forestry,Animal Husbandry and Fishery	87.54	105.99	53.04

单位：元

10－12 续表 continued

unit: yuan

指　　标	Item	2020	2021	2022
三、财产净收入	**Net Income of Property**	**364.53**	**387.86**	**459.77**
（一）利息净收入	Net Interest Income	18.89	18.12	20.67
（二）红利收入	Dividend Income	8.90	6.83	1.98
（三）储蓄性保险净收益	Net Income of Savings Insurance	1.81	1.47	0.01
（四）转让承包土地经营权租金净收入	Net Income of the Transfer of Contracted Land Management Right	318.34	340.92	413.01
（五）出租房屋财产性收入	Rental Housing Property Income	5.19	14.83	15.41
（六）出租机械、专利、版权等资产的收入	Rental Revenue Machinery, Patents, Copyright and Other Assets	9.42	13.31	6.09
（七）其他财产净收入	Other Property Net Income	1.97	–7.62	2.60
（八）房屋虚拟租金	Virtual House Rent			
四、转移净收入	**Net Income of Transfer**	**2542.62**	**2790.73**	**2631.93**
（一）转移性收入	Transfer Income	3113.69	3392.91	3071.35
1.养老金或离退休金	Pensions	975.63	970.28	1041.89
2.社会救济和补助	Social Relief and Subsidies	117.53	126.03	136.40
3.政策性生活补贴	Policy Oriented Living Subsidy	13.22	12.30	13.89
4.报销医疗费	Reimbursement of Medical Expenses	193.46	363.66	189.91
5.家庭外出从业人员寄回带回收入	The Income of Sending Back and Bring Back From Family Worker Goes Out	414.45	467.57	452.09
6.赡养收入	Support Income	221.77	246.63	193.29
7.其他经常转移收入	Other Often Transfer Income	9.74	16.55	12.61
8.从政府和组织得到的实物产品和服务折价	Discounts on Physical Products and Services Received from the Government and Organizations	5.15	6.39	11.46
9.现金政策性惠农补贴	The Policy of Agricultural Subsidies in Cash	1162.75	1183.51	1019.81
（二）转移性支出	Transfer Expenditure	571.07	602.18	439.42
1.个人所得税	Personal Income Tax	2.44	2.26	2.65
2.社会保障支出	Social Security Contribution	492.55	515.34	379.23
3.外来从业人员寄给家人的支出	Migrant Workers Sent to the Family	3.53	1.98	2.41
4.赡养支出	Maintenance Expenses	53.68	49.07	44.31
5.其他转移性支出	Other Transfer Expenses	18.87	33.52	10.82

10－13　农村居民人均消费总支出

Per Capita Living Consumption Expenditure of Rural Households

单位：元　　　　unit: yuan

指　　标	Item	2020	2021	2022
总支出	**Total Expenditure**	**28082.91**	**31063.21**	**27844.76**
一、生活消费支出	**Living Consumption Expenditure**	**11863.56**	**13410.98**	**12729.16**
（一）食品烟酒	Food, Tobacco and Liquor	3730.52	4054.97	4234.12
（二）衣着	Clothing	716.41	784.21	714.15
（三）居住	Residence	1992.68	2125.83	2070.75
（四）生活用品及服务	Supplies and Services	488.91	573.61	519.64
（五）交通通信	Transportation and Communication	1899.25	1923.42	1881.28
（六）教育文化娱乐	Education, Culture and Entertainrent	1177.44	1697.70	1335.85
（七）医疗保健	Health Care and Medical Services	1568.50	1922.88	1661.61
（八）其他用品和服务	Other Goods and Services	289.85	328.35	311.75
二、生产经营费用支出	**Production and Operating Expenses**	**11374.01**	**12270.04**	**10697.53**
（一）第一产业经营费用支出	First Industry Operating Expenses	9918.74	10890.91	9583.67
1.农业	Agriculture	6034.50	7027.63	6802.12
2.林业	Forestry	39.63	49.69	19.90
3.牧业	Animal Husbandry	3835.41	3802.69	2750.02
4.渔业	Fishery	9.19	10.89	11.64
（二）第二产业经营费用支出	Second Industrial Operating Expenses	50.77	78.54	62.62
1.采矿业	Mining	0.15	0.00	0.04
2.制造业	Manufacturing	33.71	9.65	16.00
3.电力、热力、燃气及水生产和供应业	Electricity, Heat, Gas and Water Production and Supply	7.84	0.00	0.00
4.建筑业	Construction	9.06	68.89	46.58
（三）第三产业经营费用支出	Third Industrial Operating Expenses	1404.50	1300.60	1051.23
1.批发和零售业	Wholesale and Retail	1036.04	793.41	673.21
2.交通运输、仓储和邮政业	Transportation, Storage and Post	175.34	105.94	67.67
3.住宿和餐饮业	Hotels and Catering	60.50	91.33	66.50
4.房地产业	Real Estate	0.00	1.56	0.59
5.租赁和商务服务业	Leasing and Business Services	0.04	4.93	1.35
6.居民服务、修理和其他服务业	Household Services,Repairing and other Services	29.14	201.71	159.30
7.其他	Other	44.66	47.11	14.58
8.农林牧渔专业及辅助性活动	Professional and Support Activities for Agriculture,Forestry,Animal Husbandry and Fishery	58.78	54.62	68.02
三、财产性支出	**Property Expenses**	**13.88**	**21.71**	**21.21**
四、转移性支出	**Transfer Expenditure**	**571.07**	**602.18**	**439.42**
五、部分商业保险支出	**Part of Commercial Insurance Expenses**	**155.41**	**180.55**	**116.86**
六、购置资产及非经常性转移支出	**Acquisition of Assets and Non Recurrent Transfer Expenses**	**3243.58**	**3858.48**	**3290.94**
七、借贷性支出	**Borrowing Expenses**	**861.39**	**719.26**	**549.65**

10－14　农村居民人均生活消费支出
Per Capita Consumption Expenditure of Rural Households

单位：元　　　　　　　　　　　　　　　　unit: yuan

指　　标	Item	2020	2021	2022
生活消费支出	**Living Consumption Expenditure**	**11863.56**	**13410.98**	**12729.16**
一、食品烟酒	**Food, Liquor and Tobacco**	**3730.52**	**4054.97**	**4234.12**
（一）食品	Food	2853.64	3050.68	3169.52
1.谷物	Cereals	573.56	576.19	544.92
2.薯类	Tubers	95.80	70.95	84.61
3.豆类	Beans	82.17	93.93	96.98
4.食用油	Edible Oil	294.69	159.89	170.83
5.蔬菜和食用菌	Vegetables and Edible Mushrooms	315.93	300.03	403.51
6.肉类	Meat	586.17	820.78	785.83
7.禽类	Poultry	108.56	117.58	121.54
8.水产品	Aquatic Product	121.67	124.92	141.66
9.蛋类	Eggs	88.62	112.22	124.59
10.奶类	Milk	70.19	95.19	88.23
11.干鲜瓜果类	Dry and Fresh Fruits	282.45	327.93	353.38
12.糖果糕点类	Confectionery	61.81	73.62	75.24
13.其他食品	Other Foods	172.01	177.44	178.20
（二）烟酒	Tobacco and Liquor	517.39	563.82	652.96
1.烟草	Tobacco	368.77	422.68	477.22
2.酒类	Liquor	148.62	141.14	175.74
（三）饮料	Beverage	61.35	72.21	74.95
（四）饮食服务	Catering Services	298.14	368.27	336.69
1.食堂用餐	Canteen	31.36	67.08	41.65
2.其他在外饮食	Others Dining Out	259.55	293.22	288.18
3.食品加工服务费	Food Processing Service Charge	7.23	7.97	6.86
二、衣着	**Clothing**	**716.41**	**784.21**	**714.15**
（一）衣类	Garments	536.60	598.78	541.23
（二）鞋类	Footwear	179.81	185.44	172.92
三、居住	**Residence**	**1992.68**	**2125.83**	**2070.75**
（一）租赁房房租	Rent of Rental Housing	63.13	72.78	64.12
（二）住房维修及管理	Housing Maintenance and Management	304.18	420.64	420.17
（三）水电燃料及其他	Water, Electricity, Fuel and Others	753.19	769.25	711.79
（四）自有住房折算租金	Converted Rent of Private Housing	872.19	863.16	874.67
四、生活用品及服务	**Supplies and Services**	**488.91**	**573.61**	**519.64**
（一）家具及室内装饰品	Furniture and Interior Decorations	40.66	53.09	49.21
（二）家用器具	Home Appliances	101.25	125.15	104.75

10－14 续表 continued

单位：元　　　　unit: yuan

指　　标	Item	2020	2021	2022
（三）家用纺织品	Home Textile	40.05	39.83	32.95
（四）家庭日用杂品	Daily Use Household Articles	186.36	211.69	205.40
（五）个人用品	Personal Belongings	111.16	135.35	119.48
（六）家庭服务	Domestic Service	9.43	8.50	7.86
五、交通通信	**Transportation and Communication**	**1899.25**	**1923.42**	**1881.28**
（一）交通	Transportation	1376.74	1393.13	1365.58
1.交通工具	Transportation Tools	642.08	466.12	505.98
2.交通费	Transportation Costs	146.13	172.72	106.39
3.交通工具用燃料	Fuel for Transportation Tools	306.43	428.62	481.21
4.交通工具使用及维修	Use and Maintenance of Transportation Tools	282.10	325.68	272.00
#车辆保险支出	#Vehicle Insurance Expenses	113.39	107.96	92.67
（二）通信	Communication	522.51	530.29	515.69
1.通信工具	Communication Tools	205.18	203.89	198.74
2.通信服务	Communication Services	317.33	326.41	316.95
六、教育文化娱乐	**Education, Cultrue and Entertainment**	**1177.44**	**1697.70**	**1335.85**
（一）教育	Education	950.12	1416.30	1071.77
1.学前教育	Preschool Education	36.94	71.50	50.40
2.小学教育	Primary Education	111.58	166.84	100.49
3.初中教育	Junior High School Education	153.19	176.07	158.11
4.高中教育	Senior High School Education	273.61	370.47	310.17
5.中专职高教育	Secondary Vocational Education	14.67	16.57	7.46
6.大专及以上教育	Junior College and Above	336.87	558.30	414.11
7.成人教育	Adult Education	23.25	56.55	31.03
（二）文化娱乐	Culture and Entertainment	227.32	281.40	264.08
1.文娱耐用消费品	Entertainment Durable Consumer Goods	60.69	78.79	83.31
2.其他文娱用品	Other Recreational Articles	117.55	152.95	148.57
3.文化娱乐服务	Culture and Entertainment Service	49.07	49.66	32.20
七、医疗保健	**Health Care and Medical Services**	**1568.50**	**1922.88**	**1661.61**
（一）医疗器具及药品	Medical Equipment and Drugs	538.37	560.08	566.27
（二）医疗服务	Medical Service	1030.13	1362.80	1095.34
1.门诊总费用	Total Outpatient Service	356.12	460.60	419.86
2.住院总费用	Total Hospitalization Expenses	674.01	902.20	675.48
八、其他用品和服务	**Other Goods and Services**	**289.85**	**328.35**	**311.75**
（一）其他用品	Other Goods	181.69	195.26	194.82
（二）其他服务	Other Services	108.16	133.09	116.93

10－15 农村居民人均现金支出

Per Capita Cash Expenditure of Rural Households

单位：元　　unit: yuan

指　　标	Item	2020	2021	2022
现金支出	**Cash Expenditure**	**25808.82**	**28580.92**	**25699.94**
一、现金消费支出	**Cash Consumption Expenditure**	**9954.03**	**11579.74**	**11055.85**
二、生产经营现金费用支出	**Production and Operating Cash Expense**	**11009.46**	**11618.99**	**10226.01**
（一）第一产业经营现金费用支出	First Industry Operating Cash Expense	9554.18	10239.85	9112.16
1.农业	Agriculture	6010.14	6978.62	6799.18
2.林业	Forestry	39.63	49.69	19.90
3.牧业	Animal Husbandry	3496.71	3203.10	2281.78
4.渔业	Fishery	7.70	8.43	11.29
（二）第二产业经营现金费用支出	Second Industry Operating Cash Expense	50.77	78.54	62.62
1.采矿业	Mining	0.15		0.04
2.制造业	Manufacturing	33.71	9.65	16.00
3.电力、热力、燃气及水生产和供应业	Electricity, Heat, Gas and Water Production and Supply	7.84		0.00
4.建筑业	Construction	9.06	68.89	46.58
（三）第三产业经营现金费用支出	Tertiary Industry Operating Cash Expense	1404.50	1300.60	1051.23
1.批发和零售业	Wholesale and Retail	1036.04	793.41	673.21
2.交通运输、仓储和邮政业	Transportation, Storage and Post	175.34	105.94	67.67
3.住宿和餐饮业	Hotels and Catering	60.50	91.33	66.50
4.房地产业	Real Estate		1.56	0.59
5.租赁和商务服务业	Leasing and Business Services	0.04	4.93	1.35
6.居民服务、修理和其他服务业	Household Services,Repairing and other Services	29.14	201.71	159.30
7.其他	Other	44.66	47.11	14.58
8.农林牧渔服务业	Agricultural Services Industry	58.78	54.62	68.02
三、现金财产性支出	**Cash and Property Expenses**	**13.88**	**21.71**	**21.21**
（一）生活贷款利息支出	Interest Expense of Living Loan	6.79	12.97	10.68
（二）其他财产性支出	Other Property Expenses	7.09	8.74	10.53
四、现金转移性支出	**Cash Transfer Expenses**	**571.07**	**602.18**	**439.42**
（一）个人所得税	Individual Income Tax	2.44	2.26	2.65
（二）社会保障支出	Social Security Expenditure	492.55	515.34	379.23
（三）外来从业人员寄给家人的支出	Employees Sent to the Family Expenses	3.95	1.98	2.41
（四）赡养支出	Maintenance Expenses	53.68	49.07	44.31
（五）其他转移性支出	Other Transfer Expenses	18.87	33.52	10.82
五、部分商业保险支出	**Part of Commercial Insurance Expenses**	**155.41**	**180.55**	**116.86**
（一）意外伤害保险	Accident Insurance	12.19	18.35	10.04
（二）商业医疗保险（含大病保险）	Commercial Health Insurance (Including Serious Illness Insurance)	85.68	126.62	88.27
（三）其他非储蓄性商业保险	Other Non Savings Commercial Insurance	36.29	18.00	16.65
（四）其他储蓄性商业保险	Other Savings Commercial Insurance	21.25	17.59	1.90
六、购置资产及非经常性转移支出	**Acquisition of Assets and Non Recurrent Transfer Expenses**	**3243.58**	**3858.48**	**3290.94**
（一）购置资产支出	Asset Acquisition Expenses	1284.48	1728.50	1244.91
（二）非经常性转移支出	Non-recurrent Expenditure Transfers	1959.11	2129.98	2046.03
七、借贷性支出	**Loan Expenditures**	**861.39**	**719.26**	**549.65**
（一）存入储蓄款	Saving Deposit	40.92	62.22	6.52
（二）借出款	Loan	14.99	5.30	7.77
（三）归还借款	Return of Borrowing	485.46	336.16	360.55
（四）购买有价证券	Purchase of Securities		35.95	0.00
（五）其他投资支出	Other Investment Expenses	9.51	28.46	0.00
（六）归还住房贷款	Return of Housing Loan	117.18	50.60	41.09
（七）归还汽车贷款	Return of Auto Loan	21.23	44.92	53.97
（八）归还教育贷款	Return of Education Loan		1.15	1.57
（九）归还其他贷款	Return other Loan	166.50	140.68	64.58
（十）其他借贷支出	Other Borrowing Cost	5.60	13.82	13.60

10－16 农村居民人均现金收入

Per Capita Cash Income of Rural Household

单位：元　　　　unit: yuan

指　　标	Item	2020	2021	2022
现金收入（未扣除生产费用）	**Cash Income (Excluding Production Costs)**	**26959.97**	**23197.32**	**25427.91**
一、现金工资性收入	**Wage Cash Income**	**4011.81**	**4290.95**	**3978.68**
二、现金经营性收入	**Operating Cash Income**	**19654.66**	**15473.95**	**18098.28**
（一）第一产业现金经营收入	First Industry Cash Operating Income	17398.93	13299.76	16243.46
1.农业	Agriculture	12481.18	8264.37	12671.82
2.林业	Forestry	15.31	25.40	34.53
3.牧业	Animal Husbandry	4892.53	5002.47	3528.07
4.渔业	Fishery Industry	9.91	7.51	9.04
（二）第二产业现金经营收入	Second Industrial Cash Operating Income	94.78	125.77	112.06
1.采矿业	Mining			
2.制造业	Manufacturing Industry	44.74	16.27	21.59
3.电力、热力、燃气及水生产和供应业	Electricity, Heat, Gas and Water Production and Supply Industry	13.94		
4.建筑业	Construction Industry	36.10	109.50	90.47
（三）第三产业现金经营收入	Tertiary Industrial Cash Operating Income	2160.95	2048.41	1742.76
1.批发和零售业	Wholesale and Retail	1403.37	1135.84	1012.11
2.交通运输、仓储和邮政业	Transportation, Storage and Post	335.91	241.64	208.31
3.住宿和餐饮业	Hotels and Catering	64.28	131.53	127.15
4.房地产业	Real Estate			
5.租赁和商务服务业	Leasing and Business Services	1.22	6.17	4.63
6.居民服务、修理和其他服务业	Household Services,Repairing and other Services	97.68	287.11	231.16
7.其他行业	Other	88.73	77.54	38.29
8.农林牧渔专业及辅助性活动	Professional and Support Activities for Agriculture,Forestry,Animal Husbandry and Fishery	169.77	168.58	121.10
三、现金财产性收入	**Property Cash Income**	**378.40**	**409.56**	**480.98**
（一）利息收入	Interest Income	25.68	31.08	31.36
（二）红利收入	Dividend Income	8.90	6.83	1.98
（三）储蓄性保险收益	Income of Savings Insurance	1.81	1.47	0.01
（四）转让承包土地经营权租金收入	Income of the Transfer of Contracted Land Management Right	318.34	340.92	413.01
（五）出租房屋财产性净收入	Rental Housing Property Income	5.19	14.83	15.41
（六）出租机械、专利、版权等资产的净收入	Rental Machinery, Patents, Copyright and Other Assets of the Revenue	9.42	13.31	6.09
（七）其他财产性收入	Other Property Income	9.06	1.13	13.13
四、现金转移性收入	**Transfer Cash Income**	**2915.09**	**3022.86**	**2869.98**
（一）养老金或离退休金	Pensions	975.63	970.28	1041.89
（二）社会救济和补助	Social Relief and Subsidies	117.53	126.03	136.40
（三）政策性生活补贴	Policy Oriented Living Subsidy	13.22	12.30	13.89
（四）家庭外出从业人员寄回带回收入	The Income of Sending Back and Bring Back From Family Worker Goes Out	414.45	467.57	452.09
（五）赡养收入	Support Income	221.77	246.63	193.29
（六）其他转移性收入	Other Transfer Income	9.74	16.55	12.61
（七）现金政策性惠农补贴	The Policy of Agricultural Subsidies in Cash	1162.75	1183.51	1019.81

10－17 农村居民平均每百户年末耐用消费品拥有量
Durable Consumer Goods Owned Per 100 Rural Households at the Year-end

指　　标	Item	2020	2021	2022
家用汽车（辆）	Automobile (Unit)	26.78	29.23	30.49
摩托车（辆）	Motorcycle (Unit)	52.28	44.95	43.81
助力车（台）	Booster Car (Unit)	26.77	27.27	28.9
洗衣机（台）	Washing Machine (set)	92.41	94.59	95.26
电冰箱（柜）（台）	Refrigerator (set)	97.47	98.13	98.54
微波炉（台）	Microwave Oven (set)	8.62	6.62	6.74
彩色电视机（台）	Color TV Sets (set)	104.93	100.16	100.67
空调（台）	Air Conditioner (set)	1.60	2.94	3.03
热水器（台）	Water Heater (set)	14.11	14.54	14.77
洗碗机（台）	Dishwasher (set)		0.21	0.21
排油烟机（台）	Exhaust Fan (set)	14.36	13.76	14.08
固定电话（部）	Telephone (set)	6.32	4.27	3.17
移动电话（部）	Mobile Phone (set)	245.70	246.15	246.77
计算机（台）	Computer (set)	27.39	20.08	20.31
照相机（台）	Camera (set)	1.21	0.97	0.92
乐器（架）	Musical Instruments（set）			0.19
健身器材（台）	Fitness Equipment (set)	0.42	0.17	0.17
空气净化器（台）	Air Purifier (set)		0.04	0.04
地面清洁电器（台）	Floor Cleaning Appliances (set)			0.27

10－18 农村居民人均主要食品消费量
Per Capita Consumption of Major Foods of Rural Households

指　　标	Item	2020	2021	2022
谷物（公斤）	Cereals (kg.)	173.84	156.42	161.75
薯类（公斤）	Tubers (kg.)	4.57	3.66	3.51
豆类（公斤）	Beans (kg.)	14.32	13.88	14.27
食用油（公斤）	Edible oil (kg.)	11.17	13.66	12.74
蔬菜和食用菌（公斤）	Vegetables and Edible Mushrooms (kg.)	104.51	104.62	98.52
肉类（公斤）	Meat (kg.)	15.15	28.30	30.61
猪肉	Pork	12.71	23.57	26.13
牛肉	Beef	0.95	1.43	1.5
羊肉	Mutton	0.25	0.46	0.51
其他肉类及制品	Other Meats and Products	1.24	2.85	2.47
禽类（公斤）	Poultry (kg.)	7.04	7.43	6.07
水产品（公斤）	Aquatic Product (kg.)	7.60	8.01	8.07
蛋类（公斤）	Eggs (kg.)	12.23	13.59	13.08
奶类（公斤）	Milk (kg.)	6.07	6.37	5.46
鲜瓜果（公斤）	Fresh Melons and Fruits (kg.)			43.89
食糖（公斤）	Sugar (kg.)			1.75

10－19 农村居民每百户拥有主要农业生产性固定资产数量
Major Productive Fixed Assets Owned Per 100 Rural Household

项　　目	Item	2020	2021	2022
大中型农用拖拉机（台）	Large and Medium Sized Agricultural Tractors (unit)	19.69	18.36	18.07
小型农用拖拉机（台）	Small Farm Tractor (unit)	58.68	59.64	55.1
农用排灌动力机械（台）	Agricultural Irrigation Drainage Machinery (unit)	1.45	2.40	2.35
插秧机（台）	Rice Transplanter (unit)	3.37	3.28	4.21
收割机（台）	Harvester (unit)	7.82	6.48	7.18
脱粒机（台）	Threshing Machine (set)	3.86	1.69	2.1
产品畜（头）	Commodity Animal Products (head)	331.93	269.04	291.48

第十一篇

市政公用事业

Urban Public Utilities

CHAPTER ▶ 11

资料整理人员:

王　辉

11－1 市政公用事业基本情况
Basic Statistics on Municipal Public Utilities

指　　标	Item	2020	2021	2022
自来水全年供水总量（万立方米）	Annual Volume of Tap Water Supply (10000 cu.m)	105173	104524	102364
#居民家庭用水量	Water Consumption for Residential Use	36038	37336	36261
人均日生活用水（升）	Per Capita Daily Consumption of Tap Water for Residential Use (liter)	122	125	122
用水普及率（%）	Percentage of Population with Access to Tap Water (%)	96	96	96
年末实有道路长度（公里）	Length of Paved Roads at Year-end (km)	10952	11014	11014
年末实有道路面积（万平方米）	Area of Paved Roads (10000 sq.m)	19116	19691	19691
排水管道长度（公里）	Length of Sewage Pipelines (km)	13552	14114	14114
人工煤气全年供气量（万立方米）	Annual Artificial Coal Gas Supply (10000 cu.m)	3158	3480	3569
#家庭用量	Consumption of Artificial Coal Gas for Residential Use	2031	2249	2308
煤气管道长度（公里）	Length of Gas Pipelines (km)	347	345	349
液化气全年供气量（吨）	Annual Supply of LPG (ton)	141174	138236	103575
#家庭用量	Residential Consumption of Liquefied Petroleum Gas for Residential Use	44377	44320	45998
燃气普及率（%）	Percentage of Population with Access to Gas (%)	93	95	97
集中供热总量（万吉焦）	Total Volume of Centralized Heating (10000 GJ)	28555	29860	29737
集中供热面积（万平方米）	Area of Centralized Heating (10000 sq.m)	67591	72163	71941
绿化覆盖面积（公顷）	Green Coverage Areas (hectare)	104385	103528	106916
公园、动物园个数（个）	Number of Parks and Zoos (unit)	377	423	482
公园、动物园面积（公顷）	Area of Parks and Zoos (hectare)	12730	12702	13029
生活垃圾清运量（万吨）	Volume of Garbage Disposal (10000 tons)	464	469	436

11－2 城市建设用地（2022年）

Urban Construction Land（2022）

单位：平方公里 unit: sq.km

城　市	City	建成区面积 Area of Built Districts	城市规划用地建设面积 Urban Planning Land Construction Area	本年征用土地面积 Requisition Land Area
全省	**Total**	**1580.00**	**2573.84**	**28.30**
长春	Changchun	643.15	1219.48	13.12
长春市	Changchun	551.38	1080.65	10.51
榆树市	Yushu	23.48	47.29	0.67
德惠市	Dehui	32.29	41.88	0.49
公主岭市	Gongzhuling	36.00	49.66	1.45
吉林	Jilin	267.22	305.48	7.40
吉林市	Jilin	195.92	215.00	0.95
蛟河市	Jiaohe	18.50	27.50	6.43
桦甸市	Huadian	19.50	20.00	
舒兰市	Shulan	9.48	15.51	0.00
磐石市	Panshi	23.82	27.47	0.02
四平	Siping	90.47	155.30	0.31
四平市	Siping	66.20	119.00	0.31
双辽市	Shuangliao	24.27	36.30	
辽源	Liaoyuan	50.23	80.00	0.49
辽源市	Liaoyuan	50.23	80.00	0.49
通化	Tonghua	74.07	80.53	1.23
通化市	Tonghua	65.36	69.92	1.05
集安市	Ji' an	8.71	10.61	0.18
白山	Baishan	49.58	79.77	
白山市	Baishan	39.53	64.58	
临江市	Linjiang	10.05	15.19	
松原	Songyuan	70.78	91.34	0.52
松原市	Songyuan	54.28	70.00	0.16
扶余市	Fuyu	16.50	21.34	0.36
白城	Baicheng	92.72	126.50	1.16
白城市	Baicheng	47.63	67.50	0.31
洮南市	Taonan	26.55	37.00	
大安市	Da' an	18.54	22.00	0.85
延边朝鲜族自治州	Yanbian	163.85	313.97	2.28
延吉市	Yanji	62.00	117.94	0.38
图们市	Tumen	11.29	14.37	0.17
敦化市	Dunhua	34.34	50.88	1.56
珲春市	Hunchun	29.19	86.98	0.03
龙井市	Longjing	14.48	29.05	0.14
和龙市	Helong	12.55	14.75	
梅河口市	Meihekou	40.22	56.47	1.78
长白山	Changbaishan	37.71	65.00	0.01

11－3 城市供水（2022年）

Urban Tap Water Supply (2022)

城 市	City	综合生产能力（万立方米/日）Production Capacity of Tap Water Supply (10000cu.m/day)	供水管道长度（公里）Length of Water Supply Pipelines (km)	全年供水总量（万立方米）Annual Volume of Tap Water Supply (10000cu.m)	#生活用水 For Residential Use	#生产用水 For Productive Use	用水人口（万人）Number of Residents with Access to Tap Water (10000 persons)	人均日生活用水量（升）Per Capita Daily Consumption of Tap Water for Residential Use (litre)
全省	**Total**	**657.23**	**16705.49**	**102363.56**	**36261.39**	**23628.22**	**1157.13**	**121.83**
长春	Changchun	163.20	7538.12	44866.62	16692.56	5675.47	523.07	140.11
长春市	Changchun	134.85	6503.93	40267.43	14758.35	4857.00	454.21	145.65
榆树市	Yushu	12.24	205.95	1196.60	673.05	71.11	27.45	82.34
德惠市	Dehui	4.30	504.94	1020.63	585.76	60.13	23.10	91.81
公主岭市	Gongzhuling	11.81	323.30	2381.96	675.40	687.23	18.31	150.13
吉林	Jilin	301.90	2494.29	22927.99	6584.32	11639.55	173.42	113.13
吉林市	Jilin	278.50	1460.18	20018.00	4881.00	11386.00	126.32	112.72
蛟河市	Jiaohe	3.60	467.09	591.20	295.00	42.10	14.05	66.30
桦甸市	Huadian	4.40	197.90	599.09	398.38	54.00	11.96	108.83
舒兰市	Shulan	2.80	128.60	773.25	393.94	84.58	9.00	146.79
磐石市	Panshi	12.60	240.52	946.45	616.00	72.87	12.09	151.05
四平	Siping	22.69	937.83	5862.03	1659.30	2140.12	63.80	112.15
四平市	Siping	12.55	783.80	3665.68	1346.30	484.02	53.51	110.36
双辽市	Shuangliao	10.14	154.03	2196.35	313.00	1656.10	10.29	121.50
辽源	Liaoyuan	16.31	527.31	3118.00	940.47	893.12	43.00	66.86
辽源市	Liaoyuan	16.31	527.31	3118.00	940.47	893.12	43.00	66.86
通化	Tonghua	20.02	816.11	3438.94	1115.76	486.53	52.23	73.70
通化市	Tonghua	17.00	647.97	2531.44	927.76	371.53	45.06	68.49
集安市	Ji' an	3.02	168.14	907.50	188.00	115.00	7.17	106.42
白山	Baishan	15.50	610.18	3159.98	1288.67	617.75	45.68	88.51
白山市	Baishan	12.90	459.18	2704.98	1069.67	515.75	36.68	92.37
临江市	Linjiang	2.60	151.00	455.00	219.00	102.00	9.00	72.75
松原	Songyuan	24.41	463.17	4064.11	1926.00	366.11	52.28	137.38
松原市	Songyuan	22.01	383.62	3464.11	1692.00	192.11	46.71	135.08
扶余市	Fuyu	2.40	79.55	600.00	234.00	174.00	5.57	156.66
白城	Baicheng	18.54	871.75	3073.41	1476.99	511.57	47.25	103.15
白城市	Baicheng	11.00	541.00	2075.73	939.68	273.94	25.00	127.99
洮南市	Taonan	2.34	164.89	406.81	232.00	66.96	12.00	65.21
大安市	Da' an	5.20	165.86	590.87	305.31	170.67	10.25	86.96
延边朝鲜族自治州	Yanbian	49.37	1618.23	8967.62	3634.14	850.52	113.04	114.95
延吉市	Yanji	21.00	555.10	4165.00	1893.00	379.00	56.00	116.73
图们市	Tumen	1.46	198.82	464.32	189.00	91.50	4.45	144.99
敦化市	Dunhua	8.41	178.51	1457.10	549.00	191.10	19.90	102.43
珲春市	Hunchun	10.00	360.29	1239.20	459.74	6.32	18.37	107.37
龙井市	Longjing	4.50	128.90	744.00	334.40	141.60	6.52	176.70
和龙市	Helong	4.00	196.61	898.00	209.00	41.00	7.80	83.25
梅河口市	Meihekou	20.00	247.00	1748.00	742.00	392.00	36.00	74.66
长白山	Changbaishan	5.29	581.50	1136.86	201.18	55.48	7.36	327.60

11－4 城市市政设施（2022年）
Level of Urban Public Facilities（2022）

城　市	City	道路长度（公里）Length of Paved Roads (km)	道路面积（万平方米）Area of Paved Roads (10000 sq.m)	城市桥梁（座）Number of Bridges (unit)	城市排水管道长度（公里）Length of Sewage Pipelines (km)	城市污水日处理能力（万立方米）Daily Sewage Disposal Capacity (10000cu.m)	城市道路照明灯（盏）Urban Road Lights (unit)
全省	**Total**	**11537.87**	**20578.94**	**1025**	**14136.51**	**459.15**	**622707**
长春	Changchun	4745.93	9136.01	416	6904.56	219.75	245577
长春市	Changchun	4156.77	8163.01	373	6130.88	197.25	221406
榆树市	Yushu	132.18	258.11	5	174.71	6	2794
德惠市	Dehui	218.25	288.91	3	187.30	5	6748
公主岭市	Gongzhuling	238.73	425.98	35	411.67	11.5	14629
吉林	Jilin	2529.14	3798.80	182	1752.41	75.5	119549
吉林市	Jilin	2099.00	2963.65	98	1134.95	61.5	48224
蛟河市	Jiaohe	87.80	208.80	13	161.08	4	5879
桦甸市	Huadian	161.09	193.45	14	166.91	3	7482
舒兰市	Shulan	71.90	141.53	27	121.58	4	51012
磐石市	Panshi	109.35	291.37	30	167.89	3	6952
四平	Siping	550.56	853.42	23	567.80	20.5	36204
四平市	Siping	456.88	745.53	20	415.00	18	33389
双辽市	Shuangliao	93.68	107.89	3	152.80	2.5	2815
辽源	Liaoyuan	416.83	763.51	93	386.65	16	10736
辽源市	Liaoyuan	416.83	763.51	93	386.65	16	10736
通化	Tonghua	317.84	476.38	59	345.86	15.2	18447
通化市	Tonghua	249.87	350.79	55	269.64	11.2	12685
集安市	Ji' an	67.97	125.59	4	76.22	4	5762
白山	Baishan	369.89	589.38	73	325.76	15.5	30493
白山市	Baishan	284.54	476.86	59	256.47	13	23455
临江市	Linjiang	85.35	112.52	14	69.29	2.5	7038
松原	Songyuan	588.18	1156.28	26	752.76	28	34281
松原市	Songyuan	488.16	970.68	18	620.58	25	30568
扶余市	Fuyu	100.02	185.60	8	132.18	3	3713
白城	Baicheng	620.29	1265.17	36	807.47	15	49174
白城市	Baicheng	382.04	806.93	28	416.18	8	34470
洮南市	Taonan	97.52	191.01	3	202.30	3	5735
大安市	Da' an	140.73	267.23	5	188.99	4	8969
延边朝鲜族自治州	Yanbian	986.00	1663.93	62	1774.61	45.5	57252
延吉市	Yanji	242.12	663.72	20	902.40	20	12710
图们市	Tumen	54.87	103.07	12	72.31	3	3132
敦化市	Dunhua	276.15	375.32	4	288.95	10	14110
珲春市	Hunchun	260.44	322.14	9	277.05	6	13971
龙井市	Longjing	94.74	109.50	5	111.61	2.5	6865
和龙市	Helong	57.68	90.18	12	122.29	4	6464
梅河口市	Meihekou	244.09	606.62	28	288.57	5	7858
长白山	Changbaishan	169.12	269.44	27	230.06	3.2	13136

11－5 城市绿地和园林（2022年）
Basic Statistics on Urban Parks and Green Areas（2022）

城　市	City	绿地面积（公顷）Area of Green Land (hectare)	#公园绿地 Park Green Areas	公 园（个）Number of Parks (unit)	公园面积（公顷）Area of Parks (hectare)	建成区绿化面积（公顷）Green Coverage Area of Built Districts (hectare)
全省	**Total**	**99450.82**	**17329.49**	**482**	**13029.27**	**67432.88**
长春	Changchun	50879.08	7268.12	198	5468.38	26697.97
长春市	Changchun	48148.69	6821.72	186	5252.18	24095.30
榆树市	Yushu	969.24	136.30	3	49.00	673.16
德惠市	Dehui	1036.15	228.70	7	132.50	1161.51
公主岭市	Gongzhuling	725.00	81.40	2	34.70	768.00
吉林	Jilin	10355.08	2605.06	39	1730.05	11426.89
吉林市	Jilin	7514.58	1784.92	13	1267.04	8497.05
蛟河市	Jiaohe	578.58	108.37	9	108.47	632.12
桦甸市	Huadian	767.35	341.83	3	42.10	853.98
舒兰市	Shulan	587.03	187.90	2	180.20	416.00
磐石市	Panshi	907.54	182.04	12	132.24	1027.74
四平	Siping	3599.68	838.19	13	630.36	3856.93
四平市	Siping	2669.80	648.50	10	461.58	2852.55
双辽市	Shuangliao	929.88	189.69	3	168.78	1004.38
辽源	Liaoyuan	2044.81	592.05	34	581.13	2204.53
辽源市	Liaoyuan	2044.81	592.05	34	581.13	2204.53
通化	Tonghua	2965.59	962.20	32	922.50	3325.83
通化市	Tonghua	2617.67	825.21	20	785.51	2926.24
集安市	Ji' an	347.92	136.99	12	136.99	399.59
白山	Baishan	11856.13	712.80	16	450.59	2006.13
白山市	Baishan	11495.63	479.30	11	296.09	1600.63
临江市	Linjiang	360.50	233.50	5	154.50	405.50
松原	Songyuan	3175.28	770.92	24	669.00	3154.40
松原市	Songyuan	2547.26	609.50	23	648.00	2476.88
扶余市	Fuyu	628.02	161.42	1	21.00	677.52
白城	Baicheng	3867.61	826.35	50	762.48	3972.93
白城市	Baicheng	2029.85	368.85	41	306.13	2019.16
洮南市	Taonan	1072.66	170.34	6	116.78	1148.50
大安市	Da' an	765.10	287.16	3	339.57	805.27
延边朝鲜族自治州	Yanbian	6590.08	1735.00	40	978.64	6850.26
延吉市	Yanji	2517.81	743.68	5	207.20	2588.14
图们市	Tumen	366.95	97.69	6	97.69	405.45
敦化市	Dunhua	1421.60	358.20	13	358.20	1498.50
珲春市	Hunchun	1241.53	317.68	3	245.75	1237.36
龙井市	Longjing	556.21	116.87	7	8.00	599.20
和龙市	Helong	485.98	100.88	6	61.80	521.61
梅河口市	Meihekou	1769.20	636.00	11	453.00	1816.00
长白山	Changbaishan	2348.28	382.80	25	383.14	2121.01

11-6 城市市容环境卫生（2022年）

Basic Statistics on Urban Sanitation City（2022）

城市	City	清扫保洁面积（万平方米）Area Under Cleaning Program (10000 sq.m)	生活垃圾清运量（万吨）Volume of Garbage Disposal (10000tons)	市容环卫专用车辆设备总数（台）Number of Special Vehicles for Environmental Sanitation (unit)	公厕数量（座）Number of Public Lavatories (unit)	#三级以上 Third Grade and Above
全省	**Total**	**19902.37**	**435.71**	**9056**	**4813**	**3681**
长春	Changchun	9305	218.21	4504	2555	2422
长春市	Changchun	8073	182.09	3999	2276	2227
榆树市	Yushu	260	13.78	128	110	89
德惠市	Dehui	354	14.25	144	92	70
公主岭市	Gongzhuling	618	8.08	233	77	36
吉林	Jilin	2668	62.63	1328	938	298
吉林市	Jilin	1882	41.52	1087	808	202
蛟河市	Jiaohe	210	6.03	50	31	30
桦甸市	Huadian	216	4.26	55	17	17
舒兰市	Shulan	147	3.89	47	49	49
磐石市	Panshi	213	6.93	89	33	0
四平	Siping	1363	19.62	275	244	244
四平市	Siping	1003	15.57	213	183	183
双辽市	Shuangliao	360	4.06	62	61	61
辽源	Liaoyuan	373	13.54	101	57	37
辽源市	Liaoyuan	373	13.54	101	57	37
通化	Tonghua	436	16.96	403	171	114
通化市	Tonghua	310	14.32	341	131	74
集安市	Ji' an	126	2.64	62	40	40
白山	Baishan	636.25	11.92	389	80	26
白山市	Baishan	471.25	9.67	224	73	23
临江市	Linjiang	165	2.25	165	7	3
松原	Songyuan	1200.65	23.60	359	162	139
松原市	Songyuan	970.63	18.40	247	124	105
扶余市	Fuyu	230.02	5.21	112	38	34
白城	Baicheng	1407.43	24.36	785	127	82
白城市	Baicheng	883.43	11.71	640	42	27
洮南市	Taonan	269	7.27	62	34	34
大安市	Da' an	255	5.38	83	51	21
延边朝鲜族自治州	Yanbian	1697	33.97	539	264	184
延吉市	Yanji	791	19.11	147	72	67
图们市	Tumen	110	1.78	77	57	13
敦化市	Dunhua	340	4.55	108	54	54
珲春市	Hunchun	254	5.33	98	54	30
龙井市	Longjing	100	1.66	63	17	14
和龙市	Helong	102	1.55	46	10	6
梅河口市	Meihekou	547	8.61	245	176	96
长白山	Changbaishan	269.04	2.28	128	39	39

11－7 城市设施水平（2022年）
Level of Urban Public Facilities（2022）

城　市	City	用水普及率（%）Urban Water Coverage Rate (%)	燃气普及率（%）City Gas Coverage Rate (%)	建成区供水管道密度（公里/平方公里）Density of Sewer Pipelines (km/sq.km)	人均城市道路面积（平方米）Per Capita Area of Paved Roads (sq.m)	人均公园绿地面积（平方米）Per Capita Public Green Areas (sq.m)	建成区绿地率（%）Green Space Rate of Built District (%)
全省	**Total**	**96.46**	**96.54**	**10.22**	**17.15**	**14.45**	**38.92**
长春	Changchun	94.64	98.68	11.46	16.53	13.15	38.44
长春市	Changchun	94.35	99.48	11.50	16.96	14.17	40.70
榆树市	Yushu	95.38	94.89	8.77	8.97	4.74	25.73
德惠市	Dehui	98.05	92.15	15.64	12.26	9.71	30.85
公主岭市	Gongzhuling	96.78	92.07	8.98	22.51	4.30	19.01
吉林	Jilin	99.43	96.98	9.04	21.78	14.94	37.89
吉林市	Jilin	99.50	100.00	7.45	23.34	14.06	38.36
蛟河市	Jiaohe	100.00	77.72	25.25	14.86	7.71	31.27
桦甸市	Huadian	98.84	88.43	10.15	15.99	28.25	39.08
舒兰市	Shulan	100.00	100.00	13.57	15.73	20.88	38.20
磐石市	Panshi	98.29	93.98	6.78	23.69	14.80	38.10
四平	Siping	99.89	98.07	8.90	13.36	13.12	39.60
四平市	Siping	100.00	98.50	9.84	13.93	12.12	40.07
双辽市	Shuangliao	99.32	95.85	6.35	10.41	18.31	38.31
辽源	Liaoyuan	98.99	97.21	10.50	17.58	13.63	40.69
辽源市	Liaoyuan	98.99	97.21	10.50	17.58	13.63	40.69
通化	Tonghua	96.97	98.22	11.02	8.84	17.86	40.04
通化市	Tonghua	97.11	98.30	9.91	7.56	17.78	40.05
集安市	Ji' an	96.11	97.72	19.30	16.84	18.36	39.94
白山	Baishan	96.01	86.23	11.48	12.39	14.98	36.38
白山市	Baishan	96.12	96.10	11.62	12.50	12.56	36.68
临江市	Linjiang	95.54	46.28	10.95	11.94	24.79	35.17
松原	Songyuan	96.51	96.58	6.54	21.35	14.23	39.57
松原市	Songyuan	96.25	97.38	7.07	20.00	12.56	40.03
扶余市	Fuyu	98.76	89.72	4.82	32.91	28.62	38.06
白城	Baicheng	93.99	84.26	9.06	25.17	16.44	40.09
白城市	Baicheng	96.45	90.28	11.36	31.13	14.23	41.18
洮南市	Taonan	85.96	64.47	6.21	13.68	12.20	38.22
大安市	Da' an	98.65	95.86	7.22	25.72	27.64	39.96
延边朝鲜族自治州	Yanbian	99.44	96.72	9.65	14.64	15.26	38.52
延吉市	Yanji	99.59	99.59	8.95	11.80	13.23	38.72
图们市	Tumen	98.89	98.22	17.61	22.90	21.71	32.50
敦化市	Dunhua	99.30	94.06	4.26	18.73	17.87	40.00
珲春市	Hunchun	100.00	91.34	12.34	17.54	17.29	39.38
龙井市	Longjing	99.24	93.30	8.56	16.67	17.79	37.58
和龙市	Helong	97.87	97.49	15.67	11.31	12.66	38.02
梅河口市	Meihekou	94.99	86.81	6.14	16.01	16.78	40.23
长白山	Changbaishan	94.72	93.95	13.47	34.68	49.27	47.73

11－8 城市集中供热情况
Basic Statistics on Urban Heating

指　标	Item	2020	2021	2022
供热能力	**Heating Capacity**			
蒸汽（吨/小时）	Steam (ton/hour)	1958	1704	1622
热水（兆瓦）	Hot Water (MW)	46265	46800	48340
供热总量	**Quantity of Heat Supplied**			
蒸汽（万吉焦）	Steam (10000 GJ)	1073	945	904
热水（万吉焦）	Hot Water (10000 GJ)	27481	28915	28833
管道长度（公里）	**Length of Pipelines (km)**	**31996**	**34762**	**36535**
供热面积（万平方米）	**Area of Centralized Heating (10000 sq.m)**	**67591**	**72163**	**71941**

11－9 城市燃气用气户数和供气总量
Number of Urban Gas Users and Total Gas Supply

指　标	Item	用气户数（户）Gas Users (household)			供气总量（万立方米）Total Gas Supply (10000cu.m)		
		2020	2021	2022	2020	2021	2022
液化石油气	Liquefied Petroleum Gas	753758	753698	751418	141174	138236	103575
#家庭用量	Residential Use	663324	660028	659186	44377	44320	45998
天然气	Natural Gas	4051499	4230751	4452858	214186	224297	228098
#家庭用量	Residential Use	3977033	4153829	4381584	41805	44775	47797
煤气	Coal Gas	165000	188300	189000	3158	3480	3569
#家庭用量	Residential Use	164085	187285	187965	2031	2249	2308

11－10　城市环境卫生情况
Basic Statistics on Urban Sanitation

指　标	Item	2020	2021	2022
道路清扫面积（万平方米）	Road Cleaning Areas (10000 sq.m)	18410	18796	19902
生活垃圾清运量（万吨）	Volume of Garbage Disposal (10000 tons)	464	469	436
环境卫生设施	**Environment Sanitation Equipment**			
公共厕所（座）	Public Lavatories (unit)	4319	4724	4813
垃圾无害化处理厂（座）	Garbage Innocuous Disposal Plant (unit)	34	38	40
垃圾无害化处理能力（吨/日）	Capacity of Garbage Innocuous Disposal (ton/day)	18925	21025	22210

11－11　城市燃气设备能力
Capacity of Urban Gas Facilities

指　标	Item	2020	2021	2022
液化石油气	**Liquefied Petroleum Gas**			
储气能力（吨）	Capacity of Gas Tank (ton)	19282	20089	20222
天然气	**Natural Gas**			
储气能力（万立方米）	Capacity of Gas Tank (10000 cu.m)	929	926	7086
管道长度（公里）	Length of Pipelines (km)	13892	13745	14247
煤气	**Coal Gas**			
储气能力（万立方米）	Capacity of Gas Tank (10000 cu.m)	9	9	9
管道长度（公里）	Length of Pipelines (km)	347	345	349

第十二篇

农　　业

Agriculture

CHAPTER ▶ 12

资料整理人员：

吴　璇　　周海森

12－1 农业生产条件
Agricultural Production Conditions

项　目	Item	2020	2021	2022
一、主要农业机械拥有量	**Main Agricultural Machinery**			
农业机械总动力（万千瓦）	Total Power of Agricultural Machinery (10000 kW)	3896.9	4149.1	4357.9
大中型拖拉机（混合台）	Large and Medium Tractors (mixed platform)	384688	416799	449799
小型拖拉机（台）	Small Tractors (set)	879185	872975	863496
拖拉机配套农具（部）	Tractor Towing Farm Machinery (set)	2796084	2749418	2801424
谷物联合收割机（台）	Combine Harvesters (set)	113302	119788	130008
机动脱粒机（台）	Motorized Threshing Machine (set)	156708	153531	153845
水稻插秧机（台)	The Automatic Rice Transplanter (set)	106743	114417	120094
粮食加工机械（台）	Grain Processing Machinery (set)	122567	120538	122740
油料加工机械（台）	Oil Processing Machinery (set)	10797	10757	10701
二、农业机械作业面积	**Agricultural Machinery Operating Area**			
机耕面积（千公顷）	Mechanical Plowing Area (1000 hectares)	4692.2	4051.4	3755.6
机播面积（千公顷）	Mechanical Sowing Area (1000 hectares)	5599.4	5722.3	5794.7
机收面积（千公顷）	Mechanical Harvesting Area (1000 hectares)	5048.0	5312.5	5443.5
三、农田水利	**Irrigation and Water Conservancy**			
农用排灌机械（台）	Agricultural Irrigation and Drainage Machinery (set)	457300	451847	454883
农用水泵（台）	Farm Water Pump (set)	612170	597934	596583
有效灌溉面积（千公顷）	Effective Irrigation Area (thousand hectares)	1934.1	1935.9	1906.5
机电灌溉面积（千公顷）	Electromechanical Irrigation Area (thousand hectares)	1236.2	1118.2	1092.6
占有效灌溉面积（%）	Account for Effective Irrigation Area (%)	63.9	57.8	57.3

12－2 各地区设施农业生产情况（2022年）
Facilities Agricultural Production by Region（2022）

单位：公顷、吨 unit:ha.ton

地区 Region		一、蔬菜 Vegetables		二、瓜果类 Fruits		三、花卉苗木 Flowers and Nursery Stock	四、食用菌 Edible Mushrooms	五、其他作物 Others
		种植面积 Sown Area	产量 Output	种植面积 Sown Area	产量 Output	种植面积 Sown Area	产量 Output	种植面积 Sown Area
全省	**Total**	**17028**	**672863**	**3035**	**75513**	**388**	**25241**	**2502**
长春	Changchun	6654	272044	1100	23613	342	5172	328
吉林	Jilin	1251	48373	94	2630	15	3442	50
四平	Siping	3654	148777	569	24781	1	260	
辽源	Liaoyuan	108	3896	60	1740	1	1938	14
通化	Tonghua	481	16953	77	1692	12	1376	17
白山	Baishan	300	13656	118	3592	9	2152	41
松原	Songyuan	2553	116122	198	4983		410	106
白城	Baicheng	1060	23455	716	11143		39	1886
延边	Yanbian	863	26117	80	602	5	6333	46
长白山	Changbaishan							
梅河口	Meihekou	105	3470	22	737	3	4119	14

12－3 特种作物生产情况
Special Crop Production

指标	Item	播种面积（公顷）Sown Area (hectares)			产量（吨）Yield (ton)		
		2020	2021	2022	2020	2021	2022
人参	Ginseng	11272	10881	10950	32443	42136	35777
甘草	Licorice	34	47	10	35	465	21
枸杞	Chinese Wolfberry	88	49	42	92	94	78

指标	Item	产量（吨）Yield (ton)		
		2020	2021	2022
食用菌	Edible Mushrooms	70819	74267	78748
#黑木耳	Black Fungus	51961	55869	58446
香菇	Shii-take	775	561	820
蘑菇类	Mushroom	17527	17721	19272

12－4　历年农林牧渔业总产值和指数

Gross Output Value and Index of Agriculture, Forestry, Animal Husbandry and Fishery over the Years

年　份 Year	农林牧渔总产值（亿元） Gross Output Value of Agriculture, Forestry, Animal Husbandry and Fishery (100million yuan)					指数（1949=100） Indices of Agriculture, Forestry, Animal Husbandry and Fishery (1949=100)				
	总产值 Total	农业 Farming	林业 Forestry	牧业 Animal Husbandry	渔业 Fishery	总产值 Total	农业 Farming	林业 Forestry	牧业 Animal Husbandry	渔业 Fishery
1978	37.78	32.23	0.87	4.61	0.08	289.2	293.8	4225.7	190.9	288.6
1979	42.02	34.99	1.13	5.80	0.08	279.5	276.4	4703.3	214.0	234.6
1980	47.47	35.56	2.47	9.39	0.05	290.8	277.8	7851.3	241.3	246.5
1981	56.89	44.81	0.20	9.97	0.15	311.2	299.8	8486.6	245.4	383.6
1982	60.58	48.95	2.54	8.83	0.26	329.2	314.6	9022.4	268.9	449.8
1983	78.11	65.42	2.10	10.28	0.31	425.2	433.4	9070.9	260.1	521.4
1984	88.99	72.81	3.55	12.23	0.39	469.7	476.3	10585.0	291.1	625.1
1985	85.89	63.91	3.32	18.12	0.55	432.2	407.4	10760.2	385.1	862.8
1986	98.43	76.07	2.94	18.58	0.84	451.0	433.8	9360.2	382.2	1104.9
1987	120.81	93.14	2.93	23.45	1.28	516.1	515.4	8891.9	374.1	1333.3
1988	140.91	106.41	2.84	29.50	2.17	543.8	534.9	8928.8	429.9	1719.5
1989	133.79	91.52	3.46	36.25	2.56	480.4	447.8	8914.9	469.5	1920.4
1990	189.09	140.67	4.19	41.42	2.81	608.4	599.8	7682.6	497.2	2108.7
1991	188.38	135.74	4.42	45.16	3.06	605.1	580.1	7781.2	540.9	2336.9
1992	204.39	146.00	5.10	50.02	3.27	622.8	588.1	7782.7	586.1	2458.2
1993	243.95	174.63	5.10	60.35	3.86	685.2	640.8	7547.9	671.8	2859.0
1994	405.48	270.81	8.54	120.14	5.99	755.3	664.3	7994.5	876.6	3061.3
1995	490.28	301.44	8.28	173.32	7.24	800.2	646.9	7421.2	1117.0	3229.4
1996	581.04	363.68	7.57	201.99	7.80	953.2	760.9	7010.5	1382.8	3544.5
1997	565.54	315.45	7.99	233.39	8.71	932.8	656.4	7564.2	1616.7	3869.7
1998	666.48	394.86	8.08	254.11	9.43	1080.0	825.4	7870.2	1680.4	4150.2
1999	675.30	388.40	10.45	266.84	9.61	1101.0	818.1	9993.9	1766.7	4231.6
2000	609.37	320.27	11.38	268.72	9.00	1039.4	705.2	10243.8	1869.8	4150.2
2001	691.83	405.40	13.83	263.24	9.36	1195.7	787.1	12742.2	2194.6	6184.6
2002	734.21	410.22	33.91	271.13	10.83	1352.8	892.0	29981.7	2276.1	7242.5
2003	792.14	438.34	33.77	298.44	13.56	1438.0	936.4	30731.3	2471.5	7649.4
2004	940.67	486.23	32.85	399.06	13.44	1551.6	1015.3	28232.8	2666.8	7974.9
2005	1050.49	518.13	39.90	467.59	14.87	1733.1	1077.8	33110.5	3151.9	8777.2
2006	1111.49	586.52	44.35	449.20	17.48	1760.8	1160.9	32482.6	2963.6	10005.1
2007	1329.16	627.08	47.69	621.01	18.39	1782.4	1137.3	29134.1	3152.3	10589.9
2008	1542.77	715.78	52.52	735.85	21.52	1961.1	1309.7	28153.9	3335.8	11770.4
2009	1619.53	726.02	55.01	770.90	21.92	2064.6	1284.6	31199.1	3687.7	13175.7
2010	1688.90	791.33	62.38	758.93	23.14	2138.9	1365.5	32727.9	3704.5	13265.4
2011	2029.86	910.43	73.03	958.64	27.76	2249.1	1464.7	34673.3	3799.8	13953.1
2012	2181.92	1017.33	85.55	985.75	29.78	2381.3	1532.2	35734.9	4070.7	14534.1
2013	2276.40	1075.44	83.63	1021.62	31.32	2465.1	1624.2	37993.0	4103.2	14969.5
2014	2302.04	1118.55	87.01	995.65	33.43	2566.7	1730.8	39513.6	4153.1	16938.5
2015	2292.97	1114.70	87.42	990.92	31.77	2677.0	1812.8	43635.9	4291.5	17399.0
2016	2167.89	948.98	72.64	1033.40	40.25	2761.9	1859.2	36982.4	4492.2	21875.1
2017	2064.29	895.83	69.38	982.37	41.72	2851.2	1989.3	34987.0	4514.9	22602.4
2018	2184.34	992.96	73.28	1001.64	39.02	2913.7	2044.1	32288.4	4638.1	21635.2
2019	2442.73	1014.12	68.09	1239.58	40.12	2980.7	2156.5	30512.5	4624.2	22219.4
2020	2976.00	1231.84	71.92	1547.38	41.43	3034.6	2221.7	34299.9	4631.2	22861.1
2021	2972.32	1302.91	72.59	1454.25	54.39	3263.4	2367.0	34941.3	4999.8	31678.6
2022	3217.91	1512.73	69.49	1482.58	61.59	3398.8	2432.3	35413.0	5267.3	35597.2

注：本表绝对数按当年价格计算，指数按可比价格。2003年起总产值包括农林牧渔专业及辅助性活动产值。2007-2017年数据为根据第三次全国农业普查修正数据。

Note: Data in value terms in this table are calculated at current prices,while the indices are calculated at constant prices, since 2003,gross output value includes the services in support of agriculture,forestry,animal husbandry and fishery.Date of 2007-2017in this table were revised according to the result of the Third National Agriculture Census.

12－5 农林牧渔业分项产值

Output Value of Subentries of Agricultural, Forestry, Animal Husbandry and Fishery

单位：万元　　　　unit: 10000yuan

指　　标	Item	2021	2022	2022年为2021年的%（按可比价计算）2022 as Percentage of 2021 (calculated at constant price)
农林牧渔业总产值	**Gross Output Value of Agriculture , Forestry, Animal Husbandry and Fishery**	**29723241**	**32179071**	**104.1**
一、农业产值	Total Value of Agriculture Production	13029132	15127303	102.8
（一）谷物及其他作物	Cereals and other Crops	9510416	11045259	102.9
（二）蔬菜、食用菌及花卉盆景园艺产品	Vegetable, Edible Fungi and Flower Bonsai Horticultural Products	2137405	2652397	108.2
（三）水果、坚果、茶、饮料和香料	Fruit, Nuts,Tea, Beverage and Crops for Spices	680688	838998	102.0
（四）中草药材	Traditional Chinese Medicinal Materials	700623	590650	85.1
二、林业产值	Forestry Output Value	725933	694942	101.4
（一）林木的培育和种植	Cultivation and Planting of Forest Trees	394011	405197	105.5
（二）竹木采运	Wood Harvesting	172887	127500	75.1
（三）林产品	Forest Product	159034	162245	119.6
三、牧业产值	Animal Husbandry Output Value	14542524	14825780	105.4
（一）牲畜饲养	Livestock Breeding	5896268	6522121	108.8
（二）猪的饲养	Hog Rearing	4968738	4867133	106.2
（三）家禽饲养	Poultry Rearing	3411110	3244539	99.2
（四）其他畜牧业	Other Animal Husbandry	266408	191987	90.1
四、渔业产值	Fishery Output Value	543891	615945	112.4
五、农林牧渔专业及辅助性活动产值	Output Value of Professional and Support Services for Agriculture,Forestry,Animal Husbandary and Fishery	881761	915100	102.0

12－6 农作物播种面积

Sown Area of Farm Crops

单位：千公顷 unit: 1000 hectares

年 份 Year	农作物总播种面积 Total Sown Area of Crops	粮食播种面积 Grain Sown Area	谷物 Cereal	#稻谷 Rice	#玉米 Corn	#高粱 Sorghum	大豆 Soybean	薯类 Tuber	#马铃薯 Potato	油料 Oil Bearing Crops
1978	4053.1	3603.1	3019.1	278.1	1520.1	281.9	584.4			106.2
1979	4060.5	3600.1	3023.5	260.5	1595.6	281.9	576.5			118.9
1980	4057.0	3524.3	2967.8	252.5	1681.9	234.0	556.5			186.3
1981	4074.8	3509.3	2904.0	253.7	1551.3	275.5	605.3			232.3
1982	4065.6	3555.2	2968.2	260.4	1605.5	313.1	587.0			192.5
1983	4069.6	3586.5	3086.7	266.4	1714.9	302.7	499.7			175.3
1984	4079.8	3501.7	3104.6	284.7	1854.8	276.2	397.1			288.1
1985	4063.9	3283.5	2805.3	322.5	1679.6	199.8	478.1			437.4
1986	4036.8	3469.5	2980.4	348.5	1989.9	163.9	489.1			272.8
1987	4036.9	3485.7	2999.6	367.5	2122.2	135.4	486.1			241.4
1988	4035.2	3422.5	2877.6	379.6	1987.3	152.5	544.9			248.7
1989	4021.4	3430.9	2893.6	389.7	1983.1	150.3	537.3			232.7
1990	4039.8	3525.9	3062.1	418.4	2219.1	124.3	463.8			200.9
1991	4065.9	3542.0	3110.8	433.4	2280.1	107.5	431.2			187.5
1992	4048.7	3536.9	3099.4	442.4	2234.0	118.3	437.5			154.1
1993	4050.7	3526.7	2832.1	427.7	2039.0	140.6	543.6			153.0
1994	4059.6	3566.7	2870.1	416.5	2100.2	159.9	504.9			154.0
1995	4059.8	3576.9	3051.3	424.1	2344.1	128.4	378.6			151.0
1996	4063.0	3624.5	3198.5	434.1	2481.3	150.3	296.1			119.0
1997	4067.4	3592.1	3133.1	453.1	2454.2	111.5	309.6			112.4
1998	4061.6	3567.2	3104.7	459.0	2421.3	99.9	304.3			121.9
1999	4064.3	3513.4	3074.6	465.2	2375.5	113.6	278.3			165.8
2000	4065.6	3357.1	2567.2	483.9	1821.1	121.8	538.9	123.4		271.9
2001	4045.7	3357.2	2614.2	465.4	1927.2	99.0	476.8	112.5		234.0
2002	4687.7	4037.6	3385.5	666.1	2579.5	90.0	415.0			257.8
2003	4717.1	4013.8	3318.5	541.0	2627.2	95.2	430.0			301.8
2004	4904.0	4312.1	3562.0	600.1	2901.5	53.6	525.9			222.1
2005	4953.1	4294.5	3554.4	654.0	2775.2	85.2	504.8			288.5
2006	4984.6	4325.5	3582.0	664.0	2805.9	80.2	448.4			287.8
2007	5036.0	4472.9	3780.3	671.5	2885.4	155.9	429.5	98.9	92.7	248.3
2008	5077.8	4555.3	3830.6	665.5	2987.6	136.4	461.4	92.3	87.5	221.3
2009	5091.1	4560.9	3842.7	667.5	3029.5	95.2	462.6	105.3	97.5	258.5
2010	5258.9	4676.7	4038.1	680.2	3214.9	99.3	399.2	82.5	78.6	329.3
2011	5297.2	4766.4	4185.6	697.7	3340.2	98.3	328.7	77.7	72.5	271.8
2012	5432.0	4891.3	4425.3	711.6	3534.2	130.1	257.2	70.5	65.1	301.8
2013	5632.9	5132.1	4695.9	739.4	3808.2	117.8	240.6	68.9	63.4	319.7
2014	5890.5	5411.7	4979.4	757.0	4062.7	118.9	242.8	68.2	60.9	314.3
2015	5997.9	5534.1	5165.1	778.8	4251.1	95.3	181.9	65.3	61.1	324.3
2016	6063.3	5542.4	5193.3	800.2	4242.0	105.7	187.5	61.3	59.1	390.0
2017	6086.2	5543.9	5152.9	820.8	4164.0	117.7	220.2	62.1	60.1	408.7
2018	6080.9	5599.7	5209.9	839.7	4231.5	107.1	279.2	46.3	44.3	280.8
2019	6117.0	5644.9	5194.1	840.4	4219.6	80.8	345.0	47.0	45.6	257.4
2020	6151.0	5681.8	5243.7	837.1	4287.2	63.1	321.1	44.4	41.5	256.3
2021	6187.1	5721.3	5366.6	837.3	4401.2	73.8	252.7	42.9	39.8	254.6
2022	6226.4	5785.1	5382.4	833.2	4469.4	47.0	309.9	29.3	26.9	223.5

注：2007–2017年数据为根据第三次全国农业普查修正数据。
Note: Data of 2007–2017 were revised according to the result of the Third National Agricultural Census.

12－7 主要农产品产量
Output of Main Farm Crops

单位：万吨 unit: 10000 tons

年份 Year	粮食 Grain	谷物 Cereal	#稻谷 Unhusked Rice	#小麦 Wheat	#玉米 Corn	豆类 Beans	薯类 Tubers
1978	914.70		121.15	19.89	489.49		
1980	859.60		107.40	16.80	506.90		
1985	1225.26		183.66	10.33	793.13		
1990	2046.52		289.42	12.75	1529.55		
1995	1992.40	1867.90	296.90	19.10	1478.50	89.70	34.80
1996	2326.60	2211.90	347.40	20.60	1753.40	74.90	39.80
1997	1808.30	1707.20	376.20	13.00	1260.30	73.70	27.40
1998	2506.00	2368.60	385.50	10.60	1924.70	88.10	49.30
1999	2305.60	2184.20	405.90	16.10	1692.60	74.20	47.20
2000	1638.00	1448.30	374.80	16.30	993.20	140.60	49.10
2001	1953.40	1775.57	371.20	11.58	1328.40	134.18	43.65
2002	2214.80	1988.12	370.00	7.94	1540.00	184.96	41.72
2003	2259.60	2015.60	318.20	6.00	1615.30	191.10	52.90
2004	2510.00	2285.36	437.62	3.37	1810.00	166.91	57.73
2005	2581.21	2371.48	478.00	2.68	1815.00	152.83	75.89
2006	2720.00	2531.00	493.00	3.00	1984.00	150.00	39.00
2007	2437.99	2320.23	501.24	1.61	1779.98	93.40	24.37
2008	2896.41	2760.01	584.94	1.94	2129.39	108.17	28.23
2009	2479.35	2346.14	510.48	1.13	1804.22	103.88	29.33
2010	2790.72	2611.43	574.14	1.46	1994.67	109.99	69.31
2011	3231.79	3076.01	629.26	1.64	2392.76	106.50	49.28
2012	3450.21	3332.33	539.90	1.26	2714.99	56.31	61.57
2013	3763.30	3659.91	573.09		2980.93	61.94	41.45
2014	3800.06	3703.56	595.39	1.56	3004.17	54.89	41.61
2015	3974.10	3879.27	644.26	0.14	3138.77	50.25	44.58
2016	4150.70	4054.15	670.45	0.15	3286.28	55.00	41.55
2017	4154.00	4043.97	684.43	0.15	3250.78	67.08	42.95
2018	3632.74	3533.81	646.32	0.04	2799.88	62.75	36.18
2019	3877.93	3769.45	657.17	1.11	3045.30	77.04	31.44
2020	3803.17	3698.55	665.43	1.67	2973.44	72.82	31.80
2021	4039.24	3951.64	684.67	1.62	3198.44	62.56	25.05
2022	4080.78	3982.58	680.91	1.74	3257.86	79.94	18.26

注：1.薯类为折粮数据；2.2007–2017年数据为根据全国第三次农业普查修正数据。

Note: 1.The output of tubers are converted into that of grain.

2.Data from 2007 to 2017 were revised according to the result of the Third National Agricultural Census.

单位：万吨

12－7 续表 Continued

unit: 10000 tons

年份 Year	油料 Oil Bearing Crops	麻类 Fiber Crops	甜菜 Beet	烟叶 Tobacco	人参 Ginseng	蔬菜 Vegetables	园林水果 Fruits
1978	12.29	1.26	45.13	2.48	0.16	351.04	5.65
1980	26.60	1.56	117.66	1.54	0.22	302.94	4.45
1985	48.36	1.27	87.69	3.79	0.52	329.29	6.59
1990	46.74	0.38	116.40	5.41	1.92	450.16	13.33
1995	25.55	0.25	83.64	3.07	1.35	530.55	27.97
1996	21.70	0.18	70.21	5.79	1.41	587.59	31.06
1997	15.93	0.10	32.90	7.21	1.30	642.43	37.49
1998	21.28	0.05	55.56	4.26	1.37	736.87	45.54
1999	31.40	0.10	25.80	4.90	1.50	822.60	49.60
2000	38.96	0.12	44.39	5.99	1.65	836.43	48.62
2001	34.34	0.33	69.44	4.88	2.02	777.84	200.79
2002	46.12	0.83	76.18	5.13	1.99	859.44	80.27
2003	57.13	0.37	7.02	5.01	2.51	881.01	59.38
2004	38.10	0.30	3.55	5.40	2.51	699.89	68.30
2005	54.45	0.61	7.35	5.97	3.21	832.56	66.20
2006	58.37	0.12	11.08	7.04	2.87	814.00	67.95
2007	29.30	0.05	4.77	2.85	3.13	968.57	59.58
2008	54.03	0.25	22.07	5.72	3.58	886.63	53.94
2009	53.63	0.05	5.75	5.45	2.75	872.72	47.45
2010	76.53	0.02	6.41	5.55	2.82	792.95	44.71
2011	77.14	0.02	12.83	5.19	3.69	599.01	37.91
2012	91.40	0.01	15.75	5.46	3.28	536.59	34.03
2013	97.12		4.45	3.81	3.22	482.89	31.70
2014	101.14		4.35	3.18	2.89	422.08	27.70
2015	92.08		0.85	2.45	2.70	380.23	22.84
2016	109.30		0.88	2.05	3.14	348.01	17.26
2017	128.48	0.01	2.59	1.79	3.01	356.64	17.19
2018	87.53		2.52	2.72	3.61	438.15	24.32
2019	81.78	0.02	2.92	2.44	3.08	445.39	26.25
2020	81.41	0.09	4.15	2.26	3.24	464.87	26.46
2021	85.75		1.29	2.13	4.21	490.54	29.05
2022	81.59		1.37	2.05	3.58	514.84	29.21

12－8 主要畜牧业产品产量和大牲畜饲养量

Output of Major Animal Husbandry Products and Number of Large Livestock

年份 Year	大牲畜年底头数（万头） Number of large livestock (10000heads)	肉类（万吨） Meat (10000tons)	猪肉 Pork	牛肉 Beef	羊肉 Mutton	奶类（万吨） Milk (10000tons)	牛奶 Cow Milk	禽蛋（万吨） Poultry Eggs (10000 tons)
1978	231.62	15.64	15.13	0.34	0.17	2.02		
1979	234.27	21.30				2.78		
1980	236.76	24.57	23.63	0.76	0.18	3.07		
1981	231.83	25.11				3.10		
1982	234.44	28.29				3.47		
1983	245.71	26.33				3.82		
1984	279.59	26.22				4.91		
1985	294.59	32.02	28.53	1.08	0.31	7.43		
1986	284.89	37.46				8.01		
1987	274.52	38.09				8.52		
1988	281.90	41.02				9.47		
1989	292.17	45.07				11.06		
1990	309.07	51.79	38.94	3.63	0.81	12.11		
1991	318.55	56.97				12.66		
1992	341.12	64.04				11.32		
1993	359.26	76.66				9.80		
1994	424.03	101.00	61.75	11.62	1.40	10.89		
1995	498.66	134.60	77.30	17.49	1.87	11.32		
1996	572.20	184.50	102.52	25.74	2.59	8.63		
1997	602.96	211.50	115.00	32.00	3.00	9.89		
1998	494.80	223.71	117.20	28.30	2.60	13.35		
1999	522.10	236.40	121.50	31.30	3.10	14.54		
2000	539.80	247.90	127.10	33.50	3.20	15.00		
2001	551.00	258.20	134.00	35.20	3.40	16.44		
2002	560.39	263.50	134.90	37.00	3.50	18.89		
2003	599.41	275.00	135.10	46.20	3.80	23.28		
2004	615.20	288.00	143.00	49.00	4.00	26.00		
2005	634.94	310.00	158.00	51.00	4.20	30.00		
2006	571.09	237.54	109.39	45.02	4.13	32.24		
2007	585.86	230.88	96.10	46.49	4.41	32.95		
2008	483.95	222.91	111.16	38.13	3.52	27.10		
2009	474.98	226.90	112.12	38.96	3.67	30.34		
2010	437.63	235.85	118.37	39.35	3.86	30.78		
2011	393.11	239.75	120.12	38.57	3.95	31.63		
2012	381.50	255.60	130.29	39.03	4.14	34.13		
2013	371.53	258.51	133.39	38.19	4.31	33.20		
2014	352.86	256.06	136.93	38.09	4.58	34.15	33.62	110.71
2015	355.72	255.07	132.27	37.68	4.89	36.20	35.68	122.38
2016	327.61	255.47	126.59	37.21	4.92	36.56	36.04	132.46
2017	342.05	256.13	136.14	38.03	4.87	34.41	33.98	120.98
2018	330.70	253.60	126.99	40.66	4.62	39.01	38.83	117.11
2019	338.43	243.22	108.28	41.86	4.73	39.97	39.90	121.53
2020	297.79	237.55	105.03	38.70	5.19	39.31	39.26	121.95
2021	349.64	274.66	142.42	40.85	7.63	32.75	32.69	104.72
2022	401.95	291.04	150.11	44.32	8.32	29.37	29.30	95.85

注：2007-2017年数据为根据全国第三次农业普查修正数据。

Note：Data of 2007-2017 were revised according to the result of the Third National Agricultural Censes.

12－9 主要农作物播种面积和产量

Sown Area and Output of Main Farm Crops

项目	Item	2020			2021			2022		
		播种面积（千公顷）Total Sown Area (1000 ha)	总产量（万吨）Output (10000 tons)	单产（公斤/公顷）Output Per Unit Area (kg/ha)	播种面积（千公顷）Total Sown Area (1000 ha)	总产量（万吨）Output (10000 tons)	单产（公斤/公顷）Output Per Unit Area (kg/ha)	播种面积（千公顷）Total Sown Area (1000 ha)	总产量（万吨）Output (10000 tons)	单产（公斤/公顷）Output Per Unit Area (kg/ha)
粮食作物合计	Total of Grain Crops	5681.78	3803.17	6693.62	5721.25	4039.24	7060.07	5785.14	4080.78	7053.91
谷物	Cereals	5243.71	3698.55	7053.31	5366.59	3951.64	7363.40	5382.41	3982.58	7399.35
#稻谷	Rice	837.14	665.43	7948.85	837.27	684.67	8177.40	833.18	680.91	8172.45
小麦	Wheat	4.76	1.67	3508.40	4.46	1.62	3631.65	5.40	1.74	3222.43
玉米	Corn	4287.24	2973.44	6935.56	4401.23	3198.44	7267.15	4469.40	3257.86	7289.29
高粱	Sorghum	63.11	39.79	6304.86	73.81	49.76	6742.05	46.98	32.46	6909.14
豆类	Beans	393.67	72.82	1849.77	311.77	62.56	2006.51	373.42	79.94	2140.79
#大豆	Soybean	321.13	64.23	2000.12	252.74	54.74	2165.70	309.87	69.98	2258.20
薯类	Tubers	44.40	31.80	7162.16	42.89	25.05	5840.55	29.31	18.26	6230.64
#马铃薯	Potato	41.52	30.26	7287.09	39.84	23.40	5873.10	26.89	16.95	6302.73
油料	Oil－bearing Crops	256.35	81.41	3175.82	254.62	85.75	3367.91	223.51	81.59	3650.38
#葵花籽	Sunflower Seeds	9.78	2.01	2058.90	6.77	1.62	2386.21	4.87	1.38	2833.84
烟叶	Tobacco Crops	8.63	2.26	2616.42	8.13	2.13	2619.67	7.70	2.05	2656.81
#烤烟	Flue－cured Tobacco	4.40	0.94	2142.35	3.99	0.86	2155.44	3.91	0.89	2274.49
蔬菜	Vegetables	126.65	464.87	36705.88	130.67	490.54	37539.91	138.65	514.84	37131.54
瓜果类水果	Fruits	36.20	120.09	33172.76	35.99	135.04	37520.81	35.39	136.81	38654.23

注：1.粮食作物及相关指标播种面积和产量为抽样调查数；2.此表薯类为折粮产量；
3.此表蔬菜产量含食用菌。

Note:1.The grain crop, corn, rice sown area and output are from the sample survey .
2. Potato output in this table are converted in to those of grain. 3.Vegetables output include edible mushrooms in this table.

12－10 林业、渔业和其他畜牧业生产情况

Production of Forestry Fishery and Other Animal Husbandry

项　　目	Item	2020	2021	2022
造林面积（千公顷）	Area of Afforestation (1000ha)	37.57	17.53	22.72
年末实有育苗面积（千公顷）	Area of Grow Seedings at Year–end (1000ha)	12.83	14.29	13.07
水产品产量（吨）	Output of Aquatic Products (ton)	244788	249498	251246
#养殖产量	Output of Cultured	225963	230867	232675
养殖面积（千公顷）	Areas of Cultured (1000ha)	300.80	349.28	351.28
园林水果产量（吨）	Output of Fruits (ton)	264589	290472	292092
年末果园面积（千公顷）	Area of Orchards at Year–end (1000ha)	27.11	28.71	28.75
绵羊毛（吨）	Output Sheep Wool (ton)	8526	17014	14089
#细羊毛	Fine Wool (ton)	2585	9031	2963
蚕茧产量（吨）	Output of Silkworm Cocoons (ton)	2357	3929	4055
蜂蜜产量（吨）	Output Honey (ton)	12079	11274	10485

注：1.本表造林面积为人工造林面积；

2.自2020年，水产品及养殖产量包含林蛙产量。

Note:1.Afforestation area is artificial afforestation area.

2.Since 2020, the output of aquatic products, including cultured aquatic products, contain the output of wood frog.

12－11 畜牧业生产情况
Production of Animal Husbandry

项　目	Item	2020	2021	2022
猪年末头数（万头）	Hogs (year–end) (10000 heads)	899.07	1137.60	1190.24
#能繁殖母猪	Fertile Female Hogs	99.83	120.00	115.20
牛年末头数（万头）	Cattle and Buffaloes (year–end) (10000 heads)	285.48	338.30	390.30
#奶牛	Cows	15.01	14.70	12.50
羊年末只数（万只）	Sheep and Goats (year – end) (10000 heads)	457.35	650.40	687.48
#山羊	Goats	59.46	57.95	43.88
#绵羊	Sheep	397.89	592.45	643.60
家禽年末只数（万只）	Poultry (year–end) (10000 heads)	17426.38	16126.09	15577.81
马年末匹数（万头）	Horses (year–end) (10000 heads)	4.61	6.51	6.48
驴年末头数（万头）	Donkeys (year–end) (10000 heads)	3.90	4.56	4.82
骡年末头数（万头）	Mules (year–end) (10000 heads)	0.53	0.46	0.35
肉猪出栏头数（万头）	Slaughtered Fattened Hogs (10000 heads)	1321.59	1750.17	1839.43
牛出栏头数（万头）	Slaughtered Cattle and Buffaloes (10000 heads)	238.72	242.45	262.33
羊出栏只数（万只）	Slaughtered Sheep and Goats (10000 heads)	432.30	633.75	692.69
家禽出栏只数（万只）	Slaughtered Poultry (10000 heads)	48959.81	46002.32	46848.81

12－12　农业自然灾害受灾情况
Natural Disaster Situation of Agricultural

指　　标	Item	2020	2021	2022
受灾面积（万公顷）	**Disaster Areas (10000ha)**	**120.4**	**24.5**	**19.3**
#旱　灾	Drought	12.7	4.4	0.0
洪涝灾	Flood	4.0	11.6	16.7
风雹灾	Wind and Hail	7.0	8.4	2.6
绝收面积（万公顷）	**Areas Affected (10000ha)**	**7.0**	**1.2**	**1.8**
#旱　灾	Drought	3.1	0.6	0.0
洪涝灾	Flood	0.5	0.4	1.7
风雹灾	Wind and Hail	0.4	0.1	0.2
受灾人口（万人）	Disaster Population (10000persons)	475	76	81
转移安置人口（人）	Population Arranged (person)	36098	578	754
倒损房屋（间）	Houses Damaged and Collapsed (room)	19424	2179	705
其中：倒塌房屋	Houses Collapsed	1283	318	18
直接经济损失（亿元）	Direct Economic Losses (100million yuan)	79.1	13.8	16.0

第十三篇

工　业

Industry

CHAPTER ▶ 13

资料整理人员：

亢伶俐　　侯　丹　　韩　檬

13－1　规模以上工业企业主要指标（2022年）

单位：万元

项　　目	Item	企业单位数（个）Number of Enterprises (unit)	#亏损企业 Loss－making Enterprises
总计	**Total**	**3216**	**1101**
在总计中:1国有企业	State-owned Enterprises	15	7
2集体企业	Collective-owned Enterprises	3	2
3股份合作制企业	Cooperative Enterprises		
4股份制企业	Share-holding Enterprises	2939	1017
5外商及港澳台投资企业	Enterprises with funds from Hong Kong,Macao,Taiwan and Foreign Countries	258	75
6其他企业	Others	1	
在总计中:亏损企业	Loss	1101	1101
在总计中:国有控股企业	State-holding	408	147
其中:亏损企业	Loss	147	147
其中:中央企业	Central Enterprises	26	26
在总计中:新建企业	Newly-built Enterprises	41	16
在总计中:大中型工业	Large and medium-sized Enterprises	439	132
其中:国有控股企业	State-holding	135	54
其中:亏损企业	Loss	54	54
在总计中:1国有控股	State-holding	408	147
2集体控股	Collective-holding	49	19
3私人控股	Private-holding	2560	877
4港澳台商控股	Hong Kong,Macao and Taiwan-holding	48	18
5外商控股	Foreign-holding	150	40
6其他	Others	1	
在总计中:轻工业	Light Industry	1193	358
重工业	Heavy Industry	2023	743
在总计中:大型企业	Large-sized Enterprises	79	21
中型企业	Medium-sized Enterprises	360	111
小型企业	Small-sized Enterprises	2225	786
微型企业	Mini-sized Enterprises	552	183
在总计中:中央企业	Central Enterprises	127	28
地方企业	Local Enterprises	3089	1073
在总计中:民营工业	Private Industry	2610	896
在总计中:非公有工业	Non State-owned Industry	2759	935

Main Indicators of Industrial Enterprises above Designated Size (2022)

unit: 10000 yuan

产成品 Finished Goods	资产总计 Total Assets	流动资产合计 Total Current Assets	应收账款 Account Receivable	负债合计 Total Liabilities
5278213	**199922881**	**97489028**	**25815564**	**114857544**
7664	803941	293973	63641	505871
2429	36752	33463	10980	13246
4532655	159548943	70373075	15614024	87700456
735466	39529430	26786267	10126920	26635832
	3816	2251		2140
1816091	54116083	22146147	4096056	42083709
2233548	122851821	55085307	15084734	68205367
777378	27727175	9563024	1677354	21212361
627057	16571059	5794629	1036609	12313051
4383	1906469	515062	60216	1387664
3269548	148294667	70851982	18254094	80807189
1992108	109098404	50388048	13539091	58950446
697056	24538663	8394905	1371638	18471025
2233548	122851821	55085307	15084734	68205367
57142	3151497	1416926	356529	1109813
2474821	60257211	33032909	7612406	37407824
159060	3717280	1773186	437628	2715512
353634	9905372	6156457	2316148	5412422
7	39699	24244	8119	6607
1549761	36348590	20685152	4199586	19859689
3728451	163574291	76803876	21615978	94997856
2117478	113914030	54114908	14302451	59231282
1152070	34380637	16737074	3951643	21575908
1871911	43000501	23157203	6459123	27067595
136754	8627713	3479843	1102348	6982761
1657969	93915187	42929908	12423834	49433272
3620244	106007694	54559120	13391730	65424273
2531970	63448408	34474079	7977054	38524244
2987523	73919563	40986796	10374301	45542365

单位：万元

项目	Item	所有者权益合计 Total Owners' Equities	营业收入 Business Revenue
总计	**Total**	**85065391**	**135704028**
在总计中:1国有企业	State-owned Enterprises	298070	169687
2集体企业	Collective-owned Enterprises	23506	9236
3股份合作制企业	Cooperative Enterprises		
4股份制企业	Share-holding Enterprises	71848543	92170267
5外商及港澳台投资企业	Enterprises with funds from Hong Kong,Macao,Taiwan and Foreign Countries	12893597	43352248
6其他企业	Others	1675	2589
在总计中:亏损企业	Loss	12032451	28947794
在总计中:国有控股企业	State-holding	54646451	83128567
其中:亏损企业	Loss	6514814	16650336
其中:中央企业	Central Enterprises	4258007	12014462
在总计中:新建企业	Newly-built Enterprises	518805	504494
在总计中:大中型工业	Large and medium-sized Enterprises	67487476	107087366
其中:国有控股企业	State-holding	50147958	77719264
其中:亏损企业	Loss	6067638	15548809
在总计中:1国有控股	State-holding	54646451	83128567
2集体控股	Collective-holding	2041685	2130719
3私人控股	Private-holding	22849445	36890332
4港澳台商控股	Hong Kong,Macao and Taiwan-holding	1001768	2277439
5外商控股	Foreign-holding	4492949	11258154
6其他	Others	33092	18817
在总计中:轻工业	Light Industry	16488889	25830764
重工业	Heavy Industry	68576502	109873263
在总计中:大型企业	Large-sized Enterprises	54682748	83469169
中型企业	Medium-sized Enterprises	12804728	23618196
小型企业	Small-sized Enterprises	15932967	26302260
微型企业	Mini-sized Enterprises	1644948	2314402
在总计中:中央企业	Central Enterprises	44481914	66183494
地方企业	Local Enterprises	40583477	69520534
在总计中:民营工业	Private Industry	24924222	39039868
在总计中:非公有工业	Non State-owned Industry	28377254	50444741

continued

unit: 10000 yuan

营业成本 Business Cost	销售费用 Selling Cost	管理费用 Management Cost	财务费用 Financial Cost	利息费用 Interest Cost
114111373	**3074514**	**5232365**	**1185604**	**1336712**
158995	2913	14803	979	1630
7931	45	1475	-214	74
77893101	2519985	3830675	1073929	1184906
36049141	551550	1385151	110910	150102
2205	21	261		
28365274	709254	1469259	684249	669595
69950380	1030636	2867984	423217	672397
16530056	303031	700013	216392	300750
11730484	232641	425565	45796	145625
387429	5113	19805	14514	13747
89915027	1987604	3771501	573533	867289
65220088	968596	2678275	218024	487225
15346003	283548	610277	169053	256087
69950380	1030636	2867984	423217	672397
1437590	122664	118511	-8740	15125
31209525	1538016	1673445	636285	514886
1859245	116694	129050	105591	96173
9648654	262224	442253	29644	38131
5978	4280	1122	-393	
18710481	1808415	1166624	323960	327203
95400892	1266099	4065741	861645	1009509
70006436	1158830	2685607	171508	478263
19908592	828773	1085894	402025	389026
22155415	1049388	1334030	489276	380693
2040931	37522	126834	122795	88730
55168545	642234	2180147	98150	348943
58942828	2432280	3052218	1087454	987769
32653094	1664959	1793078	627152	530011
42723403	1921214	2245869	771127	649190

13－1 续表 2

单位：万元

项目	Item	利润总额 Total Profits	亏损企业 亏损总额 Total Loss
总计	**Total**	**8276421**	**3181500**
在总计中:1国有企业	State-owned Enterprises	-979	8100
2集体企业	Collective-owned Enterprises	-52	257
3股份合作制企业	Cooperative Enterprises		
4股份制企业	Share-holding Enterprises	4693212	2876763
5外商及港澳台投资企业	Enterprises with funds from Hong Kong,Macao,Taiwan and Foreign Countries	3584140	296379
6其他企业	Others	102	
在总计中:亏损企业	Loss	-3181500	3181500
在总计中:国有控股企业	State-holding	5846156	1746977
其中:亏损企业	Loss	-1746977	1746977
其中:中央企业	Central Enterprises	-897271	897271
在总计中:新建企业	Newly-built Enterprises	66820	27809
在总计中:大中型工业	Large and medium-sized Enterprises	7362034	2137408
其中:国有控股企业	State-holding	5608814	1497429
其中:亏损企业	Loss	-1497429	1497429
在总计中:1国有控股	State-holding	5846156	1746977
2集体控股	Collective-holding	466893	91655
3私人控股	Private-holding	1353550	1077058
4港澳台商控股	Hong Kong,Macao and Taiwan-holding	1679	157148
5外商控股	Foreign-holding	602563	108663
6其他	Others	5580	
在总计中:轻工业	Light Industry	2234895	547039
重工业	Heavy Industry	6041526	2634460
在总计中:大型企业	Large-sized Enterprises	6842539	1072910
中型企业	Medium-sized Enterprises	519495	1064498
小型企业	Small-sized Enterprises	931145	837747
微型企业	Mini-sized Enterprises	-16758	206344
在总计中:中央企业	Central Enterprises	5368126	899234
地方企业	Local Enterprises	2908295	2282265
在总计中:民营工业	Private Industry	1826023	1168712
在总计中:非公有工业	Non State-owned Industry	1963372	1342868

continued

unit: 10000 yuan

从业人员平均人数（人）Average Number of Employees	资产负债率（%）Assets–liability Ratio (%)	营业收入利润率（%）Business Revenue Ratio (%)	人均营业收入（万元/人）Business Revenue Per Capita
720156	**57.5**	**6.1**	**186.6**
4520	62.9	-0.6	40.6
248	36.0	-0.6	35.8
608752	55.0	5.1	150.7
106618	67.4	8.3	391.3
18	56.1	3.9	143.8
237744	77.8	-11	116.8
309847	55.5	7.0	266.9
114549	76.5	-10.5	135.8
65175	74.3	-7.5	171.6
2950	72.8	13.2	172.3
503341	54.5	6.9	211.7
286497	54.0	7.2	270.2
103350	75.3	-9.6	139.9
309847	55.5	7.0	266.9
14544	35.2	21.9	145.6
330288	62.1	3.7	111.3
12870	73.1	0.1	167.1
52454	54.6	5.4	201.8
153	16.6	29.7	123.0
192873	54.6	8.7	134.0
527283	58.1	5.5	205.6
312237	52.0	8.2	262.4
191104	62.8	2.2	125.9
206687	62.9	3.5	127.2
10128	80.9	-0.7	159.5
194388	52.6	8.1	339.2
525768	61.7	4.2	130.7
344985	60.7	4.7	112.8
395765	61.6	3.9	125.8

13－2　按行业分规模以上工业企业主要指标（2022年）

单位：万元

项　目	Item	企业单位数（个）Number of Enterprises (unit)	#亏损企业 Loss－making Enterprises
总计	**Total**	**3216**	**1101**
煤炭开采和洗选业	Mining and Washing of Coal	28	13
石油和天然气开采业	Extraction of Petroleum and Natural Gas	9	3
黑色金属矿采选业	Mining and Processing of Ferrous Metal Ores	25	15
有色金属矿采选业	Mining and Processing of Non-ferrous Metal Ores	23	11
非金属矿采选业	Mining and Processing of Non-metal Ores	19	7
开采辅助活动	Support Activities for Mining	13	4
其他采矿业	Mining of Other Ores		
农副食品加工业	Processing of Food from Agricultural Products	485	129
食品制造业	Manufacture of Foods	101	37
酒、饮料和精制茶制造业	Manufacture of Liquor,Beverages and Refined Tea	58	21
烟草制品业	Manufacture of Tobacco	3	
纺织业	Manufacture of Textile	16	4
纺织服装、服饰业	Manufacture of Textile Wearing Apparel and Accessories	51	17
皮革、毛皮、羽毛及其制品和制鞋业	Manufacture of Leather,Fur,Feathers and Related Products and Footwear	6	1
木材加工和木、竹、藤、棕、草制品业	Processing of Timber,Manufacture of Wood Bamboo,Rattan,Palm and Straw Products	62	14
家具制造业	Manufacture of Furniture	11	5
造纸和纸制品业	Manufacture of Paper and Paper Products	34	19
印刷和记录媒介复制业	Printing and Reproduction of Recording Media	22	8
文教、工美、体育和娱乐用品制造业	Manufacture of Culture,Art,Sports and Entertainment Goods	6	2
石油加工、炼焦和核燃料加工业	Petroleum Processing and Coking ,Processing of Nuclear Fuel	20	7
化学原料和化学制品制造业	Manufacture of Chemical Raw Material and Chemical Products	168	58
医药制造业	Manufacture of Medicines	266	75
化学纤维制造业	Manufacture of Chemical Fibers	7	3
橡胶和塑料制品业	Manufacture of Rubber and Plastic	81	24
非金属矿物制品业	Manufacture of Non-metallic Mineral Products	315	118
黑色金属冶炼和压延加工业	Smelting and Pressing of Ferrous Metals	36	16
有色金属冶炼和压延加工业	Smelting and Pressing of Non- ferrous Metals	27	13
金属制品业	Manufacture of Metal Products	89	32
通用设备制造业	Manufacture of General Purpose Machinery	87	28
专用设备制造业	Manufacture of Special Purpose Machinery	116	26
汽车制造业	Manufacture of Automobiles	459	171
铁路、船舶、航空航天和其他运输设备制造业	Manufacture of Railroads,Ships,Aerospace and other Transportation Facilities	44	10
电气机械和器材制造业	Manufacture of Electrical Machinery and Equipment	66	20
计算机、通信和其他电子设备制造业	Manufacture of Communication Equipment, Computer and Other Electronic Equipment	41	11
仪器仪表制造业	Manufacture of Measuring Instrument	25	5
其他制造业	Other Manufacturing Industry	4	1
废弃资源综合利用业	Utilization of Waste Resources	15	6
金属制品、机械和设备修理业	Metal Products,Machinery and Equipment Repair	5	1
电力、热力生产和供应业	Production and Supply of Electricity and Heat Power	302	138
燃气生产和供应业	Production and Supply of Gas	46	14
水的生产和供应业	Production and Supply of Water	25	14

Main Indicators of Industrial Enterprises above Designated Size by Industrial Sector (2022)

unit: 10000 yuan

产成品 Finished Goods	资产总计 Total Assets	流动资产合计 Total Current Assets	应收账款 Account Receivable	负债合计 Total Liabilities
5278213	**199922881**	**97489028**	**25815564**	**114857544**
22592	2219797	829263	42128	2051535
9835	4297126	17605	28509	3262447
19893	1238117	462084	133322	591686
27125	1198340	396232	68212	760068
4103	169930	69950	20988	116792
47606	1025988	375054	192165	808881
526748	8471009	5515093	876342	5602696
107101	3124811	1734599	413026	2125350
169941	2975821	1375982	223077	1835844
37428	1130289	755614	21714	359916
11258	205322	130844	28389	161845
42418	609841	442245	132204	391947
23059	57705	43167	9022	43090
57397	745978	439193	43152	476872
1333	68714	29835	3605	49778
11081	563656	202696	78998	381250
13739	240553	139918	55843	137317
4551	45491	27542	1363	35756
100029	3132138	941667	49123	1567605
313239	7022033	3606953	512959	5228138
385427	14568100	8200967	1707339	5978937
84806	2475481	986023	254874	1660696
77655	1326500	640389	210916	761464
190883	6973814	4334721	1363105	4698355
237994	7897464	1978190	197965	4927128
56656	1687226	1029636	179166	787926
67658	1216318	775832	269521	944873
87206	1674889	1190641	364234	1044997
133297	2630489	2019215	592624	1824125
2124590	77739170	42599775	12253340	37237598
48413	7257727	5406940	2053813	4334600
89840	1924365	1405694	650968	1180604
80709	2749820	1675355	529115	1085578
16224	368726	212483	63965	121907
6875	399057	311439	36386	215827
3978	228445	144327	15431	152797
4796	438952	144376	36296	297018
18045	26775920	5979844	1941185	19745774
11105	1735785	466638	97843	1065536
1581	1311975	451009	63339	802992

单位：万元

13－2 续表 1

项 目	Item	所有者权益合计 Total Owners' Equities	营业收入 Business Revenue
总计	**Total**	**85065391**	**135704028**
煤炭开采和洗选业	Mining and Washing of Coal	168262	709246
石油和天然气开采业	Extraction of Petroleum and Natural Gas	1034679	2308847
黑色金属矿采选业	Mining and Processing of Ferrous Metal Ores	646431	411172
有色金属矿采选业	Mining and Processing of Non-ferrous Metal Ores	438272	516313
非金属矿采选业	Mining and Processing of Non-metal Ores	53137	81630
开采辅助活动	Support Activities for Mining	217106	729804
其他采矿业	Mining of Other Ores		
农副食品加工业	Processing of Food from Agricultural Products	2868308	9985585
食品制造业	Manufacture of Foods	999460	1757074
酒、饮料和精制茶制造业	Manufacture of Liquor,Beverages and Refined Tea	1139976	1928636
烟草制品业	Manufacture of Tobacco	770373	1910129
纺织业	Manufacture of Textile	43478	110295
纺织服装、服饰业	Manufacture of Textile Wearing Apparel and Accessories	217894	468746
皮革、毛皮、羽毛及其制品和制鞋业	Manufacture of Leather,Fur,Feathers and Related Products and Footwear	14615	41449
木材加工和木、竹、藤、棕、草制品业	Processing of Timber,Manufacture of Wood Bamboo,Rattan,Palm and Straw Products	269106	431598
家具制造业	Manufacture of Furniture	18936	28394
造纸和纸制品业	Manufacture of Paper and Paper Products	182405	417246
印刷和记录媒介复制业	Printing and Reproduction of Recording Media	103235	148421
文教、工美、体育和娱乐用品制造业	Manufacture of Culture,Art,Sports and Entertainment Goods	9736	19715
石油加工、炼焦和核燃料加工业	Petroleum Processing and Coking ,Processing of Nuclear Fuel	1564533	7666962
化学原料和化学制品制造业	Manufacture of Chemical Raw Material and Chemical Products	1793894	5488789
医药制造业	Manufacture of Medicines	8589160	6104410
化学纤维制造业	Manufacture of Chemical Fibers	814784	1551853
橡胶和塑料制品业	Manufacture of Rubber and Plastic	565036	650389
非金属矿物制品业	Manufacture of Non-metallic Mineral Products	2275457	3097834
黑色金属冶炼和压延加工业	Smelting and Pressing of Ferrous Metals	2970336	7666371
有色金属冶炼和压延加工业	Smelting and Pressing of Non- ferrous Metals	899300	1829532
金属制品业	Manufacture of Metal Products	271445	856934
通用设备制造业	Manufacture of General Purpose Machinery	629890	768305
专用设备制造业	Manufacture of Special Purpose Machinery	806363	1420031
汽车制造业	Manufacture of Automobiles	40501568	56387394
铁路、船舶、航空航天和其他运输设备制造业	Manufacture of Railroads,Ships,Aerospace and other Transportation Facilities	2923126	3031546
电气机械和器材制造业	Manufacture of Electrical Machinery and Equipment	743761	1326548
计算机、通信和其他电子设备制造业	Manufacture of Communication Equipment, Computer and Other Electronic Equipment	1664241	2037239
仪器仪表制造业	Manufacture of Measuring Instrument	246819	149330
其他制造业	Other Manufacturing Industry	183230	236470
废弃资源综合利用业	Utilization of Waste Resources	75648	260578
金属制品、机械和设备修理业	Metal Products,Machinery and Equipment Repair	141934	217396
电力、热力生产和供应业	Production and Supply of Electricity and Heat Power	7030225	11817857
燃气生产和供应业	Production and Supply of Gas	670250	894635
水的生产和供应业	Production and Supply of Water	508984	239328

continued

unit: 10000 yuan

营业成本 Business Cost	销售费用 Selling Cost	管理费用 Management Cost	财务费用 Financial Cost	利息费用 Interest Cost
114111373	**3074514**	**5232365**	**1185604**	**1336712**
580640	5979	94897	34676	34250
1222892	20490	244850	84732	70850
373969	6579	29184	7355	7006
254843	1602	60297	13473	9685
50966	5390	10491	1031	651
698440	74	31422	5828	4531
9331602	202294	183587	103069	81694
1405834	67527	104777	38990	35605
1570146	107337	107979	34967	34739
487106	26644	157486	−3560	398
96985	3549	7731	1399	1205
380726	11713	30612	2321	1155
37209	243	3058	208	
370802	13581	23827	4489	6304
23979	1267	2802	1483	1488
398970	6534	18769	69	2516
123508	2456	13460	1576	1659
16472	1083	2403	805	19
6446824	26229	116973	15448	17546
4953802	120915	228549	112581	109725
2422696	1304633	406040	73153	101148
1299116	23561	32280	50719	52703
563905	19157	50739	13794	8328
2693541	94028	161824	81723	78206
7605386	87637	103710	109564	98267
1728311	9246	44243	17511	16763
780150	16810	39361	20535	12955
606589	33974	62298	9119	8232
1090626	51509	88395	14584	14065
48416778	539763	1980504	−173210	60859
2497628	95562	147232	−21199	6911
1136894	34055	60871	11290	8601
1481887	48609	110345	9495	12078
96781	7137	20146	314	389
198175	761	13195	−1670	17
248714	1556	6817	9	254
189921	2007	14166	6021	5703
11277795	5722	334756	478324	404705
765125	42327	38298	16993	15004
185644	24977	43995	7597	10499

13－2 续表 2

单位：万元

项 目	Item	利润总额 Total Profits	亏损企业亏损总额 Total Loss
总计	**Total**	**8276421**	**3181500**
煤炭开采和洗选业	Mining and Washing of Coal	-17392	65791
石油和天然气开采业	Extraction of Petroleum and Natural Gas	203493	480
黑色金属矿采选业	Mining and Processing of Ferrous Metal Ores	-12330	26025
有色金属矿采选业	Mining and Processing of Non-ferrous Metal Ores	167005	23075
非金属矿采选业	Mining and Processing of Non-metal Ores	10384	177
开采辅助活动	Support Activities for Mining	853	7851
其他采矿业	Mining of Other Ores		
农副食品加工业	Processing of Food from Agricultural Products	134579	156687
食品制造业	Manufacture of Foods	129073	70165
酒、饮料和精制茶制造业	Manufacture of Liquor,Beverages and Refined Tea	74201	45301
烟草制品业	Manufacture of Tobacco	133274	
纺织业	Manufacture of Textile	-122	3801
纺织服装、服饰业	Manufacture of Textile Wearing Apparel and Accessories	42881	4564
皮革、毛皮、羽毛及其制品和制鞋业	Manufacture of Leather,Fur,Feathers and Related Products and Footwear	622	26
木材加工和木、竹、藤、棕、草制品业	Processing of Timber,Manufacture of Wood Bamboo,Rattan,Palm and Straw Products	18827	4938
家具制造业	Manufacture of Furniture	-1225	2349
造纸和纸制品业	Manufacture of Paper and Paper Products	-9665	12079
印刷和记录媒介复制业	Printing and Reproduction of Recording Media	5499	3351
文教、工美、体育和娱乐用品制造业	Manufacture of Culture,Art,Sports and Entertainment Goods	-2547	2786
石油加工、炼焦和核燃料加工业	Petroleum Processing and Coking ,Processing of Nuclear Fuel	-1929	27445
化学原料和化学制品制造业	Manufacture of Chemical Raw Material and Chemical Products	23091	118451
医药制造业	Manufacture of Medicines	1573027	193665
化学纤维制造业	Manufacture of Chemical Fibers	118755	2785
橡胶和塑料制品业	Manufacture of Rubber and Plastic	-14660	39276
非金属矿物制品业	Manufacture of Non-metallic Mineral Products	15698	146401
黑色金属冶炼和压延加工业	Smelting and Pressing of Ferrous Metals	-284006	341340
有色金属冶炼和压延加工业	Smelting and Pressing of Non- ferrous Metals	7259	37964
金属制品业	Manufacture of Metal Products	-7145	24142
通用设备制造业	Manufacture of General Purpose Machinery	28982	14164
专用设备制造业	Manufacture of Special Purpose Machinery	115207	18601
汽车制造业	Manufacture of Automobiles	5949649	526220
铁路、船舶、航空航天和其他运输设备制造业	Manufacture of Railroads,Ships,Aerospace and other Transportation Facilities	201517	29565
电气机械和器材制造业	Manufacture of Electrical Machinery and Equipment	51902	16177
计算机、通信和其他电子设备制造业	Manufacture of Communication Equipment, Computer and Other Electronic Equipment	192209	25837
仪器仪表制造业	Manufacture of Measuring Instrument	12885	2560
其他制造业	Other Manufacturing Industry	15225	121
废弃资源综合利用业	Utilization of Waste Resources	6081	3823
金属制品、机械和设备修理业	Metal Products,Machinery and Equipment Repair	3382	241
电力、热力生产和供应业	Production and Supply of Electricity and Heat Power	-616902	1129602
燃气生产和供应业	Production and Supply of Gas	28678	23381
水的生产和供应业	Production and Supply of Water	-19893	30294

continued

unit: 10000 yuan

从业人员平均人数（人）Average Number of Employees (person)	资产负债率（%）Assets-liability Ratio (%)	营业收入利润率（%）Business Revenue Ratio (%)	人均营业收入（万元/人）Business Revenue Per Capita (10000 yuan/ person)
720156	**57.5**	**6.1**	**186.6**
17446	92.4	-2.5	33.2
26947	75.9	8.8	85.6
4065	47.8	-3.0	98.9
8179	63.4	32.4	66.9
1113	68.7	12.7	73.5
13425	78.8	0.1	55.7
41463	66.1	1.4	236.8
16932	68.0	7.4	104.0
13547	61.7	3.9	145.9
3727	31.8	7.0	512.5
2549	78.8	-0.1	43.5
23178	64.3	9.2	20.0
1364	74.7	1.5	30.6
6736	63.9	4.4	65.1
787	72.4	-4.3	31.4
3186	67.6	-2.3	120.4
2784	57.1	3.7	54.8
752	78.6	-12.9	26.5
26759	50.1	0.0	373.0
21856	74.5	0.4	238.2
57050	41.0	25.8	106.6
10333	67.1	7.7	171.9
8826	57.4	-2.3	74.7
25828	67.4	0.5	120.5
23584	62.4	-3.7	306.1
7280	46.7	0.4	251.7
8349	77.7	-0.8	104.5
11900	62.4	3.8	65.2
14267	69.4	8.1	97.2
179377	47.9	10.6	300.9
20603	59.7	6.7	147.0
7306	61.4	3.9	180.6
13793	39.5	9.4	148.1
3189	33.1	8.6	47.2
155	54.1	6.4	122.0
1184	66.9	2.3	222.3
2684	67.7	1.6	84.6
72899	73.7	-5.2	166.8
5976	61.4	3.2	143.6
8778	61.2	-8.3	28.1

13－3　按行业分大中型工业企业主要指标（2022年）

单位：万元

项　　目	Item	企业单位数（个）Number of Enterprises (unit)	#亏损企业 Loss－making Enterprises
总计	**Total**	**439**	**132**
煤炭开采和洗选业	Mining and Washing of Coal	12	5
石油和天然气开采业	Extraction of Petroleum and Natural Gas	4	
黑色金属矿采选业	Mining and Processing of Ferrous Metal Ores	2	1
有色金属矿采选业	Mining and Processing of Non-ferrous Metal Ores	11	2
非金属矿采选业	Mining and Processing of Non-metal Ores	1	
开采辅助活动	Support Activities for Mining	6	2
其他采矿业	Mining of Other Ores		
农副食品加工业	Processing of Food from Agricultural Products	29	9
食品制造业	Manufacture of Foods	13	3
酒、饮料和精制茶制造业	Manufacture of Liquor,Beverages and Refined Tea	14	3
烟草制品业	Manufacture of Tobacco	2	
纺织业	Manufacture of Textile	2	
纺织服装、服饰业	Manufacture of Textile Wearing Apparel and Accessories	23	3
皮革、毛皮、羽毛及其制品和制鞋业	Manufacture of Leather,Fur,Feathers and Related Products and Footwear	1	1
木材加工和木、竹、藤、棕、草制品业	Processing of Timber,Manufacture of Wood Bamboo,Rattan,Palm and Straw Products	7	
家具制造业	Manufacture of Furniture	1	1
造纸和纸制品业	Manufacture of Paper and Paper Products	2	1
印刷和记录媒介复制业	Printing and Reproduction of Recording Media	1	1
文教、工美、体育和娱乐用品制造业	Manufacture of Culture,Art,Sports and Entertainment Goods		
石油加工、炼焦和核燃料加工业	Petroleum Processing and Coking ,Processing of Nuclear Fuel	5	4
化学原料和化学制品制造业	Manufacture of Chemical Raw Material and Chemical Products	14	4
医药制造业	Manufacture of Medicines	43	3
化学纤维制造业	Manufacture of Chemical Fibers	1	
橡胶和塑料制品业	Manufacture of Rubber and Plastic	10	2
非金属矿物制品业	Manufacture of Non-metallic Mineral Products	15	7
黑色金属冶炼和压延加工业	Smelting and Pressing of Ferrous Metals	10	5
有色金属冶炼和压延加工业	Smelting and Pressing of Non- ferrous Metals	6	3
金属制品业	Manufacture of Metal Products	7	4
通用设备制造业	Manufacture of General Purpose Machinery	8	2
专用设备制造业	Manufacture of Special Purpose Machinery	8	1
汽车制造业	Manufacture of Automobiles	92	16
铁路、船舶、航空航天和其他运输设备制造业	Manufacture of Railroads,Ships,Aerospace and other Transportation Facilities	10	3
电气机械和器材制造业	Manufacture of Electrical Machinery and Equipment	7	
计算机、通信和其他电子设备制造业	Manufacture of Communication Equipment, Computer and Other Electronic Equipment	11	4
仪器仪表制造业	Manufacture of Measuring Instrument	2	1
其他制造业	Other Manufacturing Industry	1	
废弃资源综合利用业	Utilization of Waste Resources	2	2
金属制品、机械和设备修理业	Metal Products,Machinery and Equipment Repair	3	1
电力、热力生产和供应业	Production and Supply of Electricity and Heat Power	39	27
燃气生产和供应业	Production and Supply of Gas	4	2
水的生产和供应业	Production and Supply of Water	10	9

Main Indicators of Large and Medium-sized Industrial Enterprises by Industrial Sector (2022)

unit: 10000 yuan

产成品 Finished Goods	资产总计 Total Assets	流动资产合计 Total Current Assets	应收账款 Account Receivable	负债合计 Total Liabilities
3269548	**148294667**	**70851982**	**18254094**	**80807189**
11947	1872646	717589	12505	1640826
9343	4177791	-44938	19380	3177338
2865	339684	85949	68449	140510
22447	830917	273116	59962	363660
661	90275	30358	8154	57122
44802	895248	280275	151409	710908
155760	3433976	2070637	306217	2112580
16124	1241131	545868	50983	735462
141488	1887696	950117	157962	1294223
37428	1124780	751682	19483	358506
6381	33295	18187	5008	15506
16557	381112	289316	116370	272899
	1037	964	551	397
25273	161256	123962	14239	84648
189	24230	9046	1395	23298
1352	284745	70475	36989	145042
1465	32781	3987	692	33573
89182	2779020	827178	17906	1470427
85338	2809177	1245093	69749	2089619
177143	9747793	5433988	1159689	3386207
79762	2362138	957677	244964	1612699
43080	725083	274649	77023	387522
52552	3292163	1998926	228260	2060430
171776	7225181	1493015	78831	4564135
48965	1437183	936649	153237	620260
27555	334157	199616	64174	258661
55086	1007729	698908	186209	582489
24426	1244003	949121	288157	853468
1794932	72259636	39067661	11189055	34043455
14159	6853867	5094175	1918336	4122227
42169	764616	527308	196931	384559
47942	2163480	1317533	437842	931666
4692	203799	90239	24163	65522
6054	361861	278864	25966	205417
	118427	96556	10675	101450
1361	427618	133456	32352	289151
8346	13405189	2451145	752227	10322844
122	1071472	246956	42279	741822
823	888481	356682	26324	546665

13－3　续表　1

单位：万元

项　　目	Item	所有者权益合计 Total Owners' Equities	营业收入 Business Revenue
总计	**Total**	**67487476**	**107087366**
煤炭开采和洗选业	Mining and Washing of Coal	231820	556479
石油和天然气开采业	Extraction of Petroleum and Natural Gas	1000453	2247149
黑色金属矿采选业	Mining and Processing of Ferrous Metal Ores	199174	143880
有色金属矿采选业	Mining and Processing of Non-ferrous Metal Ores	467257	473729
非金属矿采选业	Mining and Processing of Non-metal Ores	33153	31600
开采辅助活动	Support Activities for Mining	184340	676563
其他采矿业	Mining of Other Ores		
农副食品加工业	Processing of Food from Agricultural Products	1321396	3903597
食品制造业	Manufacture of Foods	505669	1160144
酒、饮料和精制茶制造业	Manufacture of Liquor,Beverages and Refined Tea	593473	1537082
烟草制品业	Manufacture of Tobacco	766274	1896878
纺织业	Manufacture of Textile	17789	29090
纺织服装、服饰业	Manufacture of Textile Wearing Apparel and Accessories	108212	359024
皮革、毛皮、羽毛及其制品和制鞋业	Manufacture of Leather,Fur,Feathers and Related Products and Footwear	640	7288
木材加工和木、竹、藤、棕、草制品业	Processing of Timber,Manufacture of Wood Bamboo,Rattan,Palm and Straw Products	76608	182523
家具制造业	Manufacture of Furniture	932	5222
造纸和纸制品业	Manufacture of Paper and Paper Products	139703	189767
印刷和记录媒介复制业	Printing and Reproduction of Recording Media	-792	6058
文教、工美、体育和娱乐用品制造业	Manufacture of Culture,Art,Sports and Entertainment Goods		
石油加工、炼焦和核燃料加工业	Petroleum Processing and Coking ,Processing of Nuclear Fuel	1308594	7559741
化学原料和化学制品制造业	Manufacture of Chemical Raw Material and Chemical Products	719558	2166229
医药制造业	Manufacture of Medicines	6361586	4144149
化学纤维制造业	Manufacture of Chemical Fibers	749439	1518757
橡胶和塑料制品业	Manufacture of Rubber and Plastic	337561	282051
非金属矿物制品业	Manufacture of Non-metallic Mineral Products	1231733	972996
黑色金属冶炼和压延加工业	Smelting and Pressing of Ferrous Metals	2661047	6422336
有色金属冶炼和压延加工业	Smelting and Pressing of Non- ferrous Metals	816924	1632927
金属制品业	Manufacture of Metal Products	75496	242537
通用设备制造业	Manufacture of General Purpose Machinery	425239	340910
专用设备制造业	Manufacture of Special Purpose Machinery	390536	581118
汽车制造业	Manufacture of Automobiles	38216181	52153495
铁路、船舶、航空航天和其他运输设备制造业	Manufacture of Railroads,Ships,Aerospace and other Transportation Facilities	2731640	2812290
电气机械和器材制造业	Manufacture of Electrical Machinery and Equipment	380056	646070
计算机、通信和其他电子设备制造业	Manufacture of Communication Equipment, Computer and Other Electronic Equipment	1231814	1703817
仪器仪表制造业	Manufacture of Measuring Instrument	138276	58933
其他制造业	Other Manufacturing Industry	156444	218254
废弃资源综合利用业	Utilization of Waste Resources	16977	181885
金属制品、机械和设备修理业	Metal Products,Machinery and Equipment Repair	138467	208492
电力、热力生产和供应业	Production and Supply of Electricity and Heat Power	3082344	9295645
燃气生产和供应业	Production and Supply of Gas	329650	359825
水的生产和供应业	Production and Supply of Water	341815	178837

continued

unit: 10000 yuan

营业成本 Business Cost	销售费用 Selling Cost	管理费用 Management Cost	财务费用 Financial Cost	利息费用 Interest Cost
89915027	**1987604**	**3771501**	**573533**	**867289**
445975	3442	79513	33209	32827
1184354	19732	240409	74310	66931
135308	168	6066	-66	
225217	544	41505	7058	3229
14558	2312	4506	334	
650607	62	28346	4949	3718
3639850	86569	63173	44445	41132
955038	34623	32342	4683	7059
1279345	80244	77581	32355	32239
479433	26644	155228	-3533	398
26536	523	1254	495	496
285483	9710	20200	1946	668
4898		2341	1	
152572	6216	9474	238	799
4412	735	789	1230	1230
187926	1443	8053	-4241	190
3789	370	3166	561	563
6356239	23693	107258	13702	15625
1976108	24039	110683	81746	83399
1565675	814863	215573	26835	72618
1272149	22958	27345	49526	51758
239078	8412	19329	8069	4467
853497	14339	47873	51268	52671
6397979	83012	88319	103634	94036
1541486	6390	35888	11710	11359
225013	6582	8072	4157	4234
260332	20116	25154	3772	4964
452734	10445	23903	6410	6056
44725325	472795	1727081	-208984	32164
2335886	91829	128603	-23050	5662
530771	23616	30964	1689	1742
1245693	42385	89763	9642	10977
44421	2967	6747	-67	11
183851		12172	-1919	17
182569	47	1623	-227	17
183266	1617	13255	6029	5703
9207240	2266	221452	219092	204118
318259	17894	19063	12505	10891
142157	24004	37438	20	3323

13－3 续表 2

单位：万元

项　　目	Item	利润总额 Total Profits	亏损企业亏损总额 Total Loss
总计	**Total**	**7362034**	**2137408**
煤炭开采和洗选业	Mining and Washing of Coal	–21192	55536
石油和天然气开采业	Extraction of Petroleum and Natural Gas	202119	
黑色金属矿采选业	Mining and Processing of Ferrous Metal Ores	589	4624
有色金属矿采选业	Mining and Processing of Non–ferrous Metal Ores	182002	1153
非金属矿采选业	Mining and Processing of Non–metal Ores	7558	
开采辅助活动	Support Activities for Mining	–1600	4725
其他采矿业	Mining of Other Ores		
农副食品加工业	Processing of Food from Agricultural Products	42884	86474
食品制造业	Manufacture of Foods	127371	742
酒、饮料和精制茶制造业	Manufacture of Liquor,Beverages and Refined Tea	41797	31991
烟草制品业	Manufacture of Tobacco	130052	
纺织业	Manufacture of Textile	190	
纺织服装、服饰业	Manufacture of Textile Wearing Apparel and Accessories	42132	2098
皮革、毛皮、羽毛及其制品和制鞋业	Manufacture of Leather,Fur,Feathers and Related Products and Footwear	–26	26
木材加工和木、竹、藤、棕、草制品业	Processing of Timber,Manufacture of Wood Bamboo,Rattan,Palm and Straw Products	9308	
家具制造业	Manufacture of Furniture	–1861	1861
造纸和纸制品业	Manufacture of Paper and Paper Products	–3181	3864
印刷和记录媒介复制业	Printing and Reproduction of Recording Media	–1670	1670
文教、工美、体育和娱乐用品制造业	Manufacture of Culture,Art,Sports and Entertainment Goods		
石油加工、炼焦和核燃料加工业	Petroleum Processing and Coking ,Processing of Nuclear Fuel	–2270	23788
化学原料和化学制品制造业	Manufacture of Chemical Raw Material and Chemical Products	–35697	70253
医药制造业	Manufacture of Medicines	1300521	67913
化学纤维制造业	Manufacture of Chemical Fibers	120505	
橡胶和塑料制品业	Manufacture of Rubber and Plastic	–1290	15775
非金属矿物制品业	Manufacture of Non–metallic Mineral Products	–7005	60888
黑色金属冶炼和压延加工业	Smelting and Pressing of Ferrous Metals	–284601	322368
有色金属冶炼和压延加工业	Smelting and Pressing of Non– ferrous Metals	16130	26278
金属制品业	Manufacture of Metal Products	–3816	7121
通用设备制造业	Manufacture of General Purpose Machinery	15647	3100
专用设备制造业	Manufacture of Special Purpose Machinery	50740	297
汽车制造业	Manufacture of Automobiles	5848759	421541
铁路、船舶、航空航天和其他运输设备制造业	Manufacture of Railroads,Ships,Aerospace and other Transportation Facilities	177564	28586
电气机械和器材制造业	Manufacture of Electrical Machinery and Equipment	41881	
计算机、通信和其他电子设备制造业	Manufacture of Communication Equipment, Computer and Other Electronic Equipment	140678	14673
仪器仪表制造业	Manufacture of Measuring Instrument	–262	1818
其他制造业	Other Manufacturing Industry	12947	
废弃资源综合利用业	Utilization of Waste Resources	–2127	2127
金属制品、机械和设备修理业	Metal Products,Machinery and Equipment Repair	2659	241
电力、热力生产和供应业	Production and Supply of Electricity and Heat Power	–755834	837032
燃气生产和供应业	Production and Supply of Gas	–7584	15593
水的生产和供应业	Production and Supply of Water	–21982	23255

continued

unit: 10000 yuan

从业人员平均人数（人）Average Number of Employees (person)	资产负债率（%）Assets-liability Ratio (%)	营业收入利润率（%）Business Revenue Ratio (%)	人均营业收入（万元/人）Business Revenue Per Capita (10000 yuan/ person)
503341	**54.5**	**6.9**	**211.7**
14391	87.6	-3.8	30.8
26452	76.1	9.0	85.0
1764	41.4	0.4	82.5
6633	43.8	38.4	77.7
405	63.3	23.9	78.0
12941	79.4	-0.2	53.6
19759	61.5	1.1	196.3
8909	59.3	11.0	130.3
9686	68.6	2.7	163.6
3452	31.9	6.9	549.5
1093	46.6	0.7	26.6
19772	71.6	11.7	18.2
624	38.3	-0.3	11.7
2911	52.5	5.1	67.3
320	96.2	-35.6	16.3
854	50.9	-1.7	228.1
371	102.4	-27.6	16.3
25927	52.9	0.0	383.8
10033	74.4	-1.6	205.5
30785	34.7	31.4	134.6
9721	68.3	7.9	179.9
4335	53.4	-0.5	64.9
7911	62.6	-0.7	127.6
21853	63.2	-4.4	275.1
5686	43.2	1.0	291.7
3023	77.4	-1.6	81.6
5838	57.8	4.6	59.5
5124	68.6	8.7	109.4
139890	47.1	11.2	354.7
17560	60.1	6.3	160.4
3086	50.3	6.5	210.0
10543	43.1	8.3	161.7
1097	32.2	-0.4	54.0
	56.8	5.9	122.3
513	85.7	-1.2	363.0
2380	67.6	1.3	92.1
56893	77	-8.1	171.0
3259	69.2	-2.1	109.0
7547	61.5	-12.3	24.8

13－4 按行业分国有控股工业企业主要指标（2022年）

单位：万元

项目	Item	企业单位数（个）Number of Enterprises (unit)	#亏损企业 Loss－making Enterprises
总计	**Total**	**408**	**147**
煤炭开采和洗选业	Mining and Washing of Coal	8	4
石油和天然气开采业	Extraction of Petroleum and Natural Gas	3	1
黑色金属矿采选业	Mining and Processing of Ferrous Metal Ores	3	1
有色金属矿采选业	Mining and Processing of Non-ferrous Metal Ores	5	1
非金属矿采选业	Mining and Processing of Non-metal Ores		
开采辅助活动	Support Activities for Mining	3	1
其他采矿业	Mining of Other Ores		
农副食品加工业	Processing of Food from Agricultural Products	11	7
食品制造业	Manufacture of Foods	2	1
酒、饮料和精制茶制造业	Manufacture of Liquor,Beverages and Refined Tea	5	1
烟草制品业	Manufacture of Tobacco	3	
纺织业	Manufacture of Textile		
纺织服装、服饰业	Manufacture of Textile Wearing Apparel and Accessories	3	3
皮革、毛皮、羽毛及其制品和制鞋业	Manufacture of Leather,Fur,Feathers and Related Products and Footwear		
木材加工和木、竹、藤、棕、草制品业	Processing of Timber,Manufacture of Wood Bamboo,Rattan,Palm and Straw Products	4	
家具制造业	Manufacture of Furniture		
造纸和纸制品业	Manufacture of Paper and Paper Products		
印刷和记录媒介复制业	Printing and Reproduction of Recording Media	1	
文教、工美、体育和娱乐用品制造业	Manufacture of Culture,Art,Sports and Entertainment Goods		
石油加工、炼焦和核燃料加工业	Petroleum Processing and Coking ,Processing of Nuclear Fuel	1	
化学原料和化学制品制造业	Manufacture of Chemical Raw Material and Chemical Products	13	2
医药制造业	Manufacture of Medicines	17	2
化学纤维制造业	Manufacture of Chemical Fibers	2	
橡胶和塑料制品业	Manufacture of Rubber and Plastic	4	3
非金属矿物制品业	Manufacture of Non-metallic Mineral Products	32	20
黑色金属冶炼和压延加工业	Smelting and Pressing of Ferrous Metals	8	1
有色金属冶炼和压延加工业	Smelting and Pressing of Non- ferrous Metals	1	
金属制品业	Manufacture of Metal Products	5	1
通用设备制造业	Manufacture of General Purpose Machinery	10	5
专用设备制造业	Manufacture of Special Purpose Machinery	9	3
汽车制造业	Manufacture of Automobiles	34	10
铁路、船舶、航空航天和其他运输设备制造业	Manufacture of Railroads,Ships,Aerospace and other Transportation Facilities	4	
电气机械和器材制造业	Manufacture of Electrical Machinery and Equipment	7	2
计算机、通信和其他电子设备制造业	Manufacture of Communication Equipment, Computer and Other Electronic Equipment	6	2
仪器仪表制造业	Manufacture of Measuring Instrument	4	1
其他制造业	Other Manufacturing Industry	1	
废弃资源综合利用业	Utilization of Waste Resources	1	
金属制品、机械和设备修理业	Metal Products,Machinery and Equipment Repair	1	
电力、热力生产和供应业	Production and Supply of Electricity and Heat Power	170	59
燃气生产和供应业	Production and Supply of Gas	10	3
水的生产和供应业	Production and Supply of Water	17	13

Main Indicators of State-owned and State Holding Industrial Enterprises By Sector (2022)

unit: 10000 yuan

产成品 Finished Goods	资产总计 Total Assets	流动资产合计 Total Current Assets	应收账款 Account Receivable	负债合计 Total Liabilities
2233548	**122851821**	**55085307**	**15084734**	**68205367**
6193	1996871	704039	11579	1828251
6680	3955725	-97015	7241	2984102
2993	416909	100258	93832	180011
10263	232200	92302	46118	139617
41152	610899	229661	134744	618844
42376	481736	310600	5245	349621
888	14015	6735	3635	5198
32400	725168	407551	94133	566278
37428	1130289	755614	21714	359916
11601	56513	22337	2983	22761
6013	365341	153969	7361	236973
470	3376	1140	108	4951
57023	2332731	565099	7665	893964
54972	1872248	1119185	47493	1096678
41911	2726256	1387266	375378	797600
80642	2370461	964900	248250	1616856
2647	56100	38320	9779	45426
38382	2256574	1244076	368478	1424653
75469	2152464	496731	83213	1691198
2536	317738	209443	3764	181479
21910	320318	197197	46527	232582
26916	632880	395587	118976	409738
37010	1072222	839456	255281	808461
1517476	65220114	34404470	9459140	29986031
3323	5755162	4498870	1713064	3605649
37008	665012	469841	141853	415775
16861	214789	153612	25963	107735
6008	218567	103756	32039	73535
6054	361861	278864	25966	205417
	11179	103		17919
348	379849	103634	19818	259243
2856	21651055	4274572	1585674	15581500
4536	1146306	264377	44495	763270
1204	1128894	388758	43227	694138

单位：万元

13－4 续表 1

项　　目	Item	所有者权益合计 Total Owners' Equities	营业收入 Business Revenue
总计	**Total**	**54646451**	**83128567**
煤炭开采和洗选业	Mining and Washing of Coal	168620	526086
石油和天然气开采业	Extraction of Petroleum and Natural Gas	971623	2124905
黑色金属矿采选业	Mining and Processing of Ferrous Metal Ores	236898	205113
有色金属矿采选业	Mining and Processing of Non-ferrous Metal Ores	92584	194664
非金属矿采选业	Mining and Processing of Non-metal Ores		
开采辅助活动	Support Activities for Mining	-7945	615751
其他采矿业	Mining of Other Ores		
农副食品加工业	Processing of Food from Agricultural Products	132114	868734
食品制造业	Manufacture of Foods	8818	17669
酒、饮料和精制茶制造业	Manufacture of Liquor,Beverages and Refined Tea	158890	665325
烟草制品业	Manufacture of Tobacco	770373	1910129
纺织业	Manufacture of Textile		
纺织服装、服饰业	Manufacture of Textile Wearing Apparel and Accessories	33753	23119
皮革、毛皮、羽毛及其制品和制鞋业	Manufacture of Leather,Fur,Feathers and Related Products and Footwear		
木材加工和木、竹、藤、棕、草制品业	Processing of Timber,Manufacture of Wood Bamboo,Rattan,Palm and Straw Products	128368	63301
家具制造业	Manufacture of Furniture		
造纸和纸制品业	Manufacture of Paper and Paper Products		
印刷和记录媒介复制业	Printing and Reproduction of Recording Media	-1575	3145
文教、工美、体育和娱乐用品制造业	Manufacture of Culture,Art,Sports and Entertainment Goods		
石油加工、炼焦和核燃料加工业	Petroleum Processing and Coking ,Processing of Nuclear Fuel	1438767	6624112
化学原料和化学制品制造业	Manufacture of Chemical Raw Material and Chemical Products	775569	2053432
医药制造业	Manufacture of Medicines	1928656	1358379
化学纤维制造业	Manufacture of Chemical Fibers	753605	1524339
橡胶和塑料制品业	Manufacture of Rubber and Plastic	10674	38978
非金属矿物制品业	Manufacture of Non-metallic Mineral Products	831921	830138
黑色金属冶炼和压延加工业	Smelting and Pressing of Ferrous Metals	461266	2539219
有色金属冶炼和压延加工业	Smelting and Pressing of Non- ferrous Metals	136259	1061509
金属制品业	Manufacture of Metal Products	87736	139456
通用设备制造业	Manufacture of General Purpose Machinery	223141	201102
专用设备制造业	Manufacture of Special Purpose Machinery	263761	435181
汽车制造业	Manufacture of Automobiles	35234083	44295673
铁路、船舶、航空航天和其他运输设备制造业	Manufacture of Railroads,Ships,Aerospace and other Transportation Facilities	2149513	2509403
电气机械和器材制造业	Manufacture of Electrical Machinery and Equipment	249237	402072
计算机、通信和其他电子设备制造业	Manufacture of Communication Equipment, Computer and Other Electronic Equipment	107054	202554
仪器仪表制造业	Manufacture of Measuring Instrument	145032	69803
其他制造业	Other Manufacturing Industry	156444	218254
废弃资源综合利用业	Utilization of Waste Resources	-6740	1927
金属制品、机械和设备修理业	Metal Products,Machinery and Equipment Repair	120607	181439
电力、热力生产和供应业	Production and Supply of Electricity and Heat Power	6069554	10589502
燃气生产和供应业	Production and Supply of Gas	383037	420095
水的生产和供应业	Production and Supply of Water	434756	214060

continued

unit: 10000 yuan

营业成本 Business Cost	销售费用 Selling Cost	管理费用 Management Cost	财务费用 Financial Cost	利息费用 Interest Cost
69950380	**1030636**	**2867984**	**423217**	**672397**
428818	3909	80430	33308	33608
1140263	18101	236622	67297	66928
197088	338	6605	-22	
114231	20	18928	3932	4158
596365		22326	3802	3649
824112	3183	20592	12805	10217
16134	135	1063	51	54
601522	12385	30718	13989	15308
487106	26644	157486	-3560	398
20061	27	4514	-20	
54230	1409	8823	-805	2322
2227	69	798	113	
5462663	19707	97764	3762	7071
1905656	15902	84238	22960	25496
208754	328370	81333	-1652	5741
1276480	23038	27835	49576	51809
37306	1629	2391	139	150
751448	12843	46483	39286	38750
2662069	4246	14314	21058	20048
1033326	3448	5736	2459	2449
125470	3124	6727	4786	1973
163404	4912	17122	3243	3610
364668	6397	17082	6749	6720
37855033	387222	1410469	-225253	7759
2066111	84324	103364	-25449	771
359627	13583	9294	4939	4397
168922	2593	10106	-950	254
51611	3959	7419	107	185
183851		12172	-1919	17
1159		678		
160856	1617	10756	6022	5703
10089487	3345	250504	368021	336854
367823	19271	21913	11204	9819
172502	24887	41381	3242	6183

13－4 续表 2

单位：万元

项　　目	Item	利润总额 Total Profits	亏损企业亏损总额 Total Loss
总计	**Total**	**5846156**	**1746977**
煤炭开采和洗选业	Mining and Washing of Coal	-33595	63003
石油和天然气开采业	Extraction of Petroleum and Natural Gas	136316	316
黑色金属矿采选业	Mining and Processing of Ferrous Metal Ores	-1643	4624
有色金属矿采选业	Mining and Processing of Non-ferrous Metal Ores	53709	1680
非金属矿采选业	Mining and Processing of Non-metal Ores		
开采辅助活动	Support Activities for Mining	464	2409
其他采矿业	Mining of Other Ores		
农副食品加工业	Processing of Food from Agricultural Products	5470	24054
食品制造业	Manufacture of Foods	65	484
酒、饮料和精制茶制造业	Manufacture of Liquor,Beverages and Refined Tea	3368	22803
烟草制品业	Manufacture of Tobacco	133274	
纺织业	Manufacture of Textile		
纺织服装、服饰业	Manufacture of Textile Wearing Apparel and Accessories	-1647	1647
皮革、毛皮、羽毛及其制品和制鞋业	Manufacture of Leather,Fur,Feathers and Related Products and Footwear		
木材加工和木、竹、藤、棕、草制品业	Processing of Timber,Manufacture of Wood Bamboo,Rattan,Palm and Straw Products	5182	
家具制造业	Manufacture of Furniture		
造纸和纸制品业	Manufacture of Paper and Paper Products		
印刷和记录媒介复制业	Printing and Reproduction of Recording Media	68	
文教、工美、体育和娱乐用品制造业	Manufacture of Culture,Art,Sports and Entertainment Goods		
石油加工、炼焦和核燃料加工业	Petroleum Processing and Coking ,Processing of Nuclear Fuel	21518	
化学原料和化学制品制造业	Manufacture of Chemical Raw Material and Chemical Products	23952	4863
医药制造业	Manufacture of Medicines	564293	3494
化学纤维制造业	Manufacture of Chemical Fibers	120913	
橡胶和塑料制品业	Manufacture of Rubber and Plastic	-3541	3554
非金属矿物制品业	Manufacture of Non-metallic Mineral Products	-32371	64162
黑色金属冶炼和压延加工业	Smelting and Pressing of Ferrous Metals	-178530	196457
有色金属冶炼和压延加工业	Smelting and Pressing of Non- ferrous Metals	6939	
金属制品业	Manufacture of Metal Products	1011	1017
通用设备制造业	Manufacture of General Purpose Machinery	5239	4226
专用设备制造业	Manufacture of Special Purpose Machinery	10110	4120
汽车制造业	Manufacture of Automobiles	5378523	351507
铁路、船舶、航空航天和其他运输设备制造业	Manufacture of Railroads,Ships,Aerospace and other Transportation Facilities	116777	
电气机械和器材制造业	Manufacture of Electrical Machinery and Equipment	12646	1823
计算机、通信和其他电子设备制造业	Manufacture of Communication Equipment, Computer and Other Electronic Equipment	333	10891
仪器仪表制造业	Manufacture of Measuring Instrument	603	1818
其他制造业	Other Manufacturing Industry	12947	
废弃资源综合利用业	Utilization of Waste Resources	11	
金属制品、机械和设备修理业	Metal Products,Machinery and Equipment Repair	1019	
电力、热力生产和供应业	Production and Supply of Electricity and Heat Power	-492474	931465
燃气生产和供应业	Production and Supply of Gas	143	16568
水的生产和供应业	Production and Supply of Water	-24937	29991

continued

unit: 10000 yuan

从业人员平均人数（人）Average Number of Employees (person)	资产负债率（%）Assets–liability Ratio (%)	营业收入利润率（%）Business Revenue Ratio (%)	人均营业收入（万元/人）Business Revenue Per Capita (10000 yuan/ person)
309847	**55.5**	**7.0**	**266.9**
13028	91.6	–6.4	31.1
25179	75.4	6.4	84.4
1775	43.2	–0.8	116.9
3003	60.1	27.6	79.6
10436	101.3	0.1	60.9
1609	72.6	0.6	486.4
104	37.1	0.4	174.9
3612	78.1	0.5	213.5
3727	31.8	7.0	512.5
291	40.3	–7.1	88.2
1382	64.9	8.2	53.8
134	146.7	2.2	23.8
23439	38.3	0.3	386.0
6827	58.6	1.2	276.7
7823	29.3	41.5	173.3
9888	68.2	7.9	177.0
379	81.0	–9.1	102.6
5625	63.1	–3.9	144.6
6381	78.6	–7.0	320.1
620	57.1	0.7	1743.0
1137	72.6	0.7	125.8
3946	64.7	2.6	52.8
3035	75.4	2.3	136.4
86768	46.0	12.1	479.4
12499	62.7	4.7	200.8
1314	62.5	3.1	305.8
1482	50.2	0.2	131.9
1300	33.6	0.9	53.9
	56.8	5.9	122.3
3	160.3	0.5	642.4
1241	68.2	0.6	162.4
60120	72.0	–4.7	183.9
3366	66.6		123.3
8374	61.5	–11.6	26.6

13－5　按行业分私人控股工业企业主要指标（2022年）

单位：万元

项　　目	Item	企业单位数（个）Number of Enterprises (unit)	#亏损企业 Loss－making Enterprises
总计	**Total**	**2560**	**877**
煤炭开采和洗选业	Mining and Washing of Coal	20	9
石油和天然气开采业	Extraction of Petroleum and Natural Gas	5	2
黑色金属矿采选业	Mining and Processing of Ferrous Metal Ores	22	14
有色金属矿采选业	Mining and Processing of Non-ferrous Metal Ores	15	10
非金属矿采选业	Mining and Processing of Non-metal Ores	19	7
开采辅助活动	Support Activities for Mining	10	3
其他采矿业	Mining of Other Ores		
农副食品加工业	Processing of Food from Agricultural Products	450	113
食品制造业	Manufacture of Foods	90	32
酒、饮料和精制茶制造业	Manufacture of Liquor,Beverages and Refined Tea	38	18
烟草制品业	Manufacture of Tobacco		
纺织业	Manufacture of Textile	15	4
纺织服装、服饰业	Manufacture of Textile Wearing Apparel and Accessories	46	12
皮革、毛皮、羽毛及其制品和制鞋业	Manufacture of Leather,Fur,Feathers and Related Products and Footwear	6	1
木材加工和木、竹、藤、棕、草制品业	Processing of Timber,Manufacture of Wood Bamboo,Rattan,Palm and Straw Products	56	14
家具制造业	Manufacture of Furniture	10	4
造纸和纸制品业	Manufacture of Paper and Paper Products	33	19
印刷和记录媒介复制业	Printing and Reproduction of Recording Media	18	7
文教、工美、体育和娱乐用品制造业	Manufacture of Culture,Art,Sports and Entertainment Goods	5	2
石油加工、炼焦和核燃料加工业	Petroleum Processing and Coking ,Processing of Nuclear Fuel	18	7
化学原料和化学制品制造业	Manufacture of Chemical Raw Material and Chemical Products	134	50
医药制造业	Manufacture of Medicines	229	66
化学纤维制造业	Manufacture of Chemical Fibers	4	2
橡胶和塑料制品业	Manufacture of Rubber and Plastic	70	20
非金属矿物制品业	Manufacture of Non-metallic Mineral Products	273	93
黑色金属冶炼和压延加工业	Smelting and Pressing of Ferrous Metals	26	13
有色金属冶炼和压延加工业	Smelting and Pressing of Non- ferrous Metals	24	11
金属制品业	Manufacture of Metal Products	79	27
通用设备制造业	Manufacture of General Purpose Machinery	76	23
专用设备制造业	Manufacture of Special Purpose Machinery	101	22
汽车制造业	Manufacture of Automobiles	346	144
铁路、船舶、航空航天和其他运输设备制造业	Manufacture of Railroads,Ships,Aerospace and other Transportation Facilities	38	9
电气机械和器材制造业	Manufacture of Electrical Machinery and Equipment	55	17
计算机、通信和其他电子设备制造业	Manufacture of Communication Equipment, Computer and Other Electronic Equipment	29	7
仪器仪表制造业	Manufacture of Measuring Instrument	19	3
其他制造业	Other Manufacturing Industry	3	1
废弃资源综合利用业	Utilization of Waste Resources	14	6
金属制品、机械和设备修理业	Metal Products,Machinery and Equipment Repair	4	1
电力、热力生产和供应业	Production and Supply of Electricity and Heat Power	126	75
燃气生产和供应业	Production and Supply of Gas	27	8
水的生产和供应业	Production and Supply of Water	7	1

Main Indicators of Private Industrial Enterprises by Sector (2022)

unit: 10000 yuan

产成品 Finished Goods	资产总计 Total Assets	流动资产合计 Total Current Assets	应收账款 Account Receivable	负债合计 Total Liabilities
2474821	**60257211**	**33032909**	**7612406**	**37407824**
16398	222926	125224	30549	223284
2709	235883	62904	14814	207226
16900	821208	361825	39490	411675
15861	834125	280803	21025	582745
4103	169930	69950	20988	116792
6454	415089	145393	57421	190037
360298	6019093	4242652	590940	4004010
98059	2658179	1433036	356125	1613943
105568	1542759	703025	59796	898131
11239	203638	129485	28279	161155
28832	527868	404498	126779	347033
23059	57705	43167	9022	43090
35742	327432	241070	31347	227703
909	61884	28163	3620	41902
9729	283785	137088	44275	244938
8547	178652	90369	39801	115891
4551	42940	25747	1060	34451
42963	789125	373370	41207	671766
157832	3537543	1742311	286212	2909574
318896	9916619	5901138	1040511	4888156
2406	77342	17107	6304	16879
49535	702926	399593	154735	408135
136637	4474897	2975558	973996	3114815
161115	5704974	1462158	109123	3211640
53034	1353362	809936	173082	595395
38571	770455	497072	183242	596755
56351	942076	703409	207873	595831
91926	1481971	1139261	329046	962945
457634	6720220	4152693	1311588	3818804
43931	1152370	824958	303740	557244
42196	1015804	788223	434220	629389
33246	1256397	600635	135888	525439
9269	140031	101428	30005	44765
821	37196	32575	10420	10410
3978	217266	144224	15431	134878
4448	59103	40743	16478	37775
15163	4846370	1641379	319395	3951919
5535	362504	125665	35470	207852
378	95571	35080	19110	53453

单位：万元

13－5 续表 1

项　　目	Item	所有者权益合计 Total Owners' Equities	营业收入 Business Revenue
总计	**Total**	**22849445**	**36890332**
煤炭开采和洗选业	Mining and Washing of Coal	-358	183161
石油和天然气开采业	Extraction of Petroleum and Natural Gas	28657	133363
黑色金属矿采选业	Mining and Processing of Ferrous Metal Ores	409533	206059
有色金属矿采选业	Mining and Processing of Non-ferrous Metal Ores	251379	242491
非金属矿采选业	Mining and Processing of Non-metal Ores	53137	81630
开采辅助活动	Support Activities for Mining	225052	114052
其他采矿业	Mining of Other Ores		
农副食品加工业	Processing of Food from Agricultural Products	2015077	6828201
食品制造业	Manufacture of Foods	1044236	1646986
酒、饮料和精制茶制造业	Manufacture of Liquor,Beverages and Refined Tea	644627	747687
烟草制品业	Manufacture of Tobacco		
纺织业	Manufacture of Textile	42482	108906
纺织服装、服饰业	Manufacture of Textile Wearing Apparel and Accessories	180834	427093
皮革、毛皮、羽毛及其制品和制鞋业	Manufacture of Leather,Fur,Feathers and Related Products and Footwear	14615	41449
木材加工和木、竹、藤、棕、草制品业	Processing of Timber,Manufacture of Wood Bamboo,Rattan,Palm and Straw Products	99730	273466
家具制造业	Manufacture of Furniture	19982	26990
造纸和纸制品业	Manufacture of Paper and Paper Products	38846	263635
印刷和记录媒介复制业	Printing and Reproduction of Recording Media	62761	119290
文教、工美、体育和娱乐用品制造业	Manufacture of Culture,Art,Sports and Entertainment Goods	8489	15830
石油加工、炼焦和核燃料加工业	Petroleum Processing and Coking ,Processing of Nuclear Fuel	117359	1039359
化学原料和化学制品制造业	Manufacture of Chemical Raw Material and Chemical Products	627968	2251996
医药制造业	Manufacture of Medicines	5028460	3287678
化学纤维制造业	Manufacture of Chemical Fibers	60463	15827
橡胶和塑料制品业	Manufacture of Rubber and Plastic	294790	413056
非金属矿物制品业	Manufacture of Non-metallic Mineral Products	1360079	2147366
黑色金属冶炼和压延加工业	Smelting and Pressing of Ferrous Metals	2493334	5095156
有色金属冶炼和压延加工业	Smelting and Pressing of Non- ferrous Metals	757967	731659
金属制品业	Manufacture of Metal Products	173700	589866
通用设备制造业	Manufacture of General Purpose Machinery	346244	518131
专用设备制造业	Manufacture of Special Purpose Machinery	519025	893239
汽车制造业	Manufacture of Automobiles	2901413	4958072
铁路、船舶、航空航天和其他运输设备制造业	Manufacture of Railroads,Ships,Aerospace and other Transportation Facilities	595125	450964
电气机械和器材制造业	Manufacture of Electrical Machinery and Equipment	386414	680362
计算机、通信和其他电子设备制造业	Manufacture of Communication Equipment, Computer and Other Electronic Equipment	730957	516263
仪器仪表制造业	Manufacture of Measuring Instrument	95266	72212
其他制造业	Other Manufacturing Industry	26786	18217
废弃资源综合利用业	Utilization of Waste Resources	82387	258651
金属制品、机械和设备修理业	Metal Products,Machinery and Equipment Repair	21328	35957
电力、热力生产和供应业	Production and Supply of Electricity and Heat Power	894532	1173197
燃气生产和供应业	Production and Supply of Gas	154652	262431
水的生产和供应业	Production and Supply of Water	42117	20388

continued

unit: 10000 yuan

营业成本 Business Cost	销售费用 Selling Cost	管理费用 Management Cost	财务费用 Financial Cost	利息费用 Interest Cost
31209525	**1538016**	**1673445**	**636285**	**514886**
151822	2070	14467	1368	643
50616	1709	6926	7007	3
176882	6240	22579	7377	7006
105109	1556	34670	9321	5258
50966	5390	10491	1031	651
102075	74	9096	2025	882
6366783	132795	110873	68964	52118
1322362	62533	68098	18153	17104
617094	29899	47237	21423	18749
95908	3430	7627	1399	1205
342673	11489	25247	1055	1014
37209	243	3058	208	
238158	9150	11787	5739	3950
22788	1209	2545	1533	1446
247746	6079	13658	4448	2430
101821	2050	10605	1812	1585
13189	1016	2012	705	
981333	6460	18926	11686	10475
2019618	60251	84221	22508	18468
1450451	805305	278356	97673	93114
12674	370	2323	263	
360303	10904	37628	8633	4723
1840041	74851	106057	39517	36576
4909424	83408	87976	87974	77670
658752	5747	37531	14663	14290
536133	12647	29363	13327	8913
407820	22438	41278	5436	4117
647414	43352	66254	7450	6733
4312849	82632	271067	47261	37800
366286	7719	36648	1422	3007
589175	12257	26657	5219	4254
376341	13217	32621	10723	11824
39801	3001	11661	152	204
14324	761	1023	249	
247555	1556	6139	9	254
29065	390	3410	-1	
1149677	2378	81046	100493	62751
206198	11353	9999	5406	3051
11091	90	2285	2655	2616

单位：万元

13－5 续表 2

项　　目	Item	利润总额 Total Profits	亏损企业亏损总额 Total Loss
总计	**Total**	**1353550**	**1077058**
煤炭开采和洗选业	Mining and Washing of Coal	16203	2788
石油和天然气开采业	Extraction of Petroleum and Natural Gas	66021	164
黑色金属矿采选业	Mining and Processing of Ferrous Metal Ores	−10688	21401
有色金属矿采选业	Mining and Processing of Non-ferrous Metal Ores	79193	21395
非金属矿采选业	Mining and Processing of Non-metal Ores	10384	177
开采辅助活动	Support Activities for Mining	390	5442
其他采矿业	Mining of Other Ores		
农副食品加工业	Processing of Food from Agricultural Products	149772	60650
食品制造业	Manufacture of Foods	167558	19428
酒、饮料和精制茶制造业	Manufacture of Liquor,Beverages and Refined Tea	26663	16895
烟草制品业	Manufacture of Tobacco		
纺织业	Manufacture of Textile	−196	3801
纺织服装、服饰业	Manufacture of Textile Wearing Apparel and Accessories	45904	1541
皮革、毛皮、羽毛及其制品和制鞋业	Manufacture of Leather,Fur,Feathers and Related Products and Footwear	622	26
木材加工和木、竹、藤、棕、草制品业	Processing of Timber,Manufacture of Wood Bamboo,Rattan,Palm and Straw Products	7177	4938
家具制造业	Manufacture of Furniture	−1162	2286
造纸和纸制品业	Manufacture of Paper and Paper Products	−10348	12079
印刷和记录媒介复制业	Printing and Reproduction of Recording Media	2236	3256
文教、工美、体育和娱乐用品制造业	Manufacture of Culture,Art,Sports and Entertainment Goods	−2578	2786
石油加工、炼焦和核燃料加工业	Petroleum Processing and Coking ,Processing of Nuclear Fuel	−23830	27445
化学原料和化学制品制造业	Manufacture of Chemical Raw Material and Chemical Products	33441	38056
医药制造业	Manufacture of Medicines	482587	177379
化学纤维制造业	Manufacture of Chemical Fibers	−333	960
橡胶和塑料制品业	Manufacture of Rubber and Plastic	−12849	25754
非金属矿物制品业	Manufacture of Non-metallic Mineral Products	51841	76248
黑色金属冶炼和压延加工业	Smelting and Pressing of Ferrous Metals	−100760	140167
有色金属冶炼和压延加工业	Smelting and Pressing of Non- ferrous Metals	1693	36590
金属制品业	Manufacture of Metal Products	−7782	21450
通用设备制造业	Manufacture of General Purpose Machinery	23153	9938
专用设备制造业	Manufacture of Special Purpose Machinery	101381	13791
汽车制造业	Manufacture of Automobiles	139729	107948
铁路、船舶、航空航天和其他运输设备制造业	Manufacture of Railroads,Ships,Aerospace and other Transportation Facilities	103536	8474
电气机械和器材制造业	Manufacture of Electrical Machinery and Equipment	31156	5107
计算机、通信和其他电子设备制造业	Manufacture of Communication Equipment, Computer and Other Electronic Equipment	58819	8024
仪器仪表制造业	Manufacture of Measuring Instrument	11576	636
其他制造业	Other Manufacturing Industry	2278	121
废弃资源综合利用业	Utilization of Waste Resources	6070	3823
金属制品、机械和设备修理业	Metal Products,Machinery and Equipment Repair	2363	241
电力、热力生产和供应业	Production and Supply of Electricity and Heat Power	−128734	191963
燃气生产和供应业	Production and Supply of Gas	26803	3587
水的生产和供应业	Production and Supply of Water	4258	303

continued

unit: 10000 yuan

从业人员平均人数（人）Average Number of Employees (person)	资产负债率（%）Assets-liability Ratio (%)	营业收入利润率（%）Business Revenue Ratio (%)	人均营业收入（万元/人）Business Revenue Per Capita (10000 yuan/person)
330288	**62.1**	**3.7**	**111.3**
4418	100.2	8.8	40.9
1558	87.9	49.5	84.6
2290	50.1	-5.2	85.7
4328	69.9	32.7	54.8
1113	68.7	12.7	73.5
2989	45.8	0.3	38.1
30186	66.5	2.2	227.3
14843	60.7	10.2	111.2
5753	58.2	3.6	131.0
2459	79.1	-0.2	44.5
22408	65.7	10.7	18.8
1364	74.7	1.5	30.6
4659	69.5	2.6	57.5
664	67.7	-4.3	34.5
2594	86.3	-3.9	91.1
2330	64.9	1.9	53.2
596	80.2	-16.3	26.6
3293	85.1	-2.3	309.4
11015	82.2	1.5	195.6
41480	49.3	14.7	79.0
286	21.8	-2.1	59.1
6131	58.1	-3.1	68.9
18677	69.6	2.4	116.4
17142	56.3	-2.0	299.0
6620	44.0	0.2	111.8
6390	77.5	-1.3	93.9
7469	63.2	4.5	69.1
10705	65.0	11.3	82.2
58452	56.8	2.8	85.7
7429	48.4	23.0	60.5
4609	62.0	4.6	146.1
7260	41.8	11.4	71.7
1703	32.0	16.0	42.8
155	28.0	12.5	117.5
1181	62.1	2.3	221.3
1443	63.9	6.6	24.8
12490	81.5	-11.0	90.4
1437	57.3	10.2	159.7
369	55.9	20.9	55.0

13－6 按行业分外商控股和港澳台商控股工业企业主要指标（2022年）

单位：万元

项 目	Item	企业单位数（个）Number of Enterprises (unit)	#亏损企业 Loss－making Enterprises
总计	**Total**	198	58
煤炭开采和洗选业	Mining and Washing of Coal		
石油和天然气开采业	Extraction of Petroleum and Natural Gas	1	
黑色金属矿采选业	Mining and Processing of Ferrous Metal Ores		
有色金属矿采选业	Mining and Processing of Non-ferrous Metal Ores	1	
非金属矿采选业	Mining and Processing of Non-metal Ores		
开采辅助活动	Support Activities for Mining		
其他采矿业	Mining of Other Ores		
农副食品加工业	Processing of Food from Agricultural Products	21	8
食品制造业	Manufacture of Foods	9	4
酒、饮料和精制茶制造业	Manufacture of Liquor,Beverages and Refined Tea	14	1
烟草制品业	Manufacture of Tobacco		
纺织业	Manufacture of Textile	1	
纺织服装、服饰业	Manufacture of Textile Wearing Apparel and Accessories	1	1
皮革、毛皮、羽毛及其制品和制鞋业	Manufacture of Leather,Fur,Feathers and Related Products and Footwear		
木材加工和木、竹、藤、棕、草制品业	Processing of Timber,Manufacture of Wood Bamboo,Rattan,Palm and Straw Products	2	
家具制造业	Manufacture of Furniture		
造纸和纸制品业	Manufacture of Paper and Paper Products	1	
印刷和记录媒介复制业	Printing and Reproduction of Recording Media	1	
文教、工美、体育和娱乐用品制造业	Manufacture of Culture,Art,Sports and Entertainment Goods	1	
石油加工、炼焦和核燃料加工业	Petroleum Processing and Coking ,Processing of Nuclear Fuel	1	
化学原料和化学制品制造业	Manufacture of Chemical Raw Material and Chemical Products	13	4
医药制造业	Manufacture of Medicines	10	4
化学纤维制造业	Manufacture of Chemical Fibers	1	1
橡胶和塑料制品业	Manufacture of Rubber and Plastic	5	1
非金属矿物制品业	Manufacture of Non-metallic Mineral Products	8	4
黑色金属冶炼和压延加工业	Smelting and Pressing of Ferrous Metals	2	2
有色金属冶炼和压延加工业	Smelting and Pressing of Non- ferrous Metals	2	2
金属制品业	Manufacture of Metal Products	1	1
通用设备制造业	Manufacture of General Purpose Machinery	1	
专用设备制造业	Manufacture of Special Purpose Machinery	5	1
汽车制造业	Manufacture of Automobiles	72	15
铁路、船舶、航空航天和其他运输设备制造业	Manufacture of Railroads,Ships,Aerospace and other Transportation Facilities	1	
电气机械和器材制造业	Manufacture of Electrical Machinery and Equipment	4	1
计算机、通信和其他电子设备制造业	Manufacture of Communication Equipment, Computer and Other Electronic Equipment	5	1
仪器仪表制造业	Manufacture of Measuring Instrument	1	1
其他制造业	Other Manufacturing Industry		
废弃资源综合利用业	Utilization of Waste Resources		
金属制品、机械和设备修理业	Metal Products,Machinery and Equipment Repair		
电力、热力生产和供应业	Production and Supply of Electricity and Heat Power	5	3
燃气生产和供应业	Production and Supply of Gas	8	3
水的生产和供应业	Production and Supply of Water		

Main Indicators of Industrial Enterprises by Foreign Investment and Hong Kong, Macao and Taiwan Investment by Sector (2022)

unit: 10000 yuan

产成品 Finished Goods	资产总计 Total Assets	流动资产合计 Total Current Assets	应收账款 Account Receivable	负债合计 Total Liabilities
512695	13622653	7929642	2753776	8127933
445	105518	51716	6455	71119
122474	1912945	920434	275245	1211683
8154	452617	294829	53266	506210
27681	615209	228240	65489	345446
19	1685	1359	109	689
1984	22068	13255	2428	20751
15641	53205	44153	4445	12196
1352	279871	65608	34723	136313
2721	27566	19027	7029	4159
	2551	1794	302	1305
43	10282	3198	252	1875
92117	1404362	615939	164730	1144429
9504	353312	198452	72999	127672
1758	27678	4016	320	26962
22240	527739	174604	37915	286050
13196	138573	53383	12109	93780
1410	40025	19301	5628	24290
1086	16126	10257	2320	11052
1893	30506	24740	14418	25729
3940	99933	91645	37385	39428
4361	51920	32530	8066	41629
137766	5438098	3856922	1450753	3108321
1160	11524	8549	6775	6531
10636	243549	147631	74895	135440
30244	1261448	909707	361762	445152
	2589	2129	417	1177
25	273979	63160	36103	207839
844	217778	73064	17439	90708

单位：万元

13－6 续表 1

项 目	Item	所有者权益合计 Total Owners' Equities	营业收入 Business Revenue
总计	**Total**	**5494718**	**13535592**
煤炭开采和洗选业	Mining and Washing of Coal		
石油和天然气开采业	Extraction of Petroleum and Natural Gas	34399	50579
黑色金属矿采选业	Mining and Processing of Ferrous Metal Ores		
有色金属矿采选业	Mining and Processing of Non-ferrous Metal Ores		
非金属矿采选业	Mining and Processing of Non-metal Ores		
开采辅助活动	Support Activities for Mining		
其他采矿业	Mining of Other Ores		
农副食品加工业	Processing of Food from Agricultural Products	701262	2201389
食品制造业	Manufacture of Foods	-53593	92420
酒、饮料和精制茶制造业	Manufacture of Liquor,Beverages and Refined Tea	269763	509479
烟草制品业	Manufacture of Tobacco		
纺织业	Manufacture of Textile	996	1389
纺织服装、服饰业	Manufacture of Textile Wearing Apparel and Accessories	1317	17084
皮革、毛皮、羽毛及其制品和制鞋业	Manufacture of Leather,Fur,Feathers and Related Products and Footwear		
木材加工和木、竹、藤、棕、草制品业	Processing of Timber,Manufacture of Wood Bamboo,Rattan,Palm and Straw Products	41009	94831
家具制造业	Manufacture of Furniture		
造纸和纸制品业	Manufacture of Paper and Paper Products	143559	153611
印刷和记录媒介复制业	Printing and Reproduction of Recording Media	23407	19687
文教、工美、体育和娱乐用品制造业	Manufacture of Culture,Art,Sports and Entertainment Goods	1246	3885
石油加工、炼焦和核燃料加工业	Petroleum Processing and Coking ,Processing of Nuclear Fuel	8407	3491
化学原料和化学制品制造业	Manufacture of Chemical Raw Material and Chemical Products	259933	874163
医药制造业	Manufacture of Medicines	225640	207843
化学纤维制造业	Manufacture of Chemical Fibers	716	11687
橡胶和塑料制品业	Manufacture of Rubber and Plastic	241690	174311
非金属矿物制品业	Manufacture of Non-metallic Mineral Products	44793	61890
黑色金属冶炼和压延加工业	Smelting and Pressing of Ferrous Metals	15736	31996
有色金属冶炼和压延加工业	Smelting and Pressing of Non- ferrous Metals	5074	36364
金属制品业	Manufacture of Metal Products	4776	55329
通用设备制造业	Manufacture of General Purpose Machinery	60505	49071
专用设备制造业	Manufacture of Special Purpose Machinery	10291	53653
汽车制造业	Manufacture of Automobiles	2329776	7008757
铁路、船舶、航空航天和其他运输设备制造业	Manufacture of Railroads,Ships,Aerospace and other Transportation Facilities	4993	11123
电气机械和器材制造业	Manufacture of Electrical Machinery and Equipment	108110	244113
计算机、通信和其他电子设备制造业	Manufacture of Communication Equipment, Computer and Other Electronic Equipment	816295	1310496
仪器仪表制造业	Manufacture of Measuring Instrument	1412	4190
其他制造业	Other Manufacturing Industry		
废弃资源综合利用业	Utilization of Waste Resources		
金属制品、机械和设备修理业	Metal Products,Machinery and Equipment Repair		
电力、热力生产和供应业	Production and Supply of Electricity and Heat Power	66139	49678
燃气生产和供应业	Production and Supply of Gas	127070	203081
水的生产和供应业	Production and Supply of Water		

continued

unit: 10000 yuan

营业成本 Business Cost	销售费用 Selling Cost	管理费用 Management Cost	财务费用 Financial Cost	利息费用 Interest Cost
11507899	**378918**	**571303**	**135235**	**134303**
32012	680	1303	10428	3919
2059644	64532	50505	20284	18929
67339	4860	35616	20786	18447
347854	63509	25159	–445	683
1077	119	105		1
16893	197	548	1221	142
78414	3021	3217	–444	32
151224	454	5111	–4378	86
14041	292	1149	–135	
3284	67	391	100	19
2828	62	284		
747811	43350	43126	66134	65762
97530	56190	14023	1435	1566
9962	153	2122	880	894
144138	6358	9629	4793	3195
50587	5729	5733	1759	1763
33894	–17	1419	533	549
36233	52	977	388	23
52103	301	525	945	921
35365	6625	3898	439	505
46533	1416	3724	386	613
6134432	68198	261312	–936	9114
6933	751	324	129	
188091	8215	24920	1132	–50
929005	32737	66623	–390	
3674	14	582	31	
33358		2867	9812	5101
183640	11054	6112	348	2091

单位：万元

13－6 续表 2

项 目	Item	利润总额 Total Profits	亏损企业 亏损总额 Total Loss
总计	**Total**	**604242**	**265811**
煤炭开采和洗选业	Mining and Washing of Coal		
石油和天然气开采业	Extraction of Petroleum and Natural Gas	1156	
黑色金属矿采选业	Mining and Processing of Ferrous Metal Ores		
有色金属矿采选业	Mining and Processing of Non-ferrous Metal Ores		
非金属矿采选业	Mining and Processing of Non-metal Ores		
开采辅助活动	Support Activities for Mining		
其他采矿业	Mining of Other Ores		
农副食品加工业	Processing of Food from Agricultural Products	-20120	70594
食品制造业	Manufacture of Foods	-38550	50253
酒、饮料和精制茶制造业	Manufacture of Liquor,Beverages and Refined Tea	49061	711
烟草制品业	Manufacture of Tobacco		
纺织业	Manufacture of Textile	74	
纺织服装、服饰业	Manufacture of Textile Wearing Apparel and Accessories	-1371	1371
皮革、毛皮、羽毛及其制品和制鞋业	Manufacture of Leather,Fur,Feathers and Related Products and Footwear		
木材加工和木、竹、藤、棕、草制品业	Processing of Timber,Manufacture of Wood Bamboo,Rattan,Palm and Straw Products	6468	
家具制造业	Manufacture of Furniture		
造纸和纸制品业	Manufacture of Paper and Paper Products	683	
印刷和记录媒介复制业	Printing and Reproduction of Recording Media	3086	
文教、工美、体育和娱乐用品制造业	Manufacture of Culture,Art,Sports and Entertainment Goods	31	
石油加工、炼焦和核燃料加工业	Petroleum Processing and Coking ,Processing of Nuclear Fuel	382	
化学原料和化学制品制造业	Manufacture of Chemical Raw Material and Chemical Products	-40647	72605
医药制造业	Manufacture of Medicines	26942	7084
化学纤维制造业	Manufacture of Chemical Fibers	-1826	1826
橡胶和塑料制品业	Manufacture of Rubber and Plastic	1396	9968
非金属矿物制品业	Manufacture of Non-metallic Mineral Products	-3355	5270
黑色金属冶炼和压延加工业	Smelting and Pressing of Ferrous Metals	-4716	4716
有色金属冶炼和压延加工业	Smelting and Pressing of Non- ferrous Metals	-1374	1374
金属制品业	Manufacture of Metal Products	-360	360
通用设备制造业	Manufacture of General Purpose Machinery	589	
专用设备制造业	Manufacture of Special Purpose Machinery	979	690
汽车制造业	Manufacture of Automobiles	472535	17687
铁路、船舶、航空航天和其他运输设备制造业	Manufacture of Railroads,Ships,Aerospace and other Transportation Facilities	2295	
电气机械和器材制造业	Manufacture of Electrical Machinery and Equipment	8101	9247
计算机、通信和其他电子设备制造业	Manufacture of Communication Equipment, Computer and Other Electronic Equipment	137293	2686
仪器仪表制造业	Manufacture of Measuring Instrument	-107	107
其他制造业	Other Manufacturing Industry		
废弃资源综合利用业	Utilization of Waste Resources		
金属制品、机械和设备修理业	Metal Products,Machinery and Equipment Repair		
电力、热力生产和供应业	Production and Supply of Electricity and Heat Power	4442	6037
燃气生产和供应业	Production and Supply of Gas	1153	3225
水的生产和供应业	Production and Supply of Water		

continued

unit: 10000 yuan

从业人员平均人数（人）Average Number of Employees (person)	资产负债率（%）Assets-liability Ratio (%)	营业收入利润率（%）Business Revenue Ratio (%)	人均营业收入（万元/人）Business Revenue Per Capita (10000 yuan/person)
65324	**59.7**	**4.5**	**195.0**
210	67.4	2.3	240.9
9325	63.3	–0.9	220.1
1985	111.8	–41.7	46.8
3752	56.2	9.6	124.1
90	40.9	5.3	15.4
325	94.0	–8.0	56.0
695	22.9	6.8	135.5
592	48.7	0.4	269.5
154	15.1	15.7	127.8
156	51.2	0.8	26.3
27	18.2	10.9	112.6
2563	81.5	–4.6	341.5
1646	36.1	13.0	124.6
159	97.4	–15.6	77.9
1978	54.2	0.8	88.1
1002	67.7	–5.4	62.0
61	60.7	–14.7	470.5
40	68.5	–3.8	308.2
63	84.3	–0.7	878.2
485	39.5	1.2	101.2
405	80.2	1.8	126.8
31649	57.2	6.7	202.0
38	56.7	20.6	292.7
1383	55.6	3.3	177.7
5006	35.3	10.5	263.4
106	45.5	–2.6	39.5
289	75.9	8.9	180.0
1140	41.7	0.6	177.4

13－7　按行业分集体控股工业企业主要指标（2022年）

单位：万元

项　　目	Item	企业单位数（个）Number of Enterprises (unit)	#亏损企业 Loss－making Enterprises
总计	**Total**	**49**	**19**
煤炭开采和洗选业	Mining and Washing of Coal		
石油和天然气开采业	Extraction of Petroleum and Natural Gas		
黑色金属矿采选业	Mining and Processing of Ferrous Metal Ores		
有色金属矿采选业	Mining and Processing of Non-ferrous Metal Ores	2	
非金属矿采选业	Mining and Processing of Non-metal Ores		
开采辅助活动	Support Activities for Mining		
其他采矿业	Mining of Other Ores		
农副食品加工业	Processing of Food from Agricultural Products	3	1
食品制造业	Manufacture of Foods		
酒、饮料和精制茶制造业	Manufacture of Liquor,Beverages and Refined Tea	1	1
烟草制品业	Manufacture of Tobacco		
纺织业	Manufacture of Textile		
纺织服装、服饰业	Manufacture of Textile Wearing Apparel and Accessories	1	1
皮革、毛皮、羽毛及其制品和制鞋业	Manufacture of Leather,Fur,Feathers and Related Products and Footwear		
木材加工和木、竹、藤、棕、草制品业	Processing of Timber,Manufacture of Wood Bamboo,Rattan,Palm and Straw Products		
家具制造业	Manufacture of Furniture	1	1
造纸和纸制品业	Manufacture of Paper and Paper Products		
印刷和记录媒介复制业	Printing and Reproduction of Recording Media	2	1
文教、工美、体育和娱乐用品制造业	Manufacture of Culture,Art,Sports and Entertainment Goods		
石油加工、炼焦和核燃料加工业	Petroleum Processing and Coking ,Processing of Nuclear Fuel		
化学原料和化学制品制造业	Manufacture of Chemical Raw Material and Chemical Products	8	2
医药制造业	Manufacture of Medicines	9	3
化学纤维制造业	Manufacture of Chemical Fibers		
橡胶和塑料制品业	Manufacture of Rubber and Plastic	2	
非金属矿物制品业	Manufacture of Non-metallic Mineral Products	2	1
黑色金属冶炼和压延加工业	Smelting and Pressing of Ferrous Metals		
有色金属冶炼和压延加工业	Smelting and Pressing of Non- ferrous Metals		
金属制品业	Manufacture of Metal Products	4	3
通用设备制造业	Manufacture of General Purpose Machinery		
专用设备制造业	Manufacture of Special Purpose Machinery	1	
汽车制造业	Manufacture of Automobiles	7	2
铁路、船舶、航空航天和其他运输设备制造业	Manufacture of Railroads,Ships,Aerospace and other Transportation Facilities	1	1
电气机械和器材制造业	Manufacture of Electrical Machinery and Equipment		
计算机、通信和其他电子设备制造业	Manufacture of Communication Equipment, Computer and Other Electronic Equipment	1	1
仪器仪表制造业	Manufacture of Measuring Instrument	1	
其他制造业	Other Manufacturing Industry		
废弃资源综合利用业	Utilization of Waste Resources		
金属制品、机械和设备修理业	Metal Products,Machinery and Equipment Repair		
电力、热力生产和供应业	Production and Supply of Electricity and Heat Power	1	1
燃气生产和供应业	Production and Supply of Gas	1	
水的生产和供应业	Production and Supply of Water	1	

Main Indicators of Collective Industrial Enterprises by Sector (2022)

unit: 10000 yuan

产成品 Finished Goods	资产总计 Total Assets	流动资产合计 Total Current Assets	应收账款 Account Receivable	负债合计 Total Liabilities
57142	**3151497**	**1416926**	**356529**	**1109813**
1001	132015	23127	1070	37707
1600	57236	41407	4913	37382
4291	92685	37166	3659	25989
	3392	2154	15	1403
425	6830	1672	-15	7876
2001	30960	29383	8905	12317
8318	207881	129519	14523	77457
15109	1532214	689868	210333	158902
3234	39735	27872	8488	21853
2668	103771	61705	8522	65107
5284	95040	56823	25334	89807
	24377	7969	232	11090
11715	360739	185690	31858	324442
	338671	74563	30233	165175
359	17187	11401	5502	7253
947	7539	5170	1505	2431
	4516	734	12	4516
190	9197	3532	439	3706
	87511	27172	1002	55400

单位：万元

13－7 续表 1

项　　目	Item	所有者权益合计 Total Owners' Equities	营业收入 Business Revenue
总计	**Total**	**2041685**	**2130719**
煤炭开采和洗选业	Mining and Washing of Coal		
石油和天然气开采业	Extraction of Petroleum and Natural Gas		
黑色金属矿采选业	Mining and Processing of Ferrous Metal Ores		
有色金属矿采选业	Mining and Processing of Non-ferrous Metal Ores	94309	79158
非金属矿采选业	Mining and Processing of Non-metal Ores		
开采辅助活动	Support Activities for Mining		
其他采矿业	Mining of Other Ores		
农副食品加工业	Processing of Food from Agricultural Products	19855	87262
食品制造业	Manufacture of Foods		
酒、饮料和精制茶制造业	Manufacture of Liquor,Beverages and Refined Tea	66696	6145
烟草制品业	Manufacture of Tobacco		
纺织业	Manufacture of Textile		
纺织服装、服饰业	Manufacture of Textile Wearing Apparel and Accessories	1990	1450
皮革、毛皮、羽毛及其制品和制鞋业	Manufacture of Leather,Fur,Feathers and Related Products and Footwear		
木材加工和木、竹、藤、棕、草制品业	Processing of Timber,Manufacture of Wood Bamboo,Rattan,Palm and Straw Products		
家具制造业	Manufacture of Furniture	-1046	1404
造纸和纸制品业	Manufacture of Paper and Paper Products		
印刷和记录媒介复制业	Printing and Reproduction of Recording Media	18643	6300
文教、工美、体育和娱乐用品制造业	Manufacture of Culture,Art,Sports and Entertainment Goods		
石油加工、炼焦和核燃料加工业	Petroleum Processing and Coking ,Processing of Nuclear Fuel		
化学原料和化学制品制造业	Manufacture of Chemical Raw Material and Chemical Products	130424	309197
医药制造业	Manufacture of Medicines	1373312	1231693
化学纤维制造业	Manufacture of Chemical Fibers		
橡胶和塑料制品业	Manufacture of Rubber and Plastic	17882	24044
非金属矿物制品业	Manufacture of Non-metallic Mineral Products	38664	58440
黑色金属冶炼和压延加工业	Smelting and Pressing of Ferrous Metals		
有色金属冶炼和压延加工业	Smelting and Pressing of Non- ferrous Metals		
金属制品业	Manufacture of Metal Products	5233	72283
通用设备制造业	Manufacture of General Purpose Machinery		
专用设备制造业	Manufacture of Special Purpose Machinery	13286	37957
汽车制造业	Manufacture of Automobiles	36297	124893
铁路、船舶、航空航天和其他运输设备制造业	Manufacture of Railroads,Ships,Aerospace and other Transportation Facilities	173496	60056
电气机械和器材制造业	Manufacture of Electrical Machinery and Equipment		
计算机、通信和其他电子设备制造业	Manufacture of Communication Equipment, Computer and Other Electronic Equipment	9935	7926
仪器仪表制造业	Manufacture of Measuring Instrument	5108	3125
其他制造业	Other Manufacturing Industry		
废弃资源综合利用业	Utilization of Waste Resources		
金属制品、机械和设备修理业	Metal Products,Machinery and Equipment Repair		
电力、热力生产和供应业	Production and Supply of Electricity and Heat Power		5479
燃气生产和供应业	Production and Supply of Gas	5491	9028
水的生产和供应业	Production and Supply of Water	32111	4880

continued

unit: 10000 yuan

营业成本 Business Cost	销售费用 Selling Cost	管理费用 Management Cost	财务费用 Financial Cost	利息费用 Interest Cost
1437590	**122664**	**118511**	**–8740**	**15125**
35503	26	6698	220	268
81062	1783	1618	1016	430
3675	1544	4865		
1098		302	65	
1191	58	257	–50	42
5419	45	907	–213	74
280717	1411	16964	979	
659983	110488	31206	–23910	726
22158	266	1092	229	259
51465	606	3550	1160	1117
66444	739	2746	1477	1147
32011	344	1335		
114464	1711	37656	5718	6186
58297	2769	6896	2699	3133
7619	63	995	111	
1695	162	484	24	
5275		338	–2	
7464	650	274	36	43
2051		329	1700	1700

13－7 续表 2

单位：万元

项目	Item	利润总额 Total Profits	亏损企业亏损总额 Total Loss
总计	**Total**	**466893**	**91655**
煤炭开采和洗选业	Mining and Washing of Coal		
石油和天然气开采业	Extraction of Petroleum and Natural Gas		
黑色金属矿采选业	Mining and Processing of Ferrous Metal Ores		
有色金属矿采选业	Mining and Processing of Non-ferrous Metal Ores	34103	
非金属矿采选业	Mining and Processing of Non-metal Ores		
开采辅助活动	Support Activities for Mining		
其他采矿业	Mining of Other Ores		
农副食品加工业	Processing of Food from Agricultural Products	-544	1389
食品制造业	Manufacture of Foods		
酒、饮料和精制茶制造业	Manufacture of Liquor,Beverages and Refined Tea	-4892	4892
烟草制品业	Manufacture of Tobacco		
纺织业	Manufacture of Textile		
纺织服装、服饰业	Manufacture of Textile Wearing Apparel and Accessories	-5	5
皮革、毛皮、羽毛及其制品和制鞋业	Manufacture of Leather,Fur,Feathers and Related Products and Footwear		
木材加工和木、竹、藤、棕、草制品业	Processing of Timber,Manufacture of Wood Bamboo,Rattan,Palm and Straw Products		
家具制造业	Manufacture of Furniture	-63	63
造纸和纸制品业	Manufacture of Paper and Paper Products		
印刷和记录媒介复制业	Printing and Reproduction of Recording Media	109	96
文教、工美、体育和娱乐用品制造业	Manufacture of Culture,Art,Sports and Entertainment Goods		
石油加工、炼焦和核燃料加工业	Petroleum Processing and Coking ,Processing of Nuclear Fuel		
化学原料和化学制品制造业	Manufacture of Chemical Raw Material and Chemical Products	6345	2926
医药制造业	Manufacture of Medicines	493623	5707
化学纤维制造业	Manufacture of Chemical Fibers		
橡胶和塑料制品业	Manufacture of Rubber and Plastic	334	
非金属矿物制品业	Manufacture of Non-metallic Mineral Products	-418	721
黑色金属冶炼和压延加工业	Smelting and Pressing of Ferrous Metals		
有色金属冶炼和压延加工业	Smelting and Pressing of Non- ferrous Metals		
金属制品业	Manufacture of Metal Products	-14	1315
通用设备制造业	Manufacture of General Purpose Machinery		
专用设备制造业	Manufacture of Special Purpose Machinery	2736	
汽车制造业	Manufacture of Automobiles	-41138	49078
铁路、船舶、航空航天和其他运输设备制造业	Manufacture of Railroads,Ships,Aerospace and other Transportation Facilities	-21092	21092
电气机械和器材制造业	Manufacture of Electrical Machinery and Equipment		
计算机、通信和其他电子设备制造业	Manufacture of Communication Equipment, Computer and Other Electronic Equipment	-4236	4236
仪器仪表制造业	Manufacture of Measuring Instrument	814	
其他制造业	Other Manufacturing Industry		
废弃资源综合利用业	Utilization of Waste Resources		
金属制品、机械和设备修理业	Metal Products,Machinery and Equipment Repair		
电力、热力生产和供应业	Production and Supply of Electricity and Heat Power	-136	136
燃气生产和供应业	Production and Supply of Gas	579	
水的生产和供应业	Production and Supply of Water	786	

continued

unit: 10000 yuan

从业人员平均人数（人）Average Number of Employees (person)	资产负债率（%）Assets-liability Ratio (%)	营业收入利润率（%）Business Revenue Ratio (%)	人均营业收入（万元/人）Business Revenue Per Capita (10000 yuan/ person)
14544	**35.2**	**21.9**	**145.6**
848	28.6	43.1	93.4
343	65.3	-0.6	252.9
430	28.0	-79.6	20.9
154	41.3	-0.3	9.4
123	115.3	-4.5	11.4
166	39.8	1.7	34.8
1451	37.3	2.1	199.1
5948	10.4	40.1	207.1
338	55.0	1.4	68.9
524	62.7	-0.7	111.3
759	94.5		96.6
122	45.5	7.2	292.0
2508	89.9	-32.9	49.9
637	48.8	-35.1	94.3
45	42.2	-53.4	176.1
80	32.2	26.1	39.1
	100.0	-2.5	137.0
33	40.3	6.4	273.6
35	63.3	16.1	49.3

13－8 工业企业产品产量

Output of Industrial Enterprises Major Products

项　　目	Item	2020	2021	2022
原煤（吨）	Coal (ton)	10016420	8752656	9480160
无烟煤（吨）	Anthracite (ton)			
烟煤（吨）	Bituminous Coal (ton)	2602395	5797597	6209498
#一般烟煤	General Bituminous Coal	2602395	5797597	6209498
褐煤（吨）	Wood Coal (ton)	7414025	2955059	3270662
洗煤（吨）	Washed Coal (ton)	1324030	2268123	2220036
#洗精煤	Cleaned Coal	436411	385826	444335
天然原油（吨）	Crude Petroleum Oil (ton)	3949820	4067856	4201397
天然气（万立方米）	Natural Gas (10000 cu.m)	198143	213845	203792
铁矿石原矿（吨）	Iron Ore (ton)	6083027	7033770	5402916
铜金属含量（吨）	Copper Content (ton)	15295	14243	12925
铅金属含量（吨）	Lead Metal Content (ton)	2806	2213	2021
锌金属含量（吨）	Zinc Content (ton)	8240	9391	9518
稀有稀土金属矿（吨）	Rare Earth Metal Ore (ton)	7861	10198	10447
#钼精矿折合量（折纯钼45%）（吨）	Molybdenum in Quantity (ton)	7861	10198	10446
石灰石（吨）	Limestone (ton)	4368759	4728313	4176765
建筑用天然石料（吨）（立方米）	Natual Stone for Building (ton) (cu.m)	557329	1650304	2254771
小麦粉（吨）	Wheat Flour (ton)		4398	10220
大米（吨）	Rice (ton)	3908952	3174091	2987949
饲料（吨）	Feed (ton)	5507917	5904455	5454164
#配合饲料（吨）	Compound Feed (ton)	2080576	2412866	2073316
混合饲料（吨）	Mixed Feed (ton)	1102603	1226051	907381
精制食用植物油（吨）	Refined Edible Vegetable Oil (ton)	518605	465858	395319
鲜、冷藏肉（吨）	Fresh, Chilled Meat (ton)	629055	845661	902703
冻肉（吨）	Frozen Meat (ton)	429655	378073	441905
冷冻水产品（吨）	Frozen Aquatic Products (ton)	39873	56299	56130
膨化食品（吨）	Puffed Foods (ton)	1253	3037	1444
速冻食品（吨）	Quick Frozen Foods (ton)	40877	18270	14813
#速冻米面食品（吨）	Frozen Rice food (ton)	3766	4551	3260
方便面（吨）	Instant Noodles (ton)		20747	33513
乳制品（吨）	Dairy (ton)	182886	188758	157431
#液体乳（吨）	Liquid Milk (ton)	146437	138270	138072
固体及半固体乳制品（吨）	Solid and Semi-solid Dairy Products (ton)	36449	50487	39007
乳粉（吨）	Milk Powder (ton)	5463	7191	5554
罐头（吨）	Canned Foods (ton)	14183	13998	14027
酱油（吨）	Soy Sauce (ton)	19003	27114	17001
营养、保健食品（吨）	Nutrition and Health Foods (ton)	6452	51452	68716
冷冻饮品（吨）	Frozen Drinks (ton)	66669	61138	71223
食品添加剂（吨）	Food Additives (ton)	10797	11736	11868
饲料添加剂（吨）	Feed Additives (ton)	639370	715942	1150281
发酵酒精（折96度，商品量）（千升）	Fermentation Alcohol (1000 Litres)	1721238	1616152	1327851

13－8 续表 1 continued

项　　目	Item	2020	2021	2022
饮料酒（千升）	Potable Spirit (1000 Litres)	760330	753477	667411
#白酒（折65度，商品量）（千升）	Chinese Liquor (1000 Litres)	11533	6320	1674
啤酒（千升）	Beer (1000 Litres)	724345	736223	657746
葡萄酒（千升）	Wine (1000 Litres)	20894	7565	4519
果酒及配制酒（千升）	Fruit Wine and Liquor Preparation (1000 litres)	2001	1691	1909
饮料（吨）	Drink (ton)	4437242	5143175	5122347
#碳酸饮料类（汽水）（吨）	Carbonated Drink (soft drink) (ton)	504590	671045	662837
包装饮用水类（吨）	Packaged Water (ton)	3625754	4174820	4045118
果汁和蔬菜汁饮料类（吨）	Fruit and Vegetable Juice Drinks (ton)	85460	94201	202249
卷烟（万支）	Cigarette (10000)	5282250	5480200	5560350
纱（吨）	Yarn (ton)	15283	18023	16194
#棉纱（吨）	Cotton Yarn (ton)	6309	8173	7815
化学纤维纱（吨）	Chemical Fiber Yarn (ton)	8974	9850	8379
布（万米）	Cloth (10000 meters)	2461	3069	2787
#棉布（万米）	Cotton (10000 meters)	2461	3069	2787
毛机织物（呢绒）（万米）	Wool Fabrics (10000 meters)	278	309	320
非织造布（无纺布）（吨）	Non-wove Fabrics (ton)	11700	30433	19599
服装（万件）	Clothing (10000 pieces)	5992	6661	7525
#梭织服装（万件）	Woven Garments (10000 pieces)	2673	3552	4834
西服套装（万件）	Suits (10000 pieces)	82	119	97
衬衫（万件）	Shirt (10000 pieces)	632	809	1031
针织服装（万件）	Knitwear (10000 pieces)	3319	3108	2691
人造板（立方米）	Wood-based Panels (cu.m)	437086	444728	419871
#胶合板（立方米）	Plywood (cu.m)	105553	92820	80815
刨花板（立方米）	Particleboard (cu.m)	54803	51018	77268
细木工板（立方米）	Core-board (cu.m)	26305	93568	57554
人造板表面装饰板（平方米）	Plywood Cladding (sq.m)	1036	52331	37731
实木木地板（平方米）	Solid Wood Flooring (sq.m)	2154382	2446606	2294520
复合木地板（平方米）	Laminate Flooring (sq.m)	9616400	11666280	10881333
家具（件）	Furniture (set)	700388	744410	734790
#木质家具（件）	Wood Furniture (set)	588663	637373	498678
金属家具（件）	Metal Furniture (set)			185882
机制纸及纸板（外购原纸加工除外）（吨）	Machine-made Paper and Paperboard (ton)	522445	512101	289198
#未涂布印刷书写用纸（吨）	Uncoated Printed Writing Paper (ton)	232038	196530	227862
纸制品（吨）	Paper Products (ton)	317133	246125	281156
#瓦楞纸箱	Corrugated Container	247500	236316	252143
单色印刷品（令）	Monochrome Printing (ream)		107406	88112
多色印刷品（对开色令）	Multi-color Print (ream)	2368673	3079407	2633187
原油加工量（吨）	Crude Oil Processing Volume (ton)	9549651	8232663	9462051
汽油（吨）	Gasoline (ton)	2099303	2022347	2113137
柴油（吨）	Diesel Oil (ton)	2618786	2077144	2786853
燃料油（吨）	Fuel Oil (ton)	326864	283306	417969

13－8　续表　2　continued

项　　目	Item	2020	2021	2022
石脑油（吨）	Naphtha (ton)	907697	850205	1116217
液化石油气（吨）	Liquefied Petroleum Gas (ton)	233806	149356	195243
石油焦（吨）	Petroleum Coke (ton)	204303	190228	239828
焦炭（吨）	Coke (ton)	3686528	3991160	3776602
#机焦（吨）	Machine-processed Coke (ton)	3686528		3776602
硫酸（折100%）（吨）	Sulfuric Acid (ton)	799139	759566	833092
盐酸（氯化氢,含量31%）（吨）	Hydrochloric Acid (ton)	103398	99533	31418
浓硝酸（折100%）（吨）	Concentrated Nitric Acid (ton)	31581	34681	35377
烧碱（折100%）（吨）	Caustic Soda (ton)	25772	25115	123862
#离子膜法烧碱（折100%）（吨）	Ion-exchange Membrane Caustic Soda (ton)	25772	25115	23551
乙烯（吨）	Ethylene (ton)	859974	772967	808698
纯苯（吨）	Benzene (ton)	272681	249017	284512
合成氨（无水氨）（吨）	Synthesis Ammonia (ton)	519619	637662	648815
农用氮、磷、钾化学肥料总计（折纯）（吨）	Agricultural Nitrogen, Phosphorus and Potassium Fertilizers Total (ton)	218181	288357	227829
#氮肥（折含N100%）（吨）	Nitrogenous Fertilizer (ton)	123767	238068	174393
尿素（折含N100%）（吨）	Urea (ton)	35408	29950	33079
磷肥（折五氧化二磷100%）	Phosphate	22800	7519	11134
化学农药原药（折有效成分100%）（吨）	Chemical Pesticides (ton)	18171	18471	21378
涂料（吨）	Paint (ton)	55271	76817	98805
初级形态的塑料（吨）	Primary Plastic (ton)	1351025	1208864	1246324
#高密度聚乙烯树酯（HDPE）（吨）	High Density Polyethylene Resin (ton)	282270	235185	243922
线性低密度聚乙烯树酯（LLDPE）（吨）	Linear Low Density Polyethylene Resin (ton)	246051	231285	263127
ABS树脂（吨）	ABS Resin (ton)	607996	552548	590576
合成橡胶（吨）	Synthetic Rubber (ton)	163204	169817	161257
合成纤维单体（吨）	Synthetic Fiber Monomers (ton)	431284	416876	407342
化学试剂（吨）	Chemical Reagents (ton)	4968	4624	24434
合成洗涤剂（吨）	Synthetic Detergent (ton)	140872	52786	53295
#合成洗衣粉（吨）	Synthetic Detergent Powder (ton)	37825	12285	10651
化学药品原药（吨）	Chemical Medicines (ton)	26753	25718	30232
中成药（吨）	Traditional Chinese Medicine (ton)	88657	94318	88573
兽用药品（吨）	Veterinary Drugs (ton)	2389	764	1026
化学纤维（吨）	Chemical Fiber (ton)	402773	447735	521192
#人造纤维（纤维素纤维）（吨）	Man-made Fibers (ton)	146031	173311	145018
粘胶短纤维（吨）	Viscose Staple Fibre (ton)	77631	106052	84310
粘胶纤维长丝（吨）	Viscose Filament (ton)	68400	67259	60708
合成纤维（吨）	Synthetic Fiber (ton)	249445	224651	295603
腈纶纤维（吨）	Acrylic Fiber (ton)	246399	222422	293541
橡胶轮胎外胎（条）	Rubber Tire (piece)	2526875	2551868	3329705
#子午线轮胎外胎（条）	Radial Tire (piece)	2526875	2551868	3329705

13－8　续表　3　continued

项　　目	Item	2020	2021	2022
塑料制品（吨）	Plastic Products (ton)	323710	292008	272082
#塑料薄膜（吨）	Plastic Film (ton)	32936	38307	48546
农用薄膜（吨）	Agricultural Film (ton)	20954	15292	15277
泡沫塑料（吨）	Foam (ton)	34109	21870	14938
塑料人造革、合成革（吨）	Plastic Artificial Leather, Synthetic Leather (ton)	3545	3639	4196
日用塑料制品（吨）	Household Plastic Products (ton)	15887	10953	8357
硅酸盐水泥熟料（吨）	Portland Cement Clinker (ton)	18658180	15915976	13256928
#窑外分解窑水泥熟料（吨）	Precal–cining Cement Clinker (ton)	11887247	9975674	8048469
水泥（吨）	Cement (ton)	19911355	21252929	17175064
#强度等级42.5水泥（含R型）（吨）	Strength Grade 42.5 Cement (ton)	6733795	9251735	7879520
商品混凝土（立方米）	Commercial Concrete (cu.m)	13532366	14658844	12877985
水泥混凝土排水管（千米）	Concrete Drainage Pipes (km)	448	200	95
水泥混凝土电杆（根）	Cement Concrete Pole (piece)	50892	42469	33924
预应力混凝土桩（米）	Prestressed Concrete Piles (meter)	3731806	3563260	2243323
砖（万块）	Brick (10000 piece)	34788	14576	7829
瓦（万片）	Tile (10000 piece)	270		
天然花岗石建筑板材（平方米）	Natural Granite Building Boards (sq.m)			551549
沥青和改性沥青防水卷材（平方米）	Asphalt and Modified Bitumen Membrane (sq.m)	13446891	18548189	13588037
平板玻璃（重量箱）	Plate Glass (box)	11990238	11499954	12160932
夹层玻璃（平方米）	Laminated Glass (sq.m)	10068518	11499771	11786173
中空玻璃（平方米）	Insulating Glass (sq.m)	199570	68763	183752
日用玻璃制品（吨）	Household Glass Products (ton)	254		
玻璃包装容器（吨）	Glass Containers (ton)	186806	196031	162295
玻璃纤维纱（吨）	Glass Fiber Yarn (ton)	22646	20854	25806
耐火材料制品（吨）	Fire–resisting Materials (ton)	73801	40826	100343
石墨及炭素制品（吨）	Graphite and Carbon Products (ton)	160137	161763	146818
生铁（吨）	Pig Iron (ton)	14077389	13660487	13077800
粗钢（吨）	Crude Steel (ton)	15256149	15389156	13570299
铸铁件（吨）	Iron Casting (ton)	252256	238943	105390
铸钢件（吨）	Steel Casting (ton)	34705	26080	21457
钢材（吨）	Rolled Steel (ton)	16616249	17906030	15319723
#大型型钢（吨）	Heavy Section (ton)	73733	61912	61988
中小型型钢（吨）	Medium,Small Section (ton)	750184	1102742	852627
棒材（吨）	Bar (ton)	292399	285448	320515
钢筋（吨）	Steel Bar (ton)	2482334	2600694	1802319
线材（盘条）（吨）	Wire Rod (ton)	2045375	2905807	1747757
中板（吨）	Medium Board (ton)	1889	1424	3469
热轧薄板（吨）	Hot Pressed Sheet (ton)	13997	61546	56605
冷轧薄板（吨）	Cold Rolled Sheet (ton)	12188	41605	388098
中厚宽钢带（吨）	Medium Wide Steel Belt (ton)	4223245	4233896	3117666
热轧薄宽钢带（吨）	Hot–rolled Thin Wide Steel Belt (ton)	4336225	4198983	4057245
热轧窄钢带（吨）	Hot–rolled Narrow Steel Belt (ton)		10084	

13－8 续表 4 continued

项　　目	Item	2020	2021	2022
无缝钢管（吨）	Seamless Steel Pipe (ton)	130868	132641	174226
焊接钢管（吨）	Welded Steel Pipe (ton)	1568585	1362228	1432105
其他钢材（吨）	Other Steel (ton)	5667	3710	1457
用外购国产钢材再加工生产的钢材（吨）	Domestically Produced Steel Used for Re-processing Production Steel (ton)	279148	283772	283910
#用进口钢材再加工生产钢材（吨）	Re-processing of Imported Steel Products (ton)	266428	17980	12438
用外购钢材再加工生产钢材（吨）	Steel Processing Production of Outsourcing Steel (ton)	12720	265793	271473
铁合金（吨）	Ferroalloy (ton)	4457	12355	5689
十种有色金属（吨）	Ten Kind of Ferrous Metals (ton)	126048	104252	135578
黄金（千克）	Gold (kg)	4279	5033	4368
铝材（吨）	Aluminum Product (ton)	87006	113752	117118
钢结构（吨）	Steel Structure (ton)	43198	91058	133488
金属门窗及类似制品（吨）	Metal Doors,Windows and related Products (ton)	35695	18814	4886
金属切削工具（万件）	Metal Cutting Tools (10000 piece)	281	501	368
锻件（吨）	Forging Piece (ton)	143940	121535	69590
工业锅炉（蒸发量吨）	Industrial Boiler (Evaporation ton)	5693	6097	7883
发动机（千瓦）	Engine (kW)	95263200	83982956	44250458
#汽车用发动机（千瓦）	Automotive Engine (kW)	95263200	83982956	44250458
金属切削机床（台）	Metal Cutting Machine Tool (set)	17	13	
电焊机（台）	Electric Welding Machine (set)	305	206	329
起重机（吨）	Crane (ton)			2309
输送机械（输送机和提升机）（吨）	Transportation Machinery (ton)	38318	38056	36050
泵（台）	Pump (set)	10377	16233	11394
气体压缩机（台）	Gas Compressor (set)	92696	275232	196244
#制冷设备用压缩机（台）	Compressors for Refrigerating (set)	76240	264780	191118
非制冷设备用压缩机（台）	Compressors not for Refrigerating (set)	16456	10452	5126
阀门（吨）	Valve (ton)	10231	117	165
滚动轴承（万套）	Antifriction Bearing (10000 set)	1159	966	437
风机（台）	Exhaust Fan (set)	959	893	541
衡器（秤）（台）	Weighting Instrument (set)		4474	
包装专用设备（台）	Special Equipment for Packaging (set)	4106		4348
矿山专用设备（吨）	Mine Equipment (ton)	14296	23096	22504
石油钻井设备（台（套））	Oil Drilling Equipment (set)	118	123	196
金属冶炼设备（吨）	Metal Smelting Equipment (ton)		5724	142
模具（套）	Mold (set)	4704	23105	2973
农产品初加工机械（台）	Primary Processing Machinery for Agriculture Products (set)		130	115
电子工业专用设备（台）	Special Equipment for Electronic Industry (set)		191938	202656
机械化农业及园艺机具（台）	Mechanization of Agriculture and Horticulture (set)	9987	14321	16899

13－8 续表 5 continued

项　　目	Item	2020	2021	2022
收获机械（台）	Harvesting Machinery (unit)	1100	1953	3140
玉米收获机械（台）	Maize Harvester (unit)	825	1497	2615
汽车（辆）	Motor Vehicle (coach)	2654569	2424093	2155753
#基本型乘用车（轿车）（辆）	Car (coach)	1439656	1285754	1177758
1升<排量≤1.6升（辆）	1 Litre < Displacement ≤ 1.6 Litres (coach)	873183	763150	683554
1.6升<排量≤2.0升（辆）	1.6Litres < Displacement ≤ 2.0 Litres (coach)	538190	499206	487000
2.0升<排量≤2.5升（辆）	2.0 Litres< Displacement ≤ 2.5 Litres (coach)	20244	13360	
多功能乘用车（MPV）（辆）	Multi-Purpose Vehicle (coach)		1467	11027
运动型多用途乘用车（SUV）（辆）	Sports Utility Vehicle (coach)	941919	837107	741974
客车（辆）	Bus (coach)	962	162	116
大型客车（车长>10米）（辆）	Large Bus (coach)	962	157	112
载货汽车（辆）	Lorry (coach)	222986	203385	56478
新能源汽车（辆）	New Energy Vehicles (coach)	44382	106755	168222
改装汽车（辆）	Modified Car (coach)	1438	869	1156
动车组（辆）	High Speed Rail Train (coach)	640	350	168
铁路客车（辆）	Railway Passenger Train (coach)	380	290	
城市轨道车辆（辆）	Urban Rail Vehicle (set)	3157	2471	2190
发电机组（发电设备）（千瓦）	Generating Set (kW)	233190	1191500	3139050
#风力发电机组	Wind Turbine Generator		1191500	3139050
变压器（千伏安）	Transformer (KVA)	12078690	14359942	16079825
#电力变压器(额定容量≥8000kVA，电压≥500kV)（千伏安）	Power Transformer (KVA)	1335080	645400	
高压开关板（面）	High-voltage Switch Board (piece)	4227	3714	3003
低压开关板（面）	Low-voltage Switch Board (piece)	47230	52183	52830
高压开关设备（11万伏以上）（台）	High-voltage Switchgear (set)	1514	1129	1549
电力电缆（千米）	Power Cable (km)	254075	334998	109653
绝缘制品（吨）	Insulation Products (ton)	1985	625	1399
锂离子电池（只）	Lithium Ion Battery (unit)	86946	64723	50491
家用电热取暖器具	Electric Heating Appliances for Household Use (set)	183118	289906	95073
灯具及照明装置（套、台、个）	Lamps and Lighting Fittings (set)	12766	3324	2592
半导体分立器件（万只）	Semiconductor Discrete Devices (set)	274517	294487	237398
光电子器件（万只、片、套）	Optoelectronic Devices (set)	2751	2408	1265
电子元件（万支）	Eletronic Component (10000 sets)	31773	32869	37050
工业自动调节仪表与控制系统（台、套）	Automatically Adjusting Industrial Instrumentation and Control Systems	17213	204845	150959
环境监测专用仪器仪表（台）	Environ ment Monitoring Special Instrumentation (set)	47	50	59
汽车仪器仪表（台）	Automotive Instrumentation (set)			758444
光学仪器（台、个）	Optical Instrument (set)	1144279	1228175	1468291
发电量（万千瓦小时）	Generating Capacity (10000 kWh)	9446744	9596020	9929150
#火力发电量	Thermal Power Capacity	7499129	7293290	6786054
水力发电量	Hydraulic Power Capacity	738562	824023	956316
风力发电量	Wind Power Capacity	975499	1188916	1799562
煤气生产量（万立方米）	Gas Production (10000 cu.m)	2294284	2448612	2272692
自来水生产量（万立方米）	Tap Water Production (10000 cu.m)	71496	74735	73747

13－9　各地区主要工业产品产量（2022年）
Output of Major Industrial Products by Region（2022）

地 区	Region	原煤（万吨）Coal (10000tons)	天然原油（万吨）Crude Oil (10000tons)	原油加工（万吨）Crude Oil Processing Volume (10000 tons)	发电量(亿千瓦小时) Electricity (100 million kWh)	汽车（万辆）Motor Vehicle (10000 sen)	轿车（万辆）Car (Coach)	水泥（万吨）Cement (10000tons)	粗钢（万吨）Crude Steel (10000tons)	钢材（万吨）Steel (10000tons)
长 春	Changchun	87.83	8.65	45.67	270.51	215.50	117.78	476.61	4.16	53.73
吉 林	Jilin	20.68		900.53	131.99	0.06		341.52	505.16	783.50
四 平	Siping		17.84		114.01			341.26	140.18	117.57
辽 源	Liaoyuan	231.82			36.39			35.98	361.81	253.11
通 化	Tonghua				35.97			139.41	345.71	318.92
白 山	Baishan	130.32			37.62			154.71		
松 原	Songyuan		339.37		68.53			98.67		
白 城	Baicheng		54.27		229.66			28.47		4.39
延 边	Yanbian	420.37			62.08	0.01		100.87		

地 区	Region	焦炭（万吨）Coke (10000 tons)	机制纸及纸板(万吨) Machine-made Paper and Paperboard (10000 tons)	化学纤维（万吨）Chemical Fibers (10000 tons)	乙烯（万吨）Ethylene (10000 tons)	合成氨（万吨）Synthetic Ammonia (10000 tons)	农用化肥（万吨）Chemical Fertilizer (10000 tons)	中成药（万吨）Traditional Chinese Medicine (10000 tons)	实木木地板(万平方米) Soild wood floor (10000 sq.m)	服装（万件）Garments (10000 pieces)
长 春	Changchun		3.77	0.01				0.95	178.20	408.95
吉 林	Jilin	107.20	22.79	51.90	80.87	30.91	7.27	0.18	27.27	25.27
四 平	Siping							0.92		382.52
辽 源	Liaoyuan	51.23		0.21				0.10		
通 化	Tonghua	166.29						3.98		
白 山	Baishan	52.93	0.21					0.39	18.70	16.82
松 原	Songyuan		0.82			20.39	11.57	0.02		
白 城	Baicheng					13.59	3.94	0.22		
延 边	Yanbian							1.72	5.29	6536.20

14

第十四篇

建筑业

Construction

CHAPTER ▶ 14

资料整理人员：

王　辉

14－1　历年建筑业企业主要指标
Main Indicators on Construction Enterprises Over the Years

年　份 Year	资产合计（亿元） Total Assets (100 million yuan)	利润总额（亿元） Total Profits (100 million yuan)	税金总额（亿元） Total Tax (100 million yuan)	按总产值计算劳动生产率（元/人） Overall Labor Productivity by Gross Output Value (yuan/person)	房屋建筑面积（万平方米） Floor Space of Building Construction (10 000 sq.m) 施工面积 Under Construction	 竣工面积 Completed
1978					388	194
1979					560	280
1980		0.34			673	329
1981		0.76			643	312
1982		0.54			726	342
1983		0.80			872	479
1984		0.64			886	503
1985		0.69			970	508
1986		0.83			989	493
1987		1.04			1007	538
1988		1.65			1135	629
1989		1.31			1041	584
1990		0.78			913	546
1991		1.30			1121	645
1992		1.85			1446	866
1993	96.15	2.53	3.52	23739	1685	995
1994	117.35	1.49	3.60	23759	1526	916
1995	150.59	0.62	3.88	29820	1311	755
1996	169.31	-0.73	4.25	35488	1345	803
1997	184.94	1.15	4.37	38556	1290	826
1998	187.96	-1.65	4.69	42695	1290	814
1999	201.87	0.07	5.34	47832	1447	929
2000	252.92	1.73	7.09	61177	2209	1440
2001	323.16	3.69	9.97	70159	2474	1716
2002	383.14	2.44	11.29	69734	2476	1597
2003	405.14	2.35	14.63	76978	2532	1629
2004	461.69	4.24	13.52	96414	2823	1750
2005	490.03	2.47	18.67	109612	3166	1745
2006	525.68	7.52	21.66	128476	3638	1933
2007	519.78	10.27	22.56	128949	4586	2543
2008	663.52	41.25	37.16	140431	5436	3378
2009	652.23	38.56	39.34	158801	5369	3956
2010	895.92	46.18	45.86	170784	5901	4273
2011	1128.60	88.93	57.39	244299	7447	4195
2012	1943.52	73.61	68.12	313780	11321	6034
2013	2065.64	89.10	73.28	390827	12519	6344
2014	2086.41	109.15	87.28	311540	13993	7372
2015	2415.25	98.85	73.14	250282	12237	5603
2016	2553.62	91.92	64.60	283854	10634	5211
2017	2540.65	90.48	31.68	356333	9336	3834
2018	2758.68	88.10	26.85	393540	8504	3132
2019	2899.67	80.35	19.16	440074	7988	2943
2020	3152.61	64.44	16.68	521496	8447	2892
2021	3327.51	52.48	15.15	598758	8737	3060
2022	3918.88	43.75	13.36	546686	7047	1883

14－2 建筑施工企业生产情况（2022年）

项　　目	Item	按经济类型分 Grouped by Type of Economy		
		总计 Total	内资企业 Domestic Funded	国有 State-owned
企业个数（个）	Number of Enterprises (unit)	3729	3725	13
建筑业总产值（万元）	Gross Output Value (10000 yuan)	21007451	20949323	74737
1.建筑工程	Construction Engineering	17612699	17566211	62200
2.安装工程	Installation Engineering	2303927	2292605	
3.其他产值	Other	1090826	1090506	12537
竣工产值（万元）	Output Value of Building Completed (10000 yuan)	8944779	8933139	52770
房屋建筑施工面积（平方米）	Floor Space of Buildings under Construction (sq.m)	70470952	70470952	3010
#本年新开工	New Starting This Year	18206626	18206626	3010
年末自有施工机械设备净值（万元）	Net Value of Machinery and Equipment Owned at Year end (10000 yuan)	2998310	2997985	1305
年末自有施工机械设备总台数（台）	Number of Machinery and Equipment Owned at Year end (set)	32535	32007	367
年末自有施工机械设备总功率（千瓦）	Total Power of Machinery and Equipment Owned at Year end (kW)	1049513	1038963	19852
从事建筑业活动的平均人数（人）	Average Number of Employed Person Engaged in Construction Activities (person)	384269	384048	1725

Production Situation of Construction Enterprises（2022）

按经济类型分 Grouped by Type of Economy				
集体 Collective-owned	股份合作企业 Joint Venture	私营企业 Private Enterprises	港澳台商投资企业 Funded from Hong Kong Macao and Taiwan	外商投资企业 Foreign Funded
13	12	3343	4	
26050	1918	13248956	58128	
24925	1918	11313769	46487	
		1325599	11321	
1125		609588	319	
23507	1918	6938451	11641	
7425		55124161		
6236		14281318		
256		2897924	325	
24		18328	528	
162		455116	10550	
700	177	291721	221	

14－2 续表

项　　目	Item	按行业类别分 Grouped by Sector		
		房屋建筑业 Construction of Buildings	土木工程建筑业 Civil Engineering	建筑安装业 Construction Installation
企业个数（个）	Number of Enterprises (unit)	1619	1080	593
建筑业总产值（万元）	Gross Output Value (10000 yuan)	10321799	8364159	1618583
1.建筑工程	Construction Engineering	9409693	7088454	528305
2.安装工程	Installation Engineering	519335	750465	976820
3.其他产值	Other	392772	525241	113458
竣工产值（万元）	Output Value of Building Completed (10000 yuan)	5383954	2082981	1054249
房屋建筑施工面积（平方米）	Floor Space of Buildings under Construction (sq.m)	64148118	2349412	2314746
#本年新开工	New Starting This Year	15948224	1286593	284742
年末自有施工机械设备净值（万元）	Net Value of Machinery and Equipment Owned at Year end (10000 yuan)	175903	2803605	16376
年末自有施工机械设备总台数（台）	Number of Machinery and Equipment Owned at Year end (set)	12287	14763	4915
年末自有施工机械设备总功率（千瓦）	Total Power of Machinery and Equipment Owned at Year end (kW)	365835	546955	124857
从事建筑业活动的平均人数（人）	Average Number of Employed Person Engaged in Construction Activities (person)	218164	106131	36892

continued

建筑装饰业 Building Decoration and Other Constructions	按隶属关系分 Grouped by Subordinate Relationship		
	中央 National	地方 Local	其他 Others
437	35	166	3528
702910	3365366	1492132	16149952
586248	2658310	1269444	13684944
57307	436834	164893	1702200
59355	270222	57794	762809
423596	349128	571852	8023800
1658676	3919993	4249933	62301026
687067	843509	1286087	16077030
2427	56263	29408	2912639
570	9087	2678	20770
11866	287847	186604	575062
23082	28498	23648	332123

14－3 建筑施工企业财务状况（2022年）

单位：万元

项 目	Item	按经济类型分 Grouped by Type of Economy 总计 Total	内资企业 Domestic Funded	国有 State-owned
资产合计	Total Assets	39188750	39068228	139408
流动资产合计	Total Current Assets	32101736	31993054	122696
固定资产原价	Original Value of Fixed Assets	3980010	3958199	17629
流动负债合计	Total Current Liabilities	24472834	24385995	112690
负债合计	Total Liabilities	26939106	26852262	116733
所有者权益合计	Total Owners Equities	12249644	12215966	22675
营业收入	Operating Revenue	19772363	19708660	76874
营业成本	Operating Costs	18188437	18128541	71827
税金及附加	Tax and Extra Charges	133611	133237	286
管理费用	Management Expenses	892068	889984	5098
财务费用	Financial Expense	220015	220085	199
营业利润	Operating Profit	429550	427946	560
营业外支出	Non-business Expenditure	27583	27520	409
利润总额	Total Profits	437464	435923	204
应交增值税	Income Tax Payable	572895	566212	1929

Financial Situation of Building Construction Enterprises (2022)

unit:10000 yuan

					按行业类别分 Grouped by Sector			
集体 Collective-owned	股份合作企业 Stock Cooperation	私营企业 Private Enterprises	港澳台商投资企业 Funded from Hong Kong Macao and Taiwan	外商投资企业 Foreign Funded	房屋建筑业 Building Construction	土木工程建筑业 Civil Engineering	建筑安装业 Construction Installation	建筑装饰业及其他 Build decoration industry and others
75452	8819	23810853	120521		18270948	16765899	3001399	1150503
72372	7128	20124451	108681		16232418	12376233	2526650	966434
3785	5298	1923813	21811		880937	2603683	366103	129287
65896	5175	15027263	86840		12313159	9624855	1884621	650200
66317	5219	16285683	86844		13680266	10572346	1999071	687423
9136	3600	7525171	33678		4590682	6193554	1002328	463081
41585	2269	12656379	63703		9611281	7557974	1822562	780546
39688	1760	11518387	59896		8968872	6874440	1633868	711257
306	10	106614	374		83878	34353	10648	4733
1460	710	620230	2084		313160	372232	154984	51692
30	7	160271	-70		98323	103328	11169	7195
316	-218	310615	1604		221138	174513	25886	8013
34	3	18186	63		11527	11413	4112	531
624	-222	302917	1541		212740	184812	27500	12412
2555	73	378981	6683		321178	173938	63597	14183

14－3 续表

单位: 万元

项　　目	Item	按隶属关系分 Grouped by Subordinate Relationship		
		中央 National	地方 Local	其他 Others
资产合计	Total Assets	3303478	4685474	31199799
流动资产合计	Total Current Assets	2689229	3219019	26193489
固定资产原价	Original Value of Fixed Assets	366532	1260362	2353117
流动负债合计	Total Current Liabilities	2569662	2430349	19472823
负债合计	Total Liabilities	2747274	2852620	21339212
所有者权益合计	Total Owners Equities	556204	1832854	9860586
营业收入	Operating Revenue	3311698	1389489	15071176
营业成本	Operating Costs	3155391	1282580	13750466
税金及附加	Tax and Extra Charges	8022	8473	117117
管理费用	Management Expenses	63629	104352	724087
财务费用	Financial Expense	4197	22173	193645
营业利润	Operating Profit	42204	43649	343698
营业外支出	Non-business Expenditure	5074	1918	20591
利润总额	Total Profits	44668	48297	344499
应交增值税	Income Tax Payable	100840	40415	431640

continued

unit:10000 yuan

按企业资质登记分组 Grouped by Enterprise Qualification							
施工总承包 Construction General Contraction				专业承包 Specialized Contraction			
特级 Special Grade	一级 First Grade	二级 Second Grade	三级 Third Grade		一级 First Grade	二级 Second Grade	三级 Third Grade
2297389	10333786	9048478	13039241	4092797	1116954	1440396	1446617
1988273	8762543	7698941	9856280	3476440	983338	1229829	1193013
87359	805898	795376	1828637	429184	85528	156233	173018
1667160	7444942	6002217	6741226	2368672	756999	889339	685648
1744572	7938841	6580546	7843210	2560249	763474	919416	814387
552817	2394946	2467932	5196032	1532548	353480	520981	632230
1039422	5514901	3665011	6250908	3018090	757295	1307540	893874
971347	5119666	3368598	5739246	2736401	684854	1218310	778222
4195	21713	24403	67923	14084	3877	5659	4242
21174	144915	158354	337683	208332	59076	70060	77008
8963	73915	54702	61587	19041	4814	6634	7463
33617	119444	73504	145475	53119	8178	15402	27355
298	7861	4078	11182	3922	1078	1819	978
39319	116467	73974	145643	54471	9217	16032	27078
9461	149154	118873	172686	115811	69350	23431	20014

14－4 各地区建筑业基本情况（2022年）

Basic Situation of Construction by Region（2022）

单位：万元　　unit：10000 yuan

地区	Region	企业单位数（个）Number of Enterprises (unit)	有工作量的建筑企业个数（个）Enterprises with Projects (unit)	签订的合同额 Contract Amount Value	#上年结转合同额 Value of Contracts Signed in Last Year	建筑业总产值 Value of Construction Output	建筑工程 Construction Engineering
总计	**Total**	**3729**	**2936**	**45231264**	**21823996**	**21007451**	**17612699**
长春	Changchun	1869	1506	28361652	14944667	12918202	11011389
吉林	Jilin	465	388	5348969	2537632	2326411	1402793
四平	Siping	191	139	1431295	675247	659328	618379
辽源	Liaoyuan	144	97	854932	236848	403063	344672
通化	Tonghua	178	142	1466905	554237	641478	576263
白山	Baishan	140	114	710453	328846	367788	329739
松原	Songyuan	255	158	1876880	464017	1095538	951670
白城	Baicheng	114	92	745268	257734	374698	316116
延边	Yanbian	269	219	2812262	1364294	1216824	1131856
梅河口	Meihekou	89	73	1605059	452376	994413	920761
长白山	Changbaishan	15	8	17590	8099	9708	9061

地区	Region	安装工程 Installation Engineering	其他产值 Other	竣工产值 Output Value of Building	房屋建筑施工面积（平方米）Floor Space of Building under Construction (sq.m)	其中：本年新开工 New Starting This Year
总计	**Total**	**2303927**	**1090826**	**8944779**	**70470952**	**18206626**
长春	Changchun	1325698	581115	4837743	48551081	10703281
吉林	Jilin	598089	325528	1037621	5307556	1623532
四平	Siping	32572	8377	416475	1410294	510273
辽源	Liaoyuan	46327	12064	177595	901666	296935
通化	Tonghua	33201	32014	258056	1381174	374354
白山	Baishan	19093	18956	146320	406890	209657
松原	Songyuan	126514	17355	595788	2340800	1321461
白城	Baicheng	57302	1281	227249	541586	146905
延边	Yanbian	51356	33612	603414	6782178	1868752
梅河口	Meihekou	13128	60524	637120	2835547	1151477
长白山	Changbaishan	647		7399	12180	

14－5　各地区的建筑业企业房屋竣工价值（2022年）
Value of Buildings Completed of Construction Enterprises by Region（2022）

单位：万元　　unit：10000 yuan

地　区	Region	合计 Total	住宅 Residential	商业及服务用房 Houses for Business Use	办公用 Office Buildings	科研、教育、医疗用房屋 Scientific Research, Education and Medical Use	厂房及建筑物 Factory Buildings
总　计	**Total**	**3384003**	**2116100**	**110172**	**162180**	**102340**	**723717**
长　春	Changchun	1872652	1238384	43354	59547	64656	426846
吉　林	Jilin	401600	213039	13630	21098	9855	118938
四　平	Siping	121598	78423	1298	6217	3	30646
辽　源	Liaoyuan	52194	40575	2604	7703	354	818
通　化	Tonghua	75249	34252	5251	4289	3538	15545
白　山	Baishan	57639	43845	2129	2633	2833	
松　原	Songyuan	77539	61270	1654	883	488	7597
白　城	Baicheng	69858	51857	3455	3089	4492	5086
延　边	Yanbian	380446	196835	35129	56722	15008	69225
梅河口	Meihekou	273579	155970	1669		1114	49016
长白山	Changbaishan	1650	1650				

14－6　各地区建筑企业财务情况（2022年）
Financial Situation of Construction Enterprises by Region（2022）

单位：万元　　unit：10000 yuan

地　区	Region	资产合计 Total Assets	营业收入 Operating Revenue	营业成本 Operating Costs	税金及附加 Tax and Extra	管理费用 Management Expenses	营业利润 Operating Profit	利润总额 Total Profits	应付职工薪酬（本年贷方累计发生额） Employee Benefits Payable（the total amount of credit this year）
总　计	**Total**	**39188750**	**19772363**	**18188437**	**133611**	**892068**	**429550**	**437464**	**1488795**
长　春	Changchun	24127453	12364134	11379343	66344	500181	276570	281184	912728
吉　林	Jilin	4070476	2393461	2222525	11086	127399	30759	32041	224512
四　平	Siping	952926	610588	552592	5084	33225	20632	20257	37031
辽　源	Liaoyuan	1836290	311351	277583	1922	26258	1746	6053	33660
通　化	Tonghua	1684512	572443	520260	3325	34551	10188	10309	54641
白　山	Baishan	1047792	364012	328556	3152	24000	2842	1764	28976
松　原	Songyuan	1241867	1114012	1013214	31048	41134	44572	45305	64589
白　城	Baicheng	760114	416665	385249	2581	31004	3130	2316	42262
延　边	Yanbian	2736947	1205394	1111724	6028	59204	28783	28042	61591
梅河口	Meihekou	640647	409600	387002	2885	14152	11445	11415	27519
长白山	Changbaishan	89726	10704	10389	156	960	-1116	-1222	1285

15

第十五篇 交通运输和邮电通信业

Transportation, Postal and Telecommunications Services

CHAPTER ▶ 15

资料整理人员：
钟炽慧

15－1 历年交通运输基本情况
Basic Conditions of Transportation

年 份 Year	铁路里程（公里）Length of Railways (km)	公路里程（公里）Length of Highways (km)	客运量（万人）Passenger Traffic (10000 persons)	#铁路 Railways	#公路 Highways	货运量（万吨）Freight Traffic (10000 tons)	#铁路 Railways	#公路 Highways
1978	4283	23836	11876	7790	4080	10666	5048	5602
1979	3474	23545	12476	8080	4390	11480	6235	5228
1980	3467	23545	13205	8380	4819	9249	5169	4071
1981	3470	24026	14216	8959	5250	9023	5191	3821
1982	3471	24047	15539	9583	5948	9913	5436	4464
1983	3382	24114	16530	9917	6605	10167	5645	4511
1984	3389	24271	17869	10203	7657	10812	5459	5339
1985	3390	24271	17181	9432	7744	11680	5762	5902
1986	3383	24625	19299	9145	10142	18047	5662	12369
1987	3393	24688	21783	9399	12369	21172	5842	15311
1988	3389	24966	26641	10139	16483	22218	6213	15980
1989	3389	25326	21403	9421	11956	20589	6493	14076
1990	3373	26468	18731	7810	10889	23149	6122	17005
1991	3374	27110	19259	7408	11810	23591	6317	17253
1992	3374	27192	21447	7630	13770	24055	6516	17519
1993	3374	28374	18668	7973	10657	23497	6844	16629
1994	3388	29581	20717	8305	12311	25885	6531	19286
1995	3381	31321	21367	7894	13371	26655	6123	20477
1996	3480	32098	20620	6781	13728	27604	6154	21394
1997	3480	33075	20502	5578	14821	27251	6152	21020
1998	3375	33812	22026	5499	16431	28116	5829	22221
1999	3378	34516	23203	5734	17352	32130	5753	22261
2000	3376	35216	23339	5040	18170	33018	5461	23640
2001	3376	39747	24378	5232	19001	32787	5399	23649
2002	3376	41095	24925	4860	19904	34066	5556	24777
2003	3475	44007	24513	4232	20112	34670	5910	25211
2004	3475	47255	27192	4687	22293	36516	6385	26659
2005	3475	50308	27724	4618	22870	37369	6474	27441
2006	3475	84444	29050	4590	24198	38829	6107	28965
2007	3475	85445	31651	4855	26506	41560	6199	31573
2008	3589	87099	56225	5320	50511	34373	7118	23558
2009	3766	88430	58823	5687	52723	38646	7164	27032
2010	3877	90437	64782	5770	58577	44977	7674	33013
2011	3840	91754	68498	6138	61830	51531	7505	39308
2012	4223	93208	73037	6261	66175	59335	6922	47130
2013	4222	94218	34562	6628	27403	49470	6202	38063
2014	4346	96041	35465	6935	27866	53023	5761	41830
2015	4877	97326	36895	7158	29013	47900	4071	38708
2016	4877	102484	35490	7566	27186	49721	3669	40777
2017	4869	103896	33687	7662	25203	54289	4790	44728
2018	4877	105399	32734	8446	23372	57650	5370	46520
2019	4877	106660	32429	8623	22881	48797	5679	37217
2020	4877	107848	15837	3832	11438	50517	6574	38274
2021	4986	108691	14094	4216	9155	59017	5912	47675
2022	4986	109761	7820	2052	5318	52227	5654	40813

15－2　历年旅客周转量和货物周转量

Passenger-Kilometers and Freight Ton-Kilometers

年　份 Year	旅客周转量 （百万人公里） Passenger －Kilometers (million passenger-km)	#铁路 Railways	#公路 Highways	货物周转量 （百万吨公里） Freight Ton－Kilometers (million ton-km)	#铁路 Railways	#公路 Highways
1978	7802	6514	1286	25782	25042	687
1979	8181	6812	1366			655
1980	8429	6946	1480	24558	23967	562
1981	9169	7555	1611	24663	24009	613
1982	9947	8085	1859	28038	27212	778
1983	10931	8857	2071	31576	30747	790
1984	12392	9817	2572	31882	30726	1095
1985	13464	10671	2791	34316	33077	1160
1986	15113	11209	3901	38130	33556	4491
1987	16753	12259	4491	42257	35992	6162
1988	18773	13976	4794	43373	36865	6370
1989	17649	12968	4675	46623	39838	6658
1990	14788	10430	4350	43471	37858	5480
1991	15511	10625	4878	45028	38760	6148
1992	17352	11721	5623	46776	40599	6087
1993	17171	12812	4352	47980	41146	6731
1994	17809	13059	4733	49471	41350	8000
1995	17711	12552	5148	49731	42023	7600
1996	16821	11398	5411	50188	42230	7850
1997	17609	11717	5882	52070	44132	7827
1998	18409	11616	6786	59094	38543	7872
1999	19683	12347	7329	61781	40971	8128
2000	20667	12952	7679	61204	40621	8564
2001	21223	13263	7951	61394	41372	8601
2002	23232	13274	8417	61552	40916	9294
2003	21249	11505	8442	62017	42255	9057
2004	25615	14680	9002	69865	49934	9593
2005	26603	15185	9280	70780	50623	9875
2006	28063	16262	10024	72212	50464	10625
2007	32247	18184	11249	76403	52988	12400
2008	43235	19120	21293	126314	59118	56358
2009	45600	19771	22858	128119	56788	59621
2010	51131	20593	26958	139194	59590	68314
2011	55188	22894	28653	157965	63320	81600
2012	57232	22914	30676	172878	61855	97406
2013	45517	24476	16870	181356	57730	110000
2014	47266	25095	17327	186154	50981	119078
2015	48358	25222	17782	157931	37116	105122
2016	48657	26233	16872	163084	39124	108477
2017	48446	26221	16299	177864	48083	115159
2018	49268	27333	15377	188650	51359	118923
2019	49383	27615	14859	198756	53796	126277
2020	24026	12090	7792	204757	57024	129481
2021	25578	13573	7290	224516	54476	152381
2022	15152	8148	4097	205683	59687	127668

15－3　交通运输里程
Length of Transportation Routes

单位：公里　　unit：km

项　　目	Item	2020	2021	2022
一、铁路	Railways			
正线延展里程	Extension Length of the Track Lines	6926	7144	7142
营业里程	Length of Railways in Operation	4877	4986	4986
二、公路通车里程	Length of Highways	107848	108691	109761
等级路	Expressway and Class I to IV Highways	103670	104783	106181
高速公路	Express way	4306	4315	4395
一级	First Class	2222	2233	2204
二级	Second Class	9770	9767	9942
三级	Third Class	9359	9725	9758
四级	Fourth Class	78013	78742	79882
等外路	Highways Below Class IV	4178	3909	3580
三、内河通航里程	Length of Navigable Inland Waterways	1621	1621	1621

15－4　客运量及旅客周转量
Passenger Traffic and Passenger-Kilometers

项　　目	Item	客运量（万人）Passenger Traffic (10000 persons)			旅客周转量（万人公里）Passenger-Kilometers (10000 passenger-km)		
		2020	2021	2022	2020	2021	2022
全社会总计	**Total**	**15837**	**14094**	**7820**	**2402582**	**2557823**	**1515213**
铁　路	Railways	3832	4216	2052	1209011	1357283	814805
公　路	Highways	11438	9155	5318	779176	729040	409677
水　运	Waterways	38	98	47	395	908	326
民　航	Civil Aviation	529	625	403	414000	470592	290405

15－5 货运量及货物周转量
Freight Transport Quantity and Freight Ton-Kilometers

项　　目	Item	货运量（万吨） Freight Traffic (10000 tons)			货物周转量（万吨公里） Freight Ton-Kilometers (10000 ton-km)		
		2020	2021	2022	2020	2021	2022
全社会总计	**Total**	**50517**	**59017**	**52227**	**20475658**	**22451674**	**20568292**
铁路	Railways	6574	5912	5654	5702421	5447625	5968708
#地方铁路	Local Railways	312	291	318	19547	19344	22275
公路	Highways	38274	47675	40813	12948147	15238130	12766790
民航	Civil Aviation	3.26	3.74	2.57	4370	5043	3651
管道	Pipelines	5666	5426	5757	1820720	1760876	1829143

15－6 各地区公路客货运输量
Passenger and Freight Traffic by Region

地　区	Region	客运量（万人） Passenger Traffic (10000 persons)		旅客周转量（万人公里） Passenger-Kilometers (10000 passenger-km)		货运量（万吨） Freight Traffic (10000 tons)		货物周转量（万吨公里） Freight Ton-Kilometers (10000 ton-km)	
		2021	2022	2021	2022	2021	2022	2021	2022
全　省	**Total**	**9155**	**5318**	**729040**	**409677**	**47675**	**40813**	**15238130**	**12766790**
长春	Changchun	2882	1764	214081	121525	20550	17558	6050657	4901437
吉林	Jilin	1681	856	143851	52423	4909	3499	1513757	1153499
四平	Siping	732	522	49850	30005	7811	7638	2914670	2523698
辽源	Liaoyuan	468	331	32554	23354	1538	1384	559160	447999
通化	Tonghua	666	379	49866	27817	1645	1631	588358	576224
白山	Baishan	357	126	27746	13599	943	824	381031	361010
松原	Songyuan	1027	536	64061	39492	6847	5169	2142328	1780344
白城	Baicheng	271	169	18256	9231	986	1039	332118	369713
延边	Yanbian	944	547	121603	83014	2392	2040	737244	642559
长白山	Changbaishan	127	88	7172	9217	53	30	18807	10307

15－7 历年邮电通信业务情况

Postal and Telecommunication Services over the Years

年 份 Year	邮电业务总量（万元）Business Volume of Post and Telecommunications (10 000 yuan)	邮政业务总量 Business Volume of Post	电信业务总量 Business Volume of Telecommunications	函件（万件）Number of Letters (10 000 pcs)	本地电话用户（万户）Subscribers of Local Telephone (10 000 subscribers)	移动电话用户（万户）Subscribers of Mobile Telephone (10 000 subscribers)	长途光缆线路长度（公里）Length of Optical Cable Lines (km)	电话普及率（含移动）（部/百人）Popularization Rate of Telephone (sets/100 persons)
1978	3853			7478	4.4			0.2
1979	3999			8167	4.8			0.2
1980	4055			8333	5.0			0.2
1981	6057			8309	5.4			0.2
1982	6293			8237	5.9			0.3
1983	6779			8646	6.4			0.3
1984	7517			9953	7.2			0.3
1985	8886			12114	8.1			0.4
1986	9503			13278	9.3			0.4
1987	10540			13933	10.7			0.5
1988	13539			16269	13.3			0.6
1989	17046			16545	16.8			0.7
1990	41556			15805	20.3			0.8
1991	51394			13151	25.0			1.0
1992	70063			12369	33.0			1.3
1993	106797			13831	49.9			2.0
1994	155114			15416	75.9			3.0
1995	212153			15333	107.8			4.2
1996	290041			14045	137.6		3793	5.3
1997	375102			11518	164.5		4493	6.3
1998	538459			10405	192.6		4702	7.4
1999	839500	85500	754000	9838	223.0	110.0	5086	12.7
2000	1163500	91500	1072000	9500	260.0	203.3	5461	17.6
2001	929592	91900	837692	10900	423.2	339.9	12785	24.0
2002	1163966	100300	1063666	16086	478.5	461.3	12722	36.5
2003	1546608	112900	1433708	17200	598.0	633.2	16044	45.5
2004	2133256	112800	2020456	7154	664.7	763.8	18668	46.4
2005	2858444	133100	2725344	6300	768.6	915.7	19197	63.0
2006	3382254	155600	3226654	6200	733.7	1137.8	19805	69.5
2007	4131841	165800	3966041	6600	745.5	1311.1	19834	74.9
2008	4559978	177600	4382378	6937	621.6	1441.2	16275	77.7
2009	5329996	211700	5118296	8088	581.3	1574.2	20161	78.9
2010	6539520	249600	6289920	9319	595.2	1805.4	21801	87.6
2011	2385540	183600	2201940	6579	579.3	2004.1	21843	94.1
2012	2627968	223000	2404968	5006	578.8	2257.0	22704	103.2
2013	2772764	258400	2514364	4373	579.0	2372.1	23431	107.4
2014	3281861	306600	2975261	3034	574.8	2612.3	23544	118.0
2015	3894776	361300	3533476	1923	572.3	2604.1	23877	115.5
2016	5752169	460300	5291869	1523	520.3	2654.8	23396	115.3
2017	5577487	577900	4999587	1717	497.6	2868.8	23444	123.2
2018	11504357	726398	10777959	1297	477.9	3001.1	33747	128.0
2019	18638585	945490	17693095	961	457.4	2897.6	26395	124.0
2020	22418799	1221927	21196872	787	417.8	2870.1	26743	122.2
2021	3526582	1085893	2440689	688	376.1	2966.5	26617	123.2
2022	3359438	1047080	2312358	492	383.7	3007.8	26769	126.6

注：从2021年起，不变价基期由2015年改为2020年。
Note: Since 2021， constant-price base period is changed from 2015 to 2020.

15－8　邮电业务总量

Business Volume of Postal and Telecommunication Services

项　　目	Item	2020	2021	2022
包裹（万件）	Package (10000 pcs)	15	13	15
订销报纸期发数（万份）	Issue of Newspapers (10000 pcs)	100	92	94
订销杂志期发数（万份）	Issue of Magazines (10000 pcs)	64	77	91
邮政储蓄平均余额（亿元）	Postal Deposits Balance (100 million yuan)	1365	1566	1793
集邮业务（万枚）	Stamps for Collection (10000 pcs)	1459	924	762
移动电话用户（万户）	Mobile Telephone Subscribers (10000 subscribers)	2870	2966	3008
#4G移动电话用户（万户）	4G Mobile Phone Users (10000 subscribers)	2322	2009	1732
（固定）互联网宽带接入用户（万户）	Broadband Subscribers of Internet (Fixed) (10000 subscribers)	654.2	734.2	779.2
移动互联网用户（万户）	Mobile Internet Subscribers (10000 subscribers)	2412.9	2454.6	2429.8
固定互联网光纤宽带接入端口（万个）	Fixed Optical Fiber Broad Band Subscribers Port of Internet (10000 unit)	1525.9	1743.1	1736.1
固定互联网光纤宽带接入用户（万户）	Fixed Optical Fiber Broad Band Subscribers of Internet (10000 Subscribers)	604.9	689.8	737.2
移动互联网接入流量（亿G）	Flow Accessed to Mobile Internet (100 million G)	28.21	34.78	38.71
邮政局、所（处）	Postal and Postal Offices (unit)	1011	1017	1019
#农村	Rural	719	715	662
邮路长度（公里）	Length of Postal Routes (km)	192750	147936	144661
#铁路邮路	Railway Routes	1366		
航空邮路	Aviation Routes	134865	82673	74167
汽车邮路	Highway Routes	56519	65263	70494
本地网中继光缆线路长度（公里）	Local Network Length of Optical Cable Lines (km)	455543	378119	385248
邮政汽车（辆）	Postal Vehicles (coach)	1986	1808	1736

16

第十六篇

批发零售贸易和住宿餐饮业

Wholesale, Retail Trade, Hotels and Catering Services

CHAPTER ▶ 16

资料整理人员:

田　润

16－1 历年社会消费品零售总额

Total Retail Sales of Consumer Goods

单位：万元　　unit：10000 yuan

年 份 Year	社会消费品零售总额 Total Retail Sales of Consumer Goods	按城乡分 Grouped by Urban and Rural		按行业分 Grouped by Sector		
		城 镇 Urban	乡 村 Rural	批发零售贸易业 Wholesale and Retail Trades	住宿和餐饮业 Hotels and Catering Services	其他行业 Others
1978	385620	291514	94106	346032	15854	23734
1979	453079	316707	136372	388943	18937	45199
1980	528330	377198	151132	438715	24509	65106
1981	592590	430405	162185	481611	29934	81045
1982	670226	490219	180007	531540	38307	100379
1983	755406	555884	199522	589343	46380	119683
1984	914002	662759	251243	711368	52394	150240
1985	1119958	843468	276490	862671	65462	191825
1986	1278126	979384	298742	972965	71948	233213
1987	1454974	1131042	323932	1086680	81881	286413
1988	1808111	1441649	366462	1344761	104819	358531
1989	1982953	1592980	389973	1479969	112779	390205
1990	1989470	1607039	382431	1478528	108295	402647
1991	2236919	1840771	396148	1666612	117840	452467
1992	2614745	2199504	415241	1924394	143653	546698
1993	3254435	2787451	466984	2359417	200302	694716
1994	3861244	3305331	555914	2686160	295038	880046
1995	4562405	3956697	605708	3090909	362382	1109115
1996	5124454	4353625	770828	3323019	528554	1272881
1997	5558604	4754906	803698	3538749	509242	1510612
1998	5943204	5160605	782600	3723836	541591	1677777
1999	6241516	4948280	1293236	5351966	620699	268851
2000	6712747	5397708	1315039	5584420	817534	310793
2001	7304493	5960465	1344028	6100491	964340	239662
2002	7905744	6593321	1312423	6582716	1112756	210272
2003	8471846	7116371	1355474	7261367	1168347	42132
2004	9339943	7889327	1450616	8276073	1027421	36448
2005	10388686	8831464	1557222	9005191	1349634	33861
2006	11675594	9973601	1701993	10033042	1602952	39600
2007	13645575	11643451	2002125	11724910	1889653	31012
2008	16613799	14285383	2328416	14230655	2371905	11239
2009	18750711	16031993	2718719	17107438	1623620	19653
2010	21609017	19156802	2452215	19434252	2155652	19113
2011	24687672	22015045	2672627	22339919	2325581	22172
2012	27823948	24694731	3129218	24616389	3207559	
2013	30775485	27261316	3514169	27244382	3531102	
2014	33540538	29703830	3836708	29787414	3753124	
2015	35717304	31545630	4171674	31618224	4099080	
2016	38128874	34186290	3942585	33426816	4702059	
2017	39922790	35796282	4126508	34820684	5102106	
2018	40737858	36186641	4551217	35240308	5497550	
2019	42129273	37727893	4401380	36466197	5663076	
2020	38239511	34257885	3981626	33108384	5131127	
2021	42166342	37615520	4550822	36243124	5923218	
2022	38077247	33896586	4180661	33047066	5030180	

16－2 各地区社会消费品零售总额

Total Retail Sales of Consumer Goods by Region

单位：亿元　　　　unit：100 million yuan

地　区	Region	2018	2019	2020	2021	2022
长　春	Changchun	1990.43	2066.26	2003.11	2219.19	1907.84
吉　林	Jilin	540.40	557.50	480.01	527.78	507.09
四　平	Siping	261.09	269.18	171.99	187.58	174.32
辽　源	Liaoyuan	122.53	125.36	108.25	117.81	118.54
通　化	Tonghua	252.48	259.93	179.91	198.71	174.86
白　山	Baishan	156.95	161.02	138.23	149.98	129.23
松　原	Songyuan	228.32	236.12	218.66	241.91	239.33
白　城	Baicheng	163.19	167.42	143.62	156.37	153.19
延　边	Yanbian	352.03	363.60	318.83	348.74	333.68

16－3 限额以上批发零售贸易业商品购进、销售、库存总额（2022年）

单位：万元

项 目	Item	法人企业数（个）Number of Corporation Units (unit)	从业人数（人）Number of Person Employed (person)
总 计	**Total**	**2565**	**125213**
一、批发企业	**Wholesale Trade**	**1210**	**48006**
（一）按国民经济行业分	Grouped by Sector		
农、林、牧、渔产品批发业	Wholesale of Agricultural,Forestry,Animal Husbandry and Fishery Products	179	5021
食品、饮料及烟草制品批发业	Food, Beverage and Tobaccos	127	10884
#米、面制品及食用油批发业	Rice, Flour and Edible Oil	30	894
烟草制品批发业	Tobaccos	10	4395
纺织、服装及日用品批发业	Textiles, Garment and Daily Consumer Articles	34	1374
#服装批发业	Garment	8	344
日用家电批发	Household Electrical Appliances	12	469
文化、体育用品及器材批发业	Culture, Sports Appliances and Equipments	16	887
医药及医疗器材批发业	Medicines and Medical Appliances	290	14759
矿产品、建材及化工产品批发业	Mineral Products, Building Materials and Chemical Products	310	6625
#煤炭及制品批发业	Coal and Related Products	40	486
石油及制品批发业	Petroleum and Related Products	47	3934
金属及金属矿批发业	Metals and Mineral Products	101	913
建材批发业	Construction Materials	65	538
化肥批发业	Chemical Fertilizer	15	177
机械设备、五金交电及电子产品批发业	Machinery,Hardware and Electronic Equipment	236	7742
汽车及零配件批发	Motor Vehicles and Their Parts	112	4065
摩托车及零配件批发	Motorcycle and Spare Parts	4	101
计算机、软件及辅助设备批发	Computer, Software and Assistant Appliances	17	769
贸易经纪与代理	Trade Broker and Agency		
其他批发业	Others	18	714
（二）按登记注册类型分	Grouped by Status of Registration		
内资企业	Domestic Enterprises	1201	47573
国有企业	State-owned Enterprises	10	4404
集体企业	Collective-owned Enterprises		
股份合作企业	Stock Cooperative Enterprises		
联营企业	Joint Venture Enterprises		
有限责任公司	Limited Liability Corporations	198	11616
股份有限公司	Joint Stock Corporations	11	2650
私营企业	Private Enterprises	982	28903
其他企业	Others		
港、澳、台商投资企业	Hong Kong Macao and Taiwan Funded Enterprises	2	50
外商投资企业	Foreign Funded Enterprises	7	383

Total Purchases, Sales and Inventory of Wholesale and Retail Trade Enterprises above Designated Size (2022)

unit: 10000 yuan

购进总额 Total Goods Purchase	#进口 Import	销售总额 Total Sales	批发 Wholesale	#出口 Export	零售 Retail Trade	年末库存总额 Inventory (year-end)
45137830	**621624**	**52187243**	**38297364**	**137195**	**13806703**	**3990237**
34069856	**300011**	**37855510**	**36242607**	**131472**	**1532888**	**2737991**
3722896	1125	4157107	4064541	11232	83844	784545
3464965	45968	4709113	4632825	4799	74412	223216
869816		1028324	1020742	42	7582	49366
1916850	2204	2748835	2748835			100317
225757		255889	219231	9071	36657	42330
74867		86088	68582	9071	17506	3424
71211		75505	66468		9037	17101
233432		286294	283801		2493	34927
4698533	15658	5373005	5059548	8270	300698	456677
9103379	210430	9806005	9119718	38205	681238	365422
1764087	187919	1941044	1940766			123272
1336685	1116	1694556	1029144		662903	46055
3783105	4121	3858350	3850103	38205	8246	87895
478779	8427	507052	494700		10089	32508
559240		593705	593705			58697
12426425	26382	13021407	12625731	49051	344067	820636
11392049	8766	11865491	11528009	39028	296633	688190
33282	12338	37328	37328	5391		4870
87424		112391	109480		2911	7078
194470	448	246691	237213	10844	9478	10238
33818959	297514	37471185	35897564	131472	1493606	2723111
1916053	2204	2746207	2746207			98858
20194076	27028	21532907	20922906	68905	604556	1644362
1821610		2074131	1477721		596410	35052
9887221	268283	11117940	10750730	62567	292640	944839
2576		3602	3602			555
248321	2497	380723	341441		39282	14326

单位：万元

16－3 续表

项　　目	Item	法人企业数（个）Number of Corporation Units (unit)	从业人数（人）Number of Person Employed (person)
二、零售企业	**Total of Retail Trade**	**1355**	**77207**
（一）按国民经济行业分	Grouped by Sector		
综合零售业	Synthesize Retail Trade	158	20230
#百货零售业	General Merchandise	79	9510
超级市场零售业	Supermarkets	75	10525
食品、饮料及烟草制品专门零售业	Food Beverage and Tobaccos	94	3040
纺织、服装及日用品专门零售业	Textile, Garments, Daily Consumer Articles	31	1052
纺织品及针织品零售	Textile and Knitwear	2	31
#服装零售业	Garments	17	426
文化、体育用品及器材专门零售业	Culture, Sports Appliances and Equipments	75	2736
体育用品及器材零售	Sports Appliances and Equipment	6	84
图书、报刊零售业	Books and Newspapers	46	1697
医药及医疗器材专门零售业	Medicines and Medical Appliances	132	19490
#西药零售	Western Medicine	104	17804
中药零售	Traditional Chinese Medicine	16	1392
汽车、摩托车、燃料及零配件专门零售业	Motor Vehicles, Motorcycles, Fuel and Parts	615	25940
#汽车新车零售	New Automobile	430	16427
汽车旧车零售	Used Automobile	10	166
机动车燃油零售	Automobile Petrol	152	8559
机动车燃气零售	Automobile Gas	8	325
家用电器及电子产品专门零售业	Household Electric Appliances and Electronic Products	162	3408
#家用视听设备零售业	Household Audio-visual Equipment	4	79
计算机、软件及辅助设备零售业	Computer, Software and Assistant Appliances	34	872
通讯设备零售业	Telecommunication Equipment	48	931
五金、家具及室内装修材料专门零售业	Hardware, Furniture and Decoration Material	34	536
货摊、无店铺及其他零售业	Stall Goods, Non- shop and Others Retail	54	775
#邮购及电视、电话零售	Distribution of Post and E- commerce Sales	1	
（二）按登记注册类型分	Grouped by Status of Registration		
内资企业	Domestic Enterprises	1322	72907
国有企业	State- owned Enterprises	4	149
集体企业	Collective- owned Enterprises	5	37
股份合作企业	Stock Cooperative Enterprises	2	84
联营企业	Joint Venture Enterprises		
有限责任公司	Limited Liability Corporations	253	23836
股份有限公司	Joint Stock Corporations	8	6722
私营企业	Private Enterprises	1050	42079
其他企业	Others		
港、澳、台商投资企业	Hong Kong Macao and Taiwan Funded Enterprises	20	3366
外商投资企业	Foreign Funded Enterprises	13	934

continued

unit：10000 yuan

购进总额 Total Goods Purchase	#进口 Import	销售总额 Total Sales	批发 Wholesale	#出口 Export	零售 Retail Trade	年末库存总额 Inventory (year-end)
11067974	**321612**	**14331734**	**2054757**	**5722**	**12273815**	**1252245**
1338857	1444	2051128	20494		2030634	147443
694252		1313952	17833		1296119	80524
627060	1444	718753	2662		716091	66415
351937	2625	422109	136509		285600	58910
49049		72472	5897		66575	18424
618		1075	202		873	254
18778		35262	5434		29828	8909
221869		248298	4605	366	243694	81508
8456		12027	206		11821	1766
107560		115684			115684	23380
861411		1128935	67469		1060886	161649
747964		993666	58727		934939	148450
81310		97562	8742		88820	8641
7254762	314182	9374538	1753629	5356	7618329	695546
4879322	299245	4815822	128856	5356	4686930	585604
31789		35281	2002		33047	2450
2150898		4318350	1555941		2760096	91167
75740		83266	64451		18816	1148
465534	1779	512403	16782		495621	56649
5712		6072			6072	1282
63326		75492	6131		69361	10053
134944	1779	151744	2438		149306	13377
41011	26	51425	8422		43002	16459
483544	1556	470425	40950		429475	15658
392683		372569	25503		347066	3019
10405474	253850	12820554	1646015	5722	11171377	1204824
4519		7425	401		6628	13
4809		5702	300		4951	208
10728		13746	1222		12525	478
2704110	92957	3183045	77451		3105363	325125
992440		2467904	772920		1694984	67195
6688870	160893	7142732	793723	5722	6346927	811805
427490	62078	611230	10185		601045	32206
235009	5684	899949	398556		501393	15215

16－4 限额以上批发零售企业财务状况（2022年）

单位：万元

项　　目	Item	流动资产合计 Total Current Assets	固定资产原价 Original Value of Fixed Assets	累计折旧 Depreciation	#本年折旧 Depreciation This Year
批发、零售贸易企业总计	**Total**	**25736132**	**5634970**	**2224767**	**292418**
一、批发企业	**Wholesale Trade**	**18572981**	**2469729**	**901025**	**117185**
（一）按国民经济行业分组	Grouped by Sector				
农、林、牧、渔产品批发	Wholesale of Agricultural,Forestry,Animal Husbandry and Fishery Products	2103875	466569	156895	21846
食品、饮料及烟草制品批发	Food, Beverage and Tobaccos	1266476	321938	192926	18268
#米、面制品及食用油批发	Rice, Flour and Edible Oil	290057	27627	13770	1265
烟草制品批发	Tobaccos	626648	264011	166712	14440
纺织、服装及日用品批发	Textiles, Garment and Daily Consumer Articles	170008	35337	11481	2104
#服装批发	Garment	51240	22471	6835	1124
家用电器批发	Household Electric Appliances	42555	4941	1464	430
文化、体育用品及器材批发	Culture, Sports Goods and Appliances	163095	29856	13709	981
医药及医疗器材批发	Medicines and Medical Appliances	3876155	159411	76119	9971
矿产品、建材及化工产品批发	Mineral,Construction and Chemical Products	6987322	1250231	344287	44340
#煤炭及制品批发	Coal and Related Products	863657	24994	9990	2379
石油及制品批发	Petroleum and Related Products	405846	325568	146897	17277
金属及金属矿批发	Metals and Mineral Products	2337953	57010	19226	4736
建材批发	Construction Materials	2242136	812738	156956	18035
化肥批发	Chemical Fertilizer	934661	22320	8026	1260
机械设备、五金交电及电子产品批发	Machinery, Hardware and Electronic Equipment	3878049	150538	73279	16029
汽车及零配件批发	Wholesale of Motor Vehicles and Their Parts	3371494	100708	46878	11326
摩托车及零配件批发	Motorcycle and Spare Parts	23448	6856	4094	328
计算机、软件及辅助设备批发	Computer,Software and Assistant Appliances	72147	5888	2491	709
贸易经纪与代理	Trade Broker and Agency				
其他批发	Others	128002	55849	32328	3645
（二）按登记注册类型分组	Grouped by Status of Registration				
内资企业	Domestic Investment Enterprises	18419857	2431850	887064	115421
国有企业	State- owned Enterprises	625008	266592	167011	14483
集体企业	Collective- owned Enterprises				
股份合作企业	Stock Cooperative Enterprises				
联营企业	Joint Venture Enterprises				
有限责任公司	Limited Liability Corporations	11376239	1407956	394898	48273
股份有限公司	Joint Stock Corporations	1125307	196745	96558	8829
私营企业	Private Enterprises	5293303	560558	228597	43835
其他企业	Others				

Main Financial Indicators of Wholesale and Retail Trades Enterprises Above Designated Size (2022)

unit：10000 yuan

资产总计 Total Assets	负债合计 Total Liabilities	实收资本 Paid-up Capital	营业收入 Operating Revenue	主营业务收入 Revenue from Principal Business	营业成本 Operating Cost	税金及附加 Tax and Extra
34890404	**25338271**	**4589225**	**43288881**	**42584652**	**39225814**	**430858**
24123279	**17805740**	**2501783**	**30416203**	**30190475**	**27851537**	**386661**
3741262	2901729	824549	3879415	3857432	3740401	4715
1530501	744675	167405	4410423	4398226	3331669	340009
383202	254850	107469	942372	936146	920294	979
758460	178298	11604	2439845	2437894	1724854	336430
215720	181186	19651	234704	231641	197459	806
78806	72233	1548	80543	80543	64116	360
47713	41619	7735	69476	67011	63640	100
205575	141515	42778	254891	253489	233577	350
4079406	3353031	316191	4811190	4769204	4193263	15604
9657849	6875068	669980	8650120	8587170	8385955	13714
1044825	952936	63191	1731651	1729640	1653979	4023
807648	657165	62833	1511306	1465205	1424620	2893
3416401	2555802	408287	3316992	3313779	3267745	3259
3125982	1501720	61253	462942	451791	462741	2530
980890	988841	42364	550129	550030	525687	395
4512141	3475622	412343	7959043	7877695	7569014	10948
3958965	3083755	331366	6885549	6831317	6601235	9395
30968	10860	6608	34787	33896	31221	69
87349	38279	26871	105385	105385	91818	302
180826	132914	48885	216418	215618	200200	514
23888165	17563346	2486956	30066840	29852644	27502113	386202
760208	178422	11737	2437538	2435586	1723606	336431
14870756	11220449	1466523	15570960	15521099	14930560	28326
2126903	1356572	261644	1853861	1814740	1758631	2204
6130298	4807902	747052	10204481	10081219	9089316	19241

单位：万元

16－4 续表 1

项　目	Item	流动资产合计 Total Current Assets	固定资产原价 Original Value of Fixed Assets	累计折旧 Depreciation	#本年折旧 Depreciation This Year
港、澳、台商投资企业	Hong Kong Macao and Taiwan Investment Enterprises	87764	105	105	
外商投资企业	Foreign Investment Enterprises	65360	37774	13856	1764
二、零售企业	**Total of Retail Trade**	**7163151**	**3165241**	**1323742**	**175233**
（一）按国民经济行业分组	Grouped by Sector				
综合零售	Synthesize Retail Trade	2015495	1826646	723758	74237
#百货零售	General Merchandise	1541915	1507600	580147	58417
超级市场零售	Supermarket	471432	318353	143583	15807
食品、饮料及烟草制品专门零售	Food Beverage and Tobaccos	264304	51489	12492	1788
纺织、服装及日用品专门零售	Textiles, Garments,Daily Consumer Articles	48985	8559	5536	531
#服装零售	Garments	30513	1594	1268	106
文化、体育用品及器材专门零售	Culture, Sports Appliances and Equipments	228947	57366	28049	1984
#体育用品及器材零售	Sports Appliances and Equipments	7806	7823	3102	109
图书、报刊零售	Books and Newspapers	76345	34455	20447	1167
医药及医疗器材专门零售	Medicines and Medical Appliances	786572	65830	28927	4977
#西药零售	Western Medicine	736691	46233	23724	3696
中药零售	Traditional Chinese Medicine	33301	4068	1270	437
汽车、摩托车、燃料及零配件专门零售	Motor Vehicles,Motorcycles,Fuel and Parts	3351353	1108394	503684	87286
#汽车新车零售	New Automobile	2015428	517628	219054	51676
汽车旧车零售	Used Automobile	10033	2660	1052	182
汽车零配件零售	Motor Vehicles Parts	44769	7699	3808	481
摩托车及零配件零售	Motorcycle and Spare Parts	1634	1575	668	198
家用电器及电子产品专门零售	Household Electric Appliances and Electronic Products	300963	25946	12760	1830
#家用视听设备零售	Household Audio-visual Equipment	2167	834	598	88
日用家电零售	Retail of Household Electric Appliances	131632	17357	7894	919
计算机、软件及辅助设备零售	Computer, Software and Assistant Appliances	49956	3758	2225	353
通信设备零售	Telecommunication Equipment	67686	2947	1379	264
五金、家具及室内装修材料专门零售	Hardware, Furniture and Decoration Materials	47777	3877	1723	920
货摊、无店铺及其他零售	Stall Goods, Non- shop and Others Retail	118756	17134	6813	1680
#邮购及电视、电话零售	Distribution of Post and E-commerce Sales	14485			
（二）按登记注册类型分组	Grouped by Status of Registration				
内资企业	Domestic Investment Enterprises	6660861	2814217	1103941	153823
国有企业	State- owned Enterprises	4669	452	340	20
集体企业	Collective- owned Enterprises	2148	292	219	10
股份合作企业	Stock Cooperative Enterprises	1174	4854	745	19
联营企业	Joint Venture Enterprises				
有限责任公司	Limited Liability Corporations	2700032	1583649	515177	69191
股份有限公司	Joint Stock Corporations	655885	362132	183387	17813
私营企业	Private Enterprises	3296953	862838	404074	66771
其他企业	Others				
港、澳、台商投资企业	Hong Kong Macao and Taiwan Investment Enterprises	455597	218562	159604	9719
外商投资企业	Foreign Investment Enterprises	46694	132462	60197	11691

continued

unit: 10000 yuan

资产总计 Total Assets	负债合计 Total Liabilities	实收资本 Paid-up Capital	营业收入 Operating Revenue	主营业务收入 Revenue from Principal Business	营业成本 Operating Cost	税金及附加 Tax and Extra
87764	70286	300	7856	3218	7655	3
147350	172108	14526	341508	334613	341770	456
10767126	**7532531**	**2087443**	**12872678**	**12394177**	**11374277**	**44197**
3914726	2948958	861635	1690164	1452805	1270340	20421
3147012	2267323	703886	958300	790133	677299	16969
763891	678418	157290	714679	645488	577550	3443
344911	266128	74785	389961	382775	327743	1149
67999	51234	7933	67535	66127	49567	189
43177	30227	3150	32701	31404	23917	94
276880	217515	51274	235744	233203	192284	1278
15837	19136	6000	10812	10812	7950	136
99540	55084	17869	115712	113267	91045	487
927108	804387	66178	1039045	1029211	801180	3397
851118	743139	59190	916932	908706	696539	2903
41256	35543	4119	85358	85307	73822	223
4692687	2833004	827872	8507682	8300702	7896913	16490
2633843	2025610	599108	4502657	4410580	4193361	9938
11990	9930	1977	34769	33162	31683	19
49979	35985	6484	105024	103282	95637	399
2621	2560	600	4133	4110	3745	11
351707	268748	55524	471225	458789	416694	556
2415	1829	267	5395	5374	4436	18
165143	134131	18501	228406	222835	199813	298
53065	27654	13214	69757	69740	58137	126
78762	68919	10792	137319	130502	126795	65
53467	34691	111985	47564	47460	39280	307
137641	107867	30257	423759	423105	380275	411
14485	14727		331831	331831	304596	230
9890362	6782786	1997494	11463543	11038079	10078142	37925
4801	3565	360	6728	5787	4685	15
2378	1051	383	4344	2703	3859	10
5124	4538	350	12172	12165	9954	44
4600581	2743399	1098678	2768763	2553988	2241852	20019
1042511	755917	19247	2046699	1963515	1877525	4284
4234966	3274316	878476	6624837	6499922	5940267	13554
642653	630382	74782	560834	533148	478290	5021
234110	119363	15166	848301	822950	817844	1251

单位：万元

16－4 续表 2

项 目	Item	其他业务利润 Profits of Other Business	销售费用 Sales Expenses
批发、零售贸易企业总计	**Total**	**137183**	**2038902**
一、批发企业	**Wholesale Trade**	**46702**	**1201831**
（一）按国民经济行业分组	Grouped by Sector		
农、林、牧、渔产品批发	Wholesale of Agricultural,Forestry,Animal Husbandry and Fishery Products	21237	97572
食品、饮料及烟草制品批发	Food, Beverage and Tobaccos	4580	384893
#米、面制品及食用油批发	Rice, Flour and Edible Oil	2750	12035
烟草制品批发	Tobaccos	62	77386
纺织、服装及日用品批发	Textiles, Garment and Daily Consumer Articles	602	20142
#服装批发	Garment		8012
家用电器批发	Household Electric Appliances	410	5339
文化、体育用品及器材批发	Culture, Sports Goods and Appliances	448	5986
医药及医疗器材批发	Medicines and Medical Appliances	10283	289826
矿产品、建材及化工产品批发	Mineral,Construction and Chemical Products	4939	116661
#煤炭及制品批发	Coal and Related Products	2426	12911
石油及制品批发	Petroleum and Related Products	2359	71616
金属及金属矿批发	Metals and Mineral Products	112	15939
建材批发	Construction Materials		5711
化肥批发	Chemical Fertilizer	41	1735
机械设备、五金交电及电子产品批发	Machinery, Hardware and Electronic Equipment	3855	278917
汽车及零配件批发	Wholesale of Motor Vehicles and Their Parts	1756	231446
摩托车及零配件批发	Motorcycle and Spare Parts	97	1338
计算机、软件及辅助设备批发	Computer,Software and Assistant Appliances		3929
贸易经纪与代理	Trade Broker and Agency		
其他批发	Others	758	7835
（二）按登记注册类型分组	Grouped by Status of Registration		
内资企业	Domestic Investment Enterprises	46584	1189021
国有企业	State- owned Enterprises	62	77732
集体企业	Collective- owned Enterprises		
股份合作企业	Stock Cooperative Enterprises		
联营企业	Joint Venture Enterprises		
有限责任公司	Limited Liability Corporations	21340	408332
股份有限公司	Joint Stock Corporations	2979	55983
私营企业	Private Enterprises	22203	646975
其他企业	Others		

continued

unit：10000 yuan

管理费用 Management Expenses	营业利润 Operating Profits	利润总额 Total Profit	所得税费用 Expense of Income Tax	应付工资 Wages Payable	本年应交增值税 Value－added Tax Payable
1086800	**203203**	**313767**	**149832**	**1057723**	**392580**
551666	**223963**	**303633**	**116193**	**585320**	**273836**
50367	−123097	−110828	4617	41493	13428
179214	189970	190218	59599	259546	120154
9717	2196	2322	240	8654	877
132348	182256	182145	51381	133420	95840
11829	2491	2694	692	7597	3515
4403	2628	2691	651	1643	924
1769	−1545	−1476	−466	1841	463
10879	9111	7948	712	8260	412
130804	143430	139822	32518	108246	91891
75015	−68911	3109	11905	65456	−20521
20492	15887	17327	4705	5939	−51614
17840	−11739	−13219	1519	39936	10610
16874	−3104	−607	1805	6599	11663
6428	−73314	−6714	61	6301	6317
4224	−2167	653	135	1937	401
83357	71567	71175	6055	90195	63593
48396	56644	57278	2793	63939	50203
1232	605	614	186	974	420
5371	3737	2878	−66	7674	2658
10202	−598	−505	94	4528	1363
547446	246898	326199	113678	582016	270586
131575	181692	181573	51369	133440	95740
133857	−38229	38346	28914	154233	61035
5582	13796	16138	2879	33886	6898
276433	89639	90142	30515	260456	106912

单位：万元

16－4 续表 3

项　　目	Item	其他业务利润 Profits of Other Business	销售费用 Sales Expenses
港、澳、台商投资企业	Hong Kong Macao and Taiwan Investment Enterprises		1
外商投资企业	Foreign Investment Enterprises	118	12809
二、零售企业	**Total of Retail Trade**	**90481**	**837072**
（一）按国民经济行业分组	Grouped by Sector		
综合零售	Synthesize Retail Trade	39583	155304
#百货零售	General Merchandise	28587	75371
超级市场零售	Supermarket	10996	79380
食品、饮料及烟草制品专门零售	Food Beverage and Tobaccos	3796	30625
纺织、服装及日用品专门零售	Textiles, Garments,Daily Consumer Articles	424	16056
#服装零售	Garments	364	7971
文化、体育用品及器材专门零售	Culture, Sports Appliances and Equipments	1011	14735
#体育用品及器材零售	Sports Appliances and Equipments		2949
图书、报刊零售	Books and Newspapers	905	8420
医药及医疗器材专门零售	Medicines and Medical Appliances	11791	165772
#西药零售	Western Medicine	9216	156124
中药零售	Traditional Chinese Medicine	1207	8302
汽车、摩托车、燃料及零配件专门零售	Motor Vehicles,Motorcycles,Fuel and Parts	32708	386911
#汽车新车零售	New Automobile	28850	155370
汽车旧车零售	Used Automobile		1122
汽车零配件零售	Motor Vehicles Parts	780	2859
摩托车及零配件零售	Motorcycle and Spare Parts		209
家用电器及电子产品专门零售	Household Electric Appliances and Electronic Products	722	29234
#家用视听设备零售	Household Audio-visual Equipment		748
日用家电零售	Retail of Household Electric Appliances	332	20582
计算机、软件及辅助设备零售	Computer, Software and Assistant Appliances		1937
通信设备零售	Telecommunication Equipment	390	4801
五金、家具及室内装修材料专门零售	Hardware, Furniture and Decoration Materials	351	2355
货摊、无店铺及其他零售	Stall Goods, Non- shop and Others Retail	97	36080
#邮购及电视、电话零售	Distribution of Post and E-commerce Sales		26576
（二）按登记注册类型分组	Grouped by Status of Registration		
内资企业	Domestic Investment Enterprises	86243	755385
国有企业	State- owned Enterprises		462
集体企业	Collective- owned Enterprises		105
股份合作企业	Stock Cooperative Enterprises		1
联营企业	Joint Venture Enterprises		
有限责任公司	Limited Liability Corporations	48726	264206
股份有限公司	Joint Stock Corporations	5930	152201
私营企业	Private Enterprises	31587	338410
其他企业	Others		
港、澳、台商投资企业	Hong Kong Macao and Taiwan Investment Enterprises	2634	47100
外商投资企业	Foreign Investment Enterprises	1604	34587

continued

unit：10000 yuan

管理费用 Management Expenses	营业利润 Operating Profits	利润总额 Total Profit	所得税费用 Expense of Income Tax	应付工资 Wages Payable	本年应交增值税 Value – added Tax Payable
269	-91	-135		180	36
3950	-22844	-22432	2515	3124	3215
535134	**-20761**	**10134**	**33640**	**472403**	**118745**
210293	75	3637	15535	104812	22703
153884	9571	15518	14119	55739	14730
55519	-9679	-12025	1411	48448	7910
19728	3649	2948	2753	17975	6234
5061	-3662	-2964	53	6178	1406
2973	-2354	-1460	20	1841	608
22027	-1224	-245	1257	19744	1911
926	-3258	-3315	442	405	102
14344	2448	3368	10	14620	424
64183	-30	2825	3500	96213	21144
57876	91	2970	3563	87840	18778
3358	-962	-902	-211	6999	1650
178651	-13454	8818	9678	204750	58462
136082	-29497	-7264	7393	106273	32963
680	756	755	187	1115	262
4023	1808	1792	240	2145	645
405	-226	-244	0	217	134
23330	-7996	-7097	458	16422	4367
68	16	12	3	369	88
10141	-7679	-7396	335	8038	1937
5989	1675	1881	76	4115	1491
5482	-1473	-1069	36	3228	475
4279	1763	1652	77	2265	996
7583	117	561	330	4044	1522
1	425	684			181
514256	-5152	20639	31709	442859	107261
1639	-64	547	21	1019	225
225	54	54	2	153	105
1994	71	76	21	345	318
217498	13694	14360	22896	153810	37710
7355	669	1684	-709	89574	17540
285545	-19577	3918	9479	197958	51363
14571	-3956	637	1558	18683	6732
6307	-11653	-11141	373	10861	4752

16－5 限额以上住宿和餐饮企业主要财务状况（2022年）

单位：万元

项 目	Item	流动资产合计 Total Current Assets	固定资产原价 Original Value of Fixed Assets	累计折旧 Depreciation	#本年折旧 Depreciation This Year
总 计	**Total**	**714099**	**1278580**	**521458**	**46485**
一、住宿业	**Hotels**	**543117**	**1158645**	**483433**	**40118**
（一）按国民行业分组	Grouped by Sector				
旅游饭店	Tour Restaurant	427400	966513	417684	32429
一般旅馆	General Restaurant	96325	172223	62586	6923
民宿服务	Home-stay Service	397	2434	201	82
其他住宿服务	Other Hotel Services	18995	17475	2962	684
（二）按登记注册类型分组	Grouped by Status of Registration				
内资企业	Domestic Investment Enterprises	474499	1067623	418674	38344
国有企业	State- owned Enterprises	23361	206820	89107	4671
集体企业	Collective- owned Enterprises				
股份合作企业	Stock Cooperative Enterprises				
联营企业	Joint Venture Enterprises				
有限责任公司	Limited Liability Corporations	209654	412971	177019	11563
股份有限公司	Joint Stock Corporations				
私营企业	Private Enterprises	241485	447832	152549	22110
其他企业	Others				
港、澳、台商投资企业	Hong Kong Macao and Taiwan Investment Enterprises	6445	6761	5311	205
外商投资企业	Foreign Investment Enterprises	62173	84262	59448	1569
二、餐饮业	**Catering Services**	**170982**	**119934**	**38025**	**6367**
（一）按国民行业分组	Grouped by Sector				
正餐服务	Restaurant	118941	93945	30332	5170
快餐服务	Fast Food	5965	8811	3988	76
餐饮配送及外卖送餐服务	Catering Distribution and Delivery Service	44396	16861	3515	1079
其他餐饮服务	Others	1680	318	190	42
（二）按注册类型分组	Grouped by Status of Registration				
内资企业	Domestic Investment Enterprises	164254	111570	34393	6393
国有企业	State- owned Enterprises	149	554	499	10
集体企业	Collective- owned Enterprises				
股份合作企业	Stock Cooperative Enterprises				
联营企业	Joint Venture Enterprises				
有限责任公司	Limited Liability Corporations	19960	10344	4845	692
股份有限公司	Joint Stock Corporations				
私营企业	Private Enterprises	144145	100673	29049	5692
其他企业	Others				
港、澳、台商投资企业	Hong Kong Macao and Taiwan Investment Enterprises	2294	7863	3449	-59
外商投资企业	Foreign Investment Enterprises	4434	501	183	33

Main Financial Indicators of Catering and Hotels Enterprises above Designated Size (2022)

unit: 10000 yuan

资产总计 Total Assets	负债合计 Total Liabilities	实收资本 Paid－up Capital	营业收入 Operating Revenue	主营业务收入 Revenue from Principal Business	营业成本 Operating Cost
1804781	**1552745**	**422702**	**522712**	**512262**	**304258**
1498848	**1266570**	**373486**	**247681**	**238694**	**115358**
1197970	1018069	307760	172818	165302	81356
247523	194859	61688	65430	64108	30571
2804	2700	97	1115	1115	725
50551	50943	3941	8319	8170	2705
1385135	1156721	336037	228968	220264	103634
161478	53745	54534	33853	33439	12161
582943	541487	128981	63166	60427	39072
640714	561489	152522	131949	126399	52401
25608	40783	3589	2734	2561	3512
88105	69067	33860	15979	15869	8212
305933	**286174**	**49216**	**275030**	**273568**	**188900**
211173	208699	30777	154954	153822	97950
24245	18194	5570	25599	25599	10672
67963	57441	12453	87932	87604	75803
2552	1842	416	6545	6542	4475
282593	267138	44716	248789	247326	174018
204	211	3	354	354	279
29259	26815	4988	51526	50963	35087
253130	240112	39725	196910	196009	138652
18622	15442	4000	16082	16082	5616
4718	3595	500	10160	10160	9266

单位：万元

16－5 续表

项　　目	Item	税金及附加 Tax and Extra	其他业务利润 Profits of Other Business	销售费用 Sales Expenses
总　　计	**Total**	**5024**	**1961**	**130835**
一、住宿业	**Hotels**	**3799**	**1331**	**78630**
（一）按国民行业分组	Grouped by Sector			
旅游饭店	Tour Restaurant	3360	797	60760
一般旅馆	General Restaurant	398	533	15649
民宿服务	Home-stay Service	0		7
其他住宿服务	Other Hotel Services	41		2214
（二）按登记注册类型分组	Grouped by Status of Registration			
内资企业	Domestic Investment Enterprises	3650	1331	72140
国有企业	State- owned Enterprises	317	272	12841
集体企业	Collective- owned Enterprises			
股份合作企业	Stock Cooperative Enterprises			
联营企业	Joint Venture Enterprises			
有限责任公司	Limited Liability Corporations	2015	410	20417
股份有限公司	Joint Stock Corporations			
私营企业	Private Enterprises	1318	649	38882
其他企业	Others			
港、澳、台商投资企业	Hong Kong Macao and Taiwan Investment Enterprises	1		349
外商投资企业	Foreign Investment Enterprises	148		6141
二、餐饮业	**Catering Services**	**1225**	**630**	**52206**
（一）按国民行业分组	Grouped by Sector			
正餐服务	Restaurant	1034	592	37910
快餐服务	Fast Food	26		11740
餐饮配送及外卖送餐服务	Catering Distribution and Delivery Service	126	38	1229
其他餐饮服务	Others	40		1327
（二）按注册类型分组	Grouped by Status of Registration			
内资企业	Domestic Investment Enterprises	1202	630	42146
国有企业	State- owned Enterprises	6		8
集体企业	Collective- owned Enterprises			
股份合作企业	Stock Cooperative Enterprises			
联营企业	Joint Venture Enterprises			
有限责任公司	Limited Liability Corporations	179		10935
股份有限公司	Joint Stock Corporations			
私营企业	Private Enterprises	1017	630	31203
其他企业	Others			
港、澳、台商投资企业	Hong Kong Macao and Taiwan Investment Enterprises	19		10059
外商投资企业	Foreign Investment Enterprises	4		2

continued

unit：10000 yuan

管理费用 Management Expenses	营业利润 Operating Profits	利润总额 Total Profit	所得税费用 Expense of Income Tax	应付职工薪酬 Employee Pay Payable
140582	**-81577**	**-72599**	**503**	**112813**
104068	**-72811**	**-65623**	**147**	**70712**
74730	-58648	-52168	40	54297
25643	-12824	-12246	66	14089
372	-48	49	1	186
3323	-1291	-1259	41	2141
98715	-66857	-59789	147	64616
20578	-11060	-8075	-1	17047
27363	-27860	-25544	20	19556
50775	-27936	-26169	129	28013
448	-2285	-2281		202
4905	-3669	-3554		5895
36515	**-8766**	**-6976**	**356**	**42101**
22670	-7090	-5681	251	21006
2857	-921	-1045	13	7293
10327	-798	-295	91	13122
662	42	44	1	680
34857	-7702	-5831	335	35494
112	-50	-33	1	57
7040	-1968	-1622	66	5934
27706	-5685	-4175	268	29503
832	-1117	-1298		5793
825	54	152	21	814

16－6 限额以上住宿和餐饮企业主要经营情况

Main Business Indicators of Catering and Hotels Enterprises above Designated Size

单位：万元　　　　unit：10000 yuan

项　目	Item	法人企业（个）Corporation Units (unit)		营业额 Business Revenue		餐费收入 Catering Income	
		2021	2022	2021	2022	2021	2022
总　计	**Total**	**423**	**428**	**533416**	**538625**	**313379**	**338570**
一、住宿业	**Hotels**	**231**	**239**	**261090**	**253936**	**83094**	**76142**
按国民行业分组	Grouped by Sector						
旅游饭店	Tour Restaurant	141	142	191982	177023	67175	59534
一般旅馆	General Restaurant	77	82	60898	67664	14550	15470
民宿服务	Home-stay Service	1	2	467	1115		74
其他住宿服务	Other Hotel Services	12	13	7743	8134	1368	1065
二、餐饮业	**Catering Services**	**192**	**189**	**272326**	**284689**	**230285**	**262428**
按国民行业分组	Grouped by Sector						
正餐服务	Restaurant	154	147	169510	158707	133970	141311
快餐服务	Fast Food	9	12	25852	26920	24619	25462
餐饮配送及外卖送餐服务	Catering Distribution and Delivery Service	1	27	296	92261	296	88855
其他餐饮服务	Others	28	3	76668	6800	71401	6800

16－7 各地区限额以上批发零售贸易情况（1）（2022年）

Basic Statistics on Wholesale and Retail Trades above Designated Size by Region（1）（2022）

地　区	Region	批发零售贸易业法人企业（个）Wholesale and Retail Trades Corporation Units (unit)	#零售贸易业（个）Retail Trade (unit)	批发零售贸易从业人员（人）Wholesale and Retail Trades Employees (person)	#零售贸易业（个）Retail Trade (unit)
全　省	**Total**	**2565**	**1355**	**125213**	**77207**
长春市	Changchun	1350	554	69389	42010
吉林市	Jilin	304	176	13565	8540
四平市	Siping	117	65	5321	3211
辽源市	Liaoyuan	72	52	3972	3054
通化市	Tonghua	129	88	6171	2553
白山市	Baishan	62	47	3150	2507
松原市	Songyuan	182	120	7169	4109
白城市	Baicheng	92	69	4210	3217
延边州	Yanbian	213	147	10989	6897
长白山	Changbaishan	6	5	124	117
梅河口市	Meihekou	38	32	1153	992

16－8 各地区限额以上批发零售贸易情况（2）（2022年）

Basic Statistics on Wholesale and Retail Trades above Designated Size by Region（2）（2022）

单位：万元　　　　unit：10000 yuan

地　区	Region	批发零售贸易业商品购进额 Wholesale and Retail Trades Total Purchases Value	批发零售贸易业商品销售额 Wholesale and Retail Trades Total Sales Value	#批　发 Wholesale	#零　售 Retail	批发零售贸易业期末商品库存额 Wholesale and Retail Trades Stocks (year-end)
全　省	**Total**	**45137830**	**52187243**	**38297364**	**13806703**	**3990237**
长春市	Changchun	31897633	36565620	27554483	8956303	2560575
吉林市	Jilin	4059729	4575226	3282531	1278137	417640
四平市	Siping	1317901	1509654	1084975	423944	103437
辽源市	Liaoyuan	821009	936869	638121	298748	103678
通化市	Tonghua	1512053	1934600	1472392	454792	95990
白山市	Baishan	577683	651240	405514	245726	49702
松原市	Songyuan	1731627	1998340	1205450	790040	303030
白城市	Baicheng	989696	1209167	871213	335568	158837
延边州	Yanbian	2074501	2608647	1699270	908980	158774
长白山	Changbaishan	9760	12264	6975	5289	909
梅河口市	Meihekou	146238	185617	76440	109177	37666

16-9 私营企业基本情况

Basic Statistics of Urban and Rural Private Enterprises

行业	Item	户数（户）Household (subscribers) 2020	2021	2022	注册资金（万元）Registered Funds (10000 yuan) 2020	2021	2022
合计	**Total**	**491874**	**569722**	**663050**	**1291009576**	**382955952**	**423285365**
按经济类型分	**Grouped by Ownership**						
独资企业	Solely Funded	35768	46001	81508	4444432	4774418	5534754
合伙企业	Partnership Enterprises	2212	2439	2627	13466345	13549213	15016754
有限责任公司	Limited Liability Corporation	451395	518784	576475	1264825166	356667904	394675710
股份有限公司	Joint Stock Corporations	2499	2498	2440	8273633	7964417	8058148
按行业分	**Grouped by Sector**						
农林牧渔业	Agricultrue,Forestry,Animal Husbandry and Fishery	25314	30055	43136	12989805	14725304	16048661
采矿业	Mining	2033	2031	2010	2714941	2880861	2736782
制造业	Manufacturing	39632	41538	43229	30424969	33035827	34040323
电力、热力、燃气及水生产和供应业	Production and Supply for Electricity,Heat,Gas and Water	2555	2675	2749	4389304	4478808	4439084
建筑业	Construction	45147	54943	63264	214339604	79216388	87919539
交通运输、仓储和邮政业	Transport,Storage and Post	16906	18494	19361	11337383	11804864	12264383
信息传输、软件和信息技术服务业	Information Transmission, Software and Information Technology	23900	30611	34596	12938690	15578125	16086875
批发零售业	Wholesale and Retail Trade	169582	197092	239361	60434496	65629083	70981581
住宿和餐饮业	Hotels and Catering Services	6876	7633	8434	2702224	2840361	2893872
房地产业	Real Estate	18081	20100	20520	16746476	17514791	26729960
租赁和商务服务业	Leasing and Business Services	57228	66500	74759	853837595	59541946	65761145
居民服务、修理和其他服务业	Household Services,Repairing and other Services	14318	16598	18485	8359244	8749619	8826731
卫生和社会工作	Health Care and Social Work	2763	3471	4100	3205308	3632202	3703102
文化、体育和娱乐业	Culture, Sports and Entertainment	15819	17711	21324	6728554	7090031	7202968
其他行业	Others	51720	60270	67722	49860983	56237742	63650358

16－10 各地区限额以上单位按商品类别分社会消费品零售总额（2022年）

Total Retail Sales of Social Consumer Goods of Enterprises above Designated Size by Category and Region（2022）

单位：万元　　　　unit：(10000 yuan)

地　区	Region	商品零售 Retail Sales	食品类 Food	粮油、肉禽蛋 Grain,Oil, Meat,Poultry and Eggs	其他食品类 Other Food	烟、酒、茶、饮料 Tobacco, Liquor,Tea and Beverages	衣着类 Clothing	针、纺织品 Knitwear and Textiles	服装鞋帽类 Clothing, Shoes and Hats	用品类 Articles
全　省	**Total**	**14348778**	**1632755**	**550146**	**560030**	**522579**	**732183**	**52424**	**679759**	**8328120**
长　春	Changchun	9017779	922830	299931	270311	352588	507073	35782	471292	5681327
吉　林	Jilin	1299347	172372	45402	89955	37015	70542	4638	65904	747760
四　平	Siping	538545	46899	13972	23402	9525	9148	1342	7806	280201
辽　源	Liaoyuan	301051	32701	10960	15544	6197	11160	415	10745	148970
通　化	Tonghua	483771	46370	14172	25088	7110	18777	640	18137	265115
白　山	Baishan	329372	64856	14692	9215	40950	10311	408	9902	95238
松　原	Songyuan	839828	115191	87517	17898	9776	17832	983	16850	341692
白　城	Baicheng	344344	47200	14840	11990	20370	8445	1046	7399	182505
延　边	Yanbian	1057394	145298	36130	81489	27679	67224	5703	61520	505534
长白山	Changbaishan	11577	6536	1268	3709	1559	271	23	248	1500
梅河口	Meihekou	125773	32504	11263	11430	9812	11400	1444	9955	78279

16－10 续表 continued

单位：万元 unit：(10000 yuan)

地　区	Region	#日用品 Articles for Daily Use	#生活电器 Household Appliances	#文化体育娱乐 Culture and Sports Articles	#化妆品 Cosmetics	#金银珠宝 Jewelry	#中西药品 Traditional Chinese and Western Medicines	#书报杂志 Newspaper and Magazines	#建筑材料 Construction Material	燃料类 Fuel
全　省	**Total**	**235073**	**875335**	**236357**	**100667**	**200695**	**1310513**	**113773**	**35113**	**3655720**
长　春	Changchun	177665	500901	186426	80642	122687	888060	52993	19454	1906549
吉　林	Jilin	8040	123473	8808	6149	39578	74777	15248	2237	308673
四　平	Siping	1940	51808	4148	744	6398	46491	8883	957	202297
辽　源	Liaoyuan	3321	16043	1056	1200	1028	52947	3568		108220
通　化	Tonghua	5129	38341	5174	1863	1063	26886	6015	2306	153509
白　山	Baishan	7337	15313	629	673	2487	26130	2695		158967
松　原	Songyuan	7941	30377	9902	753	6314	37900	9355	3085	365113
白　城	Baicheng	3580	19444	6589	1616	2455	33224	5558	73	106194
延　边	Yanbian	18710	63925	11148	5642	16703	113131	6908	4328	339338
长白山	Changbaishan	645	782	44						3270
梅河口	Meihekou	763	14930	2434	1386	1983	10968	2550	2674	3590

16-11　按登记注册类型分连锁零售企业基本情况（2022年）

行　　业	Item	总店数（个）Number of Head Office (unit)	门店总数（个）Total Number of Stores (unit)
合　　计	**Total**	**47**	**3605**
内资企业	Domestic Funded Enterprises	46	3578
国有企业	State-owned Enterprises	1	7
集体企业	Collective-owned Enterprises		
股份合作企业	Stock Cooperative Enterprises	1	215
联营企业	Joint Venture Enterprises		
国有联营企业	State Owned Joint Venture Enterprises		
集体联营企业	Collective Owned Joint Venture Enterprises		
国有与集体联营企业	State Owned and Collective Owned Joint Venture Enterprises		
其他联营企业	Others		
有限责任公司	Limited Liability Corporations	15	903
国有独资公司	State Owned Enterprise		
其他有限责任公司	Other Limited Liability Corporations	15	903
股份有限公司	Joint Stock Corporations	1	931
私营企业	Private Enterprise	28	1522
私营独资企业	Private-funded Enterprises		
私营合伙企业	Private Partnership Enterprises		
私营有限责任公司	Private Limited Liability Company	27	1411
私营股份有限公司	Private Share-holding Corporations Ltd	1	111
其他企业	Others		
港、澳、台商投资企业	Hong Kong Macao and Taiwan Invested Enterprises	1	27
合资经营企业	Joint Venture Enterprises		
合作经营企业	Cooperative Enterprises		
独资经营企业	Solely Invested Enterprise	1	27
投资股份有限公司	Investment Limited by share Ltd		
其他港澳台商投资企业	Other Hong Kong Macao and Taiwan Investment Enterprises		
外商投资企业	Foreign Invested Enterprises		
中外合资经营企业	Joint-venture Enterprises		
中外合作经营企业	Cooperative Enterprises		
外资企业	Enterprises with Sole Funds		
外商投资股份有限公司	Companies Limited by Shares with Foreign Investment		
其他外商投资企业	Other Foreign Invested Enterprises		

Basic Statistics of Chain Retail Enterprises by the Status of Registration (2022)

年末从业人数（人）Number of Employees at the end of the year (person)	年末零售营业面积（万平方米）Retail Sales Area at the end of the year (10000 sq.m)	商品销售额（亿元）Commodity Sales (100 million yuan)	商品购进总额（亿元）Total Commodity Purchase (100 million yuan)	统一配送商品购进额（亿元）Centralized Purchase and Delivery (100 million yuan)
16850	**52**	**216**	**70**	**53**
16768	52	216	70	53
30		2	2	2
2206	2	130		
4004	17	30	24	11
4004	17	30	24	11
4119	15	15	10	10
6409	18	39	34	29
6040	16	38	32	28
369	1	2	1	1
82				
82				

16－12　按行业和业态分连锁零售企业基本情况（2022年）

行　业	Item	总店数（个）Number of Head office (unit)	门店总数（个）Total Number of Store (unit)
总计	**Total**	**47**	**3605**
按行业分	Grouped by Sector		
综合零售	General Retail Trade	5	299
食品、饮料及烟草制品专门零售	Food Beverage and Tobaccos	3	107
纺织、服装及日用品专门零售	Textiles, Garments, Daily Consumer Articles	1	27
文化、体育用品及器材专门零售	Culture,Sports Appliances and Equipments	3	94
医药及医疗器材专门零售	Medicines and Medical Appliances	31	2856
汽车、摩托车、燃料及零配件专门零售	Motor Vehicles,Motorcycle Fuel and Parts	1	215
家用电器及电子产品专门零售	Household Electric Appliances and Electronic Products	3	7
五金、家具及室内装饰材料专门零售	Hardware, Furniture and Decoration Materials		
货摊、无店铺及其他零售业	Stall Goods,Non-shop and Others Retail		
按业态分	**According to Business Categories**		
便利店	Convenience Store	2	216
折扣店	Discount Store		
超市	Supermarket		
大型超市	Large Supermarket		
仓储会员店	Warehouse Club	2	79
百货店	Department Stores	1	4
专业店	Specialty Stores	37	3055
其中：加油站	Gas Station	1	215
专卖店	Franchised Store	3	148
家居建材商店	Building Material Store		
厂家直销中心	Factory Outlets Center		
其他	Others	2	103

Basic Statistics of Retail Enterprises by Sector and Business Categories (2022)

年末从业人数 （人） Number of Employees at the end of the year (person)	年末零售营业面积 （万平方米） Retail Sales Area at the end of the year (10000 sq.m)	商品销售额 （亿元） Commodity sales (100 million yuan)	商品购进总额 （亿元） Total Commodity Purchase (100 million yuan)	统一配送商品购进额 （亿元） Centralized Purchase and Delivery (100 million yuan)
16850	**52**	**216**	**70**	**53**
1694	7	15	13	13
1362	4	12	11	3
82				
104	2	3	2	
11320	34	51	38	36
2206	2	130		
82	3	5	5	
375	1	3	3	3
1151	4	12	11	11
168	3			
14228	42	193	50	35
2206	2	130		
466	2	7	5	3
462	1	2	1	1

16-13 亿元以上商品交易市场基本情况（2022年）
Basic Statistics on Commodity Exchange Markets of Transaction Value Over 100 Million Yuan (2022)

行业	Item	市场数量（个）Number of Market (unit)	摊位数（个）Booth Number (unit)	营业面积（万平方米）Business Area (10000 sq.m)	成交额（亿元）Turnover (100 million yuan)
总计	**Total**	**39**	**37823**	**303**	**338**
一、综合市场	Comprehensive Market	12	16888	180	55
综合贸易市场	Integrated Trade Market	12	16888	180	55
生产资料综合市场	Production Synthesis Market	1	3126	10	10
工业消费品综合市场	Industrial Consumer Goods Integrated Market	4	7937	135	24
农产品综合市场	Agricultural Products Integrated Market	4	2455	21	12
其他综合市场	Other Integrated Markets	3	3370	13	9
二、专业市场	Professional Market	27	20935	123	283
生产资料市场	Means of Production Market	7	1899	15	12
农业生产用具市场	Agricultural Production Equipment Market				
农用生产资料市场	Agricultural Production Market	1	60	1	2
煤炭市场	Coal Market				
木材市场	Timber Market				
建材市场	Building Materials Market	3	596	10	5
化工材料及制品市场	Chemical Materials and Products Market				
金属材料市场	Metal Material Market				
机械设备市场	Machinery Market				
其他生产资料市场	Other	3	1243	5	4
农产品市场	Agricultural Market	7	4235	36	67
粮油市场	Grain and Oil Market	1	56	3	6
肉禽蛋市场	Meat and Poultry Market				
水产品市场	Aquatic Product Market	1	1103	12	38
蔬菜市场	Vegetable Market	1	395	3	4
干鲜果品市场	Dried and Fresh Fruit Market	2	365	5	14
棉麻土畜、烟叶市场	Cotton,Hemp,Local,Livestock and Tobacco Market				
其他农产品市场	Other Agricultural Market	2	2316	12	5
食品、饮料及烟酒市场	Food,Beverage and Tobacco Alcohol Market	1	133	2	1
食品饮料市场	Food,Beverage Market				
茶叶市场	Tea Market				
烟酒市场	Tobacco Alcohol Market				
其他食品饮料及烟酒市场	Others	1	133	2	1
纺织、服装、鞋帽市场	Textile,Clothing Shoes and hat Market	5	6355	13	16
布料及纺织品市场	Cloth and Textiles Markets	1	1025	2	1
服装市场	Clothing Market	3	4139	8	14
鞋帽市场	Shoes and hat Market				
其他纺织服装鞋帽市场	Others	1	1191	3	1
日用品及文化用品市场	Daily Use Commodities and Cultural Good Markets				
小商品市场	Small Commodity Market				

16－13 续表 continued

行　业	Item	市场数量（个）Number of Market (unit)	摊位数（个）Booth Number (unit)	营业面积（万平方米）Business Area (10000 sq.m)	成交额（亿元）Turnover (100 million yuan)
箱包市场	Luggage Market				
玩具市场	Toy Market				
文具市场	Stationery Market				
图书、报刊市场	Books,Newspapers and Magazines				
音像制品及电子出版物市场	Market for Audio and Video Products and Electronic Publications				
体育用品市场	Sports Market				
其他日用品及文化用品市场	Other				
黄金、珠宝、玉器等首饰市场	Gold,Jewelry and Jade Market				
电器、通讯器材、电子设备市场	Electronics, Communication Equipment,Electronic Equipment Market	1	203	1	5
家电市场	Home Appliance Market				
通讯器材市场	Communication Equipment Market				
照相、摄像器材市场	Photography,Camera Market				
计算机及辅助设备市场	Computer and Auxiliary Equipment Market	1	203	1	5
其他电器、通讯器材、电子设备市场	Other				
医药、医疗用品及器材市场	Medicine,Medical Supplies and Equipment	3	2815	19	132
中药材市场	Chinese Medicine Market	3	2815	19	132
其他医药、医疗用品及器材市场	Other				
家具、五金及装饰材料市场	Furniture,Hardware and Decorative Material Market	1	1300	20	6
家具市场	Furniture Market				
装饰材料市场	Decorative Material Market				
灯具市场	Lamps Market				
厨具、盥洗设备市场	Kitchenware,Bathroom Equipment Market				
五金材料市场	Hardware Market	1	1300	20	6
其他装修市场	Other Decorative Markets				
汽车、摩托车及零配件市场	Automobile,Motorcycle and Parts Market	2	3995	18	45
汽车市场	Automobile Market	2	3995	18	45
摩托车市场	Motorcycle Market				
机动车零配件市场	Vehicle Parts Market				
花、鸟、鱼、虫市场	Flower,Bird,Fish and Insects Markets				
花卉市场	Flower Market				
鸟市场	Birds Market				
观赏鱼市场	Fish Market				
其他花鸟鱼虫市场	Others				
旧货市场	Flea Market				
古玩、古董、字画市场	Antique,Calligraphy and Painting Market				
邮票、硬币市场	Stamp and Coin Market				
其他旧货市场	Others				
其他专业市场	Other Professional Market				

16－14 亿元以上商品交易市场摊位分类情况

Classification of Commodity Exchange Markets of Transaction Value Over 100 Million Yuan

行业	Item	2020		2021		2022	
		摊位数(个) Number of Booths (Unit)	成交额（亿元）Turnover (100 million yuan)	摊位数(个) Number of Booths (Unit)	成交额（亿元）Turnover (100 million yuan)	摊位数(个) Number of Booths (Unit)	成交额（亿元）Turnover (100 million yuan)
总 计	**Total**	**33900**	**348**	**33982**	**461**	**32662**	**338**
粮油、食品类	Grain,Beverage,Tobacco	6998	101	6581	106	6117	81
粮油类	Grain and oil	792	10	818	11	766	9
肉禽蛋类	Meat,Poultry and Eggs	890	6	834	5	760	5
水产品类	Aquatic Products	814	32	976	52	950	38
蔬菜类	Vegetable	1517	24	1250	16	1239	9
干鲜果品类	Dry and Fresh Fruit	935	26	926	19	862	17
饮料类	Beverage	194	1	187	1	181	1
烟酒类	Tobacco	434	1	318	1	323	1
服装、鞋帽、针纺织品类	Clothing Shoes and Hats,Knitwear Textiles	10094	27	9983	29	9741	25
化妆品类	Cosmetics	405	1	391	1	342	1
金银珠宝类	Jewellery	83	2	70	2	68	2
日用品类	Daily Use Article	1041	4	1067	4	728	3
五金、电料类	Hardware,Electrical Meterials	2013	7	2053	7	2037	7
体育、娱乐用品类	Sports and Entertainment Products	65		85	1	52	
照相器材类	Photographic Equipment						
书报杂志类	Books and Magazines	26		6		26	
电子出版物及音像制品类	Electronic Publications and Video Product	8		25		6	
家用电器和音像器材类	Household Appliances and Video Equipment	526	2	494	2	496	2
中西药品类	Traditional and Western Medicine	1506	60	2632	143	2440	132
西药类	Western Medicine	6		6		5	
中草药及中成药类	Traditional Chinese Medicine	1498	60	2623	142	2429	132
文化办公用品类	Office Supply	447	4	374	4	436	4
计算机及其配套产品	Computer and Related Products	199	4	175	3	175	3
家具类	Furniture	1863	9	485	5	464	4
通讯器材类	Communication Equipment	154	2	153	3	148	2
煤炭及制品类	Coal and Products						
木材及制品类	Wood and Products	277	1	269	1	271	1
石油及制品类	Petroleum and Products	74		52		50	
化工材料及制品类	Chemical Materials and Products	799	3	839	3	838	3
化肥类	Chemical Fertilizer	748	3	805	3	808	3
金属材料类	Metallic Materials	409	2	121	1	124	1
建筑及装潢材料类	Construction and Decoration Materials	1501	12	1524	15	1514	12
机电产品及设备类	Mechanical and Electrical Products and Equipment	489	2	686	2	681	2
农机类	Agricultural Machinery	118	1	98		101	
汽车类	Automobile	1872	97	2958	118	3098	45
种子饲料类	Seed and Feedstuff	274	1	192	1	194	1
棉麻类	Cotton and Hemp	21		21		18	
其他类	Other	2327	11	2416	13	2269	9

16-15 个体工商户基本情况

Basic Statistics on Urban and Rural Individual Economy

行业	Item	户数（户）Households (subscribers)		注册资金（万元）Registered Funds (10000 yuan)	
		2021	2022	2021	2022
合计	**Total**	**2310623**	**2528542**	**37519244**	**40405188**
按行业分	**Grouped by Sector**				
农林牧渔业	Agriculture,Forestry,Animal Husbandry and Fishery	189573	260810	8031570	9898941
采矿业	Mining	839	800	37849	35973
制造业	Manufacturing	81683	84698	3364141	3413296
电力、热力、燃气及水的生产和供应业	Production and Supply for Electricity, Heat, Gas and Water	341	320	13550	12939
建筑业	Construction	14860	14980	776031	782303
交通运输、仓储业和邮政业	Transport,Storage and Post	207861	228017	2713529	2869325
信息传输、软件和信息技术服务业	Information Transmission, Software and Information Technology	11106	16318	57844	79041
批发零售业	Wholesale and Retail Trades	1166112	1241752	14305403	14932508
住宿和餐饮业	Hotels and Catering Services	298165	308693	4187374	4143614
房地产业	Real Estate	4993	4972	42704	42581
租赁和商务服务业	Leasing and Business Services	43835	53338	791606	896293
居民服务、修理和其他服务业	Household Services,Repairing and other Services	233688	247688	2104615	2148322
卫生和社会工作	Health Care and Social Work	14754	15691	191206	197142
文化、体育和娱乐业	Culture, Sports and Entertainment	19937	25962	700605	731517
其他行业	Others	22876	24503	201217	221392

第十七篇

教育、科技和文化事业

Education, Technology and Culture

CHAPTER ▶ 17

资料整理人员：

刘百慧　　李　闯

17－1　各级各类学校和教职工情况（2022年）

Number of Schools and Educational Personnel by Type and Level (2022)

项　　目	Item	学校数（所） Schools (unit)	教职工数（人） Educational Personnel (person)
高等教育学校	**Higher Education Schools**	**80**	**62921**
普通本科学校	HEIs Offering Degree Programs	37	49405
#独立学院	Independent Institutions	3	1542
本科层次职业学校	Undergraduate Level Vocational Schools		
高职（专科）学校	Higher Vocational (Specialist) Schools	29	11976
成人高等学校	Adult HEIs	14	1540
高中阶段学校	**Senior Secondary Schools**	**503**	**65827**
普通高中	Regular Senior Secondary Schools	266	48233
完全中学	Combined Secondary Schools	59	10302
高级中学	Regular High Schools	185	33052
十二年一贯制学校	12-Year Schools	22	4879
中等职业教育	Secondary Vocational Education	237	17594
中等职业学校	Secondary Vocational Schools	237	16363
其他中职机构	Other Secondary Vocational Institutions	(17)	1231
义务教育阶段学校	**Compulsory Education Schools**	**3663**	**197459**
初中学校	Junior Secondary Schools	1180	95252
初级中学	Regular Junior Secondary Schools	782	57054
九年一贯制学校	9-Year Schools	394	38125
职业初中	Vocational Junior Secondary Schools	4	73
普通小学	Regular Primary Schools	2483	102207
小学	Primary Schools	2483	93380
小学教学点	External Teaching Sites	(1712)	8827
特殊教育学校	**Schools for Special Education**	**54**	**2108**
幼儿园	**Kindergarten**	**3889**	**64621**
专门学校	**Specialized Schools**	**3**	**42**

注：1.完全中学的学校数和教职工数计入高中阶段教育，九年一贯制学校的校数和教职工数计入初中阶段教育，十二年一贯制学校的校数和教职工数计入高中阶段教育（以下相关表同）。

2.中等职业教育数据不含人社部管理的技工学校（以下相关表同）。

3.“()”内数据为不计校数（以下相关表同）。

Note:1. Number of combined secondary schools and their educational personnel are classified into the number of senior secondary education, the number of 9-year schools and their educational personnel are classified into the number of junior secondary education, the number of 12-year schools and their educational personnel are classified into the number of senior secondary education. The full-time teachers are classified by educational level. The same applies to the relevant following tables.

2. Secondary Vocational Education data do not include Technical Schools managed by the Ministry of Human Resources and Social Security. The same applies to the relevant following tables.

3. Data within “()” do not include the number of schools. The same applies to the relevant following tables.

17－2 各级各类学历教育学生情况（2022年）

Number of Academic Education by Type and Level（2022）

单位：人 unit：person

项　　目	Item	毕业生数 Graduates	招生数 Entrants	在校生数 Enrolment
高等教育	**Higher Education**	**418535**	**520109**	**1365568**
研究生	Postgraduates	25232	32395	96850
博士	Doctor's Degree	2381	3671	15434
硕士	Master's Degree	22851	28724	81416
普通本科	Undergraduates	125940	146244	528199
职业本专科	Vocational Undergraduates	92200	108751	260478
本科	Bachelor Degree			
专科	Short-cycle Courses	92200	108751	260478
成人本专科	Undergraduates in Adult HEIs	104137	161887	299342
本科	Bachelor Degree	57810	113797	194549
专科	Short-cycle Courses	46327	48090	104793
网络本专科生	Web-based Undergraduates	71026	70832	180699
本科	Bachelor Degree	44304	50163	125417
专科	Short-cycle Courses	26722	20669	55282
高中阶段教育	**High School Level Education**	**187268**	**193917**	**582427**
#普通高中	Regular Senior Secondary Schools	145802	148060	449767
完全中学	Combined Secondary Schools	19222	22654	65359
高级中学	Regular High Schools	116417	115577	352334

注：1.完全中学、九年一贯制学校、十二年一贯制学校和附设教学班的学生数按教育层次分别计入对应教育阶段的学生数中（以下相关表同）。

2.特殊教育涵盖特殊教育学校、附设特教班、随班就读和送教上门等各类形式（以下相关表同）。

3.2019年起，学前教育招生数仅包括首次入园的适龄儿童，不再包括复学、转入等情况（以下相关表同）。

Note:1.Number of the students in Combined Secondary Schools, 9-Year Schools, 12-Year Schools and subsidiary class are classified by educational level. The same applies to the relevant following tables.

2.Special education covers various forms including special education schools, attached special education classes, regular classes and 'home delivery' teaching. The same applies to the relevant following tables.

3.From 2019, the number of entrants of the pre-school education only includes the school-age children who enter the kindergarten for the first time, and does not include the situation of returning to school and transferring in. The same applies to the relevant following tables.

单位：人　　　　17－2 续表 continued　　　　unit：person

项　目	Item	毕业生数 Graduates	招生数 Entrants	在校生数 Enrolment
十二年一贯制学校	12-Year Schools	8613	8819	28141
附设普通高中班	Subsidiary Regular Senior Secondary School Class	1550	1010	3933
#中等职业教育	Secondary Vocational Education	41466	45857	132660
中等职业学校	Secondary Vocational Schools	36124	42373	121690
附设中职班	Subsidiary Secondary Vocational Class	5342	3484	10970
义务教育阶段教育	**Compulsory Education**	**413092**	**365316**	**1703864**
初中阶段	Junior Secondary Schools	210447	201034	592175
初级中学	Regular Junior Secondary Schools	152082	142952	419428
九年一贯制学校	9-Year Schools	37873	39161	114498
十二年一贯制学校	12-Year Schools	6382	4267	14816
完全中学	Combined Secondary Schools	13924	14586	43134
职业初中	Junior Secondary Vocational Schools	162	68	299
附设普通初中班	Junior Secondary Classes Attached			
附设职业初中班	Vocational Junior Secondary Classes Attached	24		
小学阶段	Primary Education	202645	164282	1111689
小学	Primary Schools	165733	124283	879295
九年一贯制学校	9-Year Schools	28325	35096	198373
十二年一贯制学校	12-Year Schools	2562	2318	14646
小学教学点	External Teaching Sites	4948	1121	12447
附设小学班	Subsidiary Primary School Classes	1077	1464	6928
特殊教育	**Special Education**	**2159**	**1780**	**12381**
#特殊教育学校	Special Education Schools	820	653	5427
学前教育	**Pre-school Education**	**156660**	**106420**	**400179**
幼儿园	Kindergartens	132709	95247	360996
附设幼儿班	Subsidiary Toddler Class	23951	11173	39183
专门学校	**Specialized Schools**	**29**	**11**	**32**

17－3 各级各类民办学校和教职工情况（2022年）
Number of Non-government Schools and Educational Personnel by Type and Level（2022）

项　　目	Item	学校数（所） Schools (units)	教职工数（人） Educational Personnel (person)
高等教育学校	**Higher Education Schools**	**20**	**12057**
普通本科学校	HEIs Offering Degree Programs	12	8801
#独立学院	Independent Institutions	3	1542
本科层次职业学校	Undergraduate Level Vocational Schools		
高职（专科）学校	Higher Vocational (Specialist) Schools	8	3256
成人高等学校	Adult HEIs		
高中阶段学校	**Senior Secondary Schools**	**114**	**10193**
普通高中	Regular Senior Secondary Schools	51	8858
完全中学	Combined Secondary Schools	5	1895
高级中学	Regular High Schools	28	2776
十二年一贯制学校	12-Year Schools	18	4187
中等职业教育	Secondary Vocational Education	63	1335
义务教育阶段学校	**Compulsory Education Schools**	**51**	**4730**
初中学校	Junior Secondary Schools	36	3568
初级中学	Regular Junior Secondary Schools	13	2199
九年一贯制学校	9-Year Schools	22	1369
职业初中	Vocational Junior Secondary Schools	1	
普通小学	Regular Primary Schools	15	1162
特殊教育学校	**Schools for Special Education**		
幼儿园	**Kindergarten**	**3063**	**45119**
专门学校	**Specialized Schools**		

17－4 各级各类民办教育学生情况（2022年）

Statistics on Students of Non-government Education by Type and Level (2022)

单位：人 unit: person

项　　目	Item	毕业生数 Graduates	招生数 Entrants	在校生数 Enrolment
高等教育	**Higher Education**	**51838**	**62306**	**194854**
研究生	Postgraduates	413	614	1358
硕 士	Master's Degree	413	614	1358
普通本科	Undergraduates	33809	39787	142669
职业本专科	Vocational Undergraduates	17616	21905	50827
本 科	Bachelor Degree			
专 科	Short-cycle Courses	17616	21905	50827
成人本专科	Undergraduates in Adult HEIs		38	38
本 科	Bachelor Degree		38	38
专 科	Short-cycle Courses			
高中阶段教育	**High School Level Education**	**26460**	**30714**	**88553**
普通高中	Regular Senior Secondary Schools	18477	22369	64301
完全中学	Combined Secondary Schools	2747	4583	10639
高级中学	Regular High Schools	7535	9644	27409
十二年一贯制学校	12-Year Schools	8195	8142	26253
附设普通高中班	Subsidiary Regular Senior Secondary School Class			
中等职业教育	Secondary Vocational Education	7983	8345	24252
义务教育阶段教育	**Compulsory Education**	**29575**	**19902**	**88260**
初中阶段	Junior Secondary Schools	21552	14898	52000
初级中学	Regular Junior Secondary Schools	9202	5941	20609
九年一贯制学校	9-Year Schools	3398	1887	6434
十二年一贯制学校	12-Year Schools	5425	3501	13427
完全中学	Combined Secondary Schools	3527	3569	11530
职业初中	Vocational Junior Secondary Schools			
附设普通初中班	Junior Secondary Classes Attached			
附设职业初中班	Vocational Junior Secondary Classes Attached			
小学阶段	Primary Education	8023	5004	36260
小学	Primary Schools	3994	2068	14138
九年一贯制学校	9-Year Schools	2186	1094	9351
十二年一贯制学校	12-Year Schools	1703	1833	12519
附设小学班	Subsidiary Primary School Classes	140	9	252
特殊教育	**Special Education**	**8**	**10**	**63**
学前教育	**Pre-school Education**	**92281**	**63756**	**250578**
专门学校	**Specialized Schools**			

17－5 各级各类教育专任教师情况（2022年）
Number of Full-time Teachers of Education by Type and Level（2022）

单位：人　　　　unit：person

项　　目	Item	专任教师数 Full-time Teachers	#民办 Civilian-run
高等教育学校	**Higher Education Schools**	**41056**	**8499**
普通本科学校	HEIs Offering Degree Programs	32126	6380
#独立学院	Independent Institutions	1159	1159
本科层次职业学校	Undergraduate Level Vocational Schools		
高职（专科）学校	Higher Vocational (Specialist) Schools	8014	2119
成人高等学校	Adult HEIs	916	
高中阶段教育	**High School Level Education**	**48740**	**5173**
普通高中	Regular Senior Secondary Schools	35129	4236
完全中学	Combined Secondary Schools	4772	603
高级中学	Regular High Schools	28343	2099
十二年一贯制学校	12-Year Schools	1753	1534
附设普通高中班	Subsidiary Regular Senior Secondary School Class	261	
中等职业教育	Secondary Vocational Education	13611	937
中等职业学校	Secondary Vocational Schools	13098	763
附设中职班	Subsidiary Secondary Vocational Class	513	174
义务教育阶段教育	**Compulsory Education**	**167361**	**6016**
初中阶段	Junior Secondary Education	65834	3733
初级中学	Regular Junior Secondary Schools	46776	1553
九年一贯制学校	9-Year Schools	14317	468
十二年一贯制学校	12-Year Schools	1173	1020
完全中学	Combined Secondary Schools	3509	692
职业初中	Vocational Junior Secondary Schools	59	
附设普通初中班	Junior Secondary Classes Attached		
附设职业初中班	Vocational Junior Secondary Classes Attached		
小学阶段	Primary Education	101527	2283
小学	Primary Schools	76118	895
九年一贯制学校	9-Year Schools	16949	609
十二年一贯制学校	12-Year Schools	948	764
小学教学点	External Teaching Sites	7070	
附设小学班	Subsidiary Primary School Classes	442	15
特殊教育	**Special Education**	**1777**	
#特殊教育学校	Special Education Schools	1766	
学前教育	**Pre-school Education**	**34898**	**19671**
幼儿园	Kindergartens	31301	19523
附设幼儿班	Subsidiary Toddler Class	3597	148
专门学校	**Specialized Schools**	**18**	

注：2021年起，专任教师数为各级各类学校承担本层次教育的专任教师，不包含学校附设的其他层次教育教学班的专任教师。（以下相关表同）

Note: From 2021, numbers of full-time teachers refer to the full-time teachers undertaken education at their own level by all types and levels, do not include the full-time teachers of other level subsidiary class attached. The same applies to the relevant following tables.

17－6 各级各类学校校数情况

Number of Schools by Type and level

单位：所 (unit)

年份 Year	普通、职业高等学校 Regular and Vocational HEIs	#高职（专科）学校 Higher Vocational (Specialist) Schools	普通高中 Regular Senior Secondary Schools	中等职业教育 Secondary Vocational Education	初中学校 Junior Secondary Schools	普通小学 Regular Primary Schools	特殊教育学校 Special Education Schools	幼儿园 Kindergarten
2013	58	21	243	302	1200	5103	47	3808
2014	58	21	240	299	1195	4806	47	4039
2015	58	21	239	289	1181	4493	47	4174
2016	60	23	241	277	1172	4281	49	4133
2017	62	25	244	274	1172	4153	50	4053
2018	62	25	248	260	1175	3871	50	3617
2019	62	25	251	255	1177	3740	49	3605
2020	64	27	257	244	1187	3464	51	3848
2021	66	29	263	241	1189	3199	52	3981
2022	66	29	266	237	1180	2483	54	3889

17－7 各级各类教育专任教师情况

Number of Full-time Teachers of Education by Type and Level

单位：人 unit：person

年份 Year	普通、职业高等学校 Regular and Vocational HEIs	#高职（专科）学校 Higher Vocational (Specialist) Schools	普通高中 Regular Senior Secondary Schools	中等职业教育 Secondary Vocational Education	初中阶段 Junior Secondary Schools	小学阶段 Regular Primary Schools	特殊教育 Special Education Schools	学前教育 Pre-school Education
2013	38003	5661	27518	18094	66821	115116	1388	24904
2014	38549	5836	28368	17539	66974	112729	1418	27381
2015	39152	6288	28788	16259	64724	110058	1463	28399
2016	39823	6783	29262	14540	64694	109650	1552	29631
2017	40097	7133	29934	13459	64637	108405	1595	30026
2018	40328	7167	30775	13418	65808	106603	1662	28503
2019	40298	7261	31691	13921	66275	104977	1649	28848
2020	41447	7626	32661	13370	67148	105300	1648	29215
2021	41197	7824	34369	13392	66843	104324	1734	35023
2022	40140	8014	35129	13611	65834	101527	1777	34898

17－8　各级各类教育毕业生情况

Number of Graduates by Type and Level

单位：人　　　　unit：person

年份 Year	研究生 Post-Graduates	普通、职业本专科 Undergraduate in Regular and Vocational HEIs	#专科 Short-cycle Courses	普通高中 Regular Senior Secondary Schools	中等职业教育 Secondary Vocational Education	初中阶段 Junior Secondary Education	小学阶段 Primary Education	特殊教育 Special Education	学前教育 Pre-school Education
2013	17489	146379	42953	157117	83932	240310	235930	805	185628
2014	17003	151779	46920	155501	76901	210257	231537	643	179451
2015	18100	157048	47220	139932	53450	201437	186790	592	174538
2016	17479	164912	51216	138986	48920	205994	219500	684	177769
2017	18717	170059	55075	130110	38899	204311	223741	780	217451
2018	18263	166174	53031	133057	41718	179914	226423	1094	181923
2019	19250	171814	55186	137352	43181	214960	212027	1410	168679
2020	22647	176893	56286	139803	40411	221110	189659	1554	162074
2021	23271	181377	61046	125455	33449	221917	203880	2102	151515
2022	25232	218140	92200	145802	41466	210447	202645	2159	156660

17－9　各级各类教育招生情况

Number of Recruit Studernts by Type and Level

单位：人　　　　unit：person

年份 Year	研究生 Post-Graduates	普通、职业本专科 Undergraduate in Regular and Vocational HEIs	#专科 Short-cycle Courses	普通高中 Regular Senior Secondary Schools	中等职业教育 Secondary Vocational Education	初中阶段 Junior Secondary Education	小学阶段 Primary Education	特殊教育 Special Education	学前教育 Pre-school Education
2013	18942	169988	52232	151131	61055	218370	217645	740	251077
2014	19960	174286	57546	132338	43508	209897	190001	765	244591
2015	19101	175465	55181	135162	45498	181172	206046	953	234714
2016	19680	179302	57830	139534	46958	217027	204937	1338	225953
2017	23095	178688	56187	141705	44566	221942	189407	1466	217451
2018	24189	187482	61784	129106	35090	224225	201272	1867	186688
2019	25613	219491	92773	149522	43755	210064	196696	2095	155185
2020	29585	208542	78231	151566	44765	188411	190858	2153	132911
2021	31360	217977	84902	150919	48777	201841	170160	2189	120719
2022	32395	254995	108751	148060	45857	201034	164282	1780	106420

17－10 各级各类教育在校生情况

Number of Current Students by Type and Level

单位：人　　　　unit：person

年 份 Year	研究生 Post-Graduates	普通、职业本专科 Undergraduate in Regular and Vocational HEIs	#专科 Short-cycle Courses	普通高中 Regular Senior Secondary Schools	中等职业教育 Secondary Vocational Education	初中阶段 Junior Secondary Education	小学阶段 Primary Education	特殊教育 Special Education	学前教育 Pre-school Education
2013	56992	599526	145165	453171	192672	644993	1361868	5610	441953
2014	57678	618273	154924	415736	150044	622883	1268804	5403	462002
2015	58087	632723	161379	406263	134237	595518	1279766	6015	463647
2016	59981	642263	166598	404209	129856	604277	1264211	7484	463445
2017	63454	643872	165049	413783	131774	618704	1228205	8797	455305
2018	68806	658327	171354	408494	120897	660635	1201872	9649	419246
2019	74671	700145	206708	418443	117863	654524	1185695	11313	411552
2020	84074	726957	226194	428406	118915	622419	1187540	12442	406327
2021	91053	755552	245900	450088	131079	601187	1151039	12977	419504
2022	96850	788677	260478	449767	132660	592175	1111689	12381	400179

17－11 进城务工子女和农村留守儿童在校情况（2022年）

Statistics on Children of Migrant Workers and Rural Left Behind Children in Schools（2022）

单位：人　　　　unit：person

项　目	Item	进城务工人员随迁子女 Children of Migrant Workers	外省迁入 From Other Provinces	本　省 外县迁入 From Other Counties of the Same Province	农　村 留守儿童 Rural Left-Behind Children
普通小学	**Regular Primary Schools**				
毕业生数	Graduates	16929	3572	13357	4982
招生数	Entrants	14951	2942	12009	2457
在校生数	Enrolment	101590	21375	80215	22560
#女	Female	46224	9808	36416	9952
初中	**Junior Secondary Schools**				
毕业生数	Graduates	14596	3769	10827	4478
招生数	Entrants	15480	3587	11893	4848
在校生数	Enrolment	45311	10943	34368	14433
#女	Female	20874	5010	15864	6268

17－12　普通、职业本专科学生情况

Number of Students Enrolled in Normal and Short-cycle Courses in Regular and Vocational Higher Education Institutions

单位：人　　　　unit：person

项　　目	Item	2021	2022
招生数	Entrants	217977	254995
普通本科	Undergraduates	133075	146244
职业本科	Vocational Undergraduates		
专科	Short-cycle Courses	84902	108751
在校生数	Enrolment	755552	788677
普通本科	Undergraduates	509652	528199
职业本科	Vocational Undergraduates		
专科	Short-cycle Courses	245900	260478
毕业生数	Graduates	181377	218140
普通本科	Undergraduates	120331	125940
职业本科	Vocational Undergraduates		
专科	Short-cycle Courses	61046	92200
授予学位数	Degrees Conferred	120008	125445
预计毕业生数	Estimated Graduates	217618	208135
普通本科	Undergraduates	128903	133087
职业本科	Vocational Undergraduates		
专科	Short-cycle Courses	88715	75048

17－13　普通、职业高等学校情况

Statistics on Regular and Vocational Higher Education Institutions

单位：人　　　　unit：person

项　目	Item	2021	2022
学校数（所）	Institutions (unit)	66	66
教职工数	Educational Personnel	64350	61381
#专任教师	Full-time Teachers	41197	40140
正高级	Senior	6825	6803
副高级	Sub-senior	13403	13172
中级	Middle	14772	14246
初级	Junior	5133	4788
未定职级	No Rank	1064	1131
#行政人员	Administrative Personnel	10928	10657
#教辅人员	Supporting Personnel	6711	6332
#工勤人员	Workers	4160	3311

17－14 分地区中等职业教育情况（2022年）
Statistics on Secondary Vocational Education by Region（2022）

单位：人　　unit：person

地 区	Region	学校数(所) Schools (unit)	教职工数 Educational Personnel	#专任教师 Full-time Teachers	毕业生数 Graduates	招生数 Entrants	在校生数 Enrolment	预 计 毕业生数 Estimated Graduates for Next Year
全 省	**Total**	**237**	**17594**	**13611**	**41466**	**45857**	**132660**	**41762**
长 春	Changchun	90	5052	3812	15837	17175	50053	15263
吉 林	Jilin	32	3613	2777	7795	8431	23564	8152
四 平	Siping	19	1410	1214	3867	4349	12965	4238
辽 源	Liaoyuan	10	738	704	1111	1083	3668	1316
通 化	Tonghua	22	1902	1372	2316	3147	8841	2526
白 山	Baishan	11	638	481	1346	1093	3518	1200
松 原	Songyuan	20	1218	919	2954	4151	10655	2728
白 城	Baicheng	13	1191	819	2374	2347	7350	2435
延 边	Yanbian	20	1832	1513	3866	4081	12046	3904

17－15 分地区特殊教育情况
Statistics on Special Education by Region

单位：人　　unit：person

地 区	Region	学校数(所) Schools (unit)	专任教师数 Full-time Teachers	毕业生数 Graduates	招生数 Entrants	在校生数 Enrolment	#女 Female
全 省	**Total**	**54**	**1777**	**2159**	**1780**	**12381**	**4321**
长 春	Changchun	11	434	696	544	3787	1290
吉 林	Jilin	10	326	295	271	1900	685
四 平	Siping	7	299	233	173	1249	436
辽 源	Liaoyuan	3	64	135	114	599	222
通 化	Tonghua	7	161	202	167	1087	339
白 山	Baishan	4	108	95	100	659	246
松 原	Songyuan	4	72	174	169	1254	434
白 城	Baicheng	5	192	150	98	973	369
延 边	Yanbian	3	121	179	144	873	300

17－16 各级教育生师比

Student-Staff Ratio by Level

（教师人数=1）　　　　（Number of Teachers=1）

年 份 Year	小学阶段 Primary Education	初中阶段 Junior Secondary Education	普通高中 Regular Senior Secondary Schools	中等职业教育 Secondary Vocational Education	高等教育 Higher Education
2013	11.83	9.65	16.47	10.36	17.33
2014	11.26	9.30	14.66	8.55	17.66
2015	11.63	9.20	14.11	8.26	17.74
2016	11.53	9.34	13.81	8.93	17.05
2017	11.33	9.57	13.82	9.79	17.84
2018	11.27	10.04	13.27	9.01	17.98
2019	11.29	9.88	13.20	8.47	18.96
2020	11.28	9.27	13.12	8.89	19.36
2021	11.03	8.99	13.10	9.79	19.91
2022	10.95	8.99	12.80	9.75	19.48

17－17 每十万人口各级教育平均在校生数

School Enrolment per 100000 Population by Level

单位：人　　　　unit：person

年 份 Year	学前教育 Pre-school Education	小学阶段 Primary Education	初中阶段 Junior Secondary Education	高中阶段 Senior Secondary Education	高等教育 Higher Education
2013	1607	4952	2345	2512	3033
2014	1679	4612	2264	2220	3168
2015	1685	4650	2164	2111	3169
2016	1683	4592	2195	2040	3048
2017	1666	4494	2264	2123	3038
2018	1543	4424	2431	2076	3131
2019	1522	4385	2421	2134	3373
2020	1510	4413	2313	2196	3707
2021	1749	4798	2506	2423	4550
2022	1705	4735	2522	2481	5046

注：1.高等教育在校生数包括研究生、普通本科、职业本专科、成人本专科，不含网络本专科生。

2.2021年起，高中阶段在校生数不含人社部管理的技工学校。

Note: 1.The number of students in higher education includes graduate students, general undergraduate students, vocational college students, adult college students, excluding online college students.

2.From 2021, the number of high school students does not include technical schools managed by the Ministry of Human Resources and Social Security.

17－18 科技事业发展情况
Development of Science and Technology

指　标	Item	2018	2019	2020	2021	2022
研究与实验发展（R&D）活动	**R&D Activities**					
研究与实验发展折合全时人员（人年）	Full-time Equivalent of R&D Personnel (man-year)	36376	42323	44472	50818	48947.2
研究与实验发展经费支出（亿元）	Expenditure on R&D (100 million yuan)	115.0	148.4	159.50	183.7	187.3
研究与实验发展经费支出占地区生产总值比重（%）	R&D Expenditure as GDP Proportion (%)	1.02	1.27	1.30	1.40	1.43
技术成果	**Technological Achievement**					
科技成果总数（项）	Number of Achievements in Science and Technology (Item)	674	552	526	657	350
#应用技术成果（项）	Application of Technology Results (Item)	602	478	456	595	323
国家奖励	**National Awards**					
#国家自然科学奖（项）	State Natural Science Award (Item)		2	1		
国家技术发明奖（项）	State Technological Invention Award (Item)		2			

注：1.按照国家地震局地震监测中心站改革要求，我省完成地震监测中心站改革，所以2021年地震台数据和统计形式变化较大;
　　2.2021年国家未开展科技奖励情况，因此没有国家奖励相关数据。

Note: 1.According to the requirements of the reform of the seismic stations monitoring center station of the China Earthquake Administration, the reform of the seismic stations monitoring center station has been completed in our province, so the data and statistical coverage of the seismic station have changed greatly in 2021.

2.The National Reward for science and technology did not carry out in 2021, so there is no relevant data of 2021.

17－18 续表 continued

指　标	Item	2018	2019	2020	2021	2022
国家科技进步奖（项）	Number of National Scientific and Technological Progress Prizes Awarded(Item)	4	4	1		
技术市场成交额（亿元）	**Technical Market (100 million yuan)**	**341.9**	**474.1**	**462.2**	**108.2**	**52.63**
科技服务	**Technology Services**					
气象观测站点（气象台站总数）（个）	Meteorological Observation Site (unit)	54	54	55	55	55
地震台站（个）	Seismic Stations (unit)	37	37	37	59	61
质量监督	**Quality Supervision**					
产品质量检验机构（个）	Product Quality Inspection Agency (unit)	1016	1003	1181	1209	1209
监督抽查产品（种）	Quality Checks of Products (kind)	39	43	119	110	152
监督抽查产品（批次）	Supervision and Checking of Products (batch)	807	665	4643	4747	4744
专利	**Patents**					
专利申请授权量（件）	Number of Patents Application Granted (piece)	13885	15579	23951	29879	29534

17－19　规模以上工业企业R&D人员情况（2022年）

项　目	Item	研究与试验发展（R&D）人员（人）Research and Development (R&D) Personnel (person)
总计	**Total**	**26019**
一、按企业规模分组	**Group by Size of Enterprises**	
大 型	Large-sized Enterprise	16311
中 型	Medium-sized Enterprise	4832
小 型	Small-sized Enterprise	4812
微 型	Mini-sized Enterprise	64
二、按隶属关系分组	**Group by Administration**	
中 央	Central	12606
地 方	Local	13413
三、按登记注册类型分组	**Grouped by Status of Registration**	
内资企业	Domestic Funded	20955
港、澳、台商投资企业	Enterprises with Funds from Hong Kong,Macao and Taiwan	480
外商投资企业	Foreign Funded Enterprises	4584
四、按新国民经济行业大类分组	**Grouping by National Economy Industry**	
采矿业	Mining	1462
制造业	Manufacturing	24356
电力、热力、燃气及水的生产和供应业	Production and Supply of Electricity,Heat,Gas and Water	201
五、按企业控股情况分组	**Grouping by Enterprises Share Holding Situation**	
国有控股	State-owned Holding	14778
集体控股	Collective Holding	1092
私人控股	Private Holding	8653
港澳台商控股	Hong Kong, Macao and Taiwan Funded Holding	57
外商控股	Foreign Holdings	1408
其 他	Others	31
六、按地区分组	**Grouped by Region**	
长 春	Changchun	18762
吉 林	Jilin	2128
四 平	Siping	473
辽 源	Liaoyuan	390
通 化	Tonghua	1405
白 山	Baishan	340
松 原	Songyuan	1239
白 城	Baicheng	323
延 边	Yanbian	959

R&D Human Resource Situation of Industrial Enterprises above Disignated Size (2022)

其中 Major Breakdown				其中 Major Breakdown
#本年度参加项目人员 Personnel Involved in the Project This Year	#科技管理和服务人员 S&T Management and Service Personnel	#女性 Female	#研究人员 Researchers	全时人员 Full-time Personnel
23530	**2489**	**6755**	**11670**	**21182**
14769	1542	3694	8263	14263
4410	422	1559	1826	3461
4295	517	1489	1558	3408
56	8	13	23	50
11209	1397	2739	6651	11047
12321	1092	4016	5019	10135
19380	1575	5655	9318	16779
458	22	73	143	419
3692	892	1027	2209	3984
1271	191	596	799	1301
22082	2274	6124	10802	19708
177	24	35	69	173
13240	1538	3379	7642	12789
1060	32	251	533	882
7862	791	2808	2889	6285
55	2	21	14	47
1283	125	279	579	1151
30	1	17	13	28
16919	1843	4142	8989	15910
1955	173	582	731	1653
453	20	184	163	234
322	68	144	139	288
1324	81	650	423	837
278	62	171	97	181
1057	182	504	670	1111
308	15	106	76	222
914	45	272	382	746

17－19 续表

项　　目	Item	非全时人员 Part-time Personnel
总计	**Total**	**4837**
一、按企业规模分组	**Group by Size of Enterprises**	
大 型	Large-sized Enterprise	2048
中 型	Medium-sized Enterprise	1371
小 型	Small-sized Enterprise	1404
微 型	Mini-sized Enterprise	14
二、按隶属关系分组	**Group by Administration**	
中 央	Central	1559
地 方	Local	3278
三、按登记注册类型分组	**Grouped by Status of Registration**	
内资企业	Domestic Funded	4176
港、澳、台商投资企业	Enterprises with Funds from Hong Kong,Macao and Taiwan	61
外商投资企业	Foreign Funded Enterprises	600
四、按新国民经济行业大类分组	**Grouping by National Economy Industry**	
采矿业	Mining	161
制造业	Manufacturing	4648
电力、热力、燃气及水的生产和供应业	Production and Supply of Electricity,Heat,Gas and Water	28
五、按企业控股情况分组	**Grouping by Enterprises Share Holding Situation**	
国有控股	State-owned Holding	1989
集体控股	Collective Holding	210
私人控股	Private Holding	2368
港澳台商控股	Hong Kong, Macao and Taiwan Funded Holding	10
外商控股	Foreign Holdings	257
其 他	Others	3
六、按地区分组	**Grouped by Region**	
长 春	Changchun	2852
吉 林	Jilin	475
四 平	Siping	239
辽 源	Liaoyuan	102
通 化	Tonghua	568
白 山	Baishan	159
松 原	Songyuan	128
白 城	Baicheng	101
延 边	Yanbian	213

continued

R&D人员折合全时当量（人年） Full-time Equivalent of R&D Personnel (person-year)		其中 Major Breakdown		
	#研究人员 Researchers	基础研究 Basic Research	应用研究人员 Applied Researchers	试验发展人员 Personnel of Experimental Development
15297	**6831**	**46**	**867**	**14384**
9862	4930	5	508	9349
2897	1058	2	172	2724
2505	831	40	183	2281
33	12		3	30
7055	3699	5	459	6591
8242	3132	42	407	7794
12448	5510	46	798	11605
203	60		23	181
2645	1261		46	2599
1133	630		50	1083
14002	6148	46	814	13143
162	53		3	158
8370	4308	5	475	7891
670	315		24	646
5162	1751	42	322	4799
41	10			41
1027	436		46	981
27	11			27
10379	4935	10	601	9768
1614	559	5	72	1537
297	107		51	246
171	55		5	166
913	262	31	18	864
53	13		4	49
1013	556		55	958
164	43		10	154
692	300		50	643

17－20　规模以上工业企业R&D经费情况（2022年）

单位：万元

项　　目	Item	R&D经费内部支出合计 R&D Internal Expenditures
总计	**Total**	**926041.4**
一、按企业规模分组	**Group by Size of Enterprises**	
大 型	Large-sized Enterprise	729985.1
中 型	Medium-sized Enterprise	104765.8
小 型	Small-sized Enterprise	90049.4
微 型	Mini-sized Enterprise	1241.1
二、按隶属关系分组	**Group by Administration**	
中 央	Central	598068.9
地 方	Local	327973
三、按登记注册类型分组	**Grouped by Status of Registration**	
内资企业	Domestic Funded	544396.3
港、澳、台商投资企业	Enterprises with Funds from Hong Kong,Macao and Taiwan	12594.1
外商投资企业	Foreign Funded Enterprises	369051
四、按新国民经济行业大类分组	**Grouping by National Economy Industry**	
采矿业	Mining	19434
制造业	Manufacturing	903502.6
电力、热力、燃气及水的生产和供应业	Production and Supply of Electricity,Heat,Gas and Water	3104.8
五、按企业控股情况分组	**Grouping by Enterprises Share Holding Situation**	
国有控股	State-owned Holding	690060
集体控股	Collective Holding	23262.6
私人控股	Private Holding	150723.9
港澳台商控股	Hong Kong, Macao and Taiwan Funded Holding	2056.8
外商控股	Foreign Holdings	59154.8
其 他	Others	783.3
六、按地区分组	**Grouped by Region**	
长 春	Changchun	796591.8
吉 林	Jilin	46643.3
四 平	Siping	7637.4
辽 源	Liaoyuan	7800.3
通 化	Tonghua	23139.6
白 山	Baishan	1997
松 原	Songyuan	22791.8
白 城	Baicheng	4163.3
延 边	Yanbian	15276.9

R&D Expenditure Situation of Industrial Enterprises above Designated Size (2022)

unit: 10000 yuan

经常费支出 Ordinary Expenditure	#人员劳务费 Labor Costs	资产性支出 Assets Expenditure	政府资金 Government Funds
887776.3	**304487.4**	**38265.1**	**8506.6**
699074.5	244644.8	30910.6	4035.1
102962.5	36022	1803.3	2634.3
84515.7	23444.5	5533.7	1837.2
1223.6	376.1	17.5	
591104.3	208663.3	6964.6	4013
296672	95824	31301	
521097	218743.9	23299.3	8439.1
11881.8	3888.2	712.3	27.5
354797.5	81855.3	14253.5	40
19001.2	12105.5	432.8	
865670.3	291496.8	37832.3	8490.3
3104.8	885.1		16.3
674039.1	232439.5	16020.9	4961.5
19875.6	10594.3	3387	1483.5
146472.6	43533.5	4251.3	2061.6
1704.3	604.7	352.5	
44988.9	17044.5	14165.9	
695.8	270.9	87.5	
771027.3	266356.8	25564.5	7837.9
38742.6	13115.6	7900.7	47.2
7634.3	1938.5	3.1	27.5
7356.5	2011.7	443.8	40.6
22712.6	4995.5	427	268.2
1652.3	384.2	344.7	104.6
22680.7	8151.1	111.1	5.2
4163.1	909.2	0.2	2.1
11806.9	6624.8	3470	173.3

单位：万元

17－20 续表

项　　目	Item	企业资金 Enterprise Funds	境外资金 Foreign Funds
总计	**Total**	**916307.9**	**281.1**
一、按企业规模分组	**Group by Size of Enterprises**		
大 型	Large-sized Enterprise	725668.9	281.1
中 型	Medium-sized Enterprise	101437.2	
小 型	Small-sized Enterprise	87960.7	
微 型	Mini-sized Enterprise	1241.1	
二、按隶属关系分组	**Group by Administration**		
中 央	Central	594055.9	
地 方	Local		
三、按登记注册类型分组	**Grouped by Status of Registration**		
内资企业	Domestic Funded	535424.6	281.1
港、澳、台商投资企业	Enterprises with Funds from Hong Kong,Macao and Taiwan	12566.6	
外商投资企业	Foreign Funded Enterprises	368316.7	
四、按新国民经济行业大类分组	**Grouping by National Economy Industry**		
采矿业	Mining	19434	
制造业	Manufacturing	893785.4	281.1
电力、热力、燃气及水的生产和供应业	Production and Supply of Electricity,Heat,Gas and Water	3088.5	
五、按企业控股情况分组	**Grouping by Enterprises Share Holding Situation**		
国有控股	State-owned Holding	684817.4	281.1
集体控股	Collective Holding	21779.1	
私人控股	Private Holding	148410.8	
港澳台商控股	Hong Kong, Macao and Taiwan Funded Holding	2056.8	
外商控股	Foreign Holdings	58460.5	
其 他	Others	783.3	
六、按地区分组	**Grouped by Region**		
长 春	Changchun	787549	281.1
吉 林	Jilin	46596.1	
四 平	Siping	7609.9	
辽 源	Liaoyuan	7759.7	
通 化	Tonghua	22871.4	
白 山	Baishan	1892.4	
松 原	Songyuan	22764.6	
白 城	Baicheng	4161.2	
延 边	Yanbian	15103.6	

continued

unit: 10000 yuan

其他资金 Others	R&D经费外部支出合计 R&D Exterior Expenditures	#对境内研究机构支出 Expenditure on Domestic Research Institutions	#对境内高等学校支出 Expenditure on Domestic Colleges and Universities
945.8	**389687.1**	**27895.8**	**17361.3**
	354525.1	15905.2	16422.7
694.3	25142.2	6313	97.4
251.5	9766.5	5666	761.7
	253.3	11.6	79.5
	203244.4	15029.8	16150.8
251.5	279525.3	24180.3	17303.1
	1156	406.5	
694.3	109005.8	3309	58.2
	488.6		309.4
945.8	389019.9	27895.8	17043.7
	178.6		8.2
	238682.5	15359.4	16462.4
	26487.7	1722.9	74
251.5	16561.3	8992	766.7
	1089.2	400	
694.3	106659.4	1214.5	58.2
	207	207	
923.8	348218.1	18812	16509.8
	1814.1	804.7	327.3
	621.8	483.3	78.3
	1385.1	196.8	11.1
	9541.5	4836.1	117
	426.7	286.9	
22	438.7		309.4
	1714	1653.7	1.7
	25527.1	822.3	6.7

17－21 规模以上工业企业办研究机构情况（2022年）

项　　目	Item	机构数（个）Number of Institutions (Unit)	机构人员（人）Agency Personnel (Person)
总计	**Total**	**181**	**16655**
一、按企业规模分组	**Group by Size of Enterprises**		
大　型	Large-sized Enterprise	35	12457
中　型	Medium-sized Enterprise	32	1753
小　型	Small-sized Enterprise	109	2375
微　型	Mini-sized Enterprise	5	70
二、按隶属关系分组	**Group by Administration**		
中　央	Central	15	7026
地　方	Local		
三、按登记注册类型分组	**Grouped by Status of Registration**		
内资企业	Domestic Funded	162	13936
港、澳、台商投资企业	Enterprises with Funds from Hong Kong,Macao and Taiwan	7	146
外商投资企业	Foreign Funded Enterprises	12	2573
四、按新国民经济行业大类分组	**Grouping by National Economy Industry**		
采矿业	Mining		
制造业	Manufacturing	181	16655
电力、热力、燃气及水的生产和供应业	Production and Supply of Electricity,Heat,Gas and Water		
五、按企业控股情况分组	**Grouping by Enterprises Share Holding Situation**		
国有控股	State-owned Holding	30	9411
集体控股	Collective Holding	6	959
私人控股	Private Holding	131	5592
港澳台商控股	Hong Kong, Macao and Taiwan Funded Holding	4	77
外商控股	Foreign Holdings	9	586
其　他	Others	1	30
六、按地区分组	**Grouped by Region**		
长　春	Changchun	77	10776
吉　林	Jilin	33	2893
四　平	Siping	21	466
辽　源	Liaoyuan	5	176
通　化	Tonghua	22	1136
白　山	Baishan	1	6
松　原	Songyuan		
白　城	Baicheng	4	191
延　边	Yanbian	18	1011

Research Institutions of Industrial Enterprises above Designated Size（2022）

#博士毕业 PHD Graduate	#硕士毕业 Master Graduate	机构经费支出（万元）Agency Expenditure (10000 yuan)	#仪器设备原价 Equipment Original Cost
368	**4474**	**1342163.2**	**1014134.5**
249	4161	1237135.3	883136.6
10	102	42024	48014.5
95	202	62227.6	76919.6
14	9	776.3	6063.8
137	3048	908019.1	671399.6
335	3507	1040810.7	694123.3
1	2	5021.8	3059.4
32	965	296330.7	316951.8
368	4474	1342163.2	1014134.5
243	3938	1131186.8	769837.4
9	55	44762.2	30068.5
101	418	140526.8	167482.3
	1	3916.5	1933.3
15	60	20334.4	39998.9
	2	1436.5	4814.1
273	3818	1113598.2	737036.5
59	424	132354.9	167504.2
6	56	8749.5	9773.7
	16	3863.2	3967.2
14	71	57176.7	44594.1
	2	61.9	52.6
11	15	6855.6	8726.3
5	72	19503.2	42479.9

17－22 规模以上工业企业自主知识产权保护情况（2022年）

项　　目	Item	专利申请数（件）Number of Patent Applications (piece)	#发明专利 Invention Patents
总计	**Total**	**12612**	**7161**
一、按企业规模分组	**Group by Size of Enterprises**		
大　型	Large-sized Enterprise	9059	6092
中　型	Medium-sized Enterprise	1147	408
小　型	Small-sized Enterprise	2268	637
微　型	Mini-sized Enterprise	138	24
二、按隶属关系分组	**Group by Administration**		
中　央	Central	7924	5708
地　方	Local	4688	1453
三、按登记注册类型分组	**Grouped by Status of Registration**		
内资企业	Domestic Funded	11674	6869
港、澳、台商投资企业	Enterprises with Funds from Hong Kong,Macao and Taiwan	96	6
外商投资企业	Foreign Funded Enterprises	842	286
四、按新国民经济行业大类分组	**Grouping by National Economy Industry**		
采矿业	Mining	119	89
制造业	Manufacturing	11942	6793
电力、热力、燃气及水的生产和供应业	Production and Supply of Electricity,Heat,Gas and Water	551	279
五、按企业控股情况分组	**Grouping by Enterprises Share Holding Situation**		
国有控股	State-owned Holding	8775	6025
集体控股	Collective Holding	124	69
私人控股	Private Holding	3195	944
港澳台商控股	Hong Kong, Macao and Taiwan Funded Holding	70	6
外商控股	Foreign Holdings	447	116
其　他	Others	1	1
六、按地区分组	**Grouped by Region**		
长　春	Changchun	11086	6687
吉　林	Jilin	523	179
四　平	Siping	111	32
辽　源	Liaoyuan	93	13
通　化	Tonghua	204	54
白　山	Baishan	45	7
松　原	Songyuan	189	87
白　城	Baicheng	150	42
延　边	Yanbian	211	60

Independent Intellectual Property Rights Protection of Industrial Enterprise above Designated Size (2022)

有效发明专利数（件） Inventions (piece)	#已被实施 Implemented	发表科技论文（篇） S&T Thesis Issued (piece)	拥有注册商标数（件） Number of Registered Trademarks (pieces)	形成国家或行业标准数（项） Formation of National or Industry Standard (item)
8925	**5841**	**1699**	**5431**	**299**
4239	3294	1455	1848	60
1642	980	150	953	146
2950	1517	93	2575	91
94	50	1	55	2
3550	2703	1386	880	57
5375	3138	313	4551	242
8132	5439	1687	4965	288
143	132		57	
650	270	12	409	11
78	29	42		
8452	5658	1452	5431	278
395	154	205		21
4316	3201	1571	1646	100
325	231	35	267	5
3745	2082	82	3350	184
159	111		57	
371	207	11	110	2
9	9		1	8
6372	4366	1483	2721	134
1063	620	78	404	30
232	97	6	510	98
163	83	4	47	
474	350	68	1139	27
65	35	18	132	
77	22	5	9	
94	53	2	29	4
385	215	35	440	6

17－23 规模以上工业企业新产品开发和经费支出情况

Development and Expenditure of New Product of Industrial Enterprises above Designated Size

单位：万元 unit: 10000 yuan

项目	Item	2021		2022	
		新产品开发项目数 Number of New Products Development Projects	新产品开发经费支出 Expenditure on New Products Development	新产品开发项目数 Number of New Products Development Projects	新产品开发经费支出 Expenditure on New Products Development
总计	**Total**	**4369**	**1677694**	**5072**	**1829608**
一、按企业规模分组	**Group by Size of Enterprises**				
大 型	Large-sized Enterprise	807	1236641	1178	1411727
中 型	Medium-sized Enterprise	1192	219019	1178	190237
小 型	Small-sized Enterprise	2303	214382	2680	225153
微 型	Mini-sized Enterprise	67	7652	36	2492
二、按隶属关系分组	**Group by Administration**				
中 央	Central	465	857187	617	990843
地 方	Local	3904	820507	4455	838765
三、按登记注册类型分组	**Grouped by Status pf Registration**				
内资企业	Domestic Funded	3818	1222129	4467	1313934
港、澳、台商投资企业	Enterprises with Funds from Hong Kong,Macao and Taiwan	52	14371	70	10691
外商投资企业	Foreign Funded Enterprises	499	441194	535	504983
四、按新国民经济行业大类分组	**Grouping by National Economy Industry**				
采矿业	Mining	24	4795	19	5820
制造业	Manufacturing	4304	1668310	5042	1822658
电力、热力、燃气及水的生产和供应业	Production and Supply of Electricity,Heat,Gas and Water	41	4588	11	1130
五、按企业控股情况分组	**Grouping by Enterprises Share Holding Situation**				
国有控股	State-owned Holding	907	1065827	1145	1235085
集体控股	Collective Holding	143	51917	157	63736
私人控股	Private Holding	2997	436876	3401	408569
港澳台商控股	Hong Kong, Macao and Taiwan Funded Holding	24	7257	61	9492
外商控股	Foreign Holdings	286	113885	307	112473
其 他	Others	12	1932	1	254
六、按地区分组	**Grouped by Region**				
长 春	Changchun	2642	1315127	3130	1461077
吉 林	Jilin	539	201565	740	192341
四 平	Siping	193	10987	186	29483
辽 源	Liaoyuan	101	13488	106	15774
通 化	Tonghua	539	77939	521	70121
白 山	Baishan	78	6237	68	6135
松 原	Songyuan	85	12312	80	14961
白 城	Baicheng	48	10349	86	9296
延 边	Yanbian	144	29691	155	30422

17－24 规模以上工业企业技术获取和技术改造情况

Technology Acquiring and Technology Transforming Situation of Industrial Enterprises above Designated Size

单位：万元　　unit: 10000 yuan

项　　目	Item	2021			2022		
		引进国外技术经费支出 Expenditure for Import Foreign Technology	购买国内技术经费支出 Expenditures for Inner Technology	技术改造经费支出 Expenditures for Technical Renovation	引进国外技术经费支出 Expenditure for Import Foreign Technology	购买国内技术经费支出 Expenditures for Inner Technology	技术改造经费支出 Expenditures for Technical Renovation
总计	**Total**	**523189**	**194557**	**386165**	**24753.6**	**215886.0**	**365976.7**
一、按企业规模分组	**Group by Size of Enterprises**						
大 型	Large-sized Enterprise	520018	188316	363329	24753.6	213810.6	346028.0
中 型	Medium-sized Enterprise	2695	6069	16368		2015.3	6521.1
小 型	Small-sized Enterprise	476	172	3594		60.1	12948.9
微 型	Mini-sized Enterprise			2873			478.7
二、按隶属关系分组	**Group by Administration**						
中 央	Central	520465	188236	318240	24753.6	213710.6	340433.8
地 方	Local	2724	6321	67925			
三、按登记注册类型分组	**Grouped by Status of Registration**						
内资企业	Domestic Funded	35857	194321	385435	24753.6	215650.3	365976.7
港、澳、台商投资企业	Enterprises with Funds from Hong Kong,Macao and Taiwan						
外商投资企业	Foreign Funded Enterprises	487331	236	730		235.7	
四、按新国民经济行业大类分组	**Grouping by National Economy Industry**						
采矿业	Mining						
制造业	Manufacturing	523189	194555	380358	24753.6	215886.0	361025.0
电力、热力、燃气及水的生产和供应业	Production and Supply of Electricity, Heat,Gas and Water		2	5808			4951.7
五、按企业控股情况分组	**Grouping by Enterprises Share Holding Situation**						
国有控股	State-owned Holding	520465	188396	366307	24753.6	213810.6	351524.2
集体控股	Collective Holding		2571	4690		1689.6	977.0
私人控股	Private Holding	2724	3589	14439		150.1	13475.5
港澳台商控股	Hong Kong, Macao and Taiwan Funded Holding						
外商控股	Foreign Holdings			730		235.7	
其 他	Others						
六、按地区分组	**Grouped by Region**						
长 春	Changchun	522742	174796	30911	24753.6	196593.8	34741.3
吉 林	Jilin	447	1066	289603		12.9	309549.5
四 平	Siping			2063			
辽 源	Liaoyuan					41.8	10.0
通 化	Tonghua			41404			3096.1
白 山	Baishan						
松 原	Songyuan			1015			161.2
白 城	Baicheng		2571	4842		1689.6	373.9
延 边	Yanbian		16123	16327		17547.9	18044.7

17-25 群众文化事业基本情况
Basic Statistics on Mass Culture

指　　标	Item	2020	2021	2022
机构数（个）	**Number of Institutions (unit)**	**989**	**990**	**990**
群众艺术馆	Mass Art Centers	13	12	12
文化馆	Cultural Centers	66	68	68
文化站	Cultural Stations	910	910	910
从业人员数（人）	**Employment (person)**	**4313**	**4285**	**4190**
文化活动情况	**Cultural Activities**			
举办展览（次）	Number of Exhibitions (time)	1214	1348	1203
组织文艺活动（次）	Organization of Artistic Activities (time)	10142	9824	9104
举办训练班（班）	Training Courses (class)	5899	14114	5771

17-26 公共图书馆、博物馆和文物保护单位基本情况
Basic Statistics on Public Libraries, Museums and Cultural Relic Agencies

指　　标	Item	单位 unit	2020	2021	2022
公共图书馆	**Public Libraries**				
单位数	Institutions	个 unit	66	66	67
从业人员数	Number of Employed Persons	人 person	1471	1485	1494
藏书	Collections	万册/件 10000volume/pcs	2258	2401	2545
少儿文献	Children Literature	万册/件 10000volume/pcs			270
阅览室座席	Seating Capacity of Reading Rooms	千个 1000seats	23	23	24
建筑面积	Floor Space of Public Buildings	千平方米 1000sq.m	309	329	335
#阅览室	Reading Room	千平方米 1000sq.m	102	106	108
书库	Stack Rooms	千平方米 1000sq.m	51	55	56
借阅人次	Total Number of Circulation	万人次 10000 person-times	145	161	149
借阅册次	Number of Books Borrowed by Reader	万册次 10000 volume-times	363	354	426
博物馆	**Museums**				
单位数	Institutions	个 unit	107	105	105
从业人员数	Number of Employed Persons	人 person	1993	2050	2032
文物藏品	Number of Collections	万件 10000pcs	65	85	57
举办展览	Number of Exhibitions	次 time	474	366	310
参观人次	Number of Visitors	千人次 1000 person-times	3325	5805	3456
#未成年人	Number of Underage Visitors	千人次 1000 person-times			871
文物保护管理机构	**Agencies of Cultural Relics Preservation**				
单位数	Institutions	个 unit	52	52	52
从业人员	Number of Person Employed	人 person	302	287	570
藏品	Number of Collections	万件 10000pcs	0.6	0.9	1

17-27 电影发展情况
Basic Statistics on Development of Film

指　　标	Item	2021	2022
国产电影总产量	**Number of Domestic Film Production**	**15**	**1**
生产故事影片（部）	Feature Films (film)	10	1
生产动画影片（部）	Cartoon Films (reel)		
生产科教影片（部）	Popular Science Films (reel)	5	
生产纪录影片（部）	Documentary Films (reel)		
生产特种影片（部）	Special Films (reel)		
经营性影院	**For-profit Cinemas**		
影院（家）	Cinema (unit)	214	212
银幕（块）	Screen (unit)	1213	1203
电影票房收入（亿元）	**Domestic Film Box Office Revenue (100 million yuan)**	**5.6**	**3.51**
国产电影票房收入	Domestic Films	4.85	3.19
进口电影票房收入	Imported Films	0.75	0.32
城市观影人次（万人次）	**Number of Urban Audiences (10000 person-times)**	**1637**	**946**
电影放映场次（万场次）	**Number of Projected Films (10000 shows)**	**129.57**	**86.46**
城市	Urban	118	75
农村	Rural	11.57	11.46

17-28 图书出版
Basic Statistics on Book Publishing

指　　标	Item	种类（种） Number of Publications (kind)			总印数（万册） Total Printed Copies (10000 copies)		
		2020	2021	2022	2020	2021	2022
书 籍	Books	24577	27597	25523	27255	31118	28517

17－29 期刊出版
Basic Statistics on Magazine Publishing

指标	Item	种类（种）Number of Publications (kind)			总印数（万册）Total Printed Copies (10000 copies)		
		2020	2021	2022	2020	2021	2022
总计	**Total**	**240**	**239**	**239**	**3879.63**	**3711.14**	**2685.77**
#少年儿童读物	Children Books	5	6	5	93	119.93	91.14
社会科学	Social Science	62	62	62	1199.58	1139.62	981.72
自然科学	Natural Science	103	103	104	178.27	161.71	146.41

17－30 报纸出版
Basic Statistics on Newspaper Publishing

指标	Item	种类（种）Number of Publications (kind)			总印数（万份）Total Printed Copies (10000 copies)			总印张（千印张）Printed Sheets (1000 sheets)		
		2020	2021	2022	2020	2021	2022	2020	2021	2022
总计	**Total**	**51**	**46**	**46**	**57398**	**55184**	**52636**	**868991**	**828757**	**741240**
综合报	General Newspapers	22	21	21	16079	15444	14826	359587	347880	283337
专业报	Specialized Newspapers	17	16	16	40152	38641	37061	493943	467503	448986
省级报纸合计	Total Newspapers of Provincial Level	24	22	22	43365	43454	41639	636894	614168	548896
综合报	General Newspapers	4	4	4	5103	4943	4940	146188	142540	97997
专业报	Specialized Newspapers	12	11	11	37176	37487	36022	476161	459090	442779
市级报纸合计	Total Newspapers of Municipal Level	27	24	24	14033	11731	10997	232097	214589	192344
综合报	General Newspapers	18	17	17	10976	10501	9886	213400	205340	185340
专业报	Specialized Newspapers	5	5	5	2976	1154	1039	17782	8413	6207

17－31 工会基本情况
Basic Statistics on Trade Union

指　　标	Item	2020	2021	2022
基层工会组织数（个）	Number of Grassroots Trade Unions (unit)	28564	27692	29064
职工人数（万人）	Staff and Workers (10000 persons)	354	370	404
#女职工人数	Female Workers	140	146	158
会员人数（万人）	Membership (10000 persons)	343	358	394
#女会员人数	Female Members	135	143	155
女职工工作委员会（个）	Female Worker's Committee (unit)	24216	23164	24149
建立工会经费审查组织（个）	Urion with Expenditure Investigation Organizations (unit)	14090	14274	14744
建立职工代表大会制度的单位（个）	Urion Established (unit)	19119	19609	18916
实行厂务公开的单位（个）	Opening Service Unit (unit)	17939	16721	17585
建立工会劳动保护监督检查委员会（个）	Labor Protective Supervising and Investigating Committee (unit)	10807	10259	10627
建立工会劳动法律监督组织（个）	Labor Law Supervising Organizations (unit)	6195	5917	5914
建立劳动争议调解委员会的单位（个）	Labor Dispute Mediating Commission (unit)	5482	5761	5420

18

第十八篇

体育、卫生和其他事业

Sports, Public Health and Others

CHAPTER ▶ 18

资料整理人员：

刘百慧

18－1　体育系统从业人员情况
Number of Sports-Related Personnel

单位：人　　unit：person

项　目	Item	2022
合　计	**Total**	**4489**
公务员	Civil Servants	549
管理人员	Administrative Staffs	950
专业技术人员	Professional Technical Personnels	1868
体育教练员	Coaches	816
优秀运动队运动员	Athletes of Excellent Sports Team	669
工勤人员	Logistics Workers	233
其他人员	Others	220

18－2　运动员获奖情况
Statistics on Players Awards

单位：枚　　unit：medal

项　目	Item	获得金牌 Gold	获得银牌 Silver	获得铜牌 Bronze
世界比赛	Competition of World Level	13	12	16
亚洲比赛	Competition of Asian Level	0	0	0
全国比赛	National Competitions	44	47	56

注：不包含群众比赛成绩。
Note: Awards won in mass tournament do not include.

18－3　授予一级运动员、裁判员情况
Statistics on Granted First Grade Athletes and Referees

单位：人　　unit：person

项　目	Item	2022
一级运动员	First Grade Athletes	331
一级裁判员	First Grade Referees	180

18－4 历年卫生健康事业基本情况

Basic Statistics on Health

年 份 Year	医疗卫生机构（个） Numbers of Health Care Institutions(unit)	#医院、卫生院 Hospitals and Health Centers	卫生机构床位数（万张） Number of Beds in Health Institutions (10000 beds)	#医院、卫生院 Hospitals and Health Centers	卫生技术人员数（万人） Medical Technical Personnel (10000 persons)	执业（助理）医师 Certified (Assistant) Doctors	每万人口 Per10000persons 床位数（张） Number of Beds(bed)	每万人口 Per10000persons 执业（助理）医师数（人） Licensed Physicians & Physician Assistants
1978	3889	1220	6.27	5.80	7.36	3.03	29.2	14.1
1979	4263	1227	6.57	5.97	8.19	3.15	30.1	14.5
1980	4274	1249	6.71	6.06	8.57	3.45	30.4	15.6
1981	4565	1251	6.84	6.17	9.44	3.60	30.7	16.1
1982	4494	1268	7.20	6.49	9.70	3.66	31.9	16.2
1983	4540	1266	7.38	6.61	9.99	3.77	32.5	16.7
1984	4557	1275	7.69	6.83	10.35	3.90	33.6	17.1
1985	4568	1269	7.88	6.97	10.54	3.98	34.3	17.3
1986	4539	1268	8.23	7.30	10.79	4.01	35.5	17.3
1987	4566	1281	8.65	7.61	11.04	4.11	37.0	17.6
1988	4447	1272	8.93	7.82	11.34	4.60	37.9	19.5
1989	4425	1290	9.07	7.95	11.70	4.79	37.8	20.0
1990	4407	1299	9.21	8.06	12.00	5.03	37.8	20.6
1991	4369	1295	9.27	8.14	12.43	5.13	37.7	20.8
1992	4189	1290	9.49	8.40	12.77	5.15	38.3	20.8
1993	4006	1306	9.65	8.58	12.91	5.26	38.7	21.0
1994	3920	1341	9.47	8.45	13.23	5.39	37.7	21.3
1995	3891	1310	9.66	8.41	13.42	5.61	37.9	22.0
1996	3720	1327	9.49	8.41	13.42	5.56	36.8	21.6
1997	3663	1329	9.50	8.44	13.51	5.63	36.5	21.6
1998	3832	1324	9.32	8.33	13.56	5.89	35.8	22.6
1999	3912	1314	9.21	8.27	13.71	6.15	35.2	23.5
2000	3323	1293	8.93	8.05	13.20	5.97	34.0	22.7
2001	7417	1299	9.15	8.25	13.37	6.17	34.7	23.4
2002	2080	1432	8.51	7.97	11.63	4.21	32.1	19.3
2003	7695	1431	8.61	8.18	12.86	4.76	32.4	21.5
2004	8219	1425	8.64	8.11	12.87	5.83	32.5	21.9
2005	8755	1380	8.77	8.21	12.57	5.64	32.3	18.5
2006	9696	1386	9.09	8.55	12.85	5.91	33.4	21.7
2007	9683	1388	9.44	8.92	12.58	5.70	34.6	20.9
2008	9659	1370	9.93	9.35	12.79	5.75	36.3	21.1
2009	9565	1361	10.83	10.07	13.10	5.87	39.6	21.4
2010	9532	1346	11.51	10.65	13.84	6.21	41.9	22.6
2011	8178	1329	12.14	9.54	13.91	5.96	44.2	21.7
2012	19729	1345	12.81	11.87	14.41	6.15	46.6	22.4
2013	19913	1351	13.32	12.41	14.60	6.20	48.4	22.5
2014	19891	1355	14.11	13.20	15.14	6.32	51.3	23.0
2015	20619	1391	14.47	13.54	15.91	6.73	52.6	24.4
2016	20828	1436	15.12	14.23	16.65	6.96	55.3	25.5
2017	20827	1434	15.36	14.46	16.81	7.06	56.5	26.0
2018	22648	1557	16.67	15.82	18.33	7.69	61.7	28.4
2019	22178	1558	17.06	16.24	18.83	7.87	63.4	29.3
2020	25626	1573	17.31	16.52	21.21	8.51	71.9	35.4
2021	25345	1587	17.63	16.70	21.72	8.73	74.2	36.8
2022	25031	1587	17.70	16.93	21.80	8.67	75.4	36.9

18－5 卫生机构、床位、技术人员情况（2022年）

单位：人

项　　目	Item	医疗卫生机构（个）Numbers of Health Care Institutions(unit)	卫生机构实有床位（张）Number of Bed in Health Institutions (unit)	卫生技术人员 Health Technical Personnel
总 计	**Total**	**25031**	**176993**	**217979**
一、医 院	Hospital	825	154158	140902
综合医院	General Hospital	403	92672	93252
中医医院	Traditional Chinese Medicine Hospital	150	23334	21400
中西医结合医院	Synthetical Hospital	9	2376	2353
民族医院	National Hospital	2	124	129
专科医院	Specialized Hospital	258	35402	23698
二、基层医疗卫生机构	Basic Medical Institutions	23844	19072	63987
社区卫生服务中心(站)	Community Health Service Centers(stations)	322	3119	9164
卫生院	Health Centers	762	15129	17951
村卫生室	Village Health Clinic	8831		2753
门诊部	Clinics	1684	813	12194
诊所、卫生所、医务室、护理站	Clinics,Infirmaries,Nursing Stations	12245	11	21925
三、专业公共卫生机构	Professional Public Health Institutions	281	2573	11822
疾病预防控制中心	Disease Precaution and Control Centre	67		3521
专科疾病防治院（所、站）	Specialized Disease Prevention & Treatment Institutions	55	808	944
妇幼保健计划生育服务中心（妇幼保健院（所、站））	Maternal and Children Care Centers and other Institutions	70	1765	5027
卫生监督所(中心)	Health Supervision Stations	48		1211
四、其他卫生机构	Other Health Institutions	81	1190	1268

注：各项相加不等于总计。
Note: The subentry figures do not add up to the total.

Basic Statistics on Health Institution, Beds, Technical Personnel (2022)

unit: person

执业（助理）医师 Certified (Assistant) Doctors	执业医师 Certified Doctors	注册护士 Registered Nurses	药师 Pharmacists	技师 Technicians	检验师 Examiner	其他 Other	见习医师 Trainee Doctors
86661	**75242**	**98639**	**8731**	**12657**	**7074**	**10079**	**1567**
48747	45621	72688	5870	9229	4662	4368	1103
32503	30581	48438	3459	6065	3047	2787	743
8091	7540	9642	1412	1507	727	748	170
869	830	1160	119	165	90	40	17
62	62	39	17	10	5	1	1
7196	6583	13368	861	1482	793	791	172
33115	25294	22486	2498	1666	974	4222	355
3409	2808	4169	497	455	278	634	86
8399	5833	5588	973	906	533	2085	200
2409	736	322	22				
6309	5216	5262	248	238	143	137	22
12589	10701	7145	758	67	20	1366	47
4488	4054	3124	337	1417	1238	1244	82
1606	1399	358	66	729	659	617	37
441	392	264	67	112	81	60	3
2143	1986	1969	184	391	316	340	41
						144	
311	273	341	26	345	200	245	27

18－6　各地区医疗卫生机构情况（2022年）
Health Care Institutions by Region (2022)

单位: 个　　　　(unit)

地　　区	Region	医疗卫生机构 Health Care Institutions	医院 Hospitals	卫生院 Health Centers	妇幼机构 Maternal and Children Care Institutions	疾病预防控制中心 Centers for Disease Control
全　省	**Total**	**25031**	**825**	**762**	**70**	**67**
长　春	Changchun	7863	256	147	14	15
吉　林	Jilin	3792	168	97	11	11
四　平	Siping	1659	65	71	6	4
辽　源	Liaoyuan	979	38	42	3	3
通　化	Tonghua	1582	41	70	7	5
白　山	Baishan	1308	38	61	7	6
松　原	Songyuan	3017	80	88	6	6
白　城	Baicheng	1947	49	92	6	6
延　边	Yanbian	2261	62	73	9	9
长白山	Changbaishan	42	1	2	0	1
梅河口市	Meihekou	581	27	19	1	1

注：医疗卫生机构包含村卫生室。
Note: Health Care Institutions contain Village Health Clinics.

18－7　各地区卫生床位、人员情况（2022年）
Beds and Employed Personnel by Region (2022)

单位: 张、人　　　　unit：unit,person

地　　区	Region	医疗卫生机构实有床位 Beds of Health Institutions	卫生技术人员 Medical Technical Personnel	执业（助理）医师 Certified (Assistants) Physicians	注册护士 Registered Nurses
全　省	**Total**	**176993**	**217979**	**86661**	**98639**
长　春	Changchun	67217	85289	33929	39182
吉　林	Jilin	30253	35211	13865	16565
四　平	Siping	14496	15811	6141	7174
辽　源	Liaoyuan	8094	8531	3150	4003
通　化	Tonghua	10077	10704	4383	4597
白　山	Baishan	10207	9732	3734	4313
松　原	Songyuan	12820	17564	6940	7298
白　城	Baicheng	9248	13340	5508	5869
延　边	Yanbian	10684	16244	6609	7213
长白山	Changbaishan	272	490	199	225
梅河口市	Meihekou	3625	5063	2203	2200

注：医院床位数为实际营业数。
Note: Beds of Health Institutions are actually opened.

18－8　各地区医疗卫生机构住院服务情况（2022年）
Medical and Health Institutions in Various Regions of Hospital（2022）

项目	Item	入院人数（万人）Admission Number (10000 Persons)	出院人数（万人）Discharge Number (10000 Persons)	住院病人手术人次（万人次）Number of Patients hospitalized (10000 Persons /time)	死亡率（%）Fatality Rate（%）	病床工作日（日）Bed Working Day (day)	每百门急诊入院人数（人）Number of Admission Per Hundred Out Patient and Emergency Department (person)
全　省	**Total**	**308.16**	**303.24**	**83.69**	**1.29**	**213.8**	**5.00**
长　春	Changchun	128.37	126.19	40.01	0.94	207.9	5.09
吉　林	Jilin	45.47	44.79	15.04	1.76	201.8	5.68
四　平	Siping	22.13	21.39	4.07	1.29	231.5	5.52
辽　源	Liaoyuan	14.67	14.56	2.96	1.57	258.5	6.61
通　化	Tonghua	14.71	14.45	3.99	1.74	184.4	4.23
白　山	Baishan	13.56	13.27	2.17	1.72	220.8	5.66
松　原	Songyuan	23.78	23.64	4.53	0.89	209.4	5.91
白　城	Baicheng	16.34	15.94	2.93	1.63	226.9	4.92
延　边	Yanbian	21.08	21.11	5.98	1.92	236.2	2.95
长白山	Changbaishan	0.41	0.42	0.11	1.51	210.1	2.89
梅河口市	Meihekou	7.64	7.48	1.91	1.01	263.5	4.39

18－9　医疗机构运营情况（2022年）
Operation of Medial Institutions（2022）

项目	Item	合计 Total	医院 Hospitals	基层医疗卫生机构 Health Care Institutions at Grass-root Level	专业公共卫生机构 Specialized Public Health Institutions	其他机构 Other Health Institutions
门急诊服务	**Outpatient and Emergency Visits**					
诊疗人次（万人次）	Person (10000 person/time)	9067.74	5241.57	3649.58	176.38	0.21
#门诊	Outpatient	7041.73	4381.97	2511.2	148.37	0.19
#急诊	Emergency Treatment	637.11	588.01	24.43	24.67	
住院服务	**Admission service**					
入院人数（万人）	Admission Number (10000 person)	308.16	295.18	10.14	2.64	0.19
住院病人手术人次（万人次）	Surgical Operations of Patients (10000 person-times)	83.69	82.55	0.18	0.96	
每百门急诊的入院人数（人）	Number of Admissions Per hundred outpatient and Emergency Department (person)	5.00	5.94	0.85	1.77	99.84
床位利用	**Bed utilization**					
平均床位周转率（次）	Average Bed turnover Rate (time)	18.2	19.8	6.2	11.0	1.8
平均床位工作日（日）	Average Bed working days (day)	198.0	213.8	80.2	106.1	27.4
床位使用率(%)	Bed Utilization (%)	54.24	58.56	21.96	29.08	7.5
出院者平均住院日（日）	Average Length of Hospital Stay (day)	9.7	9.8	6.8	9.9	10.7

18－10 残疾人事业基本情况
Basic Information of Person with Disabilities

项目	Item	2021	2022
康复服务	**Rehabilitation**		
基本康养服务的持证残疾人数	Total Number of Basic Rehabilitation Services (person)	139945	133541
辅助器具适配服务的持证残疾人数（人）	Number of Certified Persons with Disabilities for Assistive Device Adaptation Services (person)	44780	49891
0–6岁残疾儿童康复服务人数（人）	Number of Basic Rehabilitation Services of Children with Disabilities under 6 years old (person)	3315	3443
教育	**Education**		
扶残助学金扶助人数（人）	Number of Disabled Students Receiving Subsidies (person)	1259	3264
就业	**Employment**		
按比例就业（人）	Employment in Proportion (person)	8626	8688
集中就业（人）	Concentrative Employment (person)	4515	4181
个体就业（人）	Private Employment (person)	17171	15670
公益性岗位就业（人）	Public Beneficial Employment (person)	2820	2855
辅助性就业（人）	Auxiliary Employment (person)	1116	1078
灵活就业（人）	Flexible Employment (person)	45929	45852
从事农村种养加（人）	Engaged in Rural Planting, Husbandry and Processing (person)	106315	102709
社会保障	**Social Security**		
残疾人托养服务机构（个）	Nursing Service Agencies for People with Disabilities (unit)	215	165
年度托养残疾人数（人）	Annual Number of Nursing Persons with Disabilities (person)	8437	8811
宣传文体	**Propaganda, Cultural and Sport Activities**		
残疾人文体活动（场）	Cultural and Sport Activities for Disabilities (times)	833	795
维权	**Rights Protection**		
法律救助工作协调机构（个）	Coordinating Agencies for Legal Aid Work (unit)	74	74
法律救助工作站（个）	Legal Aid Station (unit)	71	71
组织建设	**Organization Development**		
残疾人专门协会（个）	Special Association for Persons with Disabilities (unit)	368	368
服务设施	**Service Facilities**		
残疾人综合服务设施（个）	Comprehensive Service Facilities for Persons with Disabilities (unit)	47	47
残疾人康复设施（个）	Rehabilitation Facilities for Persons with Disabilities (unit)	15	15
残疾人托养设施（个）	Nursing Facilities for Persons with Disabilities (unit)	11	11

18－11 律师、调解工作基本情况
Basic Statistics on Lawyers and Mediation

项　　目	Item	2021	2022
律师工作	**Lawyers**		
律师机构（处）	Law Offices (unit)	624	662
#律师（人）	#Full-time Lawyers (person)	7473	7808
律师担任法律顾问的单位（处）	Number of units with Legal Advisors (unit)	5886	6199
民事代理（件）	Civil Cases (piece)	69384	65930
刑事辩护、代理（件）	Defender of Criminal Cases (piece)	13494	10249
非诉讼法律事务（件）	Non-litigious Legal Affairs (piece)	15532	15660
咨询和代书（件）	Consultation and Proxy (pieces)	25462	22798
仲裁业务（件）	Arbitration Business (piece)	3154	1738
人民调解工作	**People' s Mediation Work**		
基层法律服务工作者（人）	Grassroots Legal Service Worker (person)	869	846
人民调解委员会（个）	People' s Mediation Committees (unit)	13880	13976
调解人员（人）	Mediators (person)	59145	59603
调解案件总数（件）	Number of Civil Disputes Mediated (case)	116350	95881
调解成功数	Successfully Mediated	113068	93614
司法所工作人员（人）	**Staff of the Judicial Office (person)**	**4212**	**4150**

18－12 婚姻登记情况（2022年）
Basic Statistics on Marriage Registrations and Divorces（2022）

项　　目	Item	单位 Unit	数量 Amount
国内结婚登记	Marriage Registration of Mainland Residents	万对 (10000 couples)	11.41
国内离婚登记	Divorces Registration of Mainland Residents	万对 (10000 couples)	4.58
涉外、港澳台及华侨结婚登记	Marriage Registration Involving Foreigners,or Residents of Hong Kong,Macao,Taiwan and overseas Chinese	对 (couples)	168
涉外、港澳台及华侨离婚登记	Divorces Registration Involving Foreigners or Residents of Hong Kong,Macao,Taiwan and overseas Chinese	对(couples)	18

18－13 公证工作基本情况
Basic Statistics on Notarization

项　　目	Item	2021	2022
公证机构和人员	**Institutions and Personnel**		
公证处（个）	**Notarial Offices (unit)**	**73**	**73**
公证人员（人）	**Notarial Personnel (person)**	**972**	**1032**
#公　证　员	#Notaries	390	436
公证员助理	Assistant Notaries	363	368
其他工作人员	Other Staffs	219	228
办理公证（项目）	**Notarized Documents (Projects)**		
办理公证（项目）总计（件）	Notarized Documents (piece)	569172	460504
国内公证合计	Domestic Justice Total	309574	217496
涉外公证合计	International Justice Total	259088	242649
涉台、港、澳公证合计	Relate to Taiwan, Hong Kong and Macao Notarization Summation	510	359
涉台公证合计	Relate to Taiwan Notarization Summation	305	224
涉港澳公证合计	Relate to Hong Kong and Macao Notarization Summation	205	135

18－14　社会救助情况（2022年）
Basic Statistics on Social Relief (2022)

项　　目	Item	单位 Unit	数量 Amount
城市最低生活保障人数	The Number of Urban Residents Receiving Minimum Living Allowance	人(person)	307555
农村最低生活保障人数	The Number of Rural Residents Receiving Minimum Living Allowance	人(person)	519173
城市特困人数	Urban Household in Extreme Difficulty	人(person)	9541
农村特困人数	Rural Household in Extreme Difficulty	人(person)	75774
临时救助人次	The Number of Temporary Assistance	万人次 (10000 person-times)	144.75

18－15　交通事故情况
Traffic Accident Situation

项目	Item	单位 unit	2021	2022
交通事故数	**Number of Traffic Accidents**	**起(case)**	**11479**	**7534**
城市道路	Urban Road	起(case)	6528	4117
公路	Highway	起(case)	4951	3417
死亡人数	**Number of Deaths**	**人(person)**	**1913**	**1672**
城市道路	Urban Road	人(person)	681	605
公路	Highway	人(person)	1232	1067
受伤人数	**Number of Injured**	**人(person)**	**12570**	**7852**
城市道路	Urban Road	人(person)	6664	4083
公路	Highway	人(person)	5906	3769
损失金额	**Amount of Loss**	**万元(10000 yuan)**	**3836**	**2325**
城市道路	Urban Road	万元(10000 yuan)	1664	809
公路	Highway	万元(10000 yuan)	2172	1516

18－16 人民法院审理刑事一审案件收结案情况
First Trial Criminal Cases Accepted and Concluded by Courts

单位：件 （case）

项　　目	Item	收案 Cases Accepted			结案 Cases Concluded		
		2020	2021	2022	2020	2021	2022
合计	**Total**	**21408**	**24330**	**17113**	**21737**	**24121**	**17408**
危害公共安全罪	Crimes of Endangering Public Security	7167	7313	4962	7209	7297	4972
破坏社会主义市场经济秩序罪	Crimes of Disrupting the Order of the Socialist Market Economy	1368	2091	1035	1369	2124	1109
侵犯公民人身权利民主权利罪	Crimes of Infringing upon Citizens' Right of the Person and Democratic Rights	2580	2661	1679	2629	2636	1690
侵犯财产罪	Crimes of Property Violation	5195	5272	3374	5248	5207	3445
妨害社会管理秩序罪	Crimes of Obstructing Administration of Public Order	4673	6592	5740	4785	6433	5865
危害国防利益罪	Crimes of Impairing the Interests of National Defence	16	16	5	16	16	5
贪污贿赂罪	Crimes of Corruption and Bribery	351	306	263	414	335	261
渎职罪	Crimes of Dereliction of Duty	57	68	54	65	64	58
其他	Others	1	11	1	2	9	3
合计中含自诉案件	Private Prosecution of Total	101	141	96	94	136	91

注：结案中含上年旧存（以下各表同）。
Note: Data of cases settled include cases turned over from previous year (The same applies to the tables following).

18－17 人民法院审理婚姻家庭、继承一审案件收结案情况（2022年）
First Trial Civil Cases of Marriages, Family Affairs and Inheritance Accepted and Concluded by Courts（2022）

单位：件 （case）

项目	Item	收案 Cases Accepted	结案 Cases Concluded	调解 Mediation	判决 Judgement	驳回 Reject	撤诉 Withdrawal	其他 Other
合计	**Total**	**28434**	**29256**	**14052**	**8786**	**808**	**5432**	**178**
婚姻家庭、继承纠纷	Disputes of Marriage, Family and Inheritance	19	21	3	5		11	2
婚姻家庭	Marriages and Family Affairs	25917	26659	12671	8079	681	5061	167
离婚	Divorce	21007	21589	10807	6191	502	3994	95
离婚后财产纠纷	Property Disputes after Divorce	791	823	199	336	42	219	27
同居关系纠纷	Cohabitation Disputes	269	278	97	95	14	71	1
抚养纠纷	Upbringing Disputes	2866	2947	1342	997	94	488	26
赡养纠纷	Support Disputes	460	483	103	205	8	161	6
扶养纠纷	Fostering Disputes	36	36	18	10	2	6	
其他	Others	488	503	105	245	19	122	12
继承	Inheritance	2498	2576	1378	702	127	360	9
法定继承	Legal Inheritance	292	300	203	57	14	25	1
遗嘱继承	Testament Inheritance	51	54	13	24	4	13	
其他	Others	2155	2222	1162	621	109	322	8

18－18 人民法院审理合同、无因管理、不当得利纠纷一审案件收结案情况（2022年）

First Trial Cases of Disputes of Contract, Unjust Enrichment and Negotiorum Gestio Affairs Accepted and Concluded by Courts（2022）

单位：件 （case）

项目	Item	收案 Cases Accepted	结案 Cases Concluded	调解 Mediation	判决 Judgement	驳回 Reject	撤诉 Withdrawal	其他 Other
合计	**Total**	**162476**	**173504**	**23130**	**61637**	**10253**	**76205**	**2279**
借款合同	Loan Contracts	56483	60821	9886	24488	3947	22233	267
买卖合同	Trade Contracts	15136	16396	3339	6454	1270	5099	234
追偿权纠纷	Recourse Right Disputes	5118	5377	971	2303	665	1371	67
租赁合同	Lease Contracts	4531	4888	905	2304	268	1368	43
劳务合同	Labor Contracts	4884	5220	1309	2014	236	1558	103
房屋买卖合同	Housing Contracts	5791	6481	1134	3152	535	1582	78
供用动力合同	Labor Contracts	2819	2864	122	278	24	2434	6
建设工程合同	Construction Contracts	4814	5471	902	2702	481	1300	86
农村承包合同	Rural Contracts	813	839	83	334	43	361	18
承揽合同	Contracts for Work	1382	1506	314	639	83	454	16
服务合同	Service Contracts	5085	5315	454	1183	146	3001	531
运输合同	Transport Contracts	687	714	163	340	29	174	8
不当得利纠纷	Unjust Enrichment Disputes	1426	1516	158	696	150	466	46
无因管理纠纷	Negotiorum Gestio Disputes	28	31	4	13	4	9	1
其他	Others	53479	56065	3386	14737	2372	34795	775

18－19 人民法院审理权属、侵权纠纷及其他民事一审案件收结案情况（2022年）

First Trial Cases of Disputes of Right Infringement of Right and Other Civil Affairs Accepted and Concluded by Courts（2022）

单位：件 （case）

项目	Item	收案 Cases Accepted	结案 Cases Concluded	调解 Mediation	判决 Judgement	驳回 Reject	撤诉 Withdrawal	其他 Other
合计	**Total**	**45827**	**49692**	**6157**	**23792**	**3110**	**13323**	**3310**
人格权纠纷	Personality Disputes	2881	3146	513	1610	114	884	25
物权纠纷	Property Rights Disputes	6710	7165	725	3039	948	2354	99
知识产权与竞争纠纷	Intellectual Property Rights and Competition Disputes	4663	5184	112	668	212	1532	2660
劳动争议	Labor Disputes	9477	10142	2040	4823	678	2287	314
票据、证券、股票纠纷	Bills,Securities,Shares Disputes	7564	8106	744	3952	426	2874	110
侵权责任纠纷	Tort Liability Disputes	13184	14504	2016	8640	589	3164	95
特殊程序	Special Procedures	1347	1444	7	1060	143	227	7
其他	Others	1	1				1	

第十九篇

市（州）和县（市）概况

General Survey of City (State) and County (City)

CHAPTER ▶ 19

资料整理人员：

刘冠群　张海超　沈永生　解绍涛　秦一宁

许　赓　吴　璇　亢伶俐　钟炽慧　刘百慧

19－1 城市社会经济基本情况（2022年）

指　　标	Item	长春市 Changchun 全市 Total
一、水资源	**Water Resources**	
水资源总量（亿立方米）	Total Amount of Water Resources (100 million cu.m)	83
二、金融	**Finance**	
年末金融机构人民币各项存款余额（万元）	Deposits of Banking System (10000 yuan)	174735216
其中：住户存款余额（万元）	Deposits of Household (10000 yuan)	94652773
年末金融机构人民币各项贷款余额（万元）	Loans of Banking System (10000 yuan)	174991876
三、规模以上工业法人企业	**Industrial Enterprises Above Designated Size**	
企业个数（个）	Number of Industrial Enterprises (unit)	1298
(1)内资企业	Domestic Investment Enterprises	1139
其中：国有企业	State-owned Enterprises	3
私营企业	Private Enterprises	819
(2)港、澳、台商投资企业	Funds from Hong Kong, Macao and Taiwan	27
(3)外商投资企业	Foreign Investment	132
四、交通运输、通讯与能源	**Transport,Post and Telecommunication,Energy Power**	
(一)交通运输	Transport	
公路客运量（全社会）（万人）	Highway Passenger Traffic (Whole Society) (10000 persons)	1764.96
公路货运量（全社会）（万吨）	Highway Freight Traffic (Whole Society) (10000 tons)	17557.95
民用航空旅客吞吐量（万人次）	Civil Aviation Passenger Throughput（10000 person-times）	721.31
民用航空货邮吞吐量（万吨）	Civil Aviation Freight Throughput（10000 tons）	6
境内公路总里程（公里）	Length of Highways (km)	28238
其中：高速公路里程	Expressway	655
(二)邮电通信	Post and Telecommunications	
邮政业务收入（万元）	Revenue of Postal Services (10000 yuan)	575367
快递业务收入（万元）	Revenue from Express Delivery Service (10000 yuan)	447482
电信业务收入（万元）	Revenue of Telecommunication (10000 yuan)	783311
(三)能源电力	Energy Power	

Basic Statistics of Urban Social and Economical Indicators (2022)

	吉林市 Jilin		四平市 Siping		辽源市 Liaoyuan	
市区 District	全市 Total	市区 District	全市 Total	市区 District	全市 Total	市区 District
	135		53		23	
151580236	39833024	26190264	15313872	7683565	9045750	5217858
74217050	32966967	20992284	13046990	6186854	7992185	4499780
163149387	25875787	18235927	7572906	4653215	5398160	3357091
784	457	246	185	103	109	62
654	432	225	177	98	104	60
2	1	1	1	1		
420	321	157	139	77	77	42
17	6	4	6	4	2	1
113	19	17	2	1	3	1
	855.90		522.07		331.37	
	3499.17		7638.49		1383.63	
	15415		8024		5259	
	505		413		247	
	134470		74452		45005	
423899	65367	49572	35214	26093	23451	20831
	244192		166828		59917	

指　　标	Item	长春市 Changchun 全市 Total
全社会用电量（万千瓦时）	Total Electricity Consumption (10000 kWh)	2923189
其中：工业用电	Industrial Electricity	1330537
城乡居民生活用电	Urban and Rural Residents Electricity Consumption	582044
五、贸易、外经与旅游	**Trade, Foreign Economic and Tourism**	
(一)贸易	Trade	
限额以上批发零售业法人企业数（个）	Number of Corporate Enterprises above Designated Size of Wholesale and Retail Trade (unit)	1350
其中：零售业	Retail Trades	554
(二)外经	Foreign Economic	
货物进口额（万元）	Total Imports (10000yuan)	8991255
货物出口额（万元）	Total Exports (10000yuan)	2084581
(三)旅游	Tourism	
入境游客（人次）	Number of Overseas Visitor Arrivals (person-time)	68008
入境旅游收入（万美元）	Earnings from Overseas Visitors Arrivals (10000 dollars)	2531
国内游客（万人次）	Number of Domestic Visitors (10000 person-times)	5626
国内旅游收入（亿元）	Earnings from Domestic Tourism (100 million yuan)	779.70
六、房地产	**Estate**	
房地产开发投资（万元）	Investment for Real Estate Development (10000 yuan)	6619590
商品房销售面积（万平方米）	Floor Space of Commercialized Buildings Sold (10000 sq.m)	540.77
其中：住宅	Residence	470.31
商品房销售额（万元）	Total Sale of Commercialized Buildings Sold (10000 yuan)	4626242
其中：住宅	Residence	4137993
七、文化和卫生	**Culture and Health**	
(一)文化	Culture	
公共图书馆数（个）	Number of Public Library (unit)	14
公共图书馆图书总藏量（万册）	Total Storage Quantity of Public Library Books (10000 volume)	1296.10
博物馆数（个）	Number of Museums (unit)	29

continued

市区 District	吉林市 Jilin 全市 Total	吉林市 Jilin 市区 District	四平市 Siping 全市 Total	四平市 Siping 市区 District	辽源市 Liaoyuan 全市 Total	辽源市 Liaoyuan 市区 District
	1618022		558627		279126	
	1147962		313295		165028	
	225749		109520		59891	
1236	304	214	117	69	72	46
498	176	128	65	40	52	38
	246549		601		22856	
	558520		20359		128141	
			1240		269	
			21		2	
	1681		723		499	
	227.09		93.11		59.50	
5617041	675767	487206	581023	464037	265847	185926
429.19	102.40	59.54	61.07	43.59	31.89	20.52
362.06	97.42	56.76	53.93	37.57	31.59	20.37
4047933	563303	375276	285091	218985	155015	104610
3580341	529664	356735	245162	183764	152689	103045
10	10	5	4	1	3	1
1225.19	385.97	196.69	83.89	53.50	120.75	57.70
24	15	10	5	2	7	4

19－1　续表　2

指　　标	Item	长春市 Changchun 全市 Total
(二)卫生	Health	
医疗卫生机构数（个）	Number of Health Care Institutions (unit)	7862
医疗卫生机构床位数（张）	Number of Beds in Health Care Institutions (bed)	67217
卫生技术人员数（人）	Number of Medical Technical Personnel (person)	85254
八、社会保障	**Social Insurance**	
城镇职工基本养老保险参保人数（人）	Town Workers Basic Endowment Insurance Insured Number (person)	3051233
城乡居民基本养老保险参保人数（人）	Basic Endowment Insurance for Urban and Rural Residents (person)	3134318
职工基本医疗保险参保人数（人）	Participants of Basic Medical Insurance for Workers (person)	2021726
城乡居民基本医疗保险参保人数（人）	Participants of Basic Medical Insurance for Urban and Rural Residents (person)	6325457
失业保险参保人数（人）	Unemployment Insurance (person)	1261045
工伤保险参保人数（人）	Number of Insurance for Work-Related Injury Insurance (person)	1765110
城市居民最低生活保障人数（人）	Urban Residents Minimum Living Security (person)	56154
九、市政公用事业	**Municipal Utility**	
(一)生活设施	Living Facility	
公共供水总量（万吨）	Volume of Public Water Supply (10000 tons)	43312.44
天然气供气总量（万立方米）	Total Volume of Natural Gas Supply（10000 cu.m）	
其中：家庭用量	Household Usage	
液化石油气供气总量（吨）	Liquefied Petroleum Gas Supply (ton)	
其中：家庭用量	Household Usage	
(二)公共交通	Public Transportation	
年末实有公共汽(电)车营运车辆数（辆）	Number of Public Bus and Trolley Bus under Operation at Year-end (unit)	
公共汽(电)车客运总量（万人次）	Passengers Transported by Public Bus and Trolley Bus (10000 person-times)	
年末实有巡游出租汽车运营车数（辆）	Number of Cruising Taxis in Operation at Year-end (unit)	
轨道交通运营线路总长度（公里）	Subways, Light Rail Length under Operation (km)	107
轨道交通客运总量（万人次）	Passengers Transported by Subways,Light Rails (10000 person-times)	11879.51
十、环境保护	**Environmental Protection**	
污水处理厂集中处理率（%）	Centralized Treatment Rate of Sewage Treatment Plant (%)	96.81
空气质量优良天数比例（%）	Ratio of Days of Air Quality Equal to or Above Grade Ⅱ (%)	92.1

continued

	吉林市 Jilin		四平市 Siping		辽源市 Liaoyuan	
市区 District	全市 Total	市区 District	全市 Total	市区 District	全市 Total	市区 District
4306	3792	1607	1659	485	979	311
47228	30253	17812	14498	7806	8094	4417
64968	35211	21665	15811	7824	8531	5061
2337142	1393462	880751	609971	337374	355266	229135
421870	1453805	415031	782475	117472	429056	85934
1661889	832719	584428	278991	167929	195238	138662
2187542	2554792	1060120	1409004	322315	753630	241419
1081892	335073	228740	136342	73473	71110	39699
1540718	505842	351973	176814	107803	136078	83867
37040	48537	24472	18235	8742	27608	18097
38757.43	13542.84	10156.00	4178.26	3175.03	3399.24	2640.28
92545		75864		6152		3881
24681		6540		2878		941
29954		23527		634		4672
3605		7061		565		1541
4566		1311		342		382
29668.40		10234.43		1456.30		1807.30
18535		4452		2975		1201
107						
11879.51						
	99.73		99.26		96.55	
	88.2		91.0		89.3	

19－1 续表 3

指　　标	Item	通化市 Tonghua
		全市 Total
一、水资源	**Water Resources**	
水资源总量（亿立方米）	Total Amount of Water Resources (100 million cu.m)	97
二、金融	**Finance**	
年末金融机构人民币各项存款余额（万元）	Deposits of Banking System (10000 yuan)	19490030
其中：住户存款余额（万元）	Deposits of Household (10000 yuan)	16224460
年末金融机构人民币各项贷款余额（万元）	Loans of Banking System (10000 yuan)	10815456
三、规模以上工业法人企业	**Industrial Enterprises Above Designated Size**	
企业个数（个）	Number of Industrial Enterprises (unit)	216
(1)内资企业	Domestic Investment Enterprises	211
其中：国有企业	State-owned Enterprises	2
私营企业	Private Enterprises	156
(2)港、澳、台商投资企业	Funds from Hong Kong, Macao and Taiwan	3
(3)外商投资企业	Foreign Investment	2
四、交通运输、通讯与能源	**Transport,Post and Telecommunication,Energy Power**	
(一)交通运输	Transport	
公路客运量（全社会）（万人）	Highway Passenger Traffic (Whole Society) (10000 persons)	378.70
公路货运量（全社会）（万吨）	Highway Freight Traffic (Whole Society) (10000 tons)	1631.49
民用航空旅客吞吐量（万人次）	Civil Aviation Passenger Throughput（10000 person-times）	9.25
民用航空货邮吞吐量（万吨）	Civil Aviation Freight Throughput（10000 tons）	
境内公路总里程（公里）	Length of Highways (km)	7754
其中：高速公路里程	Expressway	520
(二)邮电通信	Post and Telecommunications	
邮政业务收入（万元）	Revenue of Postal Services (10000 yuan)	76427
快递业务收入（万元）	Revenue from Express Delivery Service (10000 yuan)	34100
电信业务收入（万元）	Revenue of Telecommunication (10000 yuan)	129824
(三)能源电力	Energy Power	

continued

	白山市 Baishan		松原市 Songyuan		白城市 Baicheng	
市区 District	全市 Total	市区 District	全市 Total	市区 District	全市 Total	市区 District
	115		20		29	
6646523	10747657	5741324	19648680	6732016	12421582	4863385
4885996	8433534	4340178	15984509	5330190	10036316	3673991
4205928	6184133	3383286	10433261	3384334	7893868	2930333
85	152	63	226	87	172	55
85	145	61	216	84	157	48
1			2	1	1	1
56	91	35	148	58	72	25
			4	1	8	5
	7	2	6	2	7	2
	125.69		535.76		169.30	
	824.28		5168.66		1038.78	
	24.40		4.20		4.56	
			41			
	6824		13894		13416	
	261		616		525	
	28172		56783		47500	
18600	3400	890	23922	16100	18300	11300
	66314		129981		102300	

19－1 续表 4

指　　标	Item	通化市 Tonghua
		全市 Total
全社会用电量（万千瓦时）	Total Electricity Consumption (10000 kWh)	485083
其中：工业用电	Industrial Electricity	292457
城乡居民生活用电	Urban and Rural Residents Electricity Consumption	91906
五、贸易、外经与旅游	**Trade, Foreign Economic and Tourism**	
(一)贸易	Trade	
限额以上批发零售业法人企业数（个）	Number of Corporate Enterprises above Designated Size of Wholesale and Retail Trade (unit)	129
其中：零售业	Retail Trades	88
(二)外经	Foreign Economic	
货物进口额（万元）	Total Imports (10000yuan)	70413
货物出口额（万元）	Total Exports (10000yuan)	64530
(三)旅游	Tourism	
入境游客（人次）	Number of Overseas Visitor Arrivals (person–time)	331
入境旅游收入（万美元）	Earnings from Overseas Visitors Arrivals (10000 dollars)	4
国内游客（万人次）	Number of Domestic Visitors (10000 person–times)	563
国内旅游收入（亿元）	Earnings from Domestic Tourism (100 million yuan)	74.18
六、房地产	**Estate**	
房地产开发投资（万元）	Investment for Real Estate Development (10000 yuan)	340994
商品房销售面积（万平方米）	Floor Space of Commercialized Buildings Sold (10000 sq.m)	35.95
其中：住宅	Residence	32.90
商品房销售额（万元）	Total Sale of Commercialized Buildings Sold (10000 yuan)	180167
其中：住宅	Residence	155749
七、文化和卫生	**Culture and Health**	
(一)文化	Culture	
公共图书馆数（个）	Number of Public Library (unit)	8
公共图书馆图书总藏量（万册）	Total Storage Quantity of Public Library Books (10000 volume)	108.13
博物馆数（个）	Number of Museums (unit)	9

continued

	白山市 Baishan		松原市 Songyuan		白城市 Baicheng	
市区 District	全市 Total	市区 District	全市 Total	市区 District	全市 Total	市区 District
	382077		668910		568495	
	209697		352652		280471	
	78775		129829		111394	
81	62	40	182	73	92	41
55	47	33	120	57	69	35
	38461		651		16841	
	95390		111537		303454	
	356		964		461	
	41.78		121.53		60.71	
178739	106292	23895	309973	215239	88923	66681
21.19	13.49	6.53	89.46	44.35	16.93	8.54
19.72	12.22	5.88	85.28	40.48	15.43	8.32
110498	55837	26723	405867	231022	78402	43512
97157	49931	23486	376304	202611	69263	41559
3	8	3	5	1	6	1
37.99	120.57	29.17	107.93	37.78	77.02	35.00
3	13	5	9	2	6	1

指 标	Item	通化市 Tonghua 全市 Total
(二)卫生	Health	
医疗卫生机构数（个）	Number of Health Care Institutions (unit)	1582
医疗卫生机构床位数（张）	Number of Beds in Health Care Institutions (bed)	10077
卫生技术人员数（人）	Number of Medical Technical Personnel (person)	10704
八、社会保障	**Social Insurance**	
城镇职工基本养老保险参保人数（人）	Town Workers Basic Endowment Insurance Insured Number (person)	587479
城乡居民基本养老保险参保人数（人）	Basic Endowment Insurance for Urban and Rural Residents (person)	531631
职工基本医疗保险参保人数（人）	Participants of Basic Medical Insurance for Workers (person)	280310
城乡居民基本医疗保险参保人数（人）	Participants of Basic Medical Insurance for Urban and Rural Residents (person)	956903
失业保险参保人数（人）	Unemployment Insurance (person)	125873
工伤保险参保人数（人）	Number of Insurance for Work-Related Injury Insurance (person)	210096
城市居民最低生活保障人数（人）	Urban Residents Minimum Living Security (person)	26599
九、市政公用事业	**Municipal Utility**	
(一)生活设施	Living Facility	
公共供水总量（万吨）	Volume of Public Water Supply (10000 tons)	5603.44
天然气供气总量（万立方米）	Total Volume of Natural Gas Supply（10000 cu.m）	
其中：家庭用量	Household Usage	
液化石油气供气总量（吨）	Liquefied Petroleum Gas Supply (ton)	
其中：家庭用量	Household Usage	
(二)公共交通	Public Transportation	
年末实有公共汽(电)车营运车辆数（辆）	Number of Public Bus and Trolley Bus under Operation at Year-end (unit)	
公共汽(电)车客运总量（万人次）	Passengers Transported by Public Bus and Trolley Bus (10000 person-times)	
年末实有巡游出租汽车运营车数（辆）	Number of Cruising Taxis in Operation at Year-end (unit)	
轨道交通运营线路总长度（公里）	Subways, Light Rail Length under Operation (km)	
轨道交通客运总量（万人次）	Passengers Transported by Subways,Light Rails (10000 person-times)	
十、环境保护	**Environmental Protection**	
污水处理厂集中处理率（%）	Centralized Treatment Rate of Sewage Treatment Plant (%)	99.43
空气质量优良天数比例（%）	Ratio of Days of Air Quality Equal to or Above Grade Ⅱ(%)	95.6

continued

	白山市 Baishan		松原市 Songyuan		白城市 Baicheng	
市区 District	全市 Total	市区 District	全市 Total	市区 District	全市 Total	市区 District
312	1308	520	3017	738	1947	573
5115	10207	6064	12820	5227	9248	3349
4920	9732	4963	17564	7308	13340	5560
279834	524727	176354	511688	241022	485403	171303
51065	272931	53225	1250992	161478	804379	169292
154215	311364	121121	369949	222041	242696	105895
209091	593580	139280	1743525	255169	1288428	324265
66613	112422	38592	177368	107051	95445	40147
108358	154758	62305	318915	226318	177929	90313
11217	39420	11788	17221	9296	128715	21770
2531.44	4599.42	2704.98	5370.46	3464.00	3405.27	1577.00
5569		2219		10336		1069
2315		587		3302		283
1120		2445		2834		1829
		2111		1246		1801
309		363		220		126
3477.13		1106.95		2313.30		375.00
1504		707		2177		1815
	95.72		99.99		96.96	
	96.7		92.8		95.6	

19-2 各市县生产总值（2022年）
Gross Domestic Product by City and County (2022)

单位:万元 unit:10000 yuan

市、县 City, County		各市县生产总值 Gross Domestic Product by City and County	第一产业 Primary Industry	第二产业 Secondary Industry	第三产业 Tertiary Industry	人均生产总值（元） Per Capita CDP (yuan)
长春市	**Changchun**	**67445578**	**5513208**	**26949688**	**34982682**	**74310**
榆树市	Yushu	2677733	1200972	302469	1174292	32221
德惠市	Dehui	2633337	915519	387067	1330751	38339
公主岭市	Gongzhuling	3512958	1064459	700519	1747980	40975
农安县	Nong' an	3063227	1419762	403369	1240096	35493
吉林市	**Jilin**	**15178892**	**2119725**	**5529114**	**7530053**	**42947**
桦甸市	Huadian	1067686	362038	237797	467851	32159
蛟河市	Jiaohe	1005505	306912	200579	498014	31383
磐石市	Panshi	1376783	383966	389644	603173	38351
舒兰市	Shulan	1300462	593241	190453	516768	32823
永吉县	Yongji	708650	145218	214206	349226	29901
四平市	**Siping**	**5817068**	**1973808**	**1183804**	**2659456**	**33549**
双辽市	Shuangliao	1103081	460008	215128	427945	36274
梨树县	Lishu	1705583	947663	162540	595380	33342
伊通满族自治县	Yitong	1062612	501421	81858	479333	33611
辽源市	**Liaoyuan**	**5010138**	**561413**	**1561849**	**2886876**	**51714**
东丰县	Dongfeng	1593890	285551	378773	929566	53201
东辽县	Dongliao	1080043	250867	244433	584743	49655
通化市	**Tonghua**	**5908642**	**739841**	**1729149**	**3439652**	**47405**
梅河口市	Meihekou	2900938	249717	1336707	1314514	57752
集安市	Ji' an	757053	89077	176211	491765	47286
通化县	Tonghua	902495	115405	355737	431353	54498
辉南县	Huinan	985202	252402	231754	501046	43777
柳河县	Liuhe	888304	241789	205220	441295	34152

注：各市县相加不等于地区数。
Note: The sum of data by city and county is not equal to the region.

单位: 万元

19－2 续表 continued

unit:10000 yuan

市、县 City, County		各市县生产总值 Gross Domestic Product by City and County	第一产业 Primary Industry	第二产业 Secondary Industry	第三产业 Tertiary Industry	人均生产总值（元） Per Capita CDP (yuan)
白山市	**Baishan**	**5417591**	**739230**	**1495877**	**3182484**	**59228**
临江市	Linjiang	903526	102288	318628	482610	77456
抚松县	Fusong	1156002	270936	202618	682448	55285
靖宇县	Jingyu	660512	80268	183287	396957	63207
长白朝鲜族自治县	Changbai	377522	67707	79668	230147	66996
松原市	**Songyuan**	**8727451**	**2545359**	**2054846**	**4127246**	**40075**
扶余市	Fuyu	1619181	713506	160920	744755	35532
长岭县	Changling	1638709	715856	193440	729413	37413
前郭尔罗斯蒙古族自治县	Qianguo	1672203	733892	230905	707406	42789
乾安县	Qian' an	831238	232179	266732	332327	41811
白城市	**Baicheng**	**5748624**	**1680029**	**1084883**	**2983712**	**38470**
洮南市	Taonan	973945	380271	75357	518317	32948
大安市	Da' an	1078164	332958	230546	514660	41357
镇赉县	Zhenlai	890054	350404	102582	437068	42607
通榆县	Tongyu	1001839	337363	192046	472430	36914
延边朝鲜族自治州	**Yanbian**	**8388735**	**765221**	**3352724**	**4270790**	**44007**
延吉市	Yanji	3562148	49176	1489574	2023398	53067
图们市	Tumen	287761	19723	107194	160844	34880
敦化市	Dunhua	1677758	265101	687654	725003	43163
珲春市	Hunchun	1091991	78989	568226	444776	46153
龙井市	Longjing	348332	48671	104300	195361	27536
和龙市	Helong	379664	56432	127067	196165	33173
汪清县	Wangqing	602928	164627	126427	311874	36775
安图县	Antu	438153	82502	142282	213369	35855

19－3 各市县生产总值指数（2022年）

Gross Domestic Product and Indices by City and County (2022)

（上年=100）　　　　　　　　　　（Preceding year=100）

市、县	City, County	各市县生产总值 Gross Domestic Product by City and County	第一产业 Primary Industry	第二产业 Secondary Industry	第三产业 Tertiary Industry	人均生产总值 Per Capita CDP
长春市	**Changchun**	**95.5**	**102.1**	**90.7**	**98.2**	**95.5**
榆树市	Yushu	93.6	95.1	82.5	95.2	94.0
德惠市	Dehui	97.5	103.3	90.2	95.7	97.9
公主岭市	Gongzhuling	99.8	114.1	86.1	98.2	100.0
农安县	Nong' an	97.9	101.8	89.5	96.2	98.2
吉林市	**Jilin**	**98.1**	**103.1**	**96.7**	**97.6**	**99.2**
桦甸市	Huadian	98.0	100.2	92.8	98.7	99.3
蛟河市	Jiaohe	97.7	104.3	85.8	98.8	99.1
磐石市	Panshi	100.3	100.6	101.6	99.3	102.0
舒兰市	Shulan	99.8	105.9	88.6	97.0	101.1
永吉县	Yongji	96.8	104.1	87.3	99.3	98.2
四平市	**Siping**	**103.9**	**106.9**	**102.6**	**102.1**	**107.1**
双辽市	Shuangliao	104.9	106.9	99.9	104.5	108.1
梨树县	Lishu	104.7	107.0	107.9	100.4	111.4
伊通满族自治县	Yitong	102.9	107.3	97.4	99.3	106.2
辽源市	**Liaoyuan**	**103.8**	**106.8**	**108.4**	**101.0**	**105.6**
东丰县	Dongfeng	103.5	106.0	107.8	101.1	105.3
东辽县	Dongliao	103.9	108.2	108.7	100.3	106.5
通化市	**Tonghua**	**102.9**	**104.8**	**102.5**	**102.6**	**105.8**
梅河口市	Meihekou	103.9	103.7	102.9	104.8	104.4
集安市	Ji' an	103.0	105.6	107.8	101.0	106.8
通化县	Tonghua	103.3	104.2	104.5	102.2	107.2
辉南县	Huinan	104.0	105.0	105.7	102.7	107.5
柳河县	Liuhe	105.0	106.0	112.7	101.5	108.6

19-3 续表 continued

（上年=100） (Preceding year=100)

市、县 City, County		各市县生产总值 Gross Domestic Product by City and County	第一产业 Primary Industry	第二产业 Secondary Industry	第三产业 Tertiary Industry	人均生产总值（元） Per Capita CDP (yuan)
白山市	**Baishan**	**98.7**	**104.0**	**98.9**	**97.5**	**100.8**
临江市	Linjiang	99.5	104.4	103.4	96.6	101.8
抚松县	Fusong	99.7	104.0	98.0	98.6	101.6
靖宇县	Jingyu	98.8	104.1	98.5	97.9	100.5
长白朝鲜族自治县	Changbai	98.2	103.8	90.4	99.8	99.1
松原市	**Songyuan**	**103.1**	**105.5**	**104.4**	**101.3**	**104.9**
扶余市	Fuyu	103.2	105.3	108.4	100.5	105.6
长岭县	Changling	103.4	105.5	107.6	100.6	105.1
前郭尔罗斯蒙古族自治县	Qianguo	103.6	105.6	101.5	102.2	105.9
乾安县	Qian' an	103.8	105.5	104.9	102.1	105.6
白城市	**Baicheng**	**102.9**	**105.2**	**106.5**	**100.5**	**105.0**
洮南市	Taonan	101.7	104.4	98.8	100.3	103.8
大安市	Da' an	102.4	106.4	100.3	101.2	104.6
镇赉县	Zhenlai	101.8	103.9	99.0	100.7	104.1
通榆县	Tongyu	105.6	109.5	113.7	100.7	107.8
延边朝鲜族自治州	**Yanbian**	**103.1**	**104.6**	**109.0**	**99.0**	**104.0**
延吉市	Yanji	100.9	101.9	106.7	97.3	102.0
图们市	Tumen	103.0	106.4	109.9	98.8	104.9
敦化市	Dunhua	110.7	104.6	132.7	98.5	111.2
珲春市	Hunchun	101.2	104.6	94.9	108.1	101.7
龙井市	Longjing	102.9	104.8	106.2	100.9	104.2
和龙市	Helong	100.7	104.7	105.7	97.2	102.0
汪清县	Wangqing	102.0	104.9	105.6	99.4	103.4
安图县	Antu	101.5	104.9	105.1	98.2	102.3

19－4 全省常住人口（2022年末）
Permanent Resident Population of Jilin（end of 2022）

市、县	City, County	总人口（万人） Population (10000 persons)	城镇人口（万人） Urban Population (10000 persons)	占总人口比重（%） Proportion (%)	乡村人口（万人） Rural Population (10000 persons)	占总人口比重（%） Proportion (%)
全 省	**Total**	**2347.69**	**1496.18**	**63.73**	**851.51**	**36.27**
长春市	**Changchun**	**906.54**	**608.68**	**67.14**	**297.86**	**32.86**
南关区	Nanguan	66.23	66.23	100.00		
宽城区	Kuancheng	67.42	61.27	90.88	6.15	9.12
朝阳区	Chaoyang	61.70	59.70	96.76	2.00	3.24
二道区	Erdao	52.58	52.58	100.00		
绿园区	Lvyuan	72.00	71.22	98.92	0.78	1.08
双阳区	Shuangyang	33.03	16.04	48.56	16.99	51.44
九台区	Jiutai	56.34	20.88	37.06	35.46	62.94
农安县	Nong' an	86.05	27.56	32.03	58.49	67.97
长春经济技术开发区	Economic-Technological Development Zone	43.41	43.41	100.00		
长春净月高新技术产业开发区	Jingyue High Technology Industrial Development Zone	41.29	21.72	52.60	19.57	47.40
长春高新技术产业开发区	High Technology Industrial Development Zone	50.80	48.58	95.63	2.22	4.37
长春汽车经济技术开发区	Automobile Economic and Technological Development Zone	32.22	32.22	100.00		
长春莲花山生态旅游度假区	Lianhuashan Eco-tourism Resort	3.79	0.62	16.36	3.17	83.64
中韩区	China-ROK International Cooperative Demonstration Zone	3.03			3.03	100.00
榆树市	Yushu	82.81	25.95	31.34	56.86	68.66
德惠市	Dehui	68.41	21.59	31.56	46.82	68.44
公主岭市	Gongzhuling	85.43	39.11	45.78	46.32	54.22
吉林市	**Jilin**	**352.12**	**226.94**	**64.45**	**125.18**	**35.55**
昌邑区	Changyi	56.86	46.72	82.17	10.14	17.83
龙潭区	Longtan	36.28	26.96	74.31	9.32	25.69
船营区	Chuanying	45.17	38.27	84.72	6.90	15.28
丰满区	Fengman	25.50	18.59	72.90	6.91	27.10
永吉县	Yongji	23.57	9.32	39.54	14.25	60.46
吉林经济开发区	Economic Development Zone	5.38	4.39	81.60	0.99	18.40
吉林高新技术产业开发区	High Technology Industrial Development Zone	15.79	13.53	85.69	2.26	14.31
吉林中国新加坡食品区	China-Singapore Food Zone	3.58	1.10	30.73	2.48	69.27
蛟河市	Jiaohe	31.86	16.52	51.85	15.34	48.15
桦甸市	Huadian	33.07	18.20	55.03	14.87	44.97
舒兰市	Shulan	39.42	17.33	43.96	22.09	56.04
磐石市	Panshi	35.64	16.01	44.92	19.63	55.08
四平市	**Siping**	**169.79**	**88.73**	**52.26**	**81.06**	**47.74**
铁西区	Tiexi	29.35	21.90	74.62	7.45	25.38
铁东区	Tiedong	29.62	24.13	81.47	5.49	18.53
梨树县	Lishu	50.10	18.36	36.65	31.74	63.35
伊通满族自治县	Yitong	30.97	10.42	33.65	20.55	66.35
双辽市	Shuangliao	29.75	13.92	46.79	15.83	53.21
辽源市	**Liaoyuan**	**95.84**	**56.18**	**58.62**	**39.66**	**41.38**
龙山区	Longshan	31.72	28.24	89.03	3.48	10.97
西安区	Xi' an	13.08	11.68	89.30	1.40	10.70
东丰县	Dongfeng	29.62	10.97	37.04	18.65	62.96
东辽县	Dongliao	21.42	5.29	24.70	16.13	75.30

注：表内数据根据人口变动情况抽样调查结果推算，表内数据四舍五入。
Note:Data in this table are estimated by the results of annual sample survey on population changes. Data are rounded.

19－4 续表 continued

市、县	City, County	总人口（万人）Population (10000 persons)	城镇人口（万人）Urban Population（10000 persons）	占总人口比重（%）Proportion (%)	乡村人口（万人）Rural Population（10000 persons）	占总人口比重（%）Proportion (%)
通化市	**Tonghua**	**122.40**	**75.42**	**61.62**	**46.98**	**38.38**
东昌区	Dongchang	34.62	32.19	92.98	2.43	7.02
二道江区	Erdaojiang	8.46	7.25	85.70	1.21	14.30
通化县	Tonghua	16.16	7.20	44.55	8.96	55.45
辉南县	Huinan	22.01	11.50	52.25	10.51	47.75
柳河县	Liuhe	25.53	9.66	37.84	15.87	62.16
集安市	Ji' an	15.62	7.62	48.78	8.00	51.22
白山市	**Baishan**	**90.62**	**72.45**	**79.95**	**18.17**	**20.05**
浑江区	Hunjiang	29.33	26.93	91.82	2.40	8.18
江源区	Jiangyuan	13.06	10.47	80.17	2.59	19.83
抚松县	Fusong	20.76	16.31	78.56	4.45	21.44
靖宇县	Jingyu	10.36	6.39	61.68	3.97	38.32
长白朝鲜族自治县	Changbai	5.58	3.96	70.97	1.62	29.03
临江市	Linjiang	11.53	8.39	72.77	3.14	27.23
松原市	**Songyuan**	**216.07**	**103.56**	**47.93**	**112.51**	**52.07**
宁江区	Ningjiang	59.86	47.35	79.10	12.51	20.90
前郭尔罗斯蒙古族自治县	Qianguo	38.72	15.56	40.19	23.16	59.81
长岭县	Changling	43.47	12.38	28.48	31.09	71.52
乾安县	Qian' an	19.75	9.11	46.13	10.64	53.87
吉林松原经济开发区	Songyuan Economic Development Zone of Jilin	9.17	7.05	76.88	2.12	23.12
扶余市	Fuyu	45.10	12.11	26.85	32.99	73.15
白城市	**Baicheng**	**148.10**	**81.84**	**55.26**	**66.26**	**44.74**
洮北区	Taobei	33.89	25.35	74.80	8.54	25.20
镇赉县	Zhenlai	20.68	10.26	49.61	10.42	50.39
通榆县	Tongyu	26.89	11.06	41.13	15.83	58.87
吉林白城经济开发区	Baicheng Economic Development Zone of Jilin	11.51	10.71	93.05	0.80	6.95
洮南市	Taonan	29.31	11.25	38.38	18.06	61.62
大安市	Da' an	25.82	13.21	51.16	12.61	48.84
延边朝鲜族自治州	**Yanbian**	**189.95**	**146.89**	**77.33**	**43.06**	**22.67**
延吉市	Yanji	66.90	62.27	93.08	4.63	6.92
图们市	Tumen	8.19	6.87	83.88	1.32	16.12
敦化市	Dunhua	38.81	24.16	62.25	14.65	37.75
珲春市	Hunchun	23.63	18.89	79.94	4.74	20.06
龙井市	Longjing	12.56	9.56	76.11	3.00	23.89
和龙市	Helong	11.38	7.86	69.07	3.52	30.93
汪清县	Wangqing	16.3	11.26	69.08	5.04	30.92
安图县	Antu	12.18	6.02	49.43	6.16	50.57
长白山	**Changbaishan**	**6.06**	**6.04**	**99.67**	**0.02**	**0.33**
梅河口市	**Meihekou**	**50.2**	**29.45**	**58.67**	**20.75**	**41.33**

19－5　各市县户数和人口数（2022年末）

Households and Population by City and County（end of 2022）

市、县	City, County	总户数（万户）Total Households (10000 households)	按城乡分（万人）Grouped by Urban and Rural (10000 persons)		总人口（万人）Population (10000 persons)	按性别分（万人）Grouped by Sex (10000 Persons)	
			城镇人口 Urban Population	乡村人口 Rural Population		男 Male	女 Female
全　省	**Total**	**1022.24**	**1251.25**	**1298.20**	**2549.45**	**1278.25**	**1271.20**
长春市	**Changchun**	**323.75**	**399.85**	**451.17**	**851.02**	**425.40**	**425.62**
市辖区	Municipal District	182.11	324.06	124.41	448.47	220.76	227.71
南关区	Nanguan	33.17	75.21	5.76	80.97	39.21	41.76
宽城区	Kuancheng	28.61	46.86	21.57	68.43	33.74	34.69
朝阳区	Chaoyang	30.32	72.68	4.54	77.22	37.49	39.73
二道区	Erdao	23.73	42.16	14.82	56.97	27.90	29.08
绿园区	Lvyuan	27.27	60.23	3.83	64.06	31.35	32.71
双阳区	Shuangyang	14.20	9.13	26.43	35.56	17.89	17.67
九台区	Jiutai	24.81	17.79	47.46	65.25	33.17	32.07
农安县	Nong' an	35.39	18.00	86.15	104.15	53.27	50.88
榆树市	Yushu	42.24	20.05	98.91	118.95	60.81	58.14
德惠市	Dehui	26.60	13.96	64.62	78.59	39.83	38.75
公主岭市	Gongzhuling	37.41	23.78	77.08	100.87	50.73	50.14
吉林市	**Jilin**	**156.90**	**210.69**	**188.88**	**399.57**	**199.88**	**199.69**
市辖区	Municipal District	71.26	132.22	43.67	175.88	86.11	89.77
昌邑区	Changyi	24.44	48.01	11.39	59.40	29.07	30.33
龙潭区	Longtan	16.54	26.69	14.11	40.80	20.14	20.65
船营区	Chuanying	17.65	35.22	9.58	44.80	21.87	22.93
丰满区	Fengman	12.63	22.30	8.58	30.88	15.03	15.86
永吉县	Yongji	13.30	9.28	27.03	36.31	18.37	17.94
蛟河市	Jiaohe	14.10	16.61	23.47	40.08	20.32	19.76
桦甸市	Huadian	15.95	19.93	20.20	40.13	20.40	19.73
舒兰市	Shulan	24.12	15.51	42.81	58.32	29.70	28.61
磐石市	Panshi	18.17	17.15	31.70	48.85	24.97	23.88
四平市	**Siping**	**84.52**	**88.19**	**120.37**	**208.56**	**105.14**	**103.42**
市辖区	Municipal District	30.19	46.68	19.10	65.78	32.54	33.23
铁西区	Tiexi	15.55	24.14	10.90	35.04	17.30	17.74
铁东区	Tiedong	14.64	22.54	8.20	30.74	15.24	15.50
梨树县	Lishu	22.61	15.63	46.16	61.79	31.58	30.21
伊通满族自治县	Yitong	15.83	10.40	32.67	43.07	21.97	21.11
双辽市	Shuangliao	15.90	15.48	22.44	37.92	19.05	18.87
辽源市	**Liaoyuan**	**44.90**	**56.03**	**57.11**	**113.14**	**57.26**	**55.88**
市辖区	Municipal District	19.95	37.81	5.57	43.38	21.38	22.00
龙山区	Longshan	12.61	25.61	3.80	29.41	14.36	15.04
西安区	Xi' an	7.35	12.20	1.77	13.97	7.01	6.96
东丰县	Dongfeng	13.00	11.68	25.89	37.56	19.26	18.30
东辽县	Dongliao	11.94	6.54	25.66	32.20	16.62	15.58

注：表内数据为公安部门户籍人口数。表内数据四舍五入。
Note:Data were obtained from the annual reports of the public security department.Data were rounded.

19－5 续表 continued

市、县	City, County	总户数（万户）Total Households (10000 households)	按城乡分（万人）Grouped by Urban and Rural (10000 persons)		总人口（万人）Population (10000 persons)	按性别分（万人）Grouped by Sex (10000 Persons)	
			城镇人口 Urban Population	乡村人口 Rural Population		男 Male	女 Female
通化市	**Tonghua**	**85.01**	**107.40**	**101.92**	**209.32**	**105.79**	**103.53**
市辖区	Municipal District	18.22	39.92	2.56	42.48	20.90	21.58
东昌区	Dongchang	13.06	30.22	1.38	31.60	15.50	16.10
二道江区	Erdaojiang	5.15	9.71	1.18	10.88	5.41	5.48
通化县	Tonghua	9.45	8.25	13.99	22.24	11.32	10.92
辉南县	Huinan	12.64	13.97	17.49	31.46	16.02	15.44
柳河县	Liuhe	13.18	11.10	23.87	34.97	17.99	16.98
梅河口市	Meihekou	23.12	25.61	32.02	57.64	29.17	28.46
集安市	Ji' an	8.40	8.54	11.99	20.53	10.38	10.15
白山市	**Baishan**	**55.14**	**82.59**	**29.53**	**112.12**	**56.44**	**55.68**
市辖区	Municipal District	24.72	41.79	8.62	50.41	25.33	25.08
浑江区	Hunjiang	15.14	27.54	4.34	31.88	15.87	16.01
江源区	Jiangyuan	9.58	14.26	4.28	18.53	9.46	9.07
抚松县	Fusong	12.66	19.76	6.96	26.72	13.43	13.29
靖宇县	Jingyu	7.00	6.91	6.11	13.02	6.64	6.38
长白朝鲜族自治县	Changbai	3.80	4.39	2.95	7.33	3.68	3.66
临江市	Linjiang	6.96	9.75	4.89	14.64	7.36	7.28
松原市	**Songyuan**	**105.85**	**86.82**	**184.13**	**270.95**	**136.72**	**134.22**
市辖区	Municipal District	24.09	41.12	14.03	55.15	27.25	27.90
宁江区	Ningjiang	24.09	41.12	14.03	55.15	27.25	27.90
前郭尔罗斯蒙古族自治县	Qianguo	23.10	13.28	43.25	56.53	28.32	28.21
长岭县	Changling	23.14	13.81	48.54	62.35	31.93	30.42
乾安县	Qian' an	11.83	7.27	19.34	26.61	13.34	13.27
扶余市	Fuyu	23.68	11.34	58.97	70.31	35.89	34.42
白城市	**Baicheng**	**84.85**	**79.33**	**103.89**	**183.22**	**91.96**	**91.27**
市辖区	Municipal District	21.91	29.49	17.82	47.32	23.39	23.93
洮北区	Taobei	21.91	29.49	17.82	47.32	23.39	23.93
镇赉县	Zhenlai	12.41	10.10	15.36	25.47	12.83	12.63
通榆县	Tongyu	15.20	11.05	23.57	34.62	17.37	17.25
洮南市	Taonan	17.69	13.99	25.07	39.06	19.73	19.33
大安市	Da' an	17.63	14.69	22.07	36.76	18.64	18.13
延边朝鲜族自治州	**Yanbian**	**81.32**	**140.35**	**61.19**	**201.55**	**99.67**	**101.88**
延吉市	Yanji	22.20	48.85	7.47	56.32	27.12	29.20
图们市	Tumen	4.28	8.15	1.84	9.99	4.89	5.11
敦化市	Dunhua	17.06	24.06	19.80	43.85	21.96	21.90
珲春市	Hunchun	8.00	17.54	4.74	22.28	11.05	11.23
龙井市	Longjing	6.05	9.34	4.93	14.26	7.04	7.23
和龙市	Helong	6.58	9.41	5.97	15.39	7.77	7.61
汪清县	Wangqing	9.58	11.93	8.79	20.72	10.39	10.33
安图县	Antu	7.58	11.07	7.66	18.73	9.45	9.28

19－6　各市县分年龄人口情况（2022年末）
Age Composition of Population by City and County (end of 2022)

单位：万人　　　　unit:10000 persons

市、县	City, County	总人口 Total Population	0-17岁 Age0-17	18-34岁 Age18-34	35-59岁 Age35-59	60岁及以上 Age Over 60
全　省	**Total**	**2549.45**	**329.64**	**449.48**	**1110.08**	**660.24**
长春市	**Changchun**	**851.02**	**121.64**	**157.12**	**360.82**	**211.46**
市辖区	Municipal District	448.47	68.10	78.91	191.19	110.27
南关区	Nanguan	80.97	13.65	14.07	34.03	19.22
宽城区	Kuancheng	68.43	11.01	12.69	28.72	16.01
朝阳区	Chaoyang	77.22	13.64	12.32	33.20	18.04
二道区	Erdao	56.97	8.20	10.03	24.81	13.94
绿园区	Lvyuan	64.06	9.07	10.86	27.51	16.62
双阳区	Shuangyang	35.56	4.51	6.54	15.32	9.19
九台区	Jiutai	65.25	8.00	12.39	27.60	17.26
农安县	Nong ' an	104.15	13.70	20.10	43.26	27.10
榆树市	Yushu	118.95	14.67	23.11	51.38	29.80
德惠市	Dehui	78.59	10.44	16.53	32.68	18.93
公主岭市	Gongzhuling	100.87	14.73	18.47	42.31	25.36
吉林市	**Jilin**	**399.57**	**46.55**	**65.01**	**175.30**	**112.70**
市辖区	Municipal District	175.88	19.97	26.54	76.39	52.99
昌邑区	Changyi	59.40	6.49	8.61	25.70	18.60
龙潭区	Longtan	40.80	4.00	6.12	17.89	12.78
船营区	Chuanying	44.80	5.45	6.66	19.39	13.30
丰满区	Fengman	30.88	4.02	5.15	13.41	8.31
永吉县	Yongji	36.31	4.26	6.23	16.12	9.70
蛟河市	Jiaohe	40.08	4.67	6.53	17.65	11.23
桦甸市	Huadian	40.13	5.15	7.26	17.77	9.95
舒兰市	Shulan	58.32	6.67	9.98	25.95	15.71
磐石市	Panshi	48.85	5.82	8.47	21.43	13.13
四平市	**Siping**	**208.56**	**27.19**	**38.12**	**90.02**	**53.23**
市辖区	Municipal District	65.78	7.48	11.35	28.48	18.47
铁西区	Tiexi	35.04	4.28	5.97	15.19	9.60
铁东区	Tiedong	30.74	3.20	5.37	13.28	8.87
梨树县	Lishu	61.79	9.01	11.55	26.34	14.89
伊通满族自治县	Yitong	43.07	5.52	8.08	18.51	10.97
双辽市	Shuangliao	37.92	5.18	7.15	16.69	8.90
辽源市	**Liaoyuan**	**113.14**	**12.97**	**19.42**	**50.18**	**30.58**
市辖区	Municipal District	43.38	4.63	6.77	19.50	12.48
龙山区	Longshan	29.41	3.69	4.76	13.14	7.83
西安区	Xi' an	13.97	0.94	2.01	6.36	4.66

注：表内数据为公安部门户籍人口数。表内数据四舍五入。
Note:Data were obtained from the annual reports of the public security department.Data were rounded.

单位：万人

19－6 续表 continued

unit:10000 persons

市、县	City, County	总人口 Total Population	0-17岁 Age0-17	18-34岁 Age18-34	35-59岁 Age35-59	60岁及以上 Age Over 60
东丰县	Dongfeng	37.56	4.55	6.78	16.41	9.83
东辽县	Dongliao	32.20	3.79	5.87	14.27	8.26
通化市	**Tonghua**	**209.32**	**25.40**	**35.15**	**92.63**	**56.14**
市辖区	Municipal District	42.48	4.51	6.33	19.09	12.55
东昌区	Dongchang	31.60	3.63	4.75	14.06	9.16
二道江区	Erdaojiang	10.88	0.88	1.59	5.03	3.38
通化县	Tonghua	22.24	2.74	3.84	9.97	5.69
辉南县	Huinan	31.46	3.73	5.30	13.95	8.49
柳河县	Liuhe	34.97	4.75	6.34	15.07	8.81
梅河口市	Meihekou	57.64	7.43	9.95	25.35	14.91
集安市	Ji' an	20.53	2.25	3.38	9.21	5.69
白山市	**Baishan**	**112.12**	**12.79**	**18.38**	**50.60**	**30.35**
市辖区	Municipal District	50.41	5.21	7.97	22.92	14.31
浑江区	Hunjiang	31.88	3.66	5.13	14.48	8.61
江源区	Jiangyuan	18.53	1.55	2.85	8.44	5.70
抚松县	Fusong	26.72	3.43	4.62	11.95	6.72
靖宇县	Jingyu	13.02	1.83	2.22	5.87	3.09
长白朝鲜族自治县	Changbai	7.33	0.77	1.18	3.32	2.06
临江市	Linjiang	14.64	1.55	2.38	6.53	4.17
松原市	**Songyuan**	**270.95**	**37.57**	**52.18**	**117.42**	**63.77**
市辖区	Municipal District	55.15	7.19	9.97	24.55	13.44
宁江区	Ningjiang	55.15	7.19	9.97	24.55	13.44
前郭尔罗斯蒙古族自治县	Qianguo	56.53	8.31	11.10	25.02	12.11
长岭县	Changling	62.35	9.40	12.34	26.71	13.90
乾安县	Qian' an	26.61	3.27	4.77	12.00	6.57
扶余市	Fuyu	70.31	9.40	14.01	29.14	17.75
白城市	**Baicheng**	**183.22**	**21.47**	**32.17**	**83.46**	**46.12**
市辖区	Municipal District	47.32	5.59	8.16	21.17	12.39
洮北区	Taobei	47.32	5.59	8.16	21.17	12.39
镇赉县	Zhenlai	25.47	2.88	4.30	11.74	6.55
通榆县	Tongyu	34.62	4.49	6.62	15.73	7.77
洮南市	Taonan	39.06	4.87	7.11	17.76	9.32
大安市	Da' an	36.76	3.64	5.99	17.05	10.08
延边朝鲜族自治州	**Yanbian**	**201.55**	**24.07**	**31.94**	**89.65**	**55.89**
延吉市	Yanji	56.32	7.90	8.90	25.11	14.41
图们市	Tumen	9.99	0.78	1.36	4.41	3.45
敦化市	Dunhua	43.85	5.35	7.38	19.23	11.90
珲春市	Hunchun	22.28	2.92	3.62	10.12	5.62
龙井市	Longjing	14.26	1.22	1.92	6.29	4.83
和龙市	Helong	15.39	1.41	2.27	6.88	4.83
汪清县	Wangqing	20.72	2.19	3.29	9.42	5.82
安图县	Antu	18.73	2.30	3.21	8.19	5.02

19－7 各市县人口自然变动情况（2022年末）

Basic Statistics on Natural Population Changes by City and County（end of 2022）

单位: 万人　　　　unit:10000 persons

市、县	City, County	年平均人口 Annual Average Population	出生 Birth 人数 Number of Birth	出生率（‰）Birth Rate（‰）	死亡 Death 人数 Number of Death	死亡率（‰）Death Rate（‰）	自然增长 Natural Growth 人数 Number of Natural Growth	自然增长率（‰）Natural Growth Rate(‰)
全　省	**Total**	**2554.53**	**9.62**	**3.77**	**12.98**	**5.08**	**–3.36**	**–1.31**
长春市	**Changchun**	**851.36**	**3.90**	**4.58**	**4.75**	**5.58**	**–0.85**	**–1.00**
市辖区	Municipal District	448.09	2.43	5.42	3.10	6.92	–0.67	–1.50
南关区	Nanguan	80.32	0.58	7.18	0.57	7.14	0.00	0.04
宽城区	Kuancheng	68.12	0.41	6.07	0.47	6.92	–0.06	–0.85
朝阳区	Chaoyang	77.18	0.44	5.67	0.52	6.68	–0.08	–1.01
二道区	Erdao	57.11	0.30	5.18	0.40	7.00	–0.10	–1.82
绿园区	Lvyuan	64.23	0.34	5.26	0.52	8.03	–0.18	–2.77
双阳区	Shuangyang	35.68	0.14	4.00	0.25	7.06	–0.11	–3.06
九台区	Jiutai	65.45	0.22	3.43	0.37	5.72	–0.15	–2.28
农安县	Nong' an	104.31	0.42	4.02	0.40	3.79	0.02	0.23
榆树市	Yushu	119.21	0.38	3.16	0.41	3.47	–0.04	–0.31
德惠市	Dehui	78.77	0.32	4.01	0.43	5.52	–0.12	–1.51
公主岭市	Gongzhuling	100.98	0.36	3.52	0.40	3.97	–0.05	–0.46
吉林市	**Jilin**	**400.67**	**1.24**	**3.11**	**1.75**	**4.36**	**–0.50**	**–1.26**
市辖区	Municipal District	176.20	0.59	3.33	0.81	4.59	–0.22	–1.26
昌邑区	Changyi	59.52	0.20	3.28	0.28	4.69	–0.08	–1.41
龙潭区	Longtan	41.07	0.10	2.52	0.23	5.53	–0.12	–3.01
船营区	Chuanying	44.87	0.14	3.18	0.18	4.07	–0.04	–0.89
丰满区	Fengman	30.74	0.15	4.74	0.12	3.89	0.03	0.86
永吉县	Yongji	36.42	0.12	3.23	0.15	4.01	–0.03	–0.78
蛟河市	Jiaohe	40.24	0.11	2.69	0.18	4.47	–0.07	–1.78
桦甸市	Huadian	40.30	0.12	2.92	0.17	4.21	–0.05	–1.29
舒兰市	Shulan	58.53	0.16	2.72	0.27	4.66	–0.11	–1.93
磐石市	Panshi	48.99	0.16	3.17	0.17	3.50	–0.02	–0.33
四平市	**Siping**	**208.98**	**0.70**	**3.35**	**0.89**	**4.28**	**–0.19**	**–0.93**
市辖区	Municipal District	65.95	0.22	3.36	0.30	4.61	–0.08	–1.25
铁西区	Tiexi	35.10	0.13	3.61	0.15	4.41	–0.03	–0.80
铁东区	Tiedong	30.85	0.09	3.08	0.15	4.84	–0.05	–1.76
梨树县	Lishu	61.95	0.20	3.20	0.33	5.39	–0.14	–2.19
伊通满族自治县	Yitong	43.11	0.15	3.49	0.14	3.24	0.01	0.24
双辽市	Shuangliao	37.96	0.13	3.42	0.12	3.08	0.01	0.34
辽源市	**Liaoyuan**	**113.46**	**0.34**	**2.96**	**0.54**	**4.76**	**–0.20**	**–1.79**
市辖区	Municipal District	43.51	0.13	2.95	0.27	6.11	–0.14	–3.16
龙山区	Longshan	29.42	0.10	3.35	0.15	5.26	–0.06	–1.92
西安区	Xi' an	14.08	0.03	2.11	0.11	7.87	–0.08	–5.76
东丰县	Dongfeng	37.64	0.11	3.00	0.12	3.24	–0.01	–0.24
东辽县	Dongliao	32.31	0.09	2.94	0.15	4.70	–0.06	–1.77
通化市	**Tonghua**	**209.89**	**0.72**	**3.45**	**0.96**	**4.55**	**–0.23**	**–1.10**

注：表内数据为公安部门户籍人口数。表内数据四舍五入。
Note:Data were obtained from the annual reports of the public security department.Data were rounded.

19－7 续表 continued

单位: 万人 unit:10000 persons

市、县	City, County	年平均人口 Annual Average Population	出生 Birth		死亡 Death		自然增长 Natural Growth	
			人数 Number of Birth	出生率（‰）Birth Rate（‰）	人数 Number of Death	死亡率（‰）Death Rate（‰）	人数 Number of Natural Growth	自然增长率（‰）Natural Growth Rate(‰)
市辖区	Municipal District	42.59	0.14	3.25	0.17	3.97	–0.03	–0.72
东昌区	Dongchang	31.63	0.12	3.67	0.11	3.57	0.00	0.10
二道江区	Erdaojiang	10.96	0.02	2.05	0.06	5.15	–0.03	–3.09
通化县	Tonghua	22.33	0.08	3.64	0.14	6.37	–0.06	–2.74
辉南县	Huinan	31.57	0.09	2.81	0.11	3.40	–0.02	–0.58
柳河县	Liuhe	35.06	0.14	3.90	0.15	4.20	–0.01	–0.30
梅河口市	Meihekou	57.76	0.22	3.73	0.30	5.23	–0.09	–1.50
集安市	Ji' an	20.58	0.06	3.11	0.09	4.23	–0.02	–1.12
白山市	**Baishan**	**112.78**	**0.35**	**3.09**	**0.73**	**6.46**	**–0.38**	**–3.38**
市辖区	Municipal District	50.71	0.14	2.79	0.26	5.20	–0.12	–2.41
浑江区	Hunjiang	31.97	0.10	3.19	0.14	4.32	–0.04	–1.13
江源区	Jiangyuan	18.74	0.04	2.10	0.13	6.70	–0.09	–4.60
抚松县	Fusong	26.90	0.09	3.43	0.24	8.97	–0.15	–5.54
靖宇县	Jingyu	13.06	0.05	4.10	0.05	4.20	0.00	–0.10
长白朝鲜族自治县	Changbai	7.39	0.02	2.29	0.06	8.42	–0.05	–6.13
临江市	Linjiang	14.72	0.04	2.98	0.11	7.26	–0.06	–4.28
松原市	**Songyuan**	**271.28**	**1.02**	**3.77**	**0.88**	**3.26**	**0.14**	**0.51**
市辖区	Municipal District	55.27	0.21	3.73	0.24	4.35	–0.03	–0.62
宁江区	Ningjiang	55.27	0.21	3.73	0.24	4.35	–0.03	–0.62
前郭尔罗斯蒙古族自治县	Qianguo	56.58	0.22	3.97	0.21	3.74	0.01	0.22
长岭县	Changling	62.40	0.25	3.96	0.15	2.35	0.10	1.61
乾安县	Qian' an	26.67	0.09	3.46	0.11	4.14	–0.02	–0.68
扶余市	Fuyu	70.36	0.25	3.58	0.17	2.47	0.08	1.11
白城市	**Baicheng**	**183.88**	**0.62**	**3.39**	**1.15**	**6.25**	**–0.53**	**–2.87**
市辖区	Municipal District	47.44	0.17	3.58	0.25	5.37	–0.09	–1.79
洮北区	Taobei	47.44	0.17	3.58	0.25	5.37	–0.09	–1.79
镇赉县	Zhenlai	25.59	0.08	3.02	0.26	10.13	–0.18	–7.10
通榆县	Tongyu	34.73	0.14	4.05	0.28	7.99	–0.14	–3.94
洮南市	Taonan	39.28	0.13	3.21	0.24	6.21	–0.12	–3.00
大安市	Da' an	36.84	0.11	2.95	0.11	3.09	–0.01	–0.15
延边朝鲜族自治州	**Yanbian**	**202.24**	**0.73**	**3.60**	**1.34**	**6.60**	**–0.61**	**–3.01**
延吉市	Yanji	56.19	0.24	4.24	0.30	5.33	–0.06	–1.10
图们市	Tumen	10.10	0.02	2.24	0.08	8.05	–0.06	–5.81
敦化市	Dunhua	44.03	0.15	3.33	0.24	5.50	–0.10	–2.16
珲春市	Hunchun	22.34	0.09	3.84	0.11	5.01	–0.03	–1.18
龙井市	Longjing	14.37	0.04	2.98	0.14	9.76	–0.10	–6.78
和龙市	Helong	15.52	0.05	3.14	0.15	9.37	–0.10	–6.22
汪清县	Wangqing	20.85	0.07	3.46	0.19	9.00	–0.12	–5.54
安图县	Antu	18.84	0.07	3.74	0.13	6.74	–0.06	–3.00

19－8 各市县固定资产投资（不含农户）（2022年）
City and County of Investment in Fixed Assets（Excluding Rural）（2022）

单位：%　　　　unit:%

市、县	City, County	增速 Growth Rate
全　省	**Total**	**–2.4**
长 春 市	**Changchun**	**–11.8**
市　　区	District	–15.7
农 安 县	Nong' an	5.6
榆 树 市	Yushu	16.8
德 惠 市	Dehui	19.6
公主岭市	Gongzhuling	25.1
吉 林 市	**Jilin**	**0.1**
市　　区	District	–10.9
永 吉 县	Yongji	14.5
蛟 河 市	Jiaohe	20.4
桦 甸 市	Huadian	8.5
舒 兰 市	Shulan	8.2
磐 石 市	Panshi	33.8
四 平 市	**Siping**	**2.6**
市　　区	District	–7.4
梨 树 县	Lishu	5.9
伊通满族自治县	Yitong	15.7
双 辽 市	Shuangliao	10.1
辽 源 市	**Liaoyuan**	**14.2**
市　　区	District	15.1
东 丰 县	Dongfeng	19.4
东 辽 县	Dongliao	7.0
通 化 市	**Tonghua**	**10.9**
市　　区	District	3.1
通 化 县	Tonghua	22.5
辉 南 县	Huinan	13.0

19－8 续表 continued

单位：% unit:%

市、县	City, County	增速 Growth Rate
柳 河 县	Liuhe	10.0
集 安 市	ji' an	14.0
白 山 市	**Baishan**	**5.6**
市　区	District	2.9
抚 松 县	Fusong	5.3
靖 宇 县	Jingyu	8.6
长白朝鲜族自治县	Changbai	8.2
临 江 市	Linjiang	5.5
松 原 市	**Songyuan**	**13.7**
市　区	District	-3.3
前郭尔罗斯蒙古族自治县	Qianguo	31.3
长 岭 县	Changling	27.7
乾 安 县	Qian' an	45.5
扶 余 县	Fuyu	16.2
白 城 市	**Baicheng**	**29.9**
市　区	District	-26.2
镇 赉 县	Zhenlai	16.2
通 榆 县	Tongyu	19.8
洮 南 市	Taonan	20.3
大 安 市	Da' an	183.7
延边朝鲜族自治州	**Yanbian**	**10.2**
延 吉 市	Yanji	10.0
图 们 市	Tumen	11.0
敦 化 市	Dunhua	1.7
珲 春 市	Hunchun	12.0
龙 井 市	Longjing	20.1
和 龙 市	Helong	16.4
汪 清 县	Wangqing	16.0
安 图 县	Antu	16.1
长 白 山	**Changbaishan**	**-52.9**
梅河口市	**Meihekou**	**1.2**

19－9 各市县地方公共财政收入（2022年）

Local Public Finance Revenue in Cities and Counties（2022）

单位: 万元 unit:10000 yuan

市、县 City，County		地方公共财政收入 Local Government Revenue	税收收入 Tax revenue	#增值税 Value-added Tax	#企业所得税 Corporate Income Tax	#个人所得税 Individual Income Tax	#城市维护建设税 Urban Maintenance and Construction tax	#耕地占用税 Farmland Occupied Tax	#非税收入 Non Tax Revenue
长春市	**Changchun**	**4596907**	**3768427**	**1653512**	**761372**	**219980**	**350950**	**60175**	**828480**
市本级	District	3729580	3202177	1504080	669141	181077	333090	28941	527403
榆树市	Yushu	93777	45151	13262	5910	1331	2035	4859	48626
德惠市	Dehui	82210	47338	19880	6635	1329	2401	4959	34872
农安县	Nong' an	106477	78083	31802	6631	2162	3389	2047	28394
公主岭市	Gongzhuling	162926	93577	24448	12668	4866	3587	5726	69349
吉林市	**Jilin**	**833893**	**488460**	**130291**	**37107**	**14359**	**71382**	**10153**	**345433**
市本级	District	414274	242795	52411	18481	7238	37520	1600	171479
桦甸市	Huadian	57205	27283	8631	1124	728	1783	358	29922
蛟河市	Jiaohe	34894	18802	3771	877	535	960	3836	16092
舒兰市	Shulan	46451	12492	-210	980	441	851	79	33959
磐石市	Panshi	71869	30940	8509	2886	1110	2676	1993	40929
永吉县	Yongji	43123	29962	8117	3346	603	1334	1001	13161
四平市	**Siping**	**266145**	**153711**	**37588**	**11672**	**5749**	**26879**	**2391**	**112434**
市本级	District	128785	79982	17160	5044	4348	21059	47	48803
双辽市	Shuangliao	43552	20998	6590	1893	578	1990	872	22554
梨树县	Lishu	29931	12583	1825	1311	492	774	734	17348
伊通满族自治县	Yitong	42627	20505	6593	1683	331	1332	35	22122
辽源市	**Liaoyuan**	**171608**	**91886**	**17326**	**6447**	**3103**	**6432**	**2248**	**79722**
市本级	District	81979	44385	8396	2064	1622	4638	666	37594
东丰县	Dongfeng	43457	18733	2080	1354	480	987	1139	24724
东辽县	Dongliao	27110	15010	4534	1727	441	807	288	12100
通化市	**Tonghua**	**442672**	**226611**	**88615**	**46400**	**10172**	**20372**	**-14323**	**216061**
市本级	District	88618	34808	8725	5139	1588	4922	163	53810
梅河口市	Meihekou	164050	82954	56035	22764	3494	7663	-17966	81096
集安市	Ji' an	23967	13169	5314	1306	569	1964	221	10798
通化县	Tonghua	33735	24575	1427	10601	2031	953	532	9160
辉南县	Huinan	47465	15729	4756	1666	886	1016	1102	31736
柳河县	Liuhe	37823	14486	4178	1333	438	655	58	23337

注：各市、县相加不等于地区数。
Note:The sum of data by every city and county is not equal to the total.

单位: 万元 unit:10000 yuan

市、县 City，County		地方公共财政收入 Local Government Revenue	税收收入 Tax Revenue	#增值税 Value-added Tax	#企业所得税 Corporate Income Tax	#个人所得税 Individual Income Tax	#城市维护建设税 Urban Maintenance and Construction tax	#耕地占用税 Farmland Occupied Tax	#非税收入 Non Tax Revenue
白山市	**Baishan**	**244132**	**137728**	**30548**	**27830**	**9118**	**11579**	**3361**	**106404**
市本级	District	105422	61732	17743	15088	5403	6285	114	43690
临江市	Linjiang	21223	11680	3106	1355	780	822	111	9543
抚松县	Fusong	36886	20092	1070	5517	544	1512	790	16794
靖宇县	Jingyu	21492	11806	2598	3529	275	570		9686
长白朝鲜族自治县	Changbai	10739	4342	955	191	409	185	122	6397
松原市	**Songyuan**	**412225**	**255738**	**64845**	**16786**	**5929**	**20469**	**12142**	**156487**
市本级	District	126212	78599	17571	4671	2396	10424	270	47613
长岭县	Changling	47706	23799	4931	3708	751	1197	1360	23907
前郭尔罗斯蒙古族自治县	Qianguo	111380	60664	18270	2035	753	4649	2859	50716
乾安县	Qian' an	60818	47387	12501	1496	478	3311	4435	13431
扶余市	Fuyu	30977	17125	2754	3588	449	888	3091	13852
白城市	**Baicheng**	**265283**	**130572**	**24218**	**21338**	**4867**	**11296**	**2596**	**134711**
市本级	District	83558	44146	10447	6215	1794	5019	900	39412
洮南市	Taonan	38801	10234	–394	1508	535	734	265	28567
大安市	Da' an	58326	35494	7690	6776	772	2353	253	22832
镇赉县	Zhenlai	33470	18250	3950	2748	494	1313	55	15220
通榆县	Tongyu	31959	12728	435	3358	721	1202	805	19231
延边朝鲜族自治州	**Yanbian**	**456620**	**264416**	**72452**	**40593**	**12303**	**62220**	**2980**	**192204**
州本级	District	35439							35439
延吉市	Yanji	175466	127372	39175	14275	4566	49840	859	48094
图们市	Tumen	15791	7008	2663	644	158	621	286	8783
敦化市	Dunhua	70241	47280	7441	14438	5015	5098	207	22961
龙井市	Longjing	24046	10881	2371	1954	285	831	41	13165
珲春市	Hunchun	68543	44653	14311	6005	925	3851	135	23890
和龙市	Helong	22936	10017	3432	965	267	748	988	12919
汪清县	Wangqing	20764	7304	1097	1030	329	498	48	13460
安图县	Antu	23394	9901	1962	1282	758	733	416	13493

19-10 各市县公共财政支出（2022年）

Local Government Expenditure by City and County（2022）

单位：万元 unit:10000 yuan

市、县	City，County	财政支出 Government Expenditure	#一般公共服务 General Public Services	#公共安全 Public Safety	#教育 Education	#科学技术 Science and Technology	#社会保障和就业 Social Security and Employment	#卫生健康 Expenditure for Health Care	#节能保护 Energy Saving and Environmental Protection	#农林水事务 Agriculture, Forestry, Water Affairs
长春市	**Changchun**	**9766704**	**1006164**	**433443**	**1368027**	**43039**	**1385104**	**1544151**	**216702**	**1039359**
市本级	District	4363307	340901	337964	423718	34474	523855	1071262	142575	72227
榆树市	Yushu	785405	56065	20923	134447	62	133748	63403	9152	214842
德惠市	Dehui	631848	50689	17258	100506	195	111787	60259	7671	168351
农安县	Nong' an	790268	50894	18116	135434	295	166615	46000	4910	178631
公主岭市	Gongzhuling	737199	54571	25227	104216	2367	120539	69423	24616	191324
吉林市	**Jilin**	**3976178**	**319602**	**163912**	**475271**	**3518**	**795598**	**507772**	**74317**	**525639**
市本级	District	1445378	119946	99547	119802	2554	261967	243277	20484	63127
桦甸市	Huadian	400059	26722	12763	53537	83	61176	37178	12115	63119
蛟河市	Jiaohe	355607	26108	12223	53122	245	67027	29661	11667	85805
舒兰市	Shulan	456455	37925	16451	62704	159	108101	46371	9454	96618
磐石市	Panshi	476535	33682	9928	63897	147	82807	39147	14213	84023
永吉县	Yongji	275732	17350	8790	35746	210	66955	24182	1106	92977
四平市	**Siping**	**2173280**	**217569**	**81386**	**280373**	**2954**	**376312**	**259463**	**57446**	**417621**
市本级	District	520695	74894	36110	31472	1747	77190	125718	20724	26218
双辽市	Shuangliao	442042	36465	15181	57646	224	71371	29365	9017	117734
梨树县	Lishu	570338	48187	15410	72253	739	89658	48460	20197	163401
伊通满族自治县	Yitong	446115	36712	13107	71869	151	72927	36715	6253	100087
辽源市	**Liaoyuan**	**1233427**	**111935**	**53887**	**170121**	**3949**	**214073**	**132605**	**52856**	**196609**
市本级	District	385712	36115	31639	39767	1886	53636	60698	14342	12702
东丰县	Dongfeng	364402	29838	11423	49491	1204	66477	34872	9087	99025
东辽县	Dongliao	351863	29729	9965	58793	406	42777	24838	25868	76821
通化市	**Tonghua**	**2625424**	**306736**	**116111**	**333988**	**12323**	**427734**	**235648**	**42684**	**327791**
市本级	District	472746	59358	40578	60563	5449	50224	69781	13013	13645
梅河口市	Meihekou	743398	74731	24368	81499	1695	120709	74621	9584	91649
集安市	Ji' an	310328	30354	11719	38672	1728	50566	20524	3946	33948
通化县	Tonghua	266789	21747	10159	32243	1962	50398	18789	5647	45636
辉南县	Huinan	331060	39283	15769	47660	781	45685	19650	3159	70086
柳河县	Liuhe	314827	47957	10148	39770	187	64454	17019	5249	56720

注：各市、县相加不等于地区数。
Note:The sum of data by every city and county is not equal to the total.

单位: 万元

19－10 续表 continued

unit:10000 yuan

市、县 City, County		财政支出 Government Expenditure	#一般公共服务 General Public Services	#公共安全 Public Safety	#教育 Education	#科学技术 Science and Technology	#社会保障和就业 Social Security and Employment	#卫生健康 Expenditure for Health Care	#节能保护 Energy Saving and Environmental Protection	#农林水事务 Agriculture, Forestry, Water Affairs
白山市	**Baishan**	**1672078**	**180517**	**84819**	**218054**	**4107**	**294586**	**159971**	**43259**	**185264**
市本级	District	406541	43907	36423	29396	1479	61651	63381	11433	9418
临江市	Linjiang	187961	26135	8252	32102	144	31054	11472	4230	24572
抚松县	Fusong	351289	38206	12443	63012	1175	45505	20304	5712	46929
靖宇县	Jingyu	212433	20749	7033	30439	492	39399	13487	8673	43386
长白朝鲜族自治县	Changbai	182533	20079	11457	20669	652	32614	21838	3935	28246
松原市	**Songyuan**	**2708743**	**245863**	**109502**	**369074**	**1401**	**396022**	**244832**	**56649**	**741127**
市本级	District	504047	79124	43373	56837	460	57280	65840	27076	35525
长岭县	Changling	562628	41835	16696	77452	107	85694	48540	3743	178513
前郭尔罗斯蒙古族自治县	Qianguo	659707	44019	18925	92280	252	82552	46404	8467	241117
乾安县	Qian' an	307441	28502	11275	37870	359	52779	22857	3656	94738
扶余市	Fuyu	504226	33382	17781	69089	77	74027	38972	5920	171311
白城市	**Baicheng**	**2439212**	**203251**	**83453**	**319699**	**9098**	**358168**	**221415**	**31255**	**641797**
市本级	District	408629	51570	32910	32867	5528	45097	78404	7825	20790
洮南市	Taonan	423679	29645	11530	48267	2597	81850	35444	4226	113153
大安市	Da' an	518420	34722	12326	74075	444	57650	31045	9476	150592
镇赉县	Zhenlai	356023	30356	15355	40350	186	65873	25408	3782	105507
通榆县	Tongyu	456268	33071	10338	62220	209	50535	29179	4673	162942
延边朝鲜族自治州	**Yanbian**	**3047031**	**320374**	**132675**	**319541**	**6888**	**506848**	**267127**	**46663**	**491993**
州本级	District	363153	45577	23561	24904	1665	59953	84506	5392	14165
延吉市	Yanji	561192	49890	23919	63636	2168	92698	39575	903	37451
图们市	Tumen	184110	16155	8429	17888	202	33356	11239	997	23782
敦化市	Dunhua	530740	67835	17272	66214	1645	84397	29300	11842	127311
龙井市	Longjing	230358	24911	9274	17802	178	43927	14936	2493	45306
珲春市	Hunchun	373772	33954	20181	41967	260	58387	28413	1675	63061
和龙市	Helong	285720	26108	10545	27013	232	49788	21799	5668	57412
汪清县	Wangqing	292652	32292	11090	34261	380	42923	21219	15761	66723
安图县	Antu	225334	23652	8404	25856	158	41419	16140	1932	56782

19－11　各市县农林牧渔总产值（2022年）

Output Value of Agriculture, Forestry, Animal Husbandry and Fishery by City and County（2022）

单位：万元　　　　unit: 10000yuan

市、县 City，County		农林牧渔业总产值 Total	农业 Agriculture	林业 Forestry	牧业 Animal Husbandry	渔业 Fishery	农林牧渔业总产值指数 Indices
全　省	**Total**	**32179071**	**15127303**	**694942**	**14825780**	**615945**	**104.1**
长春市	**Changchun**	**10068578**	**4212795**	**40274**	**5444281**	**81237**	**102.0**
市　区	District	1661483	848328	5758	724818	24370	98.9
农安县	Nong' an	2656366	954820	10209	1607554	21133	101.8
榆树市	Yushu	2284653	905099	8932	1294152	14545	95.1
德惠市	Dehui	1628474	622277	8805	929195	15872	103.5
公主岭市	Gongzhuling	1837602	882271	6570	888562	5317	114.9
吉林市	**Jilin**	**4067459**	**1593413**	**118183**	**2098340**	**118128**	**102.7**
市　区	District	628722	265881	10109	314484	14801	101.9
永吉县	Yongji	286815	121439	18245	121274	5476	103.7
蛟河市	Jiaohe	560687	275461	31760	220002	28392	104.2
桦甸市	Huadian	689683	304930	17879	305592	37472	100.0
舒兰市	Shulan	1158277	333629	36167	742633	13610	105.8
磐石市	Panshi	743276	292073	4023	394355	18375	100.3
四平市	**Siping**	**4130298**	**1404546**	**50489**	**2589193**	**10648**	**107.2**
市　区	District	133738	56182	8627	60799	3276	104.6
梨树县	Lishu	1872566	779638	25796	1025929	2103	107.2
伊通满族自治县	Yitong	1138989	249159	10450	856272	3533	107.5
双辽市	Shuangliao	985005	319567	5616	646193	1735	107.1
辽源市	**Liaoyuan**	**1065608**	**436322**	**41208**	**565675**	**5713**	**107.0**
市　区	District	49062	21151	1415	23953	642	104.2
东丰县	Dongfeng	536126	232513	16232	278909	2957	106.5
东辽县	Dongliao	480421	182658	23561	262813	2114	108.0
通化市	**Tonghua**	**1371336**	**740953**	**51937**	**466914**	**47820**	**105.0**
市　区	District	77185	32721	2937	38948	1111	97.5
通化县	Tonghua	218405	114164	15295	71494	14755	104.1
辉南县	Huinan	468028	261721	9280	162664	13033	105.5
柳河县	Liuhe	444278	230024	14605	162770	3478	106.0

注：各市州分项产值合计不等于全省。

Note: The sum of output value by each prefecture is not equal to the total province.

19 - 11 续表 continued

单位：万元 unit: 10000yuan

市、县 City, County		农林牧渔业总产值 Total	农业 Agriculture	林业 Forestry	牧业 Animal Husbandry	渔业 Fishery	农林牧渔业总产值指数 Indices
集安市	Ji' an	163440	102322	9820	31038	15443	106.0
白山市	**Baishan**	**1328646**	**786609**	**187880**	**227288**	**105668**	**104.0**
市区	District	406210	184596	80776	92925	38118	104.2
抚松县	Fusong	470192	320094	59521	46388	41513	104.1
靖宇县	Jingyu	150677	88996	12354	33954	10209	105.1
长白朝鲜族自治县	Changbai	116265	78919	8679	19327	7985	104.5
临江市	Linjiang	185302	114004	26549	34694	7843	105.3
松原市	**Songyuan**	**5074517**	**3082739**	**48523**	**1684265**	**118724**	**105.7**
市区	District	289454	173957	1918	92193	13593	105.6
前郭尔罗斯蒙古族自治县	Qianguo	1458645	888741	16437	460943	48396	105.8
长岭县	Changling	1427048	832385	10381	555330	3992	105.7
乾安县	Qian' an	456134	274925	8048	149557	10590	105.6
扶余市	Fuyu	1443237	912731	11739	426241	42153	105.7
白城市	**Baicheng**	**3157702**	**1771574**	**71841**	**1117874**	**98183**	**105.4**
市区	District	501420	358623	14419	100099	6871	102.7
镇赉县	Zhenlai	664001	362615	18351	213894	50388	104.2
通榆县	Tongyu	615596	293834	10682	286657	7421	109.6
洮南市	Taonan	670445	413787	16695	205758	11619	104.2
大安市	Da' an	706240	342716	11694	311466	21884	106.4
延边朝鲜族自治州	**Yanbian**	**1425347**	**861791**	**78693**	**434621**	**17915**	**104.7**
延吉市	Yanji	93656	58964	2480	25573	668	101.3
图们市	Tumen	37351	19092	1510	16022	329	106.5
敦化市	Dunhua	509776	279550	32421	172572	9326	104.9
珲春市	Hunchun	143601	93604	6949	37567	3519	104.4
龙井市	Longjing	92203	48964	1596	40139	576	104.8
和龙市	Helong	105824	50723	6650	46334	731	105.2
汪清县	Wangqing	291182	206551	23196	56931	1018	105.2
安图县	Antu	151754	104344	3890	39484	1747	105.1
长白山	**Changbaishan**	**6434**	**2111**	**3173**	**874**	**187**	**92.3**
梅河口市	**Meihekou**	**483150**	**259223**	**2744**	**171683**	**11725**	**103.8**

19－12　各市县主要农业机械拥有量（2022年）

Possession of Major Agricultural Machinery by City and County（2022）

市、县 City, County	农业机械总动力（万千瓦）Total Power of Agricultural Machinery (10000kW)	大中型农用拖拉机（混合台）Large and Medium Tractors Towing Farm Machinery (unit)	农用小型拖拉机及手扶（台）Small and Walking Agricultural Tractors (unit)	拖拉机配套农具（部）Tractor Towing Farm Machinery (unit)	农用排灌动力机械（台）Irrigating Machinery (unit)	谷物联合收割机（台）Combine Harvester (unit)	水稻插秧机（台）Mobile Rice Transplanter (unit)	粮食加工机械（台）Machine of Grain Processing (unit)
全　省 Total	**4357.9**	**449799**	**863496**	**2801424**	**454883**	**130008**	**120094**	**122740**
长春市 Changchun	**1205.5**	**128112**	**156957**	**570933**	**89816**	**36660**	**29682**	**38414**
市　区 District	239.6	22273	40331	117548	28918	7688	6103	7843
农安县 Nong' an	233.3	20929	48913	145830	9931	6235	1287	5730
榆树市 Yushu	315.4	42797	21133	146151	14604	10343	11221	9108
德惠市 Dehui	189.6	19148	17934	98220	21500	5636	9559	7492
公主岭市 Gongzhuling	227.7	22965	28646	63184	14863	6758	1512	8241
吉林市 Jilin	**519.6**	**36131**	**194271**	**341707**	**65276**	**22453**	**23276**	**20757**
市　区 District	91.1	5576	34281	50525	8402	3127	3696	8995
永吉县 Yongji	59.7	2758	21096	17812	6530	2674	2391	3725
蛟河市 Jiaohe	79.7	9152	22986	33420	12071	4027	1433	2736
桦甸市 Huadian	66.0	2623	29332	52568	2437	3378	465	2306
舒兰市 Shulan	156.6	12053	47253	160075	34170	5410	13033	2524
磐石市 Panshi	66.5	3969	39323	27307	1666	3837	2258	471
四平市 Siping	**335.0**	**32581**	**34764**	**101046**	**55583**	**10497**	**5750**	**3235**
市　区 District	14.7	1085	801	1140	4756	414	5	473
梨树县 Lishu	156.5	15370	12143	47174	27475	3863	1473	119
伊通满族自治县 Yitong	68.8	6722	8855	18424	4170	2728	458	1329
双辽市 Shuangliao	95.1	9404	12965	34308	19182	3492	3814	1314
辽源市 Liaoyuan	**157.7**	**11113**	**39681**	**124293**	**34040**	**4519**	**1647**	**5754**
市　区 District	4.5	90	2935	378	600	61	10	372
东丰县 Dongfeng	83.2	8173	11507	45252	22549	2780	1408	3149
东辽县 Dongliao	70.0	2850	25239	78663	10891	1678	229	2233
通化市 Tonghua	**142.5**	**11661**	**46317**	**94504**	**16887**	**6574**	**4648**	**9900**
市　区 District	5.5	224	785	966	2232	54	16	457
通化县 Tonghua	22.9	1351	6567	14495	2510	342	243	3525
辉南县 Huinan	52.1	4965	15730	39629	6078	3298	2284	1853
柳河县 Liuhe	47.6	4712	18966	35623	4171	2715	2058	1529
集安市 Ji' an	14.3	409	4269	3791	1896	165	47	2536

19－12 续表 continued

市、县 City，County		农业机械总动力（万千瓦）Total Power of Agricultural Machinery (10000kW)	大中型农用拖拉机（混合台）Large and Medium Tractors Towing Farm Machinery (unit)	农用小型拖拉机及手扶（台）Small and Walking Agricultural Tractors (unit)	拖拉机配套农具（部）Tractor Towing Farm Machinery (unit)	农用排灌动力机械（台）Irrigating Machinery (unit)	谷物联合收割机（台）Combine Harvester (unit)	水稻插秧机（台）Mobile Rice Transplanter (unit)	粮食加工机械（台）Machine of Grain Processing (unit)
白山市	**Baishan**	**26.7**	**2866**	**2450**	**8494**	**2587**	**266**	**5**	**4110**
市区	District	7.1	258	438	1514	1575	53	1	2135
抚松县	Fusong	5.2	666	685	2258	191	110		390
靖宇县	Jingyu	6.9	1250	584	2485	81	43	4	175
长白朝鲜族自治县	Changbai	1.9	254	63	353	178	10		311
临江市	Linjiang	5.7	438	680	1884	562	50		1099
松原市	**Songyuan**	**879.6**	**93177**	**204338**	**802029**	**70476**	**20360**	**16199**	**19800**
市区	District	101.0	11386	16608	40521	14800	1959	1691	1520
前郭尔罗斯蒙古族自治县	Qianguo	221.1	19606	50821	268712	15520	7575	9855	4193
长岭县	Changling	223.2	21191	68740	197672	10071	4488	175	2357
乾安县	Qian' an	131.1	15646	29996	110269	6751	2692	196	1620
扶余市	Fuyu	203.4	25348	38173	184855	23334	3646	4282	10110
白城市	**Baicheng**	**696.7**	**67396**	**125265**	**481893**	**103168**	**16354**	**28531**	**13864**
市区	District	165.1	13670	22900	64159	34230	6291	3937	2623
镇赉县	Zhenlai	117.9	12621	18777	88613	19158	2732	17193	2038
通榆县	Tongyu	157.7	15272	34787	123246	16600	1410	58	5632
洮南市	Taonan	153.5	16030	28088	104249	23960	3306	3094	2392
大安市	Da' an	102.5	9803	20713	101626	9220	2615	4249	1179
延边朝鲜族自治州	**Yanbian**	**328.6**	**56818**	**43873**	**222395**	**7470**	**8921**	**7406**	**5678**
延吉市	Yanji	17.4	2842	2691	8633	560	546	623	303
图们市	Tumen	12.1	2211	1092	2665	124	525	252	306
敦化市	Dunhua	133.5	19370	22239	102907	3203	2744	756	2483
珲春市	Hunchun	29.1	4907	5215	14837	77	1229	1677	224
龙井市	Longjing	25.1	4239	2369	18064	137	873	1016	594
和龙市	Helong	29.4	4431	4225	18912	57	1151	1833	733
汪清县	Wangqing	46.3	10904	1995	41890	2664	931	724	740
安图县	Antu	35.7	7914	4047	14487	648	922	525	295
梅河口市	**Meihekou**	**79.2**	**9944**	**15580**	**54130**	**9580**	**3404**	**2950**	**1228**

19－13　各市县农业现代化水平（2022年）
Agricultural Modernizing Level of the City and County（2022）

市、县 City，County		机耕面积（千公顷）Area of Machinery Cultivated Land (1000ha)	机播面积（千公顷）Area of Machinery Sowed Land (1000ha)	有效灌溉面积（千公顷）Effective Irrigated Area (1000ha)	配套机电井（规模以上机电井，眼）Electrical Machinery of Well (unit)
全　省	**Total**	**3755.6**	**5794.7**	**1906.48**	**204274**
长春市	**Changchun**	**910.3**	**1562.7**	**283.92**	**36916**
市　区	District	230.0	296.7	89.30	10782
农安县	Nong' an	186.8	384.6	49.25	5279
榆树市	Yushu	163.5	362.4	53.85	8611
德惠市	Dehui	122.8	203.4	59.66	6734
公主岭市	Gongzhuling	207.2	315.6	31.86	5510
吉林市	**Jilin**	**658.6**	**625.4**	**161.22**	**7986**
市　区	District	95.6	83.0	39.04	4184
永吉县	Yongji	86.0	78.2	31.32	1038
蛟河市	Jiaohe	106.8	102.5	15.48	377
桦甸市	Huadian	121.2	118.1	8.63	397
舒兰市	Shulan	135.3	132.1	40.86	1309
磐石市	Panshi	113.6	111.6	25.89	681
四平市	**Siping**	**242.5**	**586.5**	**161.41**	**15079**
市　区	District	24.7	27.2	18.24	513
梨树县	Lishu	73.9	254.4	57.55	3017
伊通满族自治县	Yitong	88.3	122.4	8.08	1781
双辽市	Shuangliao	55.7	182.5	77.54	9768
辽源市	**Liaoyuan**	**216.4**	**220.5**	**20.02**	**6010**
市　区	District	9.4	9.2	0.39	150
东丰县	Dongfeng	117.0	116.4	15.07	4611
东辽县	Dongliao	90.1	94.9	4.56	1249
通化市	**Tonghua**	**209.2**	**170.0**	**54.37**	**768**
市　区	District	4.1	2.7	1.00	84
通化县	Tonghua	33.8	27.5	5.30	44
辉南县	Huinan	75.1	65.2	25.39	145
柳河县	Liuhe	80.8	72.5	18.27	368
集安市	Ji' an	15.4	2.1	4.41	127

19－13 续表 continued

市、县 City，County		机耕面积（千公顷）Area of Machinery Cultivated Land (1000ha)	机播面积（千公顷）Area of Machinery Sowed Land (1000ha)	有效灌溉面积（千公顷）Effective Irrigated Area (1000ha)	配套机电井（规模以上机电井，眼）Electrical Machinery of Well (unit)
白山市	**Baishan**	**57.1**	**25.1**	**1.21**	**477**
市区	District	12.3	5.2	0.22	170
抚松县	Fusong	14.7	8.9	0.29	123
靖宇县	Jingyu	17.9	5.8	0.00	111
长白朝鲜族自治县	Changbai	3.2	1.4	0.43	6
临江市	Linjiang	9.0	3.7	0.27	67
松原市	**Songyuan**	**469.0**	**1180.9**	**554.89**	**66595**
市区	District	65.6	74.3	47.30	5406
前郭尔罗斯蒙古族自治县	Qianguo	168.5	321.9	128.84	16080
长岭县	Changling	24.3	299.7	148.38	22187
乾安县	Qian' an	49.1	175.3	111.44	10791
扶余市	Fuyu	161.5	309.7	118.93	12131
白城市	**Baicheng**	**590.9**	**956.6**	**567.83**	**68119**
市区	District	98.6	144.6	101.56	16696
镇赉县	Zhenlai	99.5	172.7	127.27	8681
通榆县	Tongyu	201.2	277.8	124.62	18337
洮南市	Taonan	124.5	212.4	101.51	5494
大安市	Da' an	67.0	149.2	112.87	18911
延边朝鲜族自治州	**Yanbian**	**304.1**	**368.4**	**68.66**	**1277**
延吉市	Yanji	15.9	17.4	4.57	236
图们市	Tumen	9.5	9.6	1.95	35
敦化市	Dunhua	126.1	154.7	16.10	531
珲春市	Hunchun	31.6	34.1	10.97	161
龙井市	Longjing	21.0	27.3	6.22	147
和龙市	Helong	24.8	30.2	13.52	44
汪清县	Wangqing	50.5	58.2	11.73	64
安图县	Antu	24.7	36.9	3.60	59
梅河口市	**Meihekou**	**97.5**	**98.7**	**32.95**	**1047**

19－14　各市县总播种面积和产量（2022年）

Total Sown Areas and Output of Major Farm Crops by City and County（2022）

市、县	City，County	总播种面积（公顷）Total Sown Area (ha)	粮食 Grain Crops 播种面积 Sown Area（公顷）(ha)	总产量 Output（吨）(ton)	#稻谷 Rice 播种面积 Sown Area（公顷）(ha)	总产量 Output（吨）(ton)	#玉米 Corn 播种面积 Sown Area（公顷）(ha)	总产量 Output（吨）(ton)
全　省	**Total**	**6226354**	**5785135**	**40807768**	**833175**	**6809081**	**4469400**	**32578574**
长春市	**Changchun**	**1650221**	**1577981**	**12423861**	**172222**	**1445601**	**1359564**	**10797490**
市　区	District	326580	311223	2285000	37260	296425	265630	1955392
农安县	Nong' an	401002	371436	2808500	12118	101069	348451	2662616
榆树市	Yushu	378359	373329	3109861	64064	576703	293366	2480399
德惠市	Dehui	225088	215258	1550000	48055	374992	161321	1149365
公主岭市	Gongzhuling	319192	306735	2670500	10725	96413	290796	2549718
吉林市	**Jilin**	**683886**	**668151**	**4554500**	**127532**	**998929**	**504368**	**3458385**
市　区	District	109627	106162	735000	29465	242082	75339	489739
永吉县	Yongji	75766	74941	485500	16164	120806	57313	360470
蛟河市	Jiaohe	110999	107904	658500	10901	85345	83653	538497
桦甸市	Huadian	125140	122019	775500	5691	38789	108792	719515
舒兰市	Shulan	141024	139219	1065000	49102	397675	80555	639554
磐石市	Panshi	121330	117906	835000	16210	114232	98716	710611
四平市	**Siping**	**617748**	**584616**	**4674500**	**38915**	**334479**	**514815**	**4243703**
市　区	District	29744	28804	205000	113	980	28432	203274
梨树县	Lishu	264426	248037	2060000	9630	87145	225662	1923509
伊通满族自治县	Yitong	132576	130894	1143000	5529	49157	123271	1087421
双辽市	Shuangliao	191002	176881	1266500	23642	197198	137450	1029498
辽源市	**Liaoyuan**	**231317**	**227036**	**1613500**	**18351**	**146192**	**199309**	**1436742**
市　区	District	10073	9658	62500	408	2536	9047	59258
东丰县	Dongfeng	125140	122630	880000	14613	121174	103585	744429
东辽县	Dongliao	96104	94749	671000	3330	22483	86677	633055
通化市	**Tonghua**	**234404**	**215297**	**1418000**	**54336**	**402153**	**149822**	**982822**
市　区	District	5410	3867	23000	140	912	3160	20236
通化县	Tonghua	37740	32865	195000	3593	22826	24477	158844
辉南县	Huinan	81297	76894	544500	32312	249334	43350	290932
柳河县	Liuhe	93999	89439	584000	16374	114523	70585	461593
集安市	Ji' an	15958	12232	71500	1918	14558	8250	51216
白山市	**Baishan**	**82515**	**68674**	**313123**	**383**	**2905**	**38498**	**241871**

注：1.薯类及马铃薯产量为折粮产量；2.蔬菜产量包含食用菌。
Note: 1.Output of Tubers and Potatoes are converted in to those of Grain.
2.Vegetable Production Includes Edible Fungi.

19－14 续表 1 continued

市、县 City, County		总播种面积（公顷）Total Sown Area (ha)	粮食 Grain Crops					
			播种面积 Sown Area（公顷）(ha)	总产量 Output（吨）(ton)	#稻谷 Rice		#玉米 Corn	
					播种面积 Sown Area（公顷）(ha)	总产量 Output（吨）(ton)	播种面积 Sown Area（公顷）(ha)	总产量 Output（吨）(ton)
市　区	District	17873	14676	71000	53	387	8998	56303
抚松县	Fusong	22279	19299	87123	1	5	10208	66411
靖宇县	Jingyu	22565	18954	86500			11422	70537
长白朝鲜族自治县	Changbai	6497	4641	21500	144	1055	2355	15709
临江市	Linjiang	13302	11104	47000	185	1458	5515	32912
松原市	**Songyuan**	**1217694**	**1023774**	**7612500**	**135341**	**1198747**	**838144**	**6262502**
市　区	District	78248	64761	509000	17390	159986	45621	343336
前郭尔罗斯蒙古族自治县	Qianguo	329084	253120	2080000	78526	687807	157409	1345609
长岭县	Changling	312708	289803	1884000	4630	39060	272440	1810706
乾安县	Qian' an	182227	170665	1222500	9461	80936	157476	1130558
扶余市	Fuyu	315427	245425	1917000	25334	230958	205198	1632292
白城市	**Baicheng**	**1011618**	**943761**	**5657500**	**221978**	**1843944**	**570969**	**3308587**
市　区	District	148237	138188	1085000	64731	578203	70705	495721
镇赉县	Zhenlai	179701	174593	1265000	82931	654866	76120	556063
通榆县	Tongyu	301951	275668	1033000	1669	10940	168614	666198
洮南市	Taonan	221622	209257	1280000	38891	319362	153420	911499
大安市	Da' an	160108	146056	994500	33756	280571	102110	679106
延边朝鲜族自治州	**Yanbian**	**390519**	**372876**	**1833000**	**35103**	**227826**	**222614**	**1358216**
延吉市	Yanji	18477	17185	115000	2411	15591	13487	96911
图们市	Tumen	10758	10198	66500	829	5714	8490	59144
敦化市	Dunhua	160490	154290	661000	4913	29997	87964	493280
珲春市	Hunchun	36190	33960	189000	8702	59096	18503	116323
龙井市	Longjing	29768	29343	187500	4199	26377	22292	156214
和龙市	Helong	31960	31431	179500	7505	48337	19578	121349
汪清县	Wangqing	59330	56525	259500	4216	27799	28005	180507
安图县	Antu	43547	39945	175000	2329	14916	24295	134487
长白山	**Changbaishan**	**345**	**282**	**877**			**94**	**485**
梅河口市	**Meihekou**	**106250**	**102849**	**706500**	**29014**	**208305**	**71203**	**487772**

19－14 续表 2 continued

市、县 City, County		粮食 Grain Crops					
		#大豆 Soybean		#薯类 Tuber		#马铃薯 Potato	
		播种面积 Sown Area (公顷) (ha)	总产量 Output (吨) (ton)	播种面积 Sown Area (公顷) (ha)	总产量 Output (吨) (ton)	播种面积 Sown Area (公顷) (ha)	总产量 Output (吨) (ton)
全　　省	**Total**	**309873**	**699755**	**29309**	**182614**	**26888**	**169468**
长春市	**Changchun**	**30416**	**75914**	**10551**	**74443**	**9943**	**70920**
市　　区	District	4691	11375	2482	15016	2480	15004
农安县	Nong' an	5975	15625	2944	19927	2351	16487
榆树市	Yushu	13731	35174	2094	17250	2094	17250
德惠市	Dehui	3187	6698	1432	10067	1432	10067
公主岭市	Gongzhuling	2833	7043	1598	12183	1586	12112
吉林市	**Jilin**	**31137**	**75093**	**3211**	**17854**	**2812**	**15483**
市　　区	District	1248	2654	51	260	51	260
永吉县	Yongji	1373	3732	88	476	88	476
蛟河市	Jiaohe	12283	29887	731	3716	532	2573
桦甸市	Huadian	6060	13611	267	1580	206	1202
舒兰市	Shulan	8068	20136	1314	7116	1314	7116
磐石市	Panshi	2105	5074	759	4707	621	3857
四平市	**Siping**	**19793**	**45522**	**3592**	**19697**	**3233**	**17837**
市　　区	District	231	563	20	108	10	57
梨树县	Lishu	7176	18195	2419	12959	2281	12233
伊通满族自治县	Yitong	1396	2634	491	2583	482	2528
双辽市	Shuangliao	10990	24131	663	4046	460	3018
辽源市	**Liaoyuan**	**7576**	**20426**	**1574**	**9071**	**1312**	**7819**
市　　区	District	123	352	40	194	32	158
东丰县	Dongfeng	3568	9378	855	4997	683	4187
东辽县	Dongliao	3885	10696	679	3880	597	3474
通化市	**Tonghua**	**8616**	**20080**	**2372**	**12533**	**1945**	**10248**
市　　区	District	480	1458	82	380	69	326
通化县	Tonghua	4073	9406	666	3813	533	3074
辉南县	Huinan	733	1612	451	2468	423	2296
柳河县	Liuhe	1875	4766	578	3012	473	2442
集安市	Ji' an	1455	2838	596	2860	447	2111
白山市	**Baishan**	**26615**	**60572**	**684**	**3586**	**566**	**3072**

19－14 续表 3 continued

市、县 City，County		粮 食 Grain Crops					
		#大 豆 Soybean		#薯 类 Tuber		#马铃薯 Potato	
		播种面积 Sown Area（公顷）(ha)	总产量 Output（吨）(ton)	播种面积 Sown Area（公顷）(ha)	总产量 Output（吨）(ton)	播种面积 Sown Area（公顷）(ha)	总产量 Output（吨）(ton)
市 区	District	5220	12876	158	880	146	817
抚松县	Fusong	8004	18611	84	425	73	365
靖宇县	Jingyu	6374	13894	132	581	96	465
长白朝鲜族自治县	Changbai	1821	3564	185	863	140	666
临江市	Linjiang	5196	11627	125	837	111	760
松原市	**Songyuan**	**39081**	**93776**	**4005**	**26820**	**3830**	**25880**
市 区	District	1138	2672	208	1090	157	842
前郭尔罗斯蒙古族自治县	Qianguo	15788	40825	103	494	103	494
长岭县	Changling	8121	15402	443	2000	386	1771
乾安县	Qian' an	2424	4471	113	519	112	514
扶余市	Fuyu	11610	30406	3139	22717	3073	22259
白城市	**Baicheng**	**34208**	**67739**	**1345**	**7405**	**1340**	**7384**
市 区	District	424	985	139	900	139	900
镇赉县	Zhenlai	6551	15138	286	1295	286	1295
通榆县	Tongyu	12527	24290	429	2884	429	2884
洮南市	Taonan	8626	13764	417	1940	417	1940
大安市	Da' an	6080	13562	75	385	70	364
延边朝鲜族自治州	**Yanbian**	**110744**	**236159**	**856**	**4882**	**835**	**4800**
延吉市	Yanji	1216	2150	73	348	57	284
图们市	Tumen	855	1540	25	102	21	84
敦化市	Dunhua	58907	131568	464	3048	464	3048
珲春市	Hunchun	6481	12445	210	945	210	945
龙井市	Longjing	2705	4496	8	37	8	37
和龙市	Helong	4348	9799	2	15	2	15
汪清县	Wangqing	24238	50889	36	162	36	162
安图县	Antu	11994	23271	38	224	38	224
长白山	**Changbaishan**	**178**	**318**	**10**	**74**	**10**	**74**
梅河口市	**Meihekou**	**1509**	**4153**	**1110**	**6249**	**1062**	**5951**

19－14 续表 4 continued

市、县 City, County		油料 Oil-bearing		甜菜 Beetroots		烟叶 Tobacco	
		播种面积 Sown Area（公顷）(ha)	总产量 Output（吨）(ton)	播种面积 Sown Area（公顷）(ha)	总产量 Output（吨）(ton)	播种面积 Sown Area（公顷）(ha)	总产量 Output（吨）(ton)
全　省	**Total**	**223506**	**815883**	**302**	**13691**	**7702**	**20463**
长春市	**Changchun**	**10100**	**30978**	**32**	**2151**	**1006**	**3824**
市　区	District	23	38			11	27
农安县	Nong' an	9614	29223			811	3087
榆树市	Yushu	45	180	32	2151	114	470
德惠市	Dehui	91	304			70	240
公主岭市	Gongzhuling	326	1233				
吉林市	**Jilin**	**1710**	**2287**			**899**	**2758**
市　区	District	87	143				
永吉县	Yongji	279	413				
蛟河市	Jiaohe	76	136			880	2710
桦甸市	Huadian	889	1200			2	6
舒兰市	Shulan						
磐石市	Panshi	378	395			17	42
四平市	**Siping**	**15204**	**58396**				
市　区	District						
梨树县	Lishu	4944	17058				
伊通满族自治县	Yitong	3	6				
双辽市	Shuangliao	10258	41333				
辽源市	**Liaoyuan**	**1**	**3**				
市　区	District		2				
东丰县	Dongfeng						
东辽县	Dongliao		1				
通化市	**Tonghua**	**218**	**561**			**2558**	**7205**
市　区	District		1				
通化县	Tonghua	47	127			324	773
辉南县	Huinan	8	27			1320	3868
柳河县	Liuhe	38	85			913	2563
集安市	Ji' an	124	321			1	1
白山市	**Baishan**	**2321**	**5221**			**492**	**1288**

19－14 续表 5 continued

市、县 City，County		油 料 Oil-bearing		甜 菜 Beetroots		烟 叶 Tobacco	
		播种面积 Sown Area （公顷） (ha)	总 产 量 Output （吨） (ton)	播种面积 Sown Area （公顷） (ha)	总 产 量 Output （吨） (ton)	播种面积 Sown Area （公顷） (ha)	总 产 量 Output （吨） (ton)
市 区	District	365	1467			19	55
抚 松 县	Fusong	869	1599			40	97
靖 宇 县	Jingyu	959	1801				
长白朝鲜族自治县	Changbai	15	33			144	429
临 江 市	Linjiang	113	321			289	706
松 原 市	**Songyuan**	**153372**	**589099**	**60**	**3600**		
市 区	District	10338	51650				
前郭尔罗斯蒙古族自治县	Qianguo	64413	218744				
长 岭 县	Changling	8577	28030				
乾 安 县	Qian' an	5361	21179	60	3600		
扶 余 市	Fuyu	64683	269496				
白 城 市	**Baicheng**	**39259**	**127575**	**210**	**7940**	**1555**	**2451**
市 区	District	6273	21778	10	440		
镇 赉 县	Zhenlai	2202	10064	200	7500	131	322
通 榆 县	Tongyu	15518	46555				
洮 南 市	Taonan	7963	29542				
大 安 市	Da' an	7304	19636			1424	2129
延边朝鲜族自治州	**Yanbian**	**1297**	**1746**			**1190**	**2931**
延 吉 市	Yanji					16	42
图 们 市	Tumen	6	9			12	24
敦 化 市	Dunhua	150	170			512	1282
珲 春 市	Hunchun	60	156			7	17
龙 井 市	Longjing					11	22
和 龙 市	Helong						
汪 清 县	Wangqing		1			582	1404
安 图 县	Antu	1081	1411			50	140
长 白 山	**Changbaishan**	**6**	**6**				
梅河口市	**Meihekou**	**18**	**11**			**2**	**7**

19－14 续表 6 continued

市、县 City，County		人 参 Garden Ginseng		蔬 菜 Vegetables		瓜果类 Melon Class		葵花籽 Sunflower Seed	
		播种面积 Sown Area （公顷） (ha)	总产量 Output （吨） (ton)	播种面积 Sown Area （公顷） (ha)	总产量 Output （吨） (ton)	播种面积 Sown Area （公顷） (ha)	总产量 Output （吨） (ton)	播种面积 Sown Area （公顷） (ha)	总产量 Output （吨） (ton)
全 省	**Total**	**10950**	**35777**	**138653**	**5148406**	**35393**	**1368087**	**4867**	**13792**
长春市	**Changchun**	**85**		**50235**	**1939919**	**10310**	**310468**	**2863**	**8259**
市 区	District	85		14385	504387	535	11907		
农安县	Nong' an			12075	399353	6926	181642	2789	8032
榆树市	Yushu			4525	232145	313	10384		
德惠市	Dehui			8749	365376	906	30748	74	227
公主岭市	Gongzhuling			10501	438658	1630	75788		
吉林市	**Jilin**	**499**	**1995**	**11086**	**495845**	**912**	**20723**	**6**	**21**
市 区	District			3210	118348	134	2488		
永吉县	Yongji			493	11392	53	831		
蛟河市	Jiaohe	137	1082	1376	71009	415	4034		2
桦甸市	Huadian	236	840	1774	74092	63	1951		
舒兰市	Shulan	31	5	1670	102043	104	5843		
磐石市	Panshi	96	69	2563	118961	143	5576	6	19
四平市	**Siping**	**28**		**15059**	**549520**	**2308**	**110732**	**5**	**8**
市 区	District			911	31143	28	785		
梨树县	Lishu	20		10335	410749	919	40617	4	5
伊通满族自治县	Yitong	8		1293	34805	17	545	1	3
双辽市	Shuangliao			2520	72823	1343	68785		
辽源市	**Liaoyuan**	**17**	**28**	**3265**	**113240**	**166**	**4509**		
市 区	District			401	15505	13	412		
东丰县	Dongfeng	16	28	1632	42046	76	1702		
东辽县	Dongliao	1		1231	55690	77	2396		
通化市	**Tonghua**	**3581**	**10526**	**7496**	**242720**	**910**	**23729**	**46**	**98**
市 区	District	232	508	1081	31166	46	962		1
通化县	Tonghua	1103	2135	1679	50611	88	4566	34	69
辉南县	Huinan	228	28	1990	66500	436	10683	3	8
柳河县	Liuhe	866	3345	1838	69436	153	3626	6	16
集安市	Ji' an	1152	4511	909	25007	187	3892	2	4
白山市	**Baishan**	**3061**	**12800**	**3449**	**139159**	**551**	**9549**	**299**	**777**

19－14 续表 7 continued

市、县	City，County	人参 Garden Ginseng 播种面积 Sown Area（公顷）(ha)	人参 总产量 Output（吨）(ton)	蔬菜 Vegetables 播种面积 Sown Area（公顷）(ha)	蔬菜 总产量 Output（吨）(ton)	瓜果类 Melon Class 播种面积 Sown Area（公顷）(ha)	瓜果类 总产量 Output（吨）(ton)	葵花籽 Sunflower Seed 播种面积 Sown Area（公顷）(ha)	葵花籽 总产量 Output（吨）(ton)
市区	District	665	613	1235	47262	167	2598	39	59
抚松县	Fusong	967	6989	764	36904	43	1333	175	518
靖宇县	Jingyu	647	3216	550	20131	43	957		
长白朝鲜族自治县	Changbai	340	685	304	7621	62	1660		
临江市	Linjiang	442	1297	596	27241	235	3002	85	200
松原市	**Songyuan**			**27124**	**987907**	**11362**	**616168**	**499**	**1918**
市区	District			2858	77944	282	7328	1	1
前郭尔罗斯蒙古族自治县	Qianguo			7470	259135	3118	168806		
长岭县	Changling			10376	332968	3936	182712	422	1709
乾安县	Qian' an			1505	66708	3621	240143	76	208
扶余市	Fuyu			4916	251152	404	17179		
白城市	**Baicheng**			**11648**	**385193**	**7620**	**238077**	**1132**	**2690**
市区	District			3463	121110	304	13011	83	188
镇赉县	Zhenlai			267	12562	346	10262	220	332
通榆县	Tongyu			3749	98325	3115	98307	589	1768
洮南市	Taonan			3276	108579	1083	43561		
大安市	Da' an			893	44618	2773	72937	240	402
延边朝鲜族自治州	**Yanbian**	**3447**	**10040**	**6661**	**195356**	**1157**	**31098**	**11**	**16**
延吉市	Yanji	44		1032	33320	71	1049		
图们市	Tumen	24		245	5969	18	458		
敦化市	Dunhua	2432	6311	1519	51742	30	553	2	3
珲春市	Hunchun	178	1155	1504	25983	56	383		1
龙井市	Longjing	15	53	315	11320	73	671		
和龙市	Helong	16	70	325	9119	3	51		
汪清县	Wangqing	372	774	793	36957	20	640		
安图县	Antu	366	1677	927	20945	887	27293	9	13
长白山	**Changbaishan**	**17**	**125**	**26**	**522**	**14**	**117**	**6**	**6**
梅河口市	**Meihekou**	**214**	**263**	**2603**	**99025**	**85**	**2916**		

19－15 各市县畜牧业生产情况（2022年）

Production of Livestock in Various Cities and Counties (2022)

市、县 City, County	年底大牲畜头数（头） Large Animals (head) (year-end)	猪年末存栏（头） Hogs (head) (year-end)	羊年底只数（只） Sheep and Goats (head) (year-end)	肉猪出栏头数（头） Slaughtered Fattened Hogs (head)	肉类总产量（吨） Output of Meat (ton)	#猪 Hogs	#牛 Cattle	#羊 Sheep	禽蛋产量（吨） Poultry Eggs (ton)
全　省 Total	**4019489**	**11902417**	**6874774**	**18394305**	**2910360**	**1501123**	**443173**	**83179**	**958452**
长 春 市 Changchun	**837401**	**4240095**	**702881**	**6787158**	**1158898**	**562480**	**111957**	**8658**	**287701**
市　区 District	137641	525174	42738	743810	120945	60050	15686	686	62430
农 安 县 Nong' an	262080	1230903	352669	1997089	333109	162248	35709	5326	73736
榆 树 市 Yushu	154795	781786	42911	1300483	261989	108288	29177	467	57642
德 惠 市 Dehui	87849	659252	50797	1030899	271695	88711	12738	415	55293
公主岭市 Gongzhuling	195036	1042980	213766	1714877	171160	143183	18647	1764	38600
吉 林 市 Jilin	**653145**	**1393264**	**55451**	**2345941**	**363675**	**186880**	**79788**	**503**	**94033**
市　区 District	70140	356142	16767	473899	55703	39084	3481	131	38311
永 吉 县 Yongji	32656	251444	5957	397350	42056	30097	524	19	6922
蛟 河 市 Jiaohe	127632	153473	6219	224303	33694	17332	10505	52	1845
桦 甸 市 Huadian	173044	83315	7450	151245	26477	12021	12225	96	11375
舒 兰 市 Shulan	164956	352006	9674	753264	165104	61816	43943	102	2206
磐 石 市 Panshi	84717	196884	9384	345880	40641	26530	9110	103	33374
四 平 市 Siping	**782597**	**1866760**	**733305**	**3285900**	**454389**	**261970**	**100060**	**11202**	**180047**
市　区 District	31628	59120	23201	87885	10674	7183	1914	258	6498
梨 树 县 Lishu	268631	872579	196450	1540483	203972	132429	28329	2849	65940
伊通满族自治县 Yitong	341419	537133	60684	1054567	144235	73386	46929	1236	92594
双 辽 市 Shuangliao	140919	397928	452970	602965	95508	48972	22888	6859	15015
辽 源 市 Liaoyuan	**233632**	**305448**	**51468**	**485560**	**111194**	**39622**	**33899**	**648**	**122233**
市　区 District	9412	35525	6456	67641	7419	5746	452	150	5508
东 丰 县 Dongfeng	138741	129181	31981	213018	55899	17015	20761	235	23960
东 辽 县 Dongliao	85479	140742	13031	204901	47876	16861	12686	263	92765
通 化 市 Tonghua	**125180**	**261038**	**59730**	**323885**	**99891**	**27429**	**13512**	**608**	**27979**
市　区 District	10319	44680	6306	49805	6293	4218	722	61	6383
通 化 县 Tonghua	40037	70388	16766	77608	11430	6572	3227	137	6691
辉 南 县 Huinan	26648	51807	6123	77253	30857	6542	4961	104	4095
柳 河 县 Liuhe	39226	62151	20650	76666	44989	6493	3333	202	8683
集 安 市 Ji' an	8950	32012	9885	42553	6322	3604	1269	104	2127
白 山 市 Baishan	**101364**	**173746**	**24386**	**224151**	**32543**	**18490**	**7700**	**371**	**15040**

19－15 续表 continued

市、县 City，County		年底大牲畜头数（头）Large Animals (head) (year-end)	猪年末存栏（头）Hogs (head) (year-end)	羊年底只数（只）Sheep and Goats (head) (year-end)	肉猪出栏头数（头）Slaughtered Fattened Hogs (head)	肉类总产量（吨）Output of Meat (ton)				禽蛋产量（吨）Poultry Eggs (ton)
							#猪 Hogs	#牛 Cattle	#羊 Sheep	
市　区	District	33026	43878	9853	58429	11366	4798	2595	214	5753
抚松县	Fusong	13288	60134	4050	64970	7028	5545	1103	32	2958
靖宇县	Jingyu	25550	35437	3118	42853	5454	3343	1289	21	1532
长白朝鲜族自治县	Changbai	12254	9833	3405	12366	2333	1010	997	42	997
临江市	Linjiang	17246	24464	3960	45533	6362	3794	1716	62	3800
松原市	**Songyuan**	**387283**	**2192739**	**2524553**	**3112266**	**386248**	**256740**	**42945**	**30160**	**120165**
市　区	District	29120	114741	71586	229302	25598	16254	3598	820	6989
前郭尔罗斯蒙古族自治县	Qianguo	95544	590154	723577	1061034	130447	88321	14105	10996	17139
长岭县	Changling	100925	811601	815698	956469	117827	79633	8555	9078	49253
乾安县	Qian' an	76664	180232	796271	148870	27100	10559	5190	7290	4361
扶余市	Fuyu	85030	496011	117421	716591	85276	61973	11497	1976	42423
白城市	**Baicheng**	**424257**	**991767**	**2587100**	**1217129**	**175603**	**98173**	**20503**	**29219**	**57463**
市　区	District	19567	58910	221218	45579	7627	3613	1172	1817	11083
镇赉县	Zhenlai	98274	50334	220904	67834	14433	5180	3102	2997	5391
通榆县	Tongyu	198770	503542	1080987	604447	72528	49838	8061	9975	12562
洮南市	Taonan	50054	108357	612487	128986	20918	9761	3192	5902	20409
大安市	Da' an	57592	270624	451504	370283	60097	29781	4976	8528	8018
延边朝鲜族自治州	**Yanbian**	**448627**	**312324**	**127230**	**429704**	**91924**	**34464**	**27362**	**1553**	**46294**
延吉市	Yanji	23414	17083	7505	19935	6167	1669	1041	40	4187
图们市	Tumen	12601	22609	7366	31312	3981	2511	1071	90	2814
敦化市	Dunhua	171452	95912	58429	166645	40413	13566	10519	723	20557
珲春市	Hunchun	30942	29987	7224	39825	6505	3214	1376	47	6488
龙井市	Longjing	29282	45483	18617	40624	10401	3158	2502	331	1689
和龙市	Helong	54115	36064	8103	55555	9873	4436	4293	97	2897
汪清县	Wangqing	78415	26671	9489	32458	8040	2543	4615	108	1299
安图县	Antu	48406	38515	10497	43350	6544	3367	1945	117	6363
长白山	**Changbaishan**		**220**		**251**	**54**	**20**			**553**
梅河口市	**Meihekou**	**26003**	**165019**	**8907**	**182094**	**35469**	**14777**	**5275**	**111**	**6944**

19－16　各市县规模以上工业企业主要指标（2022年）

单位：万元

市、县	City，County	企业单位数(个) Number of Enterprises (unit)	#亏损企业 Loss－making Enterprises
吉 林 省	**Jilin**	**3216**	**1101**
长 春 市	**Changchun**	**1298**	**399**
市区（含双阳、九台）	District	951	272
农 安 县	Nong' an	101	34
榆 树 市	Yushu	51	20
德 惠 市	Dehui	67	25
公主岭市	Gongzhuling	128	48
吉 林 市	**Jilin**	**457**	**186**
市　　区	District	251	103
永 吉 县	Yongji	38	9
蛟 河 市	Jiaohe	31	19
桦 甸 市	Huadian	32	15
舒 兰 市	Shulan	53	18
磐 石 市	Panshi	52	22
四 平 市	**Siping**	**185**	**70**
市　　区	District	103	44
梨 树 县	Lishu	36	11
伊通满族自 治 县	Yitong	18	7
双 辽 市	Shuangliao	28	8
辽 源 市	**Liaoyuan**	**109**	**51**
市　　区	District	62	30
东 丰 县	Dongfeng	25	12
东 辽 县	Dongliao	22	9
通 化 市	**Tonghua**	**216**	**81**
市　　区	District	85	31
通 化 县	Tonghua	49	20
辉 南 县	Huinan	29	12
柳 河 县	Liuhe	24	6

注：各地区相加不等于全省总计。
Note:The sum of data by every city is not equal to the total.

Main Indicators of Industrial Enterprises above Designated Size by City and County (2022)

unit: 10000 yuan

产成品 Finished Goods	资产总计 Total Assets	流动资产合计 Total Current Assets	应收账款 Account Receivable	负债合计 Total Liabilities
5278213	**199922881**	**97489028**	**25815564**	**114857544**
2909036	**118584143**	**64438531**	**18840629**	**62229323**
2658930	113002303	61306788	17845462	58067742
52245	1583193	868542	226484	1113033
57481	991596	529186	226750	792183
45876	1268868	776042	202960	1114964
94504	1738182	957973	338973	1141401
795490	**25201977**	**9706360**	**1627182**	**15938739**
520979	19349447	6822296	1087852	12235822
23465	894193	370397	94511	478975
37972	690747	322716	65483	493430
37368	1146360	364757	85016	861724
45366	520743	282389	55777	303545
130342	2600487	1543806	238543	1565244
144872	**4925511**	**2460246**	**591801**	**3128221**
84750	2763642	1558114	343991	1688463
23034	604196	349854	88715	398398
7532	429726	208070	39092	312604
29555	1127948	344207	120003	728755
210357	**5331906**	**2272782**	**379890**	**3580251**
131537	3088380	1423395	226039	2214546
51368	1441110	473228	41197	818985
27452	802416	376159	112655	546720
338898	**10535823**	**4689023**	**828085**	**6630581**
160933	5483483	2087750	466026	3516687
71916	1841218	649713	137313	1055878
11394	769930	429825	73046	405761
56333	1518526	1058322	68259	1035237

单位：万元

19－16 续表 1

市、县	City，County	企业单位数(个) Number of Enterprises (unit)	#亏损企业 Loss-making Enterprises
集安市	Ji' an	29	12
白山市	**Baishan**	**152**	**56**
市区（含江源区）	District	63	30
抚松县	Fusong	31	3
靖宇县	Jingyu	25	11
长白朝鲜族自治县	Changbai	7	2
临江市	Linjiang	26	10
松原市	**Songyuan**	**226**	**68**
市区	District	87	36
前郭尔罗斯蒙古族自治县	Qianguo	53	6
长岭县	Changling	36	7
乾安县	Qian' an	17	5
扶余市	Fuyu	33	14
白城市	**Baicheng**	**172**	**48**
市区	District	55	24
镇赉县	Zhenlai	30	9
通榆县	Tongyu	31	5
洮南市	Taonan	29	6
大安市	Da' an	27	4
延边朝鲜族自治州	**Yanbian**	**301**	**111**
延吉市	Yanji	55	26
图们市	Tumen	21	6
敦化市	Dunhua	71	24
珲春市	Hunchun	77	24
龙井市	Longjing	19	7
和龙市	Helong	26	9
汪清县	Wangqing	14	4
安图县	Antu	18	11
长白山	**Changbaishan**	**3**	**2**
梅河口市	**Meihekou**	**96**	**29**

continued

unit: 10000 yuan

产成品 Finished Goods	资产总计 Total Assets	流动资产合计 Total Current Assets	应收账款 Account Receivable	负债合计 Total Liabilities
38323	922666	463413	83440	617018
111265	**4911085**	**2165467**	**504503**	**3640459**
30694	2900979	1290498	365609	2474303
17873	815710	317733	44169	431957
48378	743375	382421	38146	430229
2334	79882	41767	10655	44195
11986	371140	133049	45925	259776
290464	**10423581**	**3132315**	**730162**	**7928095**
161461	6152941	1243642	403661	5107134
32859	879598	314262	60297	639897
31934	2089606	1048187	122024	1235420
3246	619132	149622	82187	436027
60965	682304	376602	61992	509618
127333	**8598741**	**2716618**	**1068753**	**5466407**
57160	1951415	628980	114140	991927
14246	1111091	523237	294870	781599
20532	2795108	788971	352005	1985476
5495	1263168	272413	107505	770170
29900	1477959	503017	200233	937234
269561	**9195297**	**4522732**	**956329**	**5069519**
49960	2056827	1292897	125582	1021591
18749	188062	88282	14043	140342
88547	3008764	1519552	453451	1622829
73620	1916815	915494	265587	1186996
6679	232318	111260	16579	95394
16752	618165	263918	26935	338180
8309	662450	201810	39077	392732
6946	511896	129520	15077	271455
618	**36559**	**28117**	**11581**	**54780**
80318	**2178258**	**1356837**	**276650**	**1191170**

单位：万元

19－16 续表 2

市、县	City，County	所有者权益合计 Total Owners' Equities	营业收入 Business Revenue
吉林省	**Jilin**	**85065391**	**135704028**
长春市	**Changchun**	**56354804**	**84551408**
市区（含双阳、九台）	District	54934549	79049465
农安县	Nong' an	470158	1773401
榆树市	Yushu	199413	934632
德惠市	Dehui	153905	1126790
公主岭市	Gongzhuling	596780	1667120
吉林市	**Jilin**	**9263236**	**19675443**
市　区	District	7113624	15514728
永吉县	Yongji	415218	448891
蛟河市	Jiaohe	197317	394795
桦甸市	Huadian	284636	373653
舒兰市	Shulan	217198	578419
磐石市	Panshi	1035243	2364958
四平市	**Siping**	**1797288**	**3861381**
市　区	District	1075178	2307418
梨树县	Lishu	205798	692767
伊通满族自治县	Yitong	117122	166048
双辽市	Shuangliao	399191	695148
辽源市	**Liaoyuan**	**1751655**	**2837547**
市　区	District	873834	1012545
东丰县	Dongfeng	622124	1360848
东辽县	Dongliao	255697	464154
通化市	**Tonghua**	**3905240**	**3925682**
市　区	District	1966795	2548617
通化县	Tonghua	785340	521112
辉南县	Huinan	364169	357621
柳河县	Liuhe	483289	262940

continued

unit: 10000 yuan

营业成本 Business Cost	销售费用 Selling Cost	管理费用 Management Cost	财务费用 Finance Cost	利息费用 Interest Cost
114111373	**3074514**	**5232365**	**1185604**	**1336712**
72284026	**1503999**	**3070905**	**142911**	**388782**
67186920	1405239	2852449	41076	306996
1618783	19871	53017	31872	26521
898597	17265	37910	14637	10980
1042933	28580	53940	33028	30259
1536792	33044	73590	22299	14025
16966444	**273867**	**672962**	**361635**	**345913**
13373015	200229	500023	280613	279724
287572	9143	34483	9931	4123
353849	6437	13692	6898	4936
319115	4675	39382	13164	12644
536441	10444	11522	9468	4103
2096453	42940	73860	41561	40383
3184059	**113362**	**173050**	**75152**	**54636**
1805889	87007	128293	34138	24385
637783	12252	24842	6051	5266
127169	6271	10513	15244	7008
613218	7833	9401	19719	17977
2705429	**66048**	**156311**	**74818**	**59938**
901075	29974	101392	42842	35685
1383063	26096	42144	17548	16889
421292	9978	12775	14428	7365
3337175	**293517**	**196524**	**111508**	**104744**
2454981	88325	84028	60558	59158
232692	108870	46987	6607	3879
285328	32938	18554	6798	4466
217567	13866	23886	33834	33528

19－16 续表 3

单位：万元

市、县	City，County	所有者权益合计 Total Owners' Equities	营业收入 Business Revenue
集安市	Ji' an	305648	235390
白山市	**Baishan**	**1270626**	**2283168**
市区（含江源区）	District	426676	1379280
抚松县	Fusong	383753	367425
靖宇县	Jingyu	313146	297487
长白朝鲜族自治县	Changbai	35687	26097
临江市	Linjiang	111365	212879
松原市	**Songyuan**	**2495487**	**6937114**
市区	District	1045807	4265504
前郭尔罗斯蒙古族自治县	Qianguo	239701	661342
长岭县	Changling	854186	1193337
乾安县	Qian' an	183106	160576
扶余市	Fuyu	172687	656356
白城市	**Baicheng**	**3132332**	**3221522**
市区	District	959487	1531522
镇赉县	Zhenlai	329491	306528
通榆县	Tongyu	809631	652360
洮南市	Taonan	492999	209449
大安市	Da' an	540724	521664
延边朝鲜族自治州	**Yanbian**	**4125858**	**6852008**
延吉市	Yanji	1035236	2029633
图们市	Tumen	47719	197698
敦化市	Dunhua	1386017	1780005
珲春市	Hunchun	729818	2219540
龙井市	Longjing	136924	174562
和龙市	Helong	279985	188228
汪清县	Wangqing	269717	130935
安图县	Antu	240441	131408
长白山	**Changbaishan**	**－18221**	**12208**
梅河口市	**Meihekou**	**987088**	**1546549**

continued

unit: 10000 yuan

营业成本 Business Cost	销售费用 Selling Cost	管理费用 Management Cost	财务费用 Finance Cost	利息费用 Interest Cost
146608	49518	23069	3711	3713
1688282	**207254**	**123119**	**63686**	**58966**
1009693	168389	73988	46582	43295
253656	16783	19923	9185	10486
235788	8998	14490	3597	2140
21712	1101	2722	798	871
167434	11983	11996	3525	2175
5721718	**110594**	**317318**	**155726**	**126214**
3317099	72863	264784	93709	75703
621351	8735	14929	7739	6588
1061435	14294	23425	31427	30703
116873	2572	2851	16392	6650
604960	12130	11329	6460	6570
2546156	**37086**	**98561**	**125204**	**98521**
1327131	14842	43966	21472	18986
227454	4934	13043	16234	11460
468003	6069	17674	43088	35401
137434	4374	8404	13704	14067
386134	6866	15474	30706	18607
4640303	**223646**	**363404**	**54870**	**82804**
779846	57126	174126	12179	15745
178376	1979	7493	701	1070
1183752	114717	63585	6245	33066
2001144	15386	62733	15746	13277
147164	6128	9642	869	963
157596	10493	11725	7945	7441
101249	2482	11913	7149	7063
91176	15337	22190	4036	4179
18633	**670**	**494**	**152**	**5**
1019147	**244470**	**59717**	**19942**	**16189**

单位：万元

19－16 续表 4

市、县	City，County	利润总额 Total Profits	亏损企业亏损额 Total Loss
吉林省	**Jilin**	**8276421**	**3181500**
长春市	**Changchun**	**7012706**	**1217493**
市区（含双阳、九台）	District	7102740	1016951
农安县	Nong' an	1603	35974
榆树市	Yushu	–34341	48065
德惠市	Dehui	–36581	69052
公主岭市	Gongzhuling	–20716	47451
吉林市	**Jilin**	**203057**	**438834**
市区	District	39576	333200
永吉县	Yongji	94589	2777
蛟河市	Jiaohe	6560	7380
桦甸市	Huadian	–1700	23902
舒兰市	Shulan	7929	11679
磐石市	Panshi	56102	59897
四平市	**Siping**	**–18786**	**172041**
市区	District	17547	69586
梨树县	Lishu	10826	9074
伊通满族自治县	Yitong	–1877	13550
双辽市	Shuangliao	–45281	79831
辽源市	**Liaoyuan**	**–203652**	**243745**
市区	District	–95541	122538
东丰县	Dongfeng	–102755	106414
东辽县	Dongliao	–5356	14794
通化市	**Tonghua**	**18580**	**368297**
市区	District	–151007	255975
通化县	Tonghua	207639	14071
辉南县	Huinan	1656	23431
柳河县	Liuhe	–50094	64449

continued

unit: 10000 yuan

从业人员平均人数（人）Average Number of Employees (person)	资产负债率（%）Assets-liability Ratio (%)	营业收入利润率（%）Operating Profit Margin (%)	人均营业收入（万元/人）Business Revenue Per Capita (10000 yuan/ person)
720156	**57.5**	**6.1**	**186.64**
347463	**52.5**	**8.3**	**237.29**
309093	51.4	9.0	248.96
9824	70.3	0.1	182.22
5029	79.9	-3.7	179.6
9521	87.9	-3.2	114.92
13996	65.7	-1.2	118.6
109872	**63.2**	**1.0**	**188.48**
79412	63.2	0.3	208.46
4837	53.6	21.1	91.54
3185	71.4	1.7	124.11
7008	75.2	-0.5	58.17
3332	58.3	1.4	179.8
12098	60.2	2.4	193.26
27038	**63.5**	**-0.5**	**140.19**
18878	61.1	0.8	118.77
3655	65.9	1.6	189.07
1745	72.7	-1.1	95.82
2760	64.6	-6.5	255.66
27119	**67.1**	**-7.2**	**98.29**
16377	71.7	-9.4	55.77
7139	56.8	-7.6	191.67
3603	68.1	-1.2	128.5
37655	**62.9**	**0.5**	**100.7**
18072	64.1	-5.9	130.27
8068	57.3	39.8	63.89
3301	52.7	0.5	100.6
3421	68.2	-19.1	80.58

单位：万元

19－16 续表 5

市、县	City，County	利润总额 Total Profits	亏损企业亏损额 Total Loss
集安市	Ji' an	10385	10371
白山市	**Baishan**	**184231**	**138510**
市区（含江源区）	District	70622	108476
抚松县	Fusong	72401	5956
靖宇县	Jingyu	25425	15565
长白朝鲜族自治县	Changbai	853	1428
临江市	Linjiang	14930	7086
松原市	**Songyuan**	**109341**	**177532**
市区	District	7924	122421
前郭尔罗斯蒙古族自治县	Qianguo	6128	26983
长岭县	Changling	56911	6400
乾安县	Qian' an	22458	10174
扶余市	Fuyu	15920	11554
白城市	**Baicheng**	**396778**	**66845**
市区	District	88707	34801
镇赉县	Zhenlai	48569	9113
通榆县	Tongyu	116475	6140
洮南市	Taonan	48523	5361
大安市	Da' an	94505	11431
延边朝鲜族自治州	**Yanbian**	**419131**	**299412**
延吉市	Yanji	–56339	194858
图们市	Tumen	7126	6323
敦化市	Dunhua	353047	37858
珲春市	Hunchun	107961	15859
龙井市	Longjing	8429	6450
和龙市	Helong	–1624	9522
汪清县	Wangqing	8784	10896
安图县	Antu	–8254	17647
长白山	**Changbaishan**	**–7304**	**7458**
梅河口市	**Meihekou**	**162339**	**51334**

continued

unit: 10000 yuan

从业人员平均人数（人）Average Number of Employees (person)	资产负债率（%）Assets-liability Ratio (%)	营业收入利润率（%）Operating Profit Margin (%)	人均营业收入（万元/人）Business Revenue Per Capita (10000 yuan/ person)
4793	66.9	4.4	52.93
23004	**74.1**	**8.1**	**91.89**
14153	85.3	5.1	83.79
3945	53	19.7	107.37
1814	57.9	8.5	165.36
529	55.3	3.3	50.58
2563	70	7.0	80.33
54332	**76.1**	**1.6**	**127.57**
43251	83	0.2	99.03
3597	72.7	0.9	175.7
4162	59.1	4.8	286.52
846	70.4	14.0	173.22
2476	74.7	2.4	267.79
16322	**63.6**	**12.3**	**196.76**
8372	50.8	5.8	187.48
1695	70.3	15.8	172.4
1691	71	17.9	361.82
1865	61	23.2	109.89
2699	63.4	18.1	192
66955	**55.1**	**6.1**	**105.58**
8690	49.7	−2.8	233.13
6726	74.6	3.6	29.46
14774	53.9	19.8	142.89
23041	61.9	4.9	95.33
3722	41.1	4.8	47.17
6555	54.7	−0.9	28.83
1406	59.3	6.7	93.06
2041	53	−6.3	62.46
259	**149.8**	**−59.8**	**44.39**
10137	**54.7**	**10.5**	**151.68**

19－17 各市县社会消费品零售总额（2022年）
Total Retail Sales of Consumer Goods by City and County（2022）

单位：万元　　unit：10000 yuan

市、县	City, County	社会消费品零售总额 Total Retail Sales of Consumer Goods	按行业分 Grouped by Sector	
			批发零售贸易业 Wholesale and Retail Trades	住宿和餐饮业 Hotels and Catering Services
全　省	**Total**	**38077247**	**33047066**	**5030180**
长春市	**Changchun**	**19078392**	**16651274**	**2427118**
市　区	District	17021698	14944929	2076769
榆树市	Yushu	546143	410607	135536
德惠市	Dehui	538753	420227	118526
公主岭市	Gongzhuling	665251	645293	19958
农安县	Nong' an	306549	230218	76331
吉林市	**Jilin**	**5070897**	**4406619**	**664278**
市　区	District	3731737	3247136	484601
桦甸市	Huadian	307532	268963	38569
蛟河市	Jiaohe	288536	243374	45162
舒兰市	Shulan	291502	255204	36298
磐石市	Panshi	310044	265985	44059
永吉县	Yongji	141547	125957	15590
四平市	**Siping**	**1743221**	**1420752**	**322469**
市　区	District	976536	765132	211404
双辽市	Shuangliao	222057	175911	46146
梨树县	Lishu	316441	287715	28727
伊通满族自治县	Yitong	228187	191994	36193
辽源市	**Liaoyuan**	**1185444**	**969922**	**215522**
市　区	District	760277	622102	138175
东丰县	Dongfeng	269144	219958	49186
东辽县	Dongliao	156023	127862	28162
通化市	**Tonghua**	**1748602**	**1535260**	**213342**
市　区	District	991296	866511	124786
集安市	Ji' an	193846	169914	23931
通化县	Tonghua	175090	164209	10881
辉南县	Huinan	213827	191639	22189
柳河县	Liuhe	174543	142988	31556

单位：万元 unit：10000 yuan

市、县	City, County	社会消费品零售总额 Total Retail Sales of Consumer Goods	按行业分 Grouped by Sector	
			批发零售贸易业 Wholesale and Retail Trades	住宿和餐饮业 Hotels and Catering Services
白山市	**Baishan**	**1292319**	**1118514**	**173805**
市 区	District	600076	555018	45058
临江市	Linjiang	114560	91847	22713
抚松县	Fusong	257832	208812	49020
靖宇县	Jingyu	112186	94316	17870
长白朝鲜族自治县	Changbai	66515	52912	13604
江源县	Jiangyuan	141150	115609	25541
松原市	**Songyuan**	**2393259**	**2177852**	**215407**
市 区	District	887911	842454	45457
长岭县	Changling	365367	336503	28864
前郭尔罗斯蒙古族自治县	Qianguo	640092	570322	69770
乾安县	Qian' an	157663	144183	13480
扶余市	Fuyu	342227	284391	57836
白城市	**Baicheng**	**1531931**	**1220435**	**311496**
市 区	District	849024	692862	156162
洮南市	Taonan	254908	188436	66472
大安市	Da' an	152933	123504	29429
镇赉县	Zhenlai	132899	100318	32581
通榆县	Tongyu	142167	115315	26852
延边朝鲜族自治州	**Yanbian**	**3336835**	**2946052**	**390783**
延吉市	Yanji	2049421	1779594	269826
图们市	Tumen	78084	66526	11558
敦化市	Dunhua	410480	388115	22365
珲春市	Hunchun	318668	291308	27359
龙井市	Longjing	87437	75650	11787
和龙市	Helong	129051	111534	17517
汪清县	Wangqing	161220	144935	16285
安图县	Antu	102476	88390	14085
长白山	**Changbaishan**	**54318**	**48166**	**6151**
梅河口市	**Meihekou**	**642029**	**552220**	**89809**

19－18 各市县各级各类教育基本情况（2022年）

Basic Statistics on Education by Type of City and County（2022）

市、县	City，County	小学 Primary Schools									
		学校数（所）Number of Schools (unit)	#乡村 Rural	毕业生（人）Graduates (person)	#乡村 Rural	招生数（人）New Student Enrollment (person)	#乡村 Rural	在校学生数（人）Students Enrollment (person)	#乡村 Rural	专任教师数（人）Number of Full－time Teachers (person)	#乡村 Rural
全　　省	**Total**	**2483**	**1470**	**202645**	**33823**	**164282**	**13744**	**1111689**	**125226**	**101527**	**24991**
长春市	**Changchun**	**413**	**148**	**77718**	**12532**	**68148**	**4513**	**445367**	**43211**	**36293**	**8566**
市　区	District	251	87	42274	3167	49640	1821	290412	12635	21312	2056
农安县	Nong' an	37	18	9337	3380	4980	1124	41050	11809	3860	2111
榆树市	Yushu	48	19	8751	2697	4200	647	35771	7986	4521	2229
德惠市	Dehui	34	15	6951	2131	3753	593	32348	7097	3022	1473
公主岭市	Gongzhuling	43	9	10405	1157	5575	328	45786	3684	3578	697
吉林市	**Jilin**	**483**	**308**	**28112**	**3662**	**23006**	**1396**	**156603**	**13587**	**13676**	**2521**
市　区	District	133	59	12589	733	13011	292	80891	2796	5837	506
永吉县	Yongji	21	8	2391	319	1460	98	11144	1088	1033	170
蛟河市	Jiaohe	91	76	2567	476	1944	226	13577	1905	1452	411
桦甸市	Huadian	89	63	3111	704	2248	330	16214	2922	1416	408
舒兰市	Shulan	71	45	3874	805	2106	259	17027	2684	1709	482
磐石市	Panshi	78	57	3580	625	2237	191	17750	2192	2229	544
四平市	**Siping**	**496**	**383**	**17216**	**4193**	**10701**	**1486**	**82045**	**14934**	**8857**	**2867**
市　区	District	72	32	4442	35	4286	1	27133	56	2288	92
梨树县	Lishu	207	170	6293	1853	2501	575	23835	5625	2483	813
伊通县	Yitong	149	133	3145	1120	1762	346	14264	4057	2025	939
双辽市	Shuangliao	68	48	3336	1185	2152	564	16813	5196	2061	1023
辽源市	**Liaoyuan**	**70**	**24**	**7363**	**1673**	**6170**	**813**	**43044**	**7292**	**5132**	**2073**
市　区	District	31	11	2944	174	3201	52	20240	620	1499	172
东丰县	Dongfeng	20	4	2582	743	1944	385	14205	3416	1923	989
东辽县	Dongliao	19	9	1837	756	1025	376	8599	3256	1710	912
通化市	**Tonghua**	**148**	**63**	**14598**	**2270**	**12671**	**1397**	**81912**	**10071**	**7872**	**1600**
市　区	District	31	2	2822	7	3146		18538	9	1342	6

19－18 续表 1 continued

市、县	City，County	小学 Primary Schools									
		学校数（所）Number of Schools (unit)	#乡村 Rural	毕业生（人）Graduates (person)	#乡村 Rural	招生数（人）New Student Enrollment (person)	#乡村 Rural	在校学生数（人）Students Enrollment (person)	#乡村 Rural	专任教师数（人）Number of Full－time Teachers (person)	#乡村 Rural
通化县	Tonghua	24	16	1389	267	1223	174	7852	1129	631	157
辉南县	Huinan	32	16	2265	358	1481	162	10425	1359	1125	248
柳河县	Liuhe	22	9	2639	236	2036	132	13841	1122	1068	186
梅河口市	Meihekou	31	19	4336	1236	3820	835	24812	5654	2762	709
集安市	Ji' an	8	1	1147	166	965	94	6444	798	944	294
白山市	**Baishan**	**72**	**8**	**6852**	**359**	**6785**	**203**	**42371**	**1543**	**4441**	**471**
市区	District	26	2	2892	63	2894	17	18363	187	1563	107
抚松县	Fusong	20	2	1772	110	1907	79	11354	514	1370	143
靖宇县	Jingyu	5		967	81	884	67	5621	416	670	124
长白县	Changbai	11	2	390	13	341	6	2152	60	283	23
临江市	Linjiang	10	2	831	92	759	34	4881	366	555	74
松原市	**Songyuan**	**599**	**497**	**24440**	**6004**	**14474**	**2394**	**110935**	**21442**	**10431**	**3794**
市区	District	85	58	6879	735	5274	634	36171	3367	2732	552
前郭县	Qianguo	138	117	4797	1647	2642	605	21675	6002	2574	1242
长岭县	Changling	229	205	5914	1826	2870	533	24001	5792	1865	658
乾安县	Qian' an	21	7	2068	450	1160	138	8538	1342	1043	392
扶余县	Fuyu	126	110	4782	1346	2528	484	20550	4939	2217	950
白城市	**Baicheng**	**97**	**25**	**12899**	**2333**	**9271**	**1163**	**67406**	**9957**	**7557**	**2358**
市区	District	21	2	3665	295	2968	110	20516	1158	1508	173
镇赉县	Zhenlai	16	3	1830	311	1320	205	9060	1433	1256	530
通榆县	Tongyu	13	1	2595	473	1913	240	14398	2185	1746	510
洮南市	Taonan	23	10	2830	777	1833	403	14003	3526	1560	616
大安市	Da' an	24	9	1979	477	1237	205	9429	1655	1487	529
延边州	**Yanbian**	**105**	**14**	**13447**	**797**	**13056**	**379**	**82006**	**3189**	**7268**	**741**
延吉市	Yanji	25	3	4887	39	5369	2	32540	87	1979	30
图们市	Tumen	7		334		288		1948		292	
敦化市	Dunhua	18		3022	247	2715	131	16880	1026	1402	182
珲春市	Hunchun	12	3	1792	38	1749	23	11462	200	1093	55
龙井市	Longjing	5	1	554	22	454	7	2919	62	412	27
和龙市	Helong	9	1	595	37	492	6	3371	106	509	59
汪清县	Wangqing	17	3	1064	113	863	41	5802	417	671	99
安图县	Antu	12	3	1199	301	1126	169	7084	1291	910	289

19－18 续表 2 continued

市、县	City，County	初中 Junior Secondary Education 学校数（所）Number of Schools (unit)	#乡村 Rural	毕业生（人）Graduates (person)	#乡村 Rural	招生数（人）New Student Enrollment (person)	#乡村 Rural	在校学生数（人）Students Enrollment (person)	#乡村 Rural	专任教师数（人）Number of Full－time Teachers (person)	#乡村 Rural
全 省	**Total**	**1180**	**392**	**210447**	**28630**	**201034**	**23935**	**592175**	**74030**	**65834**	**12108**
长春市	**Changchun**	**326**	**112**	**74920**	**9641**	**77577**	**8412**	**229771**	**26546**	**22301**	**3697**
市 区	District	166	37	40789	2790	42652	2661	125111	8385	12761	1217
农安县	Nong' an	38	22	8656	2988	9324	2779	28663	8612	2562	976
榆树市	Yushu	45	25	7260	1422	8480	1460	27066	4706	2584	681
德惠市	Dehui	37	23	7377	1992	6766	1160	19433	3777	2052	696
公主岭市	Gongzhuling	40	5	10838	449	10355	352	29498	1066	2342	127
吉林市	**Jilin**	**145**	**35**	**30183**	**2976**	**27759**	**2370**	**82062**	**7798**	**8715**	**1183**
市 区	District	54	10	13682	630	12498	568	35899	1772	3790	319
永吉县	Yongji	14	3	2165	203	2246	179	6724	581	705	72
蛟河市	Jiaohe	19	6	3048	416	2518	296	7456	933	992	193
桦甸市	Huadian	15	4	3595	582	3093	403	9903	1456	899	152
舒兰市	Shulan	22	7	4150	793	3853	599	11865	1985	1224	263
磐石市	Panshi	21	5	3543	352	3551	325	10215	1071	1105	184
四平市	**Siping**	**114**	**38**	**18727**	**3058**	**16824**	**2552**	**47266**	**7571**	**5531**	**1128**
市 区	District	25	1	5519		4978		13377		1527	
梨树县	Lishu	39	14	6051	1362	5498	1144	15282	3259	1569	349
伊通县	Yitong	24	12	3556	1084	3155	877	9481	2767	1316	540
双辽市	Shuangliao	26	11	3601	612	3193	531	9126	1545	1119	239
辽源市	**Liaoyuan**	**54**	**20**	**8131**	**1528**	**7365**	**1220**	**21688**	**4062**	**2977**	**836**
市 区	District	13	2	3326	155	3013	113	8363	346	874	87
东丰县	Dongfeng	24	9	2832	607	2576	420	7762	1429	1152	329
东辽县	Dongliao	17	9	1973	766	1776	687	5563	2287	951	420
通化市	**Tonghua**	**111**	**31**	**15714**	**2033**	**14382**	**1914**	**41469**	**5372**	**5553**	**973**
市 区	District	13		3088		2751		8063		919	

19－18 续表 3 continued

市、县	City, County	初中 Junior Secondary Education 学校数（所） Number of Schools (unit)	#乡村 Rural	毕业生（人） Graduates (person)	#乡村 Rural	招生数（人） New Student Enrollment (person)	#乡村 Rural	在校学生数（人） Students Enrollment (person)	#乡村 Rural	专任教师数（人） Number of Full－time Teachers (person)	#乡村 Rural
通化县	Tonghua	19	6	1477	251	1361	194	3981	609	678	135
辉南县	Huinan	19	5	2616	346	2157	207	6468	672	871	150
柳河县	Liuhe	21	6	2675	249	2560	162	7381	564	826	129
梅河口市	Meihekou	25	9	4588	1072	4439	1257	12270	3222	1583	447
集安市	Ji' an	14	5	1270	115	1114	94	3306	305	676	112
白山市	**Baishan**	**88**	**19**	**7530**	**327**	**6793**	**232**	**19864**	**795**	**3392**	**272**
市　区	District	28	3	3209	37	2834	22	8285	76	1299	40
抚松县	Fusong	22	6	2001	124	1780	94	5383	326	978	95
靖宇县	Jingyu	14	5	988	107	960	75	2766	239	467	86
长白县	Changbai	10	3	382	21	392	10	1125	31	221	18
临江市	Linjiang	14	2	950	38	827	31	2305	123	427	33
松原市	**Songyuan**	**132**	**63**	**26281**	**5694**	**24148**	**4496**	**71499**	**13360**	**6952**	**2101**
市　区	District	22	4	7631	362	7199	244	20939	769	1662	170
前郭县	Qianguo	30	21	5417	2097	4767	1722	14623	5233	1556	754
长岭县	Changling	36	19	6268	1758	5874	1274	16903	3841	1424	483
乾安县	Qian' an	16	6	2051	336	1962	336	5384	868	700	195
扶余县	Fuyu	28	13	4914	1141	4346	920	13650	2649	1610	499
白城市	**Baicheng**	**105**	**45**	**14384**	**2377**	**12851**	**1955**	**38461**	**5983**	**5154**	**1384**
市　区	District	25	7	4608	415	3868	279	11967	882	1290	167
镇赉县	Zhenlai	15	6	2058	283	1749	228	5330	751	794	240
通榆县	Tongyu	21	10	2505	346	2620	322	7744	1043	993	238
洮南市	Taonan	16	8	2860	686	2715	647	7515	1843	1016	334
大安市	Da' an	28	14	2353	647	1899	479	5905	1464	1061	405
延边州	**Yanbian**	**105**	**29**	**14577**	**996**	**13335**	**784**	**40095**	**2543**	**5259**	**534**
延吉市	Yanji	17	1	5368	9	4883	9	14841	21	1375	12
图们市	Tumen	7		324		299		1034		260	
敦化市	Dunhua	20	8	3275	472	3010	339	9417	1164	1148	227
珲春市	Hunchun	14	3	1807	27	1826	18	5124	70	738	18
龙井市	Longjing	9	3	495	15	524	19	1511	61	294	20
和龙市	Helong	11	3	714	24	570	23	1664	58	385	33
汪清县	Wangqing	16	6	1275	121	1067	109	3056	306	486	57
安图县	Antu	11	5	1319	328	1156	267	3448	863	573	167

19－18 续表 4 continued

市、县	City, County	普通高中 High School Level Education 学校数（所）Number of Schools (unit)	#乡村 Rural	毕业生（人）Graduates (person)	#乡村 Rural	招生数（人）New Student Enrollment (person)	#乡村 Rural	在校学生数（人）Students Enrollment (person)	#乡村 Rural	专任教师数（人）Number of Full-time Teachers (person)	#乡村 Rural
全　省	**Total**	**266**	**15**	**145802**	**5615**	**148060**	**5009**	**449767**	**16151**	**35129**	**1162**
长春市	**Changchun**	**87**	**5**	**51257**	**2538**	**53805**	**2205**	**163327**	**7385**	**11796**	**467**
市　区	District	54	2	24504	431	26401	524	77989	1489	6562	122
农安县	Nong' an	12	2	7577	950	7647	822	24206	3176	1525	216
榆树市	Yushu	6		6503		5374		17732		1020	
德惠市	Dehui	5		5029		5762		18031		1146	
公主岭市	Gongzhuling	10	1	7644	1157	8621	859	25369	2720	1543	129
吉林市	**Jilin**	**39**	**1**	**19921**	**267**	**20698**	**292**	**60758**	**853**	**5200**	**68**
市　区	District	20	1	8909	267	9549	292	26987	853	2413	68
永吉县	Yongji	3		1477		1413		4422		452	
蛟河市	Jiaohe	4		2282		2167		6763		500	
桦甸市	Huadian	3		2305		2304		6910		530	
舒兰市	Shulan	5		2661		2862		8433		648	
磐石市	Panshi	4		2287		2403		7243		657	
四平市	**Siping**	**20**	**3**	**11946**	**366**	**12876**	**361**	**38373**	**1204**	**2793**	**93**
市　区	District	4		4037		4024		11833		880	
梨树县	Lishu	7		3518		4044		11894		797	
伊通县	Yitong	6	3	2854	366	2900	361	8902	1204	643	93
双辽市	Shuangliao	3		1537		1908		5744		473	
辽源市	**Liaoyuan**	**11**		**6620**		**6337**		**19527**		**1516**	
市　区	District	7		2848		2950		8654		714	
东丰县	Dongfeng	2		2173		1980		6217		439	
东辽县	Dongliao	2		1599		1407		4656		363	
通化市	**Tonghua**	**24**	**3**	**11263**	**1016**	**10775**	**1099**	**32987**	**3191**	**2939**	**281**
市　区	District	7		2171		2438		7091		805	

市、县	City，County	普通高中 High School Level Education									
		学校数（所）Number of Schools (unit)	#乡村 Rural	毕业生（人）Graduates (person)	#乡村 Rural	招生数（人）New Student Enrollment (person)	#乡村 Rural	在校学生数（人）Students Enrollment (person)	#乡村 Rural	专任教师数（人）Number of Full－time Teachers (person)	#乡村 Rural
通化县	Tonghua	2		1144		902		3015		294	
辉南县	Huinan	2		2100		1594		5181		426	
柳河县	Liuhe	2		1395		1555		4737		301	
梅河口市	Meihekou	8	3	3569	1016	3463	1099	10402	3191	867	281
集安市	Ji' an	3		884		823		2561		246	
白山市	**Baishan**	**15**		**6131**		**5986**		**18587**		**1973**	
市区	District	6		2298		2484		7459		709	
抚松县	Fusong	4		2149		1841		6185		684	
靖宇县	Jingyu	1		502		505		1518		167	
长白县	Changbai	2		302		277		880		129	
临江市	Linjiang	2		880		879		2545		284	
松原市	**Songyuan**	**25**	**2**	**19301**	**1428**	**17807**	**1052**	**56952**	**3518**	**3792**	**216**
市区	District	10	1	7136		6513	76	20772	276	1562	25
前郭县	Qianguo	4		3004		3111		9614		620	
长岭县	Changling	4	1	3439	1428	3293	976	10323	3242	581	191
乾安县	Qian' an	3		1428		1400		4315		349	
扶余县	Fuyu	4		4294		3490		11928		680	
白城市	**Baicheng**	**18**	**1**	**10181**		**10479**		**31735**		**2337**	**37**
市区	District	6	1	3195		3358		10295		702	37
镇赉县	Zhenlai	3		1352		1429		4427		268	
通榆县	Tongyu	4		2238		2154		6520		630	
洮南市	Taonan	2		1751		1748		5179		354	
大安市	Da' an	3		1645		1790		5314		383	
延边州	**Yanbian**	**27**		**9182**		**9297**		**27521**		**2783**	
延吉市	Yanji	7		3223		3533		10140		815	
图们市	Tumen	2		226		206		655		140	
敦化市	Dunhua	6		2280		2059		6554		608	
珲春市	Hunchun	2		1061		1157		3189		340	
龙井市	Longjing	2		331		348		998		179	
和龙市	Helong	2		359		456		1231		166	
汪清县	Wangqing	3		718		716		2120		252	
安图县	Antu	3		984		822		2634		283	

吉林2023
统计年鉴

JILIN
STATISTICAL YEARBOOK 2023

吉林省统计局 国家统计局吉林调查总队 编
COMPILED BY JILIN PROVINCIAL BUREAU OF STATISTICS
SURVEY OFFICE OF THE NATIONAL BUREAU OF STATISTICS IN JILIN